初期イスラム時代

エジプト税制史の研究

初期イスラム時代

エジプト税制史の研究

森本公誠著

岩波書店

総　序

七世紀のアラブによる大征服は、西アジア社会のあらゆる面にわたって、大きな変化をもたらすことになった。しかもその変化は、西アジアの諸地域で当然異なっていたはずである。それはアラブが、ササン朝やビザンツのそれぞれ異なる制度を持つ支配地域を受け継いだからである。本書の究極の目的は、その西アジア社会の一部を形成し、しかも古代以来豊かな農業国として特異な地位を占めてきたエジプトが、このアラブ征服によってどのようにイスラム化、あるいはアラブ化されていったか、そして一たん確立された体制が、その後いかなる変容を蒙むり、崩壊への道をたどったか、これらの過程を社会経済史、とりわけ税制史ならびに土地制度史の観点から眺め、これによって初期イスラム社会の性格を明らかにすることにある。二つの観点を選んだのは、租税収入の大半を土地に依存している当時にあっては、税制と土地制度とは表裏一体をなしているからである。

ここで税制史といい、土地制度といっても、それは固定的もしくは図式的な両制度を描き出すことではない。西アジアの支配者として臨んだアラブは、最初「土地」に対する認識に乏しく、征服の過程や支配権の強化の過程において、問題の起こるたびごとに解決策を講じており、したがって固定的な土地所有形態なり税制なりを予想しても意味をなさない。それよりもむしろ、アラブ当局が取ってきた政策の過程を、被征服民であるエジプト人との係り合いのうちに把握することこそ意味があると思われる。

むろんここに至るまでには、解決しなければならない幾多の問題が横たわっている。初期イスラムの税制史に関する研究はこれまで幾度かなされてきた。しかしその多くは、方法論上において難点があったり、対象の時代など部分的に論じられたものであったりしており、税制史としての体系的な研究とは言いがたいようである。そこで本書では、各史料の持つ価値を徹底的に吟味しながら、初期イスラム時代におけるエジプト社会の変容の過程を跡づけてみたいと思うのである。なおここでいう初期イスラム時代とは、ウマル一世によって始められた財政上の体制、すなわち政府の行政機関が、農民から租税を徴収し、それを軍隊に俸給として分配するという、いわゆるイスラムのディーワーン体制が、まがりなりにも維持された時代を指し、軍人が土地を直接支配する軍事イクター制の成立をもって終りとする。これは具体的には、アラブの大征服からアッバース朝国家の崩壊する一〇世紀半ばまでにほぼ当たる。

ただエジプトについては、この時代の下限はやや遅く、軍事イクター制が国家の基本的な制度となるには、一二世紀のアイユーブ朝の成立を待たねばならなかった。それは、一〇世紀後半に征服者として北アフリカからやって来たシーア系のファーティマ朝が、宗教や政治の分野ではともかく、財政・経済・社会の諸体制では、これまでのアッバース朝のそれを原則的には引き継ぐものであったからである。この限りにおいて、本書でも若干ファーティマ朝時代についても触れるつもりである。むろん厳密に言えば、イラン・イラクを支配したブワイフ朝同様、ファーティマ朝はディーワーン体制から軍事イクター制への過渡期に当たっており、この両体制の転換期をいつに求めるかは異論のあるところであろう。これはまたイスラム史における時代区分にも通じる問題である。しかしながら、この点については本書の目的からやや逸れるので、簡単に述べるに止める。

なおアッバース朝時代、エジプトではトゥールーン朝(ヒジュラ暦二五四―二九二／八六八―九〇五年)・イフシード朝(ヒジュラ暦三二三―三五八／九三五―九六九年)の半独立の王朝が勃興するが、財政経済のうえでは、これらはいずれも当時のアッバース朝体制となんら変わるものではなく、したがって、アッバース朝期のなかに包括して扱うことにした。

ところで本書で研究対象となる地域をとくにエジプトに限ったのは、ただ他の地域に較べて、資料が比較的豊富であるというにすぎない。実はこのような研究課題は、西アジアの全域についていえることであり、全域の研究を通じてはじめて、とくにアッバース朝時代における統一化の問題、すなわちイスラム法体制としての統一的理念と現実の「統一帝国」としてのアッバース朝国家との係り合いに答えうるはずである。本書の第一部・第二部は、そうした意味における地域研究の第一歩であり、第三部の付論は、中央政府としてのアッバース朝国家の立場から、統一化の問題にいささかでも近づく意味で付したものである。

本書を草するに当たって用いたアラビア語の転写法、ならびに第一部・第二部で利用した主要史料とその略称は次の通りである。

ʾ(語頭省略), b, t, ṯ, ğ, ḥ, ḫ, d, ḏ, r, z, s, š, ṣ, ḍ, ṭ, ẓ, ʿ, ġ, f, q, k, l, m, n, h, w, y.

tāʾ marbūṭa=a, at.

冠詞：al-, -l-.

長母音：ā, ī, ū.

二重母音：aw, ay.

主要史料・略称

I　パピルス文書史料

ABPH　Arabische Briefe aus der Papyrussammlung der Hamburger Staats- und Universitäts-Bibliothek. v. A. Dietrich, Hamburg, 1955.

APEL　Arabic Papyri in the Egyptian Library, I-VI, ed. A. Grohmann, Cairo, 1934–62.

APG　Die arabischen Papyri aus der Giessener Universitätsbibliothek, v. A. Grohmann, Giessen, 1960.

APH　Arabische Papyri aus der Hamburger Staats- und Universitäts-Bibliothek, v. A. Dietrich, Abh. für die Kunde des Morgenlandes, XXII/3, Leipzig, 1937.

APRL　Catalogue of Arabic Papyri in the John Rylands Library Manchester, by D. S. Margoliouth, Manchester, 1933.

APW　Arabische Papyri aus der Sammlung Carl Wessely im Orientalischen Institute zu Prag, v. A. Grohmann, Arch. Or. X(1938), XI(1940), XII(1941), XIV(1943).

EPER　Einige bemerkenswerte Urkunden aus der Sammlung der Papyrus Erzherzog Rainer an der Nationalbibliothek zu Wien, v. A. Grohmann, Arch. Or. XVIII/3, 1950.

MPER　Mitteilungen aus der Sammlung der Papyrus Erzherzog Rainer, I–IV, Wien, 1886–88.

NPAF　Neue arabische Papyri des Aphroditofundes, v. C. H. Becker, Der Islam, II(1911), pp. 245–268.

P. Abbott　The Kurrah Papyri from Aphrodito in the Oriental Institute, by Nabia Abbott, The Oriental Institute of the University of Chicago, Chicago, 1938.

PAF　Arabische Papyri des Aphroditofundes, v. C. H. Becker, Zeitschrift für Assyriologie und verwandte Gebiete, XX(1907), pp. 68–104.

PAL　Papyrus arabes du Louvre, par J. David-Weill, Journal of the Economic and Social History of the Orient, VIII/3(1965), XIV/1(1971).

P. Berol.　Papyri in the Collection of the State Museum, Berlin.

PERF　Papyrus Erzherzog Rainer, Führer durch die Ausstellung, Wien, 1894. Arabische Abteilung, v. J. Karabacek.

PER　Sammlung der Papyrus Erzherzog Rainer.

PGAA　Papyrus grecs d'Apollônos Anô, éd. R. Rémondon, Le Caire, 1953.

P. Heid. III　Veröffentlichungen aus der Heidelberger Papyrus-Sammlung III, Papyri Schott-Reinhardt I, v. C. H. Becker, Heidelberg, 1906.

P. Lond.　Greek Papyri in the British Museum, Vol. IV, Aphrodito Papyri, ed. H. I. Bell, with an appendix of Coptic papyri ed. W. E. Crum, London, 1910. (cf. H. I. Bell: Translations of the Greek Aphrodito Papyri in the British Museum, Der Islam, II, 269–283, 372–384; III, 132–140, 369–373; IV, 87–96; XVII, 4–8.)

P. Loth　Zwei arabische Papyrus, v. O. Loth, ZDMG XXXIV(1880), pp. 685–691.

P. Mil. R. Univ. I Pubblicazioni della R. Università di Milano, Papiri della R. Università di Milano I, ed. A. Vogliano, Milano, 1937, pp. 241–269.

PSR Papyri Schott-Reinhardt in der Universitätsbibliothek in Heidelberg.

II キリスト教徒文献

John John (I/VIIc.) : The Chronicle of John, Bishop of Nikiu, tr. R. H. Charles, London, 1916.

Eutychius Eutychius (d. 328/940) : Patriarchae Alexandrini Annales, texte arabe, 2 vols., Bayrūt, 1909, (1954 réimp.)

Sawīrus Sawīrus b. al-Muqaffa' (IV/Xc. 後半) : History of the Patriarchs of the Coptic Church of Alexandria, Arabic text, ed. & tr. B. Evetts, Patrologia Orientalis, I/2 & 4, V/1, X/5, Paris.
Vol. II (History of the Patriarchs of the Egyptian Church, ed. & tr. 'A. S. Atiya and Y. 'A. al-Masiḥ), Cairo, 1943–59.

III ムスリム文献

Abū Yūsuf Abū Yūsuf (d. 182/798) : Kitāb al-Ḫarāğ, al-Qāhira, 1352 H. (A. Ben Shemesh : Taxation in Islam Vol. III, Leiden, 1969).

Yaḥyā Yaḥyā b. Ādam (d. 203/818) : Kitāb al-Ḫarāğ, al-Qāhira, 1347H. (A. Ben Shemesh : Taxation in Islam, Vol. I, Leiden, 1958).

Sīra 'Umar 'Abd Allāh b. 'Abd al-Ḥakam (d. 214/829) : Sīrat 'Umar b. 'Abd al-'Azīz, ed. A. 'Ubayd, al-Qāhira,

1954.

Amwāl	Abū ʻUbayd(d. 224/838) : Kitāb al-Amwāl, al-Qāhira, 1353H.
Ibn Saʻd	Ibn Saʻd(d. 230/845) : al-Ṭabaqāt al-kubrā, 8 vols., Bayrūt, 1957–58.
Ḥakam	Ibn ʻAbd al-Ḥakam(d. 257/871) : Futūḥ Miṣr wa aḫbārhā, ed. C. C. Torrey, New Haven, 1922.
Yaʻqūbī	al-Yaʻqūbī(d. 284/897) : Ta'rīḫ al-Yaʻqūbī(Ibn-Wādhih qui dictur al-Jaʻqūbī : Historiae), ed. M. Th. Houtsma, 2 vols., Lugduni Batavorum, 1969.
Maʻārif	Ibn Qutayba(d. 276/889) : al-Maʻārif, al-Qāhira, 1960.
Balāḏurī	al-Balāḏurī(d. 279/892) : Futūḥ al-buldān, 3 vols., ed. Ṣ. al-Munağğid, al-Qāhira, 1956–[1960].
Ibn Ḫurdāḏbih	Ibn Ḫurdāḏbih(III/IXc. 半) : Kitāb al-Masālik wa-l-mamālik, ed. M. J. de Goeje, BGA, VI, Leiden, 1889.
Wakīʻ	Wakīʻ(d. 306/918) : Aḫbār al-quḍāt, 3 vols., al-Qāhira, 1947–50.
Ṭabarī	al-Ṭabarī(d. 310/923) : Ta'rīḫ al-rusul wa-l-mulūk, Annales quos scripsit…, Series I–III, ed. M. J. de Goeje, Leiden, 1879–1901.
Qudāma	Qudāma b. Ğaʻfar(d. 320/932 頃) : Kitāb al-Ḫarāğ wa-ṣināʻat al-kitāba. I. ed. M. J. de Goeje, BGA. VI, Leiden, 1869. II. MS de la Bibliothèque Nationale, Paris, Arabe 5907. III. tr. A. Ben Shemesh : Taxation in Islam, Vol. II, Leiden, 1965.
Ğahšiyārī	al-Ğahšiyārī(d. 331/942) : Kitāb al-Wuzarā' wa-l-kuttāb, al-Qāhira, 1938.
Kindī	al-Kindī(d. 350/961) : Kitāb al-Wulāt wa Kitāb al-Quḍāt(The Governors and Judges of Egypt)

	ed. R. Guest, Leiden, 1912(repr.).
Sīra Ṭūlūn	al-Balawī(IV/Xc.) : Sīrat Aḥmad b. Ṭūlūn, Dimašq, 1939.
Ḥawqal	Ibn Ḥawqal(IV/Xc. 半) : Ṣūrat al-arḍ, Opus Geographium, ed. J. H. Kramers, 2 vols., Lugduni Batavorum, 1938–39.
Muqaddasī	al-Muqaddasī(d. 375/985 頃) : Kitāb Aḥsan al-taqāsīm fī maʿrifat al-aqālīm, ed. M. J. de Goeje, BGA. III, Leiden, 1906.
Ibn ʿAsākir	Ibn ʿAsākir(d. 571/1176) : al-Ta'rīḫ al-kabīr, 7 vols., Dimašq, 1329–51H.
Maḫzūmī	al-Maḫzūmī(VI/XIIc.) : Kitāb al-Minhāǧ fī ʿilm al-ḫarāǧ, British Museum, MS. Add. 23483.
Mammātī	Ibn Mammātī(d. 606/1209) : Kitāb Qawānīn al-dawāwīn, al-Qāhira, 1943.
Ḏahabī	al-Ḏahabī(d. 748/1348) : Ta'rīḫ al-Islām, 6 vols., al-Qāhira, 1367–68H & Vol. VI, 1966.
Ibn Duqmāq	Ibn Duqmāq(d. 809/1406) : Kitāb al-Intiṣār li-wāsṭat ʿaqd al-amṣār, Description de l'Égypte, Vol. IV–V, al-Qāhira, 1893.
Qalqašandī	al-Qalqašandī(d. 821/1418) : Kitāb Ṣubḥ al-aʿšā fī ṣināʿat al-inšā, 14 vols., al-Qāhira, 1963.
Ḫiṭaṭ	al-Maqrīzī(d. 845/1442) : Kitāb al-Mawāʿiẓ wa-l-iʿtibār bi-ḏikr al-ḫiṭaṭ wa-l-āṯār.
	I. 2 vols., Būlāq, 1270H,(repr. Baġdād, 1970).
	II. éd. G. Wiet, Mémoires de l'Institut Fr. d'Arch. Or. du Caire, 30(1911), 33(1913), 46(1922), 49 (1924).
ʿAsqalānī	Ibn Ḥağar al-ʿAsqalānī(d. 852/1449) : Rafʿ al-iṣr ʿan quḍāt Miṣr, qism 1–2, al-Qāhira, 1957–61.
Taġrībirdī	Ibn Taġrībirdī(d. 874/1469) : Nuǧūm al-zāhira fī mulūk Miṣr wa-l-Qāhira, 12 vols., al-Qāhira,

1929–56.

Ğay'ān　Ibn al-Ğay'ān (d. 885/1480) : Tuḥfat al-sanīya bi-asmā' al-bilād al-Miṣrīya, al-Qāhira, 1898.

Suyūṭī　al-Suyūṭī (d. 906/1505) : Ḥusn al-muḥāḍara fī aḫbār Miṣr wa-l-Qāhira, 2 vols., al-Qāhira, 1968.

Ⅳ　研究書その他

Dennett　D. C. Dennett : Conversion and Poll Tax in Early Islam, Harvard Univ. Press, Cambridge, 1950.

Johnson　A. Johnson & L. West : Byzantine Egypt, Economic Studies, Princeton, 1949.

BGA　Bibliotheca Geographorum Arabicorum, ed. M. J. de Goeje, I–VIII, Leiden, 1870–1894.

〔付記〕　右記の文献中、Qudāma の写本(パリの Bibliothèque Nationale 蔵)と al-Maḫzūmī の写本(British Museum 蔵)は、山本達郎氏と佐藤次高氏がそれぞれ招来されたマイクロ・フィルムを参照することができた。ここで両氏の御好意に謝意を表したい。

目次

第二部　土地制度史編

〔付論〕アッバース朝の国家財政

第一部　税制史編

序論　アラブのエジプト征服をめぐる論争について

1

初期イスラム法の考え方では、被征服地の住民から租税を徴収するさい、その征服がアンワ('anwa)すなわち武力でなされたか、あるいはスルフ(ṣulḥ)すなわち和約でなされたかによって、課税方式に根本的な差別をつける。したがってやや時代が下り、税制に関する諸問題が起こってくると、ムスリムの識者たち、とくに法理論家たちは、各地の征服の仕方がスルフであったかアンワであったか、さかんに議論したものであった。その論争がもっとも激しかったのは、サワード(イラク)の場合であったが、エジプトの征服についてもこのような論争が長く続けられたのである。

そうしたわけで、アラブ－ムスリム軍が征服した土地の税制を研究するには、その前提条件として、征服の形式およびこれをめぐるムスリムの法家や史家たちの論争の問題が取り上げられねばならない。それは、当時の税制を研究するさいに利用しなければならないムスリム史料が、そうした論争によって多分に潤色されているからである。一九五〇年に発表されたイスラム初期の税制に関するD. C. Dennettのすぐれた研究[1]は、エジプトの部分にもっとも多くのページを当てているが、そこでもやはりエジプトの征服とそれに関する論争が扱われている。しかし彼の説明には納得しかねる面があるように思われる。そこでまず、Dennettの研究の再検討を出発点として、エジプトの「征服問題」を考察したい。

幸いエジプト征服のクロノロジーについては古くA. ButlerやL. Caetaniの研究があり、部分的には両者間で一致をみないところもあるが、ほぼ左記の年表のようにまとめられている。

六三九(ヒジュラ暦一八)年一二月　将軍アムル＝ビン＝アルアース、エジプト国境に入る。
六四〇(ヒジュラ暦一九)年一月　Pelusium (al-Farmā) 陥落。
　同　五月　ファイユーム地方攻略。
　同　六月　ヘリオポリス(ʿAyn Šams)の戦い。
　同　九月　バビロン城塞[2]包囲開始。
　同一〇月　キュロス(al-Muqawqis)はアムルと降服条約を結び、コンスタンチノープルにその批准を求めるが、ヘラクリウス帝はこの協約を拒否し、キュロスを首都に召還する(Butlerによる)。
六四一(ヒジュラ暦二〇)年二月　ヘラクリウス没す。
　同　四月　バビロン開城。
　同　六月　アレクサンドリア攻略開始。
　同　九月　キュロス帰任。
　同一一月　キュロス、アレクサンドリアの降服条約を結ぶ。
六四二(ヒジュラ暦二一)年三月　キュロス没す。
　同　九月　ビザンツ軍、アレクサンドリアよりの撤退完了。
六四五(ヒジュラ暦二五)年　Manuel指揮下のビザンツ軍アレクサンドリアを占領。
六四六(ヒジュラ暦二五)年　アラブ軍、アレクサンドリアを再度征服。

この年表でもっとも問題になるのは六四〇年一〇月に、キュロス Kyros とアラブ征服軍の将軍アムル 'Amr b. al-'Āṣ とのあいだで結ばれたとされる和約の件である。キュロスは、ヘラクリウス帝からエジプトの行政官兼総主教として、アレクサンドリアに派遣されていた人物で、ムスリム史家のいう al-Muqawqis である。この和約はムスリム史家によって伝えられているのであるが、Caetani はこれを否定し、キュロスがバビロンにいることはなく、ムスリム史家はバビロンの和約をアレクサンドリアのそれと混同していると主張した。これに関して Dennett は Nikiu (Niqiwus, デルタの一都市) の主教ヨハネスの年代記(3)の記述を用いて、Caetani の主張をさらに進めている。ヨハネスでは、バビロンの和約にキュロスは登場せず、その和約の内容もきわめて簡単で、バビロンの守備軍は軍需物質をすべて将軍アムルに引き渡すことを条件に、城塞から撤退したという。一方アレクサンドリアの降服条約については詳しく、その内容は七カ条からなるが、これはキュロスによって交渉され、彼はそのためにバビロンへ行ったという。Dennett はこの「キュロスがアレクサンドリアの和約のためにバビロンに来て交渉した」という点を取り上げ、これがムスリム史家を混乱させたのであると主張する。そこで Dennett は、ムスリム史家がバビロンの和約としてかなり詳しく伝えている条項をすべてアレクサンドリアの和約とみなし、その八カ条をヨハネスの伝える七カ条のほかに結ばれたものとして列挙している（七〇―七二頁）。このような主張は果たして可能であろうか。まず再検討を要する問題である。

ついで Dennett は以下のように論を進めている。アレクサンドリアはヒジュラ暦二五年にビザンツ本国よりの援軍によって叛乱を起こし、そのため、アムル指揮下のアラブ軍によってふたたび征服されたが、そのさいギリシア（ローマ）人のこの行為によって、キュロスとの和約は破棄された。しかし al-Muqawqis とのあいだに新たな協定が結ばれて、コプト人の身分は変らなかった。この al-Muqawqis というのは、キュロスはすでに死んでいるから彼でなく、また内容はとくにコプト人を扱っているからギリシア人でもない。おそらくこの場合はコプトの総主教ベンヤミンであろう。それはこの協定に関する al-Muqawqis の二ヵ条の言葉から判断できる。Dennett はこのように述べて、バラーズリー al-Balāḏurī およびマクリーズィー al-Maqrīzī に記載されている二つの資料を紹介する(七二―七三頁)。この彼の主張に疑点を挾む余地はなかろうか。

ついで Dennett は、アラブ軍のバルカ侵入とその主都 Pentapolis が結んだ年額一万三〇〇〇ディーナールの定額貢納の和約を説明し、そして以上によって、征服事業が終了したときには、四つの範疇からなる租税制度が存在していたとする。そのうち、当面の課題に関連する要点は以下の通りである。

一　アラブ軍はコプト人の共同体と和約を結んだ。彼らの「貢納」(ジズヤ)は総額でなく、課税率を意味する。

二　アレクサンドリアは武力で征服され、したがって征服軍の意のままになるハラージュ(ḫarāǧ)地である。

三　Pentapolis は毎年増減のない一定額を支払う。この地域は ʿahd(契約)地である。

四　前代の帝領地および税吏不入(autopract)の私領地は、コプト人の和約の対象外で、したがってアラブは、カリフ―ウマルがササン朝の所有地を没収したように、これら私領地を収奪した。のちになって、封土はこの土地のうちから与えられた。

こうして Dennett によれば、エジプト征服は武力か和約かをめぐってムスリム史家たちのあいだで起こった混乱は、征服の事実のうちに容易に理解できる。すなわちエジプトは武力、和約のいずれによっても征服されたわけで、コプト人と Pentapolis とには和約があり、アレクサンドリアと没収私領地にはそれがないという(七三―七四頁)。彼は以上のように論述し、ついで税務行政の説明に移っている。そこで、これまで述べてきた彼の諸論点に対し、順を追って再検討してみたい。

2

まず、ムスリム史家のいうバビロンの和約は、実はアレクサンドリアの和約の一部であったと断定することは可能だろうか。この点を検討するには、一応エジプトの征服事情に当たってみる必要があろう。征服の模様を伝える史家は多いが、そのうちマクリーズィー、イブン＝タグリービルディー Ibn Taġrībirdī, スユーティー al-Suyūṭī, エウチキウス Eutychius などいわば後世史家に属するものは、いずれもイブン＝アブドゥル＝ハカム Ibn ʿAbd al-Ḥakam の記事を転載しているにすぎない。

スユーティーは、クダーイー al-Quḍāʿī の《al-Ḫiṭaṭ》も利用しているが、クダーイーの出典はイブン＝アブドゥル＝ハカムである (Suyūṭī, I, 70–72)。エウチキウスはアレクサンドリアのメリク派の総主教で、ヤコブ派(コプト)のセベロス Sawīrus b. al-Muqaffaʿ, Nikiu のヨハネスとともに、いわば被征服者の側から歴史を書いていて、興味深い点もあるが、エジプト征服の記事はイブン＝アブドゥル＝ハカムの抜粋である (Eutychius, II, 20–26)。

そのほかムスリム史家のうち、キンディー al-Kindī の記事は非常に簡単で、アレクサンドリアの最初の征服はアンワ、Pentapolis の征服はスルフでなされたことを伝えるのみである。バビロンの和約についてはなんら触れていない (Kindī, 7–10)。

タバリー al-Ṭabarī では、Ibn Isḥāq による伝承と、Sayf b. ʿUmar による伝承とがやや詳しい。前者はバビロンの征服にほとんど触れていず、ただその征服後アムルがアレクサンドリアへの進撃中、Balhīb まで来たところ、アレクサンドリアの長が使者を送り、ジズヤの支払いを条件に、捕虜の返還を求め、これに対しアムルはカリフ－ウマルに指令を求めるなど、両者間に交渉のあったことを伝えている (Ṭabarī, I, 2581–84)。しかし、この交渉はアレクサンドリアの包囲以前の事件であること、捕虜の処置が内容の主眼となっていることなどから、当面の問題の埒外に置かれる。

後者の Sayf b. ʿUmar による伝承は二つあり、その一つには、アムルがバビロンに達し、援軍も到着したとき、al-Muqawqis は Miṣr の主教(ǧāṯaliq) Abū Maryam らを派遣して、アムルとのあいだに交渉を行なわせたが、結局エジプト人たちは受け入れず、交渉は決裂し、その後アムルらは ʿAyn Šams へ向かったとある(Ṭabari, I, 2584–87)。ところが、この伝承にみえる交渉はバビロンの包囲以前のことで、いわゆるバビロン和約の交渉とのあいだにはかなりの時間的ずれがあり、したがってこの伝承はさし当たって問題にならない。

Sayf b. ʿUmar のもう一つの伝承では同じく戦闘の舞台が ʿAyn Šams に置かれ、アラブ軍はこれをアンワで征服したが、スルフによる征服と同じように扱い、彼らにはズィンマ(ḏimma 保護)を保証したとして、エジプト——ʿAyn Šams でなくて——の住民を対象とするスルフの内容を紹介している(Ṭabari, I, 2587–92)。しかしこれは、他のいずれの伝承にも現われないヌビヤ人が登場したり、また内容がきわめて特異であることなどから、偽作と考えられる。タバリーにはその他にも伝承はあるが、いずれも資料とするに足らない。

ヤアクービー al-Yaʿqūbī の《Taʾrīḫ》は、簡略ながらかなり適確な史実を伝えていて、つねに注目に値する史書である。ところで、バビロンの攻略に関しては「ムスリム軍はスルフを勧めた」とあるが、そのあとはスルフ説とアンワ説の論点を紹介するのみで(Yaʿqūbī, II, 169)、ヤアクービー自身は問題を回避している。アレクサンドリアの場合では、ʿAmr b. al-ʿĀṣ と al-Muqawqis とのあいだに和約が結ばれたことを認めているものの、その和約の是非をめぐって生じたヘラクリウスと al-Muqawqis との不和の経緯を述べていて(Yaʿqūbī, II, 169–70)、年代上の錯誤を犯している。アレクサンドリアの和約が結ばれた当時、ヘラクリウスはすでに死んでおり、また、皇帝に対する怒りから、al-Muqawqis がアムルにローマ人には今後和約を承諾しないよう求めたという伝承は、あとで述べるように、バビロンの和約に関連したものであって、アレクサンドリアの場合ではない。したがってヤアクービーのこの資料は参考の程度にとどめねばならない。[4]

バラーズリーの『諸国征服史』には、当時の人々の一般的見解をおそらく彼自身がまとめたものと、伝承系譜(isnād)を付したものとの二つの方法による記載があるが、征服の事実そのものを知るには、後者により資料的価値が与えられよう。しかしこれは、その伝承系譜が妥当で、伝承に偽作の可能性がない場合にのみいえることであって、それぞれの伝承にはあらかじめ厳密な批判がなされねばならない。

さて、バビロンの攻略に触れている一般見解に、「城塞はアンワで征服され、ムスリム軍はそのなかにあるものを分捕ったが、アムルは住民にはズィンマ(保護)があるという条件で彼らを安堵させ、その首にはジズヤを、土地にはハラージュを課した。彼はこのことをウマル一世 'Umar b. al-Ḫaṭṭāb に伝え、カリフはこれを合法とした」(Balāḏuri, I, 250, n° 529) というのがある。バビロンは、和約交渉なく武力で征服されたが、住民にはズィンマが保証されたというものである。しかし、ジズヤとハラージュのこのように明確な対立的用語法は、この当時ではまだ考えられないから、この伝承はかなり後世の意見を反映している。[5]

またアムルの子 'Abd Allāh b. 'Amr が「エジプトのことは人々によくわかっていない。ある者らはアンワで征服されたと言い、他の者らはスルフで征服されたと言っているが、真相はこうである。云々」と語った、というバラーズリーとしてはもっとも詳しい伝承がある。その内容はバビロンの城主とアムルとの、税制を中心としたスルフの取り決めである (Balāḏuri I, 251-52, n° 534)。ここでは、この伝承の批判を省略するが、これは明らかに偽作されたもので、当面の資料として用いることはできない。

次に、al-Muqawqis がアムルとしかじかの条件でスルフを結んだという n° 535 の伝承があるが (Balāḏuri, I, 252-53)、これはイブン＝アブドゥル＝ハカムに記載されているある伝承と同じで、しかも部分的に混乱がみられる (cf. Ḥakam, 70, 72-73, 80, 83)。なお厳密には、最後の部分はアブー＝ウバイド Abū 'Ubayd の伝承の一部と文章が一致する (cf. Amwāl, 142, n° 387)。

また al-Muqawqis とアムルとのスルフに触れている n° 547 の伝承 (Balāḏurī, I, 256) は、アブー＝ウバイドの Amwāl n° 387 (p. 142) を簡略にしたものである。このアブー＝ウバイドの伝承は、バビロンの和約に対してヘラクリウスが激怒し、アレクサンドリアに軍隊を送って戦いを挑んだという部分とアムルがアレクサンドリアの武力征服をカリフ－ウマルに伝えたという部分からなり、いずれも同一の伝承系譜でイブン＝アブドゥル＝ハカムにみえる (Ḥakam, 70, 72, 80, cf. Balāḏurī, I, 253)。したがってイブン＝アブドゥル＝ハカムの伝承を検討しさえすればよい。

アレクサンドリア征服に関する一般見解のうちには、次のような伝承がある。それによると、コプト人だけは調停を望んだので、al-Muqawqis はスルフと一定期間の休戦を求める使者を派遣したが、アムルはこれを拒絶し、アレクサンドリアを武力 (sayf) で征服した。動産などは戦利品として分捕ったが、住民にはバビロンの民のようにズィンマを与えたという (Balāḏurī, I, 259, n° 554)。これはむろん後世の意見を反映しているに違いないが、アレクサンドリアの征服がどのように考えられていたかという点で参考に値する。

これらのほかに、バラーズリーはアブー＝ウバイドから転載したのも含めて、多くの伝承を伝えているが、当面の資料になるものはない。

結局ムスリム史家側からは、エジプトの征服事情をテーマとして、もっとも詳しい記事を残したイブン＝アブドゥル＝ハカムの諸伝承を厳密に検討する以外に、決め手はないようである。

3

彼の叙述は、一見すると種々の系譜による諸伝承が交錯していて、きわめて煩雑である。そこで、征服事情に関するものを整理してみると、二、三の主要伝承系統を中心にして、その随所にいわば註釈の形で、系譜の異なる伝承を挿入していることがわかる。まず征服過程については

'Ubayd Allāh b. Abī Ǧaʻfar
'Ayyāš b. 'Abbās al-Qitbānī }→Ibn Luhayʻa→'Uṯmān b. Ṣāliḥ
その他多数

の系譜による伝承が中心となっている。これを仮に第一伝承系統と名づけておこう。一代目のうち、'Ubayd Allāh は総督 Ayyūb b. Šuraḥbīl（在位九九―一〇一年）の時代に、エジプトの futyā に当たった三人のうちの一人で、法理論家(faqīh)。生年はヒジュラ暦六〇年、没年は一三二年、異説では一三五もしくは一三六年といわれている。[6] 同じく'Ayyāš は伝承家で、没年は一三三年である。[7] Ibn Luhayʻa は法理論家・伝承家で、アッバース朝カリフ＝マンスールとマフディーの時代に、エジプトの裁判官を勤めた。生没年は九六または九七―一七四年である。[8] 'Uṯmān b. Ṣāliḥ はイブン＝アブドゥル＝ハカムのもっとも重要な典拠者の一人で、エジプトの裁判官を勤めたことのある人。没年は二一九年である。[9]

この伝承系譜には問題はないようである。ただ最初の二人はヒジュラ暦一世紀の終りごろから二世紀にかけて活躍した人物であるから、征服当時とのあいだに二世代ぐらいの開きがある。しかし、これはむしろ後世の仮託の可能性が少ないという点で、資料的価値の高いことを示している。この第一伝承系統には、次のような重視すべき内容が述べられている。

（一） al-Muqawqis はアムル 'Amr b. al-'Āṣ のエジプト進撃の報を聞いてバビロンへ向かった(Ḥakam, 58; cf. Ḫiṭaṭ, I, 289)。

（二） アラブ軍は城門を開いてバビロン城塞に突入した――「武力で征服した」という説明的文句はない――(Ḥakam, 63; cf. Ḫiṭaṭ, I, 290)。

（三） al-Muqawqis は自身や彼とともにいる人々のことを恐れて、アラブのために、コプト人の男各人に二ディーナールを課すという条件で、アムルにスルフを求めていたが、アムルはこれを承諾した(Ḥakam, 63; cf. Ḫiṭaṭ, I, 290)。

Dennett が、いわゆるバビロンの和約をアレクサンドリアの和約とみなすうえでもっとも有力な根拠にしたのは、al-Muqawqis がアレクサンドリアの和約交渉のためにバビロンに来たのを、ムスリム史家が混同したという点である。ところが上記の伝承では混同の形跡は認められない。(一)の記述が正しいとすれば、al-Muqawqis は包囲前にすでにバビロンに到着していたはずである。そのうえ、アレクサンドリア攻略中 al-Muqawqis が和約交渉のためにバビロンに来たとするのは、ヨハネスの年代記にだけみられる独特な記事である。他の史料ではアムルはアレクサンドリア攻略を直接指揮していることになっており、[10] したがってこの点についての積極的な説明がなければ、ムスリム史家の混同を理由に、両和約を同一視しようとする Dennett の論法は説得力を欠く。また仮にアレクサンドリアの和約がバビロンで交渉されたとしても、それは何もバビロン和約の存在を否定することにはならない。バビロン和約の交渉経過に関しては

―四の tābiʿūn→Ḫalid b. Yazīd→{Ḫalid b. Ḥumayd / Yaḥyā b. Ayyūb}→Ḫalid b. Nağīḥ→ʿUṯmān b. Ṣāliḥ

という系譜を持つ伝承によって、かなり詳細に伝えられている。これを第二伝承系統と名づけておこう。tābiʿūn とは、エジプトを征服したアラブ-ムスリムの次の世代の人々のことを意味する。Ḫalid b. Yazīd は法理論家で一三九年に没している。[11] Ḫalid b. Ḥumayd は伝承家で、没年は一六九年である。[12] Yaḥyā b. Ayyūb は法理論家、没年は一六三もしくは一六八年といわれている。[13] Ḫalid b. Nağīḥ はどんな人物か比定できなかったが、前二者による伝承を多く集めており、ʿUṯmān b. Ṣāliḥ はそれをそのまま利用したらしい。

この系譜そのものには問題はなかろうが、ただ第一の典拠者を tābiʿūn と断わっていることにやや危惧が感じられ

る。法理論家 Ḫalid b. Yazid の意見が反映している可能性もあるわけで、その点で内容の厳密な検討が必要であろう。

この伝承によると次の点が指摘される。

（一）　和約交渉はバビロン包囲の一ヵ月後に始まったが、成立までにはかなりの日数を要し、その間戦闘は行なわれていた。

（二）　アラブ軍はスルフとジズヤに賛成せず、土地のすべてが彼らの fayʾ と ġanīma となるまで徹底的に征服することを主張した。しかしアムルは、カリフ＝ウマルとのかねての約束により和約を承諾した。

（三）　和約の条件は対コプト人のものと、対ローマ人のものと別々で、ローマ人についてはビザンツ皇帝の返事が出るまで留保し、その間は休戦とされた。

（四）　皇帝の拒否は al-Muqawqis を憤慨させ、結局、対コプト人の和約は成立したが、ローマ人については成立しなかった（以上 Ḥakam, 64–72; cf. Ḫiṭaṭ, I, 290–93; Eutychius, II, 23–24）。

ここで、この和約の内容を詳細に検討するゆとりはないが、一見して、その諸条件はヨハネスの伝えるアレクサンドリアの和約[14]とまったく異なる。もし Dennett が主張するように、両者の和約がもともと同一、すなわちアレクサンドリアの和約であったならば、両者間にかなりの共通点が存在するはずである。これらの和約は明らかに別個のものであり、これを同一視して、両者の諸条件を並置することはできない。

さらに、「二五年のアレクサンドリアの叛乱によってキュロスとの和約は破棄されたが、al-Muqawqis との協定によってコプト人の身分は変らなかった」と Dennett が主張するに当たって、その根拠にバラーズリーおよびマクリーズィーから援用した al-Muqawqis の言葉は、実は筆者がいま述べた伝承の（四）の一部分にすぎない。Dennett が挙げた二資料のうち、第一の資料（Balāḏurī, I, 253; Ḫiṭaṭ, I, 163）は目下の（四）の異伝として、やはりイブン＝アブドゥル＝ハカムが伝えるものと一致する（Ḥakam, 72–73）。そうなれば、この al-Muqawqis

はキュロスでなくてコプトの総主教ベンヤミンとするDennettの説は、もはや問題とするに足らない。アレクサンドリアの叛乱を待たずとも、ローマ人は和約破棄の状態にあり、それによってもコプト人の身分は変らなかったのである。したがって、バビロンの和約後もなおローマ人に対する戦闘は続けられた。年代的には、こののちヘラクリウスの死、バビロンの開城、アレクサンドリアの攻略開始へと続くのである。

なおセベロスによると、バビロン征服のさい、町の主だった人々がアムルと契約(ʻahd)を結び、コプト人は保護を得たが、ローマ人は滅ぼされたという(Sawīrus, PO, I, 494)。要するに、バビロンの和約がキュロスによって交渉されたか否かはともかくとして、それがなんらかの形で成立したことは間違いない。現存のヨハネスの年代記では、その部分の記事が失われているとみなすべきである。

4

さて、アレクサンドリアの征服はどのように伝えられているであろうか。さきに取り上げた第二伝承系統では、記述はそのままアレクサンドリア進撃に移り、各拠点でビザンツ軍がアラブ軍に殲滅されたことを述べているが、そのあとのアレクサンドリアの征服そのものについては比較的簡単で、ただ最後に、征服後の政治的処理に関する意見めいた伝承を伝えているにすぎない。そこでイブン＝アブドゥル＝ハカムは、非常に多くの異伝を挿入して、これを補っている。

征服の仕方および戦後処理に言及している伝承には、この第二伝承系統のほか

al-Ḥusayn b. Šufayy→al-Ḥasan b. Ṯawbān→{Mūsā b. Ayyūb / Rišdayn b. Saʻd}→Hāni' b. al-Mutawakkil

の系譜によるものと

Yazīd b. Abī Ḥabīb[15]→al-Layṯ b. Sa'd→'Abd Allāh b. Ṣāliḥ

によるものとがある。これらを仮にそれぞれ第三、第四の伝承系統と名づけておこう。第三系統の al-Ḥusayn b. Šufayy は伝承家の Šufayy b. Māti'(一〇五年没)[16]の子で、没年は一二九年である。[17] al-Ḥasan b. Ṯawbān は Rašīd 市の知事を勤めたことのある伝承家で、一四五年に没している。[18] Mūsā b. Ayyūb は法理論家で、没年は一五三年である。[19] Rišdayn は伝承家であるが、Ibn Sa'd は ḍa'īf(弱い)と断じている。没年は一八八年である。[20] Hāni' b. al-Mutawakkil はイブン＝アブドゥル＝ハカムの有力な典拠者の一人であるが、どんな人物か筆者には比定できなかった。いずれにせよ、この系譜にはあまり有名な人物はいない。

第四系統の Yazīd b. Abī Ḥabīb は有名な法理論家・伝承家で、さきの 'Ubayd Allāh b. Abī Ǧa'far らとともに、カリフ＝ウマル二世の命によりエジプトの futyā に当たった人物である。あまりに有名となったために、彼の伝承には後世の仮託によるものも少なくないようである。生没年は五三頃—一二八年である。[21] al-Layṯ b. Sa'd は Yazīd の弟子で伝承家、futyā にも従事した。生没年は九四—一六五または一七五年である。Ibn Sa'd によれば、彼の伝承は多いが正しいという。[22] 'Abd Allāh b. Ṣāliḥ はこの al-Layṯ の書記を勤めた人で、二二三年に没した。[23] この伝承系統では、Yazīd b. Abī Ḥabīb の法理論家としての見解が反映していないかどうか注意すべきであろう。

これらの各伝承系統の要点は次の通りである。

第二伝承系統

(一)　アレクサンドリアと、ローマ人を助けてムスリムと戦った Sulṭays ら三カ村を除けば、エジプト全土はスルフで征服された。

(二)　ムスリム軍は、これら三村はアレクサンドリアとともにわれわれの fay' であると主張した。

(三)　カリフ＝ウマルは、アレクサンドリアとこれら三村にはムスリム〔全体〕のためにズィンマを与え、彼らにハラージュを課し、彼らを fayʾ としたり奴隷(ʿabīd)としたりするなと命じた(Ḥakam, 83, 87–88; cf. Ḫiṭaṭ, I, 166. 294–95)。

第三伝承系統

(一)　アレクサンドリアの征服でハラージュのかかる捕虜多数を得、ムスリム軍はその分配を求めた。

(二)　カリフ-ウマルは、分配をせず、ムスリム〔全体〕のための fayʾ として、彼らにハラージュを課せと命じた。

(三)　アムルはアレクサンドリアの住民を数えて、彼らにハラージュを課した。

(四)　エジプト全土はスルフで〔征服された〕。……略……

(五)　ただしアレクサンドリアは契約なくアンワで征服され、彼らにはスルフもズィンマもないから、彼らを治める者の意のままにハラージュとジズヤを支払った(Ḥakam, 82–83, 84; cf. Ḫiṭaṭ, I, 166, 294; Eutychius, II, 26)。

第四伝承系統

(一)　アムルはカリフ-ウマルに、アレクサンドリアはどんな契約もなく、アンワで征服されたと書き送った。

(二)　カリフは彼の意見を愚かなものとし、そうした過ちを犯さないよう命じた(Ḥakam, 80; cf. Ḫiṭaṭ, I, 165)。

なお Yazīd b. Abī Ḥabīb の言葉は al-Layṯ b. Saʿd→ʿUṯmān b. Ṣāliḥ の系譜によっても伝えられ、アレクサンドリア以外のエジプト全土はスルフで、アレクサンドリアはアンワで征服されたという(Ḥakam, 84)。

第二系統と第三系統で注意を要するのは、ファイ(fayʾ)の語が異なった意味で用いられていることである。嶋田襄平氏のファイ理論展開に関する研究によると、ファイはもともと征服軍によって分配されるべき戦利品を意味していたが、ウマイヤ朝の土地不分配の政策を立法化したウマル二世(在位九九―一〇一／七一七―七二〇年)の規定によって、ムスリム全体の利益のために保留された征服地の意味になったという。[24] すると第三系統は、少なくともウマル二世時代以後の意見が反映していることになる。また、ズィンマの保証を与えたか否かについても両系統はまったく矛盾する。ここで詳しく論ずるゆとりはないが、第三系統にはウマイヤ朝中期以後の政策がかなり折りこまれているのである。なお第四伝承系統には、カリフ－ウマルは三カ村――一村のみ第二系統と名前が異なるが――の住民を全コプト人とともにズィンマの民とした、という伝承もある(Ḥakam, 83; cf. Ḫiṭaṭ, I, 166)。したがって第四系統は第二系統とほぼ同一の見解を持っているといえる。ただ Yazīd b. Abī Ḥabīb がファイの語を用いなかったのは、彼の微妙な立場を示すと考えられる。

しかし、いずれにしてもアレクサンドリアの武力征服を主張する点では、これら主要伝承系統は一致している。むろん和約のことは何も告げていない。ところで、ヨハネスの年代記によって、アレクサンドリアの和約が結ばれたことは事実である。イブン＝アブドゥル＝ハカムはそうした伝承のあることを認めているが、それも単に、バビロンの和約の註釈の形で記しているにすぎない(Ḥakam, 72; cf. Ḫiṭaṭ, I, 163)。伝承の最初の典拠者と征服当時とはそれほど年代差があるわけでもないのに、これら主要伝承系統はなぜアレクサンドリアの和約を抹殺したのであろうか。実は、これにはウマイヤ朝の徴税政策がからみあっているのである。

サワードが征服されたヒジュラ暦一五年前後ごろのカリフ－ウマルの方針では、征服地をズィンマのある土地とファイの土地とに区別し、前者はアラブ軍のあいだで分配させず、後者のみ分配を許した。分配の対象になったのは、サワードではササン朝の王領地やアラブ軍に抵抗した原住民の土地などのサワーフィーで、いわばアラブ軍が武力で手中にしたものであった。[25] ところが、おそらく肥沃で広大でもあったサワーフィーを分配してしまったのでは、政府ひいてはイスラム共同体の財政基盤を恒久的なものにすることができない。そこで晩年、ウマルは政策を転換し、武力で征服した土地でも、なるべく住民にズィンマを与えて土地を分配させず、その代わりアラブ軍には、政府から ʿaṭāʾ と rizq からなる俸禄を支給して満足させることにした。こうして生まれたのが二〇年初(六四〇年末)のディーワーン(dīwān)制度であった。[26]

エジプト征服はちょうどこの前後に行なわれたのである。バビロンの和約を結んだ当時では、アラブ軍はまだ原住民、すなわちコプト人に対してはスルフ、支配者のローマ人に対してはアンワで征服する予定だったと思われる。ところが激しい戦闘が行なわれ、事実上陥落させてしまったアレクサンドリアに対して、(27)カリフ－ウマルはあえて和約を結ばせ、住民にズィンマを与えたのである。ヨハネスの伝える和約の内容は、和約とはいうもののビザンツ軍の完全な敗退を意味する。次のカリフ－ウスマーンもウマルのこの新しい方針を受け継いだらしく、ヤアクービーによれば、二五年にアレクサンドリアが叛乱を起こしたとき、ウスマーンは捕虜となった住民を最初の――すなわちウマルが与えた――ズィンマに戻したという(Ya'qūbī, II, 179)。第二回目の征服はむろん武力でなされたのであるが、アラブ軍による土地の分配を防ぎ、住民から租税を徴収するには、彼らにズィンマを保証する以外に方法がなかったのである。ウマイヤ朝初期、アレクサンドリアの税務行政は市民の自治に委ねられていたが(Sawīrus, PO, V, 5, 13; Eutychius, II, 41)、これはウスマーンのズィンマを証明している。ウマル二世のファイ新解釈が通説となる以前の第二・第四伝承系統は、このウスマーンの事績をカリフ－ウマルのそれと、おそらく故意に混同したのである。Ibn Luhay'a が第四系統の伝承に、「これはアレクサンドリアの第二の征服のことである」(Ḥakam, 80)と註釈づけたのは、案外この事情を物語っているかもしれない。このような混同を行なったのは、当時のウマイヤ朝の政策にある程度迎合するためであった。

イブン＝アブドゥル＝ハカムはエジプト征服のスルフ説とともに、アンワ説の伝承も紹介しているが、その大半は仮託されたものか、あるいは史実証明がなく、ただ「エジプトはどんな契約もなく、アンワで征服されたと誰かが語った」という形式のものである(Ḥakam, 88-90)。そのなかで、ウマル二世がそう主張したというのがある(Ḥakam, 90, cf. 154-55)。そのような伝承はアブー＝ウバイド(pp. 140-41, n° 382)にも、さらにバラーズリー(p. 255, n° 541)にも伝えられている。事実とは関係なく、カリフの主張がアンワ説の根拠として採用されているのである。それは単にアレクサンドリアのみならず、エジプト全土の武力征服を主張するものであった。これはすでにカリフ－ムアーウィヤ一世以来、ウマイヤ朝政府のほぼ一貫した主張であって、その武力征服論は実は増税を行なううえで必要だったのである。ウマイヤ朝政府はたびたび増税を強行したが、それは増税しないというスルフの一条件を無視することを意味した。ムアーウィヤ一世はエジプトの税務長官 Wardān（在位四三―四四年）に増税を命じたが、Wardān は、彼らとの契約には増税しないという条件があると主張して免職されている (Ḥakam, 86; cf. Ḫiṭaṭ, I, 79; Amwāl, 144, nº 393; Balāḏurī, I, 255, nº 542)。また前述のタバリー所収 Ibn Isḥāq の伝承には、ウマイヤ朝の政策を批判した典拠者[28]の言葉も含まれており、彼によると、ウマイヤ朝歴代のカリフは総督に、エジプトは武力で征服され、エジプト人はわれわれの奴隷であり、望み通りに彼らに対して増税したり、新税種を設けたりすることができると書き送っていたという (Ṭabarī, I, 2584)。この伝承は明らかにアッバース朝時代になって生まれたものであるから、征服そのものについては信憑性はない。しかし典拠者が、アレクサンドリアとその周辺の諸村には契約がないという武力征服の伝承は、このようなウマイヤ朝の主張によって生まれたのである、と断じているのは興味深い。さきの第二・第四系統の伝承は、このウマイヤ朝の政策に一部妥協した意見を伝え、第三系統はウマル二世のファイ理論にもとづいて、ウマイヤ朝の方針を一層取り入れているのである。

こうしてウマイヤ朝政府は、スルフ征服をアンワ征服とすることによって増税を正当化し、原住民の不満を押さえようとしたのであった。ところがアッバース朝になって、一四三年ごろより伝承の蒐集が行なわれだすと[29]、スルフはもはや動かしがたい事実となった。少なくともそう信じられるに至った。そしてアッバース朝の半ばごろには、エジプトのスルフ征服説が固定したのであるが (Maʿārif, 569)、それにはもう一つの理論転換を経ていた。すなわちウマル二世以後、ムスリム全体のための征服地となっていたファイを、今度はスルフ征服の結果生じたものとする理論が二世紀の半ばごろに生まれ、これがシャーフィイー al-Šāfiʿī（二〇四年没）によって確立された[30]。ここに、もはやスルフかアンワかの論争は実質上まったく無意味となり、エジプトのスルフ征服説が決定しても、アッバース朝当局はウマイヤ朝のように、少なくとも理論のうえでは苦慮することなく、ハラージュを徴収できたのである。

要するに、原住民に対してはスルフ、支配者に対してはアンワの征服方針から結ばれたバビロンのスルフ、その後、アラブ軍による土地および住民の分配を防ぐというカリフ－ウマルの政策転換から、ほとんど武力で征服したにもかかわらず、住民にズィンマを与えたアレクサンドリアのスルフ、契約破棄の誤解を生んだアレクサンドリアの叛乱とその再征服、増税のうえで必要になったウマイヤ朝のアンワ征服説というように、歴史的事実のうえに政治的配慮が重なったことを看過、あるいは故意に混同した結果、後世の法理論家のあいだでアンワかスルフかの諸説が沸騰したのである。Dennett の主張するように、地域によって征服の仕方が異なっていたという単純な理由から、征服論争が起こったのでは決してない。

（1）　D. C. Dennett, Conversion and the Poll Tax in Early Islam, Harvard Univ. Press, Cambridge, 1950.

（2）　バビロンは現在のカイロ市南部にあったビザンツ軍の城塞。

（3）　これはもともとギリシア語で書かれたが、のちそれがアラビア語訳され、さらに一七世紀初に、そのアラビア語訳本からエチオピア語訳され、現在はそのギリシア語原典もアラビア語訳本も散佚して、エチオピア語本しか残っていない。そのうえ残念なことに、翻訳過程中に省略個所や脱漏部分などができたりして、不完全なものになっている。The Chronicle of John, Bishop of Nikiu, tr. by R. H. Charles, London, 1916.

（4）　同じヤアクービーによって書かれた《Kitāb al-Buldān》では、「エジプトはアレクサンドリア以外はスルフで征服された」となっている(al-Yaʻqūbi : Kitāb al-Buldān, BGA, Vol. VII, Leiden, 1892, p. 331)。これは彼が在世したアッバース朝当時の一般的見解をそのまま述べたものと思われる。もっとも《Ta'īḫ》の著者と《al-Buldān》の著者とを同一視するのは疑問であるとする説もある(cf. Y. Marquet, Le šīʻisme au IXe siècle à travers l'histoire de Yaʻqūbī, II, Arabica, XIX/2, p. 138, note 1)。

（5）　嶋田襄平「ウマル一世のサワード租税制度」『中央大学文学部紀要』二一、二二―二三頁、同「大征服時代のアル・サワードのスルフ」『中央大学文学部紀要』一四、九二頁、九六頁註（36）参照。

（6） Ibn Saʿd, VII, 514; Ḏahabī, V, 200, 272–73; Taġrībirdī, I, 238; Suyūṭī, I, 299.

（7） Ibn Saʿd, VII, 516; Ḏahabī, V, 208, 290; Suyūṭī, I, 281.

（8） Ibn Saʿd, VII, 516; Wakīʿ: Aḫbār al-quḍā, (al-Qāhira, 1947–50), III, 235–36; Maʿārif, 505; Yaʿqūbī, II, 389, 401 403; Kindī, 134, 368–70; Taġrībirdī, II, 77; Suyūṭī, I, 301.

（9） Suyūṭī, I, 305–06.

（10） バラーズリーによれば、アレクサンドリア攻略中、アムルは Ḫāriǧa b. Ḥuḏayfa をフスタート（バビロン）に残したという（Balāḏurī, I, 259）。

（11） Ḏahabī, V, 240; Suyūṭī, I, 300.

（12） Suyūṭī, I, 279.

（13） Ibn Saʿd, VII, 516; Ḏahabī, V, 185; Taġrībirdī, II, 56; Suyūṭī, I, 300.

（14） (1)一定額の貢納、(2)一一カ月の休戦、(3)ビザンツ軍の平和的撤退、(4)軍人一五〇人、文官五〇人を人質とす、(5)今後敵対行為をしないこと、(6)教会の保護、(7)ユダヤ人のアレクサンドリア残留許可（John, 193–94）。

（15） Ḥakam では Yazīd の名が脱落しているが、Amwāl, 142; Balāḏurī, I, 253 によって補った。

（16） Ibn Saʿd, VII, 513; Suyūṭī, I, 209.

（17） Ḏahabī, V, 61–62.

（18） Ḏahabī, VI, 54; Taġrībirdī, II, 4; Suyūṭī, I, 273.

（19） Ḏahabī, VI, 308; Suyūṭī, I, 278.

（20） Ibn Saʿd, VII, 517; Suyūṭī, I, 283.

（21） Ibn Saʿd, VII, 513; Ḏahabī, V, 184–85; Taġrībirdī, I, 238, 308; Suyūṭī, I, 299.

（22） Ibn Saʿd, VII, 517; Maʿārif, 505–06; Suyūṭī, I, 301–02.

（23） Ibn Saʿd, VII, 518; Taġrībirdī, II, 239; Suyūṭī, I, 346.

（24） 嶋田襄平「ズィンマとファイ――歴史的考察――」『中央大学文学部紀要』一七、「ファイ理論の展開――歴史的概観――」『オリエント』VI/1、「ガニーマとファイとの対立観念の形式」『イスラム世界』一、の各論参照。

(25) 嶋田襄平「ズィンマとファイ」一〇四頁。
(26) 嶋田襄平「ウマル一世のサワード租税制度」一八―一九頁、同「イスラーム初期のディーワーン制度」『中央大学文学部紀要』三三、二二頁参照。
(27) Cf. Sawirus, PO, I, 494-95.
(28) al-Qāsim b. Quzmān という名前から、おそらくコプト人出身と思われる。
(29) Cf. Taġrībirdī, I, 351.
(30) 嶋田襄平「ガニーマとファイとの対立観念の形式」四―八頁参照。

第一章　アラブ征服期における税制

1　ムスリム伝承資料の批判

アラブ＝ムスリム軍が征服した土地の税制を研究するには、その前提条件として、征服の形式およびこれをめぐるムスリムの法家や史家たちの論争の問題が取り上げられねばならない。エジプトの場合もその例に漏れないが、この点についてはすでに序論で扱った。それで本章では、アラブ征服によってエジプトにどんな税制が生まれたかを検討してみたい。

初期イスラムの税制史に関して、かなり突こんだ研究を残した Dennett は、エジプトについて、征服直後には次の四つの制度があったとしている(七三頁)。

一、アラブ軍はコプト人の共同体と和約を結んだが、それは成人男子一人当たり二ディーナールと地積一フェッダーン当たり一ディーナールの率にもとづく現金税、および土地の生産物に対する現物税の支払い、ムスリムのための食物および衣類の特別醸出と款待の義務を条件とする。この「貢納」は総額ではなくて課税率を意味する。

二、アレクサンドリアは武力で征服され、したがってまったく征服軍の意のままになるハラージュ(ḫarāǧ)地である。

三、ペンタポリス Pentapolis は毎年増減のない一定額を支払う。この地域は ʿahd(契約)地である。

四、前代の帝領地および税吏不入の私領地は、カリフ－ウマルがイラクについて行なったと同じように没収された。のち、封土はこの土地から与えられた。

このDennettの考えは、以前のC. H. BeckerやA. Grohmannの説と多くの点で対立する。そこで彼は二ディーナールのジズヤ(ğizya)が貢納であるか、それとも人頭税であるかの問題[1]を始めとして、論争点を逐一検討し、自説の証拠固めを行なっているのであるが、そうした彼の推論の根底には、つねに右の四つの範疇が横たわっている。このDennettの主張が妥当であるかどうかは、彼の説にとって根本問題であるので、一部は序論と重複するが、あらかじめこの点の批判をしておきたい。

さて、第一のコプト人の共同体についてであるが、これは総主教兼行政官のキュロスKyros(al-Muqawqis)とアラブ征服軍のアムル'Amr b. al-'Āṣとのあいだで結ばれたと伝えられる和約(スルフ)、すなわち以下の条件からなる協定をまとめたものである(七一―七二頁)[2]。

(1) コプト人の全成丁は各人二ディーナールの人頭税(史料の原文ではジズヤ)を支払う。
(2) 子供、老人、婦人は免除される。
(3) コプト人はムスリムに対し三日間の款待をする。
(4) 被征服民の土地・財産・教会は収奪されたり、干渉されたりしない。
(5) アラブ軍は望む場所に駐屯地を設けることができる。
(6) 土地所有者は二ディーナールの人頭税のほかに、ムスリム一人当たり三アルデブの小麦と酢・蜜・オリーブ油をそれぞれ二キストずつ供給する。
(7) 土地所有者はまた穀物地一フェッダーン当たり一ディーナールと小麦二分の一アルデブ、大麦二ワイバ、もしくは一ジャリーブ当たり一ディーナールと三アルデブの穀物を支払う。

(8)　各ムスリムに衣服一式が支給される。

Dennett はただイブン＝アブドゥル＝ハカム Ibn ʻAbd al-Ḥakam、スユーティー al-Suyūṭī、ヤアクービー al-Yaʻqūbī、エウチキウス Eutychius、バラーズリー al-Balāḏurī などが伝える諸伝承を綜合して、これらの諸条件を列挙しているだけであるが、しかし、ムスリムの伝承資料をこのように無批判に用いるのは、きわめて危険なことである。資料として採用する前に、その伝承がどのような性格を持っているか、あらかじめ当たっておく必要がある。そこで、Dennett がこの和約に関する資料として用いている諸伝承を逐次検討することにする。なおエウチキウス、スユーティーの記事は、イブン＝アブドゥル＝ハカムからの援用にすぎないので度外視する。

まずイブン＝アブドゥル＝ハカムで、和約の内容を伝えているのは、それぞれ左記のような系譜を持った伝承である。

(a)　ʻUbayd Allāh b. Abī Ǧaʻfar / ʻAyyāš b. ʻAbbās al-Qitbānī →Ibn Luhayʻa→ʻUṯmān b. Ṣāliḥ (Ḥakam, 63 ; cf. Ḫiṭaṭ, I, 290)

(b)　一団の tābiʻūn→Ḫālid b. Yazīd→{Ḫālid b. Ḥumayd / Yaḥyā b. Ayyūb}→Ḫālid b. Naǧīḥ→ʻUṯmān b. Ṣāliḥ (Ḥakam, 70 ; cf. Ḫiṭaṭ, I, 292 ; Eutychius, II, 23–24)

(c)　Yazīd b. Abī Ḥabīb→al-Layṯ b. Saʻd→ʻAbd Allāh b. Ṣāliḥ (Ḥakam, 70, 72)

(d)　Yaḥyā b. Maymūn→〔Yazīd b. Abī Ḥabīb〕→ Ibn Luhayʻa→ʻAbd al-Malik b. Maslama (Ḥakam, 70, 86–87[3] ; cf. Ḫiṭaṭ, I, 76, 293)

これらのほか、間接的に、すなわちアレクサンドリアの征服に関する伝承に付け加えて、エジプト全体のスルフを説明するものがあり、次の伝承系譜を持っている。

(e)　al-Ḥusayn b. Šufay→al-Ḥasan b. Ṭawbān→{Mūsā b. Ayyūb / Rišdayn b. Sa'd}→Hāni' b. al-Mutawakkil(Ḥakam, 82–83, 84; cf. Ḫiṭaṭ, I, 166, 294; Eutychius, II, 26)

これらのうち、(a)(b)(c)(e)はすでに序論でそれぞれ第一、第二、第四、第三の伝承系譜として紹介したので、系譜の検討は省略する。[4] (d)の Yaḥyā b. Maymūn は、ウマイヤ朝カリフ－ヒシャーム（在位一〇五―一二五／七二四―七四三年）によりエジプトの裁判官に任命されており、没年は一一四年である。[5] ʻAbd al-Malik b. Maslama はどんな人物か比定できなかったが、イブン＝アブドゥル＝ハカムは彼の伝承を多数載せている。ただいずれも非常に短く、しかも主要伝承に対する註釈の形で現われることが多いので、信憑性は低いと考えられる。

(a)系統の伝承は、将軍アムルのエジプト侵入からバビロン城塞の陥落までの征服過程をかなり詳しく伝えているのであるが、その内容は多分に武勲伝的である。そのうえ当面の問題の和約については、いわば蛇足のような形で、「al-Muqawqis(Kyros)はみずからと彼とともにいる人々のことを心配して、そのころ、アラブのためにコプト人の男各人に二ディーナールを課するという条件で、アムルにスルフを求めていたが、彼はこれを承諾した」とのみ記しているにすぎない。コプト人の男一人当たり二ディーナールというのがジズヤであるのか、ましてや Dennett のいうように、人頭税であるのかはまったく不明である。

(b)(c)(e)の各系統の伝承はすでに述べたように、とくにアレクサンドリアの征服について史実に相反しているので、征服直後の状態を正しく伝えているとは考えられない。後世の意見を反映しているに違いなく、そのうち(b)と(c)系統はカリフ－ウマル二世（在位九九―一〇一／七一七―七二〇年）以前、もしくはいわゆるファイ理論[6]が固まる以前のものであり、(e)はウマル二世以後のものである。なお和約に関する(c)系統の伝承は(b)の註釈として記されており、その内容は(a)と同じく「コプト人の男各人に二ディーナールを課するという条件で和約を結んだ」という簡単なものである。

(d)系統による伝承は二回出ており、最初はやはり(b)の伝承の註釈として記されている。したがって内容も簡単で、コプト人の男すべてに二ディーナールを課し、付帯条件としてそれは成丁に限り、女・老人・子供は含めないとある。ただ「それによって彼らを数えたところ、その数は八〇〇万に達した」という、この伝承の信憑性を低めるような文句がついている。

和約についてもっとも詳しい内容を伝えているのは(b)で、Dennett のいう(1)から(5)までの条件は主としてこれに拠っている。しかしそのなかで、ジズヤという語を用い、それが一人当たり二ディーナールであることは述べても、このジズヤが「貢納」や「租税一般」でなく、「人頭税」であるという明確な表現はどこにもない。人頭税という場合には、その裏に対立概念としての土地税の存在が予定されているのであるが、(b)の伝承に関するかぎり、土地についてはその所有権がコプト人に属することを記すのみで、土地に対する課税の規定はない。これは Dennett のあげている(6)(7)の規定と矛盾する。[7] また彼が同時に出典としてあげているヤアクービーの記事(Ya‘qūbī, II, 169)もきわめて簡単で、一人当たり二ディーナールの課税が条件となっている。

(6)(7)(8)の諸条件の出典は主としてバラーズリーの nº. 534 (Balāḏurī, I, 251-52)の伝承である。これは次のような系譜を持っていて、アムルの子 ‘Abd Allāh b. ‘Amr が語ったという形式になっている。

‘Abd Allāh b. ‘Amr→Abū Firās→Yazīd b. Abī Ḥabīb→Ibn Luhay‘a→‘Abd Allāh b. al-Mubārak→Ibrāhīm b. Muslim al-Ḫwārizmī

‘Abd Allāh b. ‘Amr はアムルに同行してエジプト征服に加わったといわれており、彼の没年には異説があるが、六五年というのがもっとも有力である。[8] Abū Firās はめったに登場しない人物で、エジプトについてはこのバラーズリーの伝承を除けば、アムルの死の前後の模様を語っているにすぎない。それは、アムルが死のまぎわに子の ‘Abd Allāh を呼んで、死後のことを託し、‘Abd Allāh がそれを実行したという内容で、多少の違いはあるが、イブン＝アブドゥル＝ハカムほか二、三の史料に伝えられている。[9] 彼はアムルもしくは'Abd Allāh の mawlā で、'Abd Allāh と同時代の人である。ただイブン＝サアド Ibn Sa'd では、バスラの第一 ṭabaqa にはいっていて、かなりの老人だったようである。[10]

Yazīd b. Abī Ḥabīb, Ibn Luhay'a についてはすでに説明した。[11] 'Abd Allāh b. al-Mubārak はメルヴ出身の学者で、多くの伝承があり、また伝承を求めてイラク・ヒジャーズ・シリア・エジプト・ヤマンに旅したといわれている。生没年は一一八―一八一年である。[12] Ibrāhīm b. Muslim al-Ḫwārizmī はどんな人物か筆者には比定できなかったが、バラーズリーは《Futūḥ al-Buldān》で二回、《Ansāb al-ašrāf》で何回か典拠者として用い、al-Ḥusayn b. 'Alī al-Aswad(二五四年没)、'Amr b. Muḥammad al-Nāqid(二三二年没)[13]らと同時代に扱っている。[14]

この系譜でまず気のつくことは、これまで紹介したイブン＝アブドゥル＝ハカムの諸伝承系譜と異なり、第一代目が一世紀半ばまで遡っていることである。バラーズリーより古いイブン＝アブドゥル＝ハカムにおいても、第一代目はせいぜい一世紀末から二世紀にかけての人々であり、そのうえ伝承そのものにも、多分に後世の意見が反映されていた。それをさらにもう一代遡らせ、しかもアムルの子の'Abd Allāh に当てていることは、これが偽作の伝承系譜であることを感じさせる。このことは、さきに述べたアムルの死に関する諸伝承の系譜をみればより明らかとなる。[15]この伝承の作者は、伝承の権威を高めようとして、'Abd Allāh b. 'Amr が登場する Abū Firās の伝承系譜を利用したにすぎないのである。伝承系譜がにせものとすると、伝承そのものも偽作であることは間違いない。事実、この伝承の書き出しをみれば、それは明確となる。すなわち'Abd Allāh の言葉は「エジプトのことは人々によくわかっていない。ある者らは武力で征服されたと言い、他の者らは和約で征服されたと言っているが、真相はこうである。……」となっている。'Abd Allāh の当時に、すでにこうした征服に関する論争が起こっているとは考えられず、ここにこの伝承作者の作為が認められる。またこの伝承では、バビロンの城塞とバビロンの都市(Miṣr 市)とが同一視され、こ

の両者が単一の和約で開城したことになっているが、これは史実に反する。(16)

このように、当面の伝承が偽作であることを執拗に証明したのは、この伝承をなんらの批判もなく利用している Dennett の誤りを強調したかったからである。もしこの伝承を資料として生かすとすれば、それはあくまで後世のある意見として、内容を厳密に検討し、分解したうえでなければならない。征服当時に関する資料にはなりえなくても、征服後何年かの状態を伝えている可能性はあるわけである。そこでこの伝承のうち、とくに税制に関する部分を列記すると次のようになる。

(1) バビロンの城主は、アムルがシリアで行なったこと、すなわちキリスト教徒やユダヤ人にジズヤを課し、土地は住民に安堵して、ハラージュを支払わせるという条件を提案した。
(2) 土地の分配を求めた一部の者を除き、ムスリムたちは概してこれに賛成した。
(3) 貧者以外の各人にジズヤとして二ディーナールを課し、土地所有者はこの二ディーナールのほか、俸餉(rizq 現物給与)としてムスリムに支給される三アルデブの小麦、二キストずつのオリーブ油・蜂蜜・酢(これはムスリム一人当たりの額)を供出する義務を負う。
(4) 毎年各ムスリムに支給する衣服一式をエジプト人全体が負う。
(5) 女、子供、財産は住民に安堵される。
(6) カリフ－ウマルはこれを承認す。
(7) それで土地はハラージュの土地(arḍ ḫarāǧ)となった。
(8) バビロンの城主は、バビロンに関する以上のことが済むと、このスルフと同じような条件で、エジプトの住民全体についてのスルフも結んだ。
(9) エジプトの土地にはハラージュを課し、一ジャリーブごとに一ディーナールと三アルデブの穀物を、各成人の頭には二ディーナールを課した。

Dennettのいう和約の(6)(7)(8)の条件は、それぞれ右記の（3）（9）（4）を根拠にしている。彼はこれらの条件もエジプト人全体に有効なものと考えているが、このバラーズリーの伝承は（1）から（7）までと（8）（9）との二つの部分からなり、前半はバビロンの都市に関するもの、後半がそれに倣ったエジプト全体に関するものであって、Dennettのように同一和約内の条項とみなすことはできない。また彼によると、(7)の条件は「一フェッダーン当たり一ディーナールと二分の一アルデブの小麦および二ワイバの大麦の支払い」でもあるといい、出典にイブン＝アブドゥル＝ハカム(Ḥakam, 153)をあげているが、この部分の記事は当面の和約となんらの関係もなく、また原文には「一ディーナール」の語もない。おそらく、上記のバラーズリーの（9）の文句から類推して、原典を故意に乱用したとみなされる。

このバラーズリーの nº. 534 の特色は、イブン＝アブドゥル＝ハカムの場合と違って、ジズヤを明らかに「人頭税」の意味に用い、したがって、ハラージュをその対立概念の「地租」の意味に用いていることである。人間に対する課税と土地に対する課税とが、観念上ならともかく、用語上においても明確に区別され、人頭税ジズヤ、土地税ハラージュとして、両者を対立的に用いるのはずっと後世になってからである。イブン＝アブドゥル＝ハカムにおいても、ハラージュとジズヤが対立的に現われるのは、ウマル二世以後の意見を反映した(e)系統の伝承のみである。

このように「征服した土地をムスリム軍のあいだで分配せず、ムスリム全体のために固定した場合、その住民の頭(もしくは首)にはジズヤが、土地にはハラージュが課せられる。したがって土地はハラージュ地になる」というのは、Abū Ḥanīfa(一五〇年没)をはじめとするイラクの法理論家たちの考えで、[17] まさに当面のバラーズリーの nº. 534 は、この派の法意見を伝えたものにほかならない。要するに、この伝承が資料的価値を持つとすれば、それはあくまで、法理論家たちのこうした見解が生まれるおそらく二世紀以後の知識として扱った場合のみであり、そのうえならば、当時よりやや以前の実情を伝えているとする可能性もなくはない。

以上によって明らかなように、「コプト人の共同体は征服直後から、各人二ディーナールの人頭税と一フェッダーン当たり一ディーナールプラスなにがしかの現物租による土地税を課せられた」とする Dennett の説は、いずれも伝承資料を曲解あるいは無批判に利用したために導き出されているのである。

次に「アレクサンドリアは武力で征服された結果、まったく征服軍の意のままになるハラージュ地になった」というのは妥当だろうか。このアレクサンドリアの武力征服とは、むろん二五年の叛乱の鎮圧を指している。「叛乱は最初の和約の破棄を意味し、また鎮圧後新たな協定も和約の更新もなかったから、アレクサンドリアはハラージュ地になった」というわけで、Dennett は資料もあげず、これをあたかも自明のこととしている(七〇、七二—七三頁)。なるほど「アレクサンドリアは叛乱によって契約を破棄した」と述べているムスリム史家もあるが、これはあくまで後世の説明にすぎない[18]。序論でも述べたように、ヤアクービーによれば、二五年にアレクサンドリアが叛乱を起こしたとき、カリフ—ウスマーンは捕虜となった住民を最初のズィンマに戻した(Ya'qūbī, II, 189)とされており、事実ウマイヤ朝初期、ヒジュラ暦七四年までは、アレクサンドリアの税務行政は市民の自治に委ねられている(Sawirus, PO, V, 5, 13; Eutychius, II, 41)。

またアレクサンドリアはハラージュ地になったというが、ムスリム征服軍は最初から「ハラージュ地」という概念を持っていたわけではない。これは法理論家の専門用語で、むろん後世になって発生した概念である。

Dennett のいう第三のペンタポリスについては、さほどの問題はなく、またこの地方(キレナイカ)は、歴史的にもエジプト固有の地域とは別個に考えられているので、ここで論じる必要もなかろう。

第四の、前代の帝領地および私領地については、ただ Becker の研究[19]が参考にあげられているのみで、なんらの論証もなされていない。それで、ここではこの問題に触れないでおく。

2　ムスリム伝承における矛盾

前節で述べたように、ペンタポリスの場合を除けば、Dennett の説ははなはだ疑問視される。同じムスリム史料を用いるにしても、もっと違った結論を導き出しえないだろうか。この点もっとも問題になるのは、やはりコプト人の共同体の場合である。Dennett の用いた二つの主要資料のうち、まずイブン＝アブドゥル＝ハカムの(b)系統に代表される伝承――以下ハカム(b)と略称する――すなわち、いわゆるファイ理論が固まる以前の伝承の内容は

(1)　コプトの成丁には一人当たり二ディーナールの現金税があり、またそれは ǧizya の語で表示される。

(2)　コプト人の土地の所有権はそのまま彼らに属して担税義務はない。

の二点に要約される。それに対してバラーズリーの n° 534 の伝承は、後世の法意見にすぎなかったが、

(1)　成丁に「人頭税」(ǧizya)として二ディーナールを課す。

(2)　土地には「地租」(ḫarāǧ)を課し、土地所有者は一ジャリーブごとに一ディーナールと三アルデブの穀物を納める。なおこの穀物はムスリムの俸餉(rizq)となる。

の二点にしぼられる。この両者の相違は根本的で、むろんこのように互いに矛盾しあうものを並置することはできない。

さて、理由は不明であるが Dennett が利用しなかった資料があり、そのうち前者に共通するものに次のイブン＝アブドゥル＝ハカムの伝承がある。その一つは、エジプト征服のおり、契約('ahd)が与えられたか否かについて、これを肯定して証言した古老の話で、'Ubayd Allāh b. Abī Ǧa'far→al-Layṯ b. Sa'd→Hišām b. Isḥāq al-'Āmirī という系譜によっている。

(1)　コプト人には三つの kitāb(文書)、すなわち Iḫnā の長 Ṭalmā、Rašīd の長 Quzmān、al-Burullus の長 Yuḥanna に対する kitāb があり、

（２）　そのスルフの条件は、各人にジズヤとしての二ディーナールとムスリムの俸餉(rizq)の提供とである。

（３）　条件として六つあり、彼らを住地から連れ去らないこと、婦人・村・土地からは取り立てないこと、増税を行なわないことである(Ḥakam, 85; Ḫiṭaṭ, I, 294)。

'Ubayd Allāh と al-Layṯ b. Sa'd はすでに出てきた人物である。[20] Hišām b. Isḥāq al-'Āmirī はどんな人物か比定できなかったが、イブン＝アブドゥル＝ハカムでもあまり登場しない。同じ趣旨の伝承は非常に簡略化された形であるが、'Ubayd Allāh b. Abī Ǧa'far→Bakr b. Muḍar→'Uṯmān b. Ṣāliḥ の系譜によっても伝えられている。Bakr b. Muḍar は al-Layṯ b. Sa'd と同じ ṭabaqa に属し、生没年は一〇二—一七四年である。[21] 'Uṯmān b. Ṣāliḥ についてはすでに触れた。[22] またこのイブン＝アブドゥル＝ハカムの伝承はアブー＝ウバイドも記載している(Amwāl, n° 385, p. 141)。ただ（３）のうちの「村」(kufūr)が、アブー＝ウバイドでは「財宝」(kunūz)となっている。伝承系譜は 'Ubayd Allāh b. Abī Ǧa'far→Bakr b. Muḍar→Ḥassān b. 'Abd Allāh である。Ḥassān は生没年は不明だが、二世紀半ばごろの人物で、いくつか伝承を伝えている。[23] 要するにこの伝承は

al-Layṯ→Hišām b. Isḥāq→'Abd al-Ḥakam

'Ubayd Allāh→Bakr b. Muḍar→'Uṯmān

Ḥassān→Abū 'Ubayd

という系譜によってわれわれに伝わっている。この系譜中で重要な意味を持つ人物は、むろん最初の 'Ubayd Allāh b. Abī Ǧa'far である。彼は(a)系統の最初の伝承者で、その伝承では、徴税条件はきわめて簡単に「コプト人の男各人に二ディーナールを課す」とだけ記されていた。ところで当面の伝承で注意を要するのは、（２）の各人に現金税として二ディーナールのジズヤを課すという点と、（３）の土地からは取り立てないという点である。(a)系統の伝承とこの伝

承との相違は、「ジズヤ」の語が後者にのみみえるということだけで、内容のうえでは矛盾しない。ここに両者に共通した 'Ubayd Allāh の主張を認めることができる。これはまた(b)系統の内容とほぼ一致している。

次に、いま述べた 'Ubayd Allāh の伝承の「六つの条件」という点で類似する伝承がある。それは「総督 'Uqba b. 'Āmir(在位四五—四七年)がカリフ－ムアーウィヤに土地の譲渡を求めたところ承認されたが、ただその土地がスルフ地であるかどうか調べるよう命じられた。すると彼は、彼らには六つの条件、すなわち彼らの生命の保障、女・子供からは何も取らないこと、増税されないこと、敵からの保護があると返答した」(Ḥakam, 85–86; cf. Ḫiṭaṭ, I, 208, 294) というのである。また同じ伝承が他の系譜によっても伝えられ、「六つの条件」が「土地からは何も取らないこと、増税しないこと、能力以上に課さないこと、女からは取らないこと、敵から守ること」(Ḥakam, 86; cf. Ḫiṭaṭ, I, 208) となっている。伝承系譜は両者を合わすと次のようになる。

Abū Ǧum'a → Yazīd b. Abī Ḥabīb → Ibn Luhay'a → Yaḥyā b. 'Abd Allāh b. Bukayr → 'Abd al-Ḥakam
Abū Ǧum'a → 'Ubayd Allāh b. Abī Ǧa'far → Abū Šurayḥ → Ibn Wahb → 'Abd al-Malik b. Maslama → 'Abd al-Ḥakam

Abū Ǧum'a は総督 'Uqba の mawlā とされているが、イブン＝サアドによれば、マホメットの教友で、シリアにいたが、のちエジプトに定住したという。[24] Yazīd や 'Ubayd Allāh とのあいだには完全に世代が開きすぎ、このいずれの系譜も成立しがたい。したがって伝承そのものも偽作と考えられ、誰かが Abū Ǧum'a に仮託して意見を伝えたのであろう。ただ「六つの条件」のうち、'Ubayd Allāh の系統にのみ「土地からは何も取らないこと」とあって、Yazīd b. Abī Ḥabīb の系統にこの条件がないのは注目に値する。'Ubayd Allāh と Yazīd は同時代の人物で、ヒジュラ暦一世紀末から二世紀にかけて活躍したのであるが、この伝承の相違は、案外「土地」についての両者の見解の相違を物語っているかも知れない。[25]

一方、バラーズリーの n° 534 にかなり共通する内容を持つものに、さきに少し触れたイブン＝アブドゥル＝ハカムの(e)系統の伝承がある。この伝承は、アレクサンドリア征服の事情を語っているのであるが、実際はカリフーウマル二世以後の意見を伝えたにすぎない。ただこれには、アレクサンドリア以外のエジプト全土に関するスルフが挿入句的に説明されている。

（1）エジプト全土は人頭税(ǧizya ra's)として各人に二ディーナールの課税額でスルフ〔地〕となった。ただし一人当たり二ディーナールを越えない。

（2）もっとも土地、播種地についてはその面積にしたがって賦課される。

（3）アレクサンドリアの住民はハラージュとジズヤを支払う。

この伝承でまず注目すべきことは、各人に課せられる二ディーナールを《ǧizya ra's》すなわち「頭のジズヤ」と呼び、はっきり「人頭税」の意味に規定している点である。ハカム(b)では単に《ǧizya》とのみあって、これが果たして「人頭税」なのか、それとも「貢納」の一種なのかわからなかった。第二は土地に関する規定で、これはバラーズリー n°. 534 の「一ジャリーブごとに一ディーナールと三アルデブの穀物の納付」と相通じるが、しかし、このような単位面積当たりの基準額は明示されていない。またバラーズリーでは、これを《ḫarāǧ》と名づけているが、この伝承ではそこまで明確な見解を示していない。武力(アンワ)征服のアレクサンドリアにはハラージュとジズヤがかかると主張するのであるから、スルフ征服のエジプト全土について、その土地税の存在を現実として認めながらも、これを「スルフ征服」という理由から、同じ「ハラージュ」の語で呼ぶわけにいかなかったのであろう。(e)系統の伝承は、ファイ理論が出されたのちのものであるとはいえ、明らかにまだ過渡的な見解を示している。

結局のところ、もはや明白なように、Dennett がもっとも根拠にした二つの資料、すなわちハカム(b)とバラーズリー n°. 534 の伝承とのあいだにみられた矛盾は、実は年代的相違に由来しているのである。ウマイヤ朝中期、新たなファイ理論が打ち出されたウマル二世の治世がその転換期になっており、しかも両伝承のあいだにはかなりの年代差があって、その中間に位置する見解が存在し、それらの諸見解には、前後に発展の跡がみられるのである。
ところでヤアクービーには、きわめて簡略ながら次のような課税方法が記載されている。
ヒジュラ暦二〇年、アムル ʿAmr b. al-ʿĀṣ はアレクサンドリアとエジプトの全地域を征服し、一人当たり一ディーナールの率による彼らの頭の税(ḫarāǧ ruʾūs＝人頭税)と一〇〇アルデブにつき二アルデブの率による穀物税(ḫarāǧ ġallāt)として一四〇〇万ディーナールを徴収した(Yaʿqūbī, II, 176–77)。

ここで問題になるのは、むろん「(1)一人当たり一ディーナールの人頭税、(2)一〇〇アルデブにつき二アルデブの穀物税」の二点である。このいずれの規定も他に類をみないものであるが、実際問題としては大いにありうる。その可能性を見出すには、エジプト征服以前にとられてきた、アラブの被征服民に対する課税方針をふり返ってみれば十分であろう。

まずマホメットの時代であるが、当時にはまだハラージュの語はなく、啓典の民への賦課は「ジズヤ」と呼ばれている。このジズヤは広義に用いられ、「人頭税」の意味もその一義として含まれる。マホメットのジズヤのうち、内容のはっきりしているのは、彼のタブーク遠征(九年)のさいのものであるが、それはいずれも一人当たり一ディーナールという、均等人頭税が基礎になっている。(26) その後、サワードの al-Ḥīra でアラブ軍が結んだスルフのジズヤは、一人当たり一四ディルハムであったが、これは各人均等一ディーナール(＝一〇ディルハム)というマホメットの人頭税に、ササン朝ペルシアの人頭税の最低額四ディルハムを加えたものである。一方、ユーフラテス河流域の農村地帯で結ばれたスルフでは、ジズヤはペルシア起源の各人四ディルハムと、そのほか貧富の程度に応じて割当徴収される一定総額とからなっている。(27) もっとも、この一定総額は内容的には土地税に当たるのであろうが、al-Ḥīra のジズヤと対比して考えるならば、一人当たり一ディーナールというマホメットの人頭税に相当するといえる。またシリアでは、概して一人当たり一ディーナールの人頭税が課せられている。(28)

このように見てくれば、マホメット時代から征服事業に従事し、シリア、ヨルダンの征服をへて、エジプト征服を行なったアムルが、まだ従来のエジプトの税制を知らず、これまで経験してきたスルフによって、エジプトにおいても一人当たり一ディーナールの人頭税を規定したとすることは至当であろう。これは、上エジプト出土のパピルス文書によって、農民の人頭税が平均一ディーナール(一ソリドゥス solidus)であったと推定されることからもうなずけるのである。(29)

このような人頭税に対して、一〇〇アルデブにつき二アルデブという産額比率による現物税の規定は、他の史料にはまったく見られない。バラーズリーには、ムスリムの俸餉となる現物租の規定はあったが、それは土地の所有面積を基準にした完全な土地税であった。前述のハカム(b)の規定とバラーズリー n°. 534 のそれとの場合のように、この内容の矛盾を年代的相違に置きかえるならば、土地税は地積基準による前に、産額比率によって、しかも現物で課税されたということになる。比率の数値そのものはともかく、現物税としての穀物が徴収されたことは、征服直後、バビロンから紅海に抜ける昔のトラヤヌス運河が、カリフ－ウマルの命によって新たに浚渫され、この運河を通って、大量の穀物がメディナへ送られた事実からもわかる。(30) しかしこの現物税が、産額比率と地積基準のいずれによって徴収されたかは、この資料だけでは不明である。

以上要するに、ムスリム史料を中心としてあえて仮説を立てるとすれば、最初期の課税基準は、一人当たり一ディーナールの人頭税とアラブのあいだではいまだ観念の明確でない土地税とからなっていて、この土地税はおそらく村落など共同体ごとに割当額が決められたのであろうが、平均して一人当たり一ディーナールに相当したと推定することができる。

3　ヨハネスの年代記

前節で述べたように、いずれのムスリム伝承も、征服当初の税制の実状を忠実に伝えているとはいいがたく、立場の異なる法理論家や伝承家によって、それぞれの時代を背景とした見解が多分に織りこまれていた。したがって、こうしたムスリム伝承から後世挿入された部分をできるだけ取り去り、いわばその原資料に当たる部分を探し出して、実際上の税制を知るための手掛りとしなければならない。ただ視点を変えてみれば、これらの諸伝承はウマイヤ朝中期を中心とする税制の変遷を案外物語っているかもしれないのである。

しかし、征服直後のエジプトの税制についてもっと詳しく知る手段はないだろうか。この問題を解くに当たってあらかじめ考慮しておかねばならないのは、当時のアラブ－ムスリム軍が持っていた「征服」(fatḥ)の観念とその方針である。たとえば、一口にエジプトというが、彼らが征服の対象として考えていたのは一様なエジプトではなくて、その当時のエジプトを構成した各行政体であり、もし和約を結ぶとすれば、その交渉相手は当該行政体を代表する都市であった。バビロンもしくはアレクサンドリアの和約がエジプト全体をも拘束すると考えるのは、後世のアラブ史家や法家の意見にすぎない。彼らにとって征服とは、抵抗の如何を問わず、都市もしくは村落を逐次占領することであり、和約が成立する場合には、都市およびその管轄地域を一つの独立的な政治共同体として把握し、その住民になんらかの形の貢納を義務づけることだったのである。

だが一方、これと半ば交錯する征服方針も持っていた。それは、原住民に対しては和約を結んでも、これまでの支配者であるローマ人に対しては徹底的に戦うということである(31)。これはムスリム軍の方針というよりも、歴史的現実とみなすべきであろう。ローマ軍には、支配権をかけて戦うかあるいは撤退する以外に道はなかろうし、ムスリム軍としても、抵抗するものには聖戦を継続するしかなかった。こうした事情をよく物語っているのは、シリアやパレスチナの征服である。[32] さらに敷衍していえば、将軍アムルはこのシリアやパレスチナにおける経験をもとにして、エジプト征服にのぞんだのである。ただ、ウマル一世による二〇年初(六四〇年末)のディーワーン(dīwān)制度の設立を機会に、これまでのムスリム軍の征服方針は一部修正されることになった。そして、このウマル一世の政策転換のあとを受けて成立したのが、アレクサンドリアの和約であった。[33] Dennett はこの間の、アムルのエジプト侵入からアレクサンドリアの第一回目の征服に至るまでの事情にまったく考慮を払わず、二五年のアレクサンドリアの叛乱の鎮圧を征服の終了時点としているが、二五年以前にも、すでに税制に歴史のあることを看過してはならない。

ところで、征服当時の模様にもっとも詳しく、信憑性も高い史料は、なんといってもヨハネスの年代記である。ただ、現存しているのは重訳されたもので、しかも脱落部分などがあったりして不完全なために、利用に困難なだけである。[34] また、被征服民のコプト人が信奉するキリスト教の聖職者というヨハネスの立場上のためか、彼の年代記は被害者意識に満ちた言葉で書かれている。このような難点はともかく、この史料の最大の利点は、ムスリム史料と違って、法理論家の意見に煩わされていないということである。ヨハネスはセベロスの『コプト教会総主教史』にも登場する人物で(Sawirus, PO, V, 20, 22, 32-33)、ちょうどアラブ侵入のころ生まれたといわれている。[35] この年代記の記述は、六四三／四四年(ほぼヒジュラ暦二三年)、すなわちアムルの第一次総督時代で終っている。そこで、アラブ軍の侵入後、それまでのあいだのおよそ税制に関係ある記事を取りまとめてみたい。

まず、ムスリム軍の征服方針、および彼らが被征服民とのあいだに結んだ和約については、どのように描いているだろうか。この年代記の目次をみると、「第一一四章、どのようにしてムスリム軍が indiction の一四年目にミスル Misr 市をとり、一五年目にバビロン城塞の門を開かせたか」という項目がある(John, 13)。ミスル市とは、バビロン城塞に隣接するいわゆる「バビロンの町」のことである。ところが年代記の本文には、この項目に当たる部分がない。ミスル市開城のさいに結ばれたはずの和約に関する記事が脱落しているのである。このことは、間接的にではあるが、エジプト人とアムルとの和約締結を伝える記事もあるので明らかである(cf. John, 195, CXX, 36)。そんなわけで、内容を知ることはできないが、対ローマ人と対コプト人の差別が存在したことは確かである。[36]

コプト人の農民に対しては課税方法も規定されていたらしく、しばらくして「農民に対する税(taxes)は倍となり、そのうえ、ムスリムの軍馬用の馬草の供出をしいられた」とあるが、一方ローマ人の行政官らは逮捕され、財産を没収されている(John, 182, CXIII, 4)。これはムスリム史料側から断定できる初期の征服方針――ローマ人に対しては「武力」、コプト人に対しては「和約」という征服方針が事実だったことを物語っている。このことは、Thebaid 州(上エジプト)征服の場合をみれば一層明らかである。すなわち Nikiu 市の陥落(西暦六四一年五月一三日)以前、アムルは Thebaid 州の首府 Antinoe(Anṣinā)に分隊を派遣したが、そのさいビザンツ軍の城塞は包囲して陥落させ、他方、住民はムスリム軍に服従して、貢納(tribute)を支払っている(John, 184, CXV, 9-11)。貢納の支払いはムスリム軍とのあいだに和約が結ばれたことを意味する。ただ、この貢納の内容については不明である。また Dennett は、ムスリム史料のいうバビロンの和約をアレクサンドリアの和約の一部とみなし、バビロンでは、単に守備軍がアムルの約束を受けいれて撤退したにすぎなかったと主張し、その根拠にヨハネスの記事(John, 186-87)を引用しているが(七〇―七一頁)、しかしこれは、ミスル市の開城後もなお城塞を死守していたビザンツ軍についての話で、その取り決めもミスル市の和約とはなんらの関係もない。ビザンツ軍は生命の保障のみを得て、一方的に撤退したのである。

このようなビザンツ軍の撤退は、アレクサンドリアの和約(John, 193-94, CXX, 17-22)のさいでも同様であった。ただ注意しなければならないのは、アレクサンドリアに立て籠ってムスリム軍に抵抗した軍隊のみ撤退を強制され、その他のローマ軍の帰国が認められていないことである。アレクサンドリアの戦いは、エジプトにおける最後の戦いであったから、その他のローマ軍とは、すでにムスリム軍に服属していた軍隊のことである。

ヨハネスの年代記のなかで、もっとも詳しく伝えられている和約は、アレクサンドリアの和約である。当時のアレクサンドリアの住民はほとんどローマ人で、それにユダヤ人がまじっていたと考えられるが、この和約は明らかにローマ人を対象にしている。そのことは「ムスリム軍を恐れて逃亡し、アレクサンドリアに避難していたコプト人が、総主教キュロスに要望して、彼らが自分たちの都市に帰り、ムスリムの人民になれるようムスリム側と交渉させた」(John, 194, CXX, 28) とあることからも明らかである。なおこのコプト人のための交渉によって、キュロスによる最後の和約が結ばれたわけであるが、その結果「ムスリム軍は南北エジプト全土を占領し、彼ら(エジプト人)の税 (taxes) を三倍にした」といわれる。

さて、アレクサンドリアの和約の第一条件は一定額の貢納 (tribute) である。これまでは、ローマ人に対してはつねに徹底的に戦うか、全面的に撤退させるか、あるいは財産を没収するかなどの方針をとってきていたが、ここに初めてローマ人に貢納を認めたのである。ムスリムにとって貢納を認めるということは、その住民にズィンマ(保護)を与え、彼らの財産を安堵することを意味する。このような征服方針の変化は、カリフ－ウマルの政策転換に由来しているのである。(37)

この貢納の支払い期限は和約の調印と同時に始まり、一一カ月間の休戦中も支払い義務が課せられていた (John, 199, CXX, 69)。それでムスリム軍は、ただちにその貢納額受領のためにアレクサンドリアに出向いている (John, 194, CXX, 24)。この貢納は月決めだったようであるが (cf. John, 193, CXX, 18; 201, CXXI, 7)、額の数字は記されていない。しかし、かなり重い額であったらしく、それも他のエジプト人に比較して、とくに苛酷な額をしいられたようである。その徴収方法については不明だが、「富者のうちには、その重圧に耐えかねて一〇カ月のあいだ身を隠す者もあった」(John, 199, CXX, 69) とあるから、課税基準はともかく、各人均等徴収でなかったことは確かである。

やがてビザンツ軍の撤退完了と同時に、アムルが入城する (John, 199, CXX, 70–72)。だがその後まもなく、アムルはこのアレクサンドリアの貢納額を二万二〇〇〇金ディーナールに増額したという (John, 200, CXXI, 4)。ここで早くも条約の規定が一部破られたわけであるが、ヨハネスは、低エジプト州知事 Menas がこの税額をさらに上廻って、三万二〇五七金ディーナールも徴収したと述べている(John, 201, CXXI, 6)。Menas はビザンツ時代から引き続いて、低エジプト州の知事に任命されていた人物で、コプト人に対する圧制者として描かれている(cf. John, 194–95, CXX, 29)。すなわち、アレクサンドリアでは毎月支払わねばならないこの巨額のために、代わりに子供を差し出す者もあり、またそうした理由から、コプト人のうち、これまで形ばかりのキリスト教徒にすぎなかった多くの者がイスラムに改宗し、なかには、逆に武器を取ってキリスト教徒と戦う者まで出てきたという(John, 201, CXXI, 7–10)。Menas はコプト暦三六〇年(六四三／六四四年)にアムルにより免職されている(John, 200, CXXI, 4)。

この月額三万二〇五七ディーナールというのは、その後はあまり変化せず、保たれていたらしい。セベロスによると、ʻAbd al-ʻAzīz b. Marwān が総督になった最初の年、すなわちヒジュラ暦六五(六八五)年のころには、アレクサンドリアの税は現金で一日当たり一〇〇〇ディーナールであった(Sawīrus, PO, V, 13)。月額三万ディーナールになるわけで、ヨハネスの記す税額とほぼ一致する。

ここで念を押しておかねばならないのは、用語上の問題である。ヨハネスの記事のうち、アレクサンドリアの「貢納」を示す訳語は、その和約締結に関する部分では tribute となっていて問題はないが、そのほか、たとえばアムルがアレクサンドリアの「税」を増額して二万二〇〇〇ディーナールに決めた、という場合などは taxes となっている(John, 200, CXXI, 3, 4, 6)。これはおそらく、アラビア語訳本では前者が ǧizya に、後者が ḫarāǧ になっていて、その形がそのままエチオピア語訳本にも伝えられたためと考えられる。この ḫarāǧ は税一般の意味で用いられているのであるが、内容からしてまったく貢納そのものである。しかるに ǧizya と訳さず ḫarāǧ としたのは、アラビア語訳がなされる当時、すでにアレクサンドリアの租税を《ǧizya》と呼べない事情が存在したからであろう。すなわち前述のように、アレクサンドリアは他に比して重い貢納額を課せられ、しかもその額が征服後たちまち増額されたこと、二五年に叛乱を起こしたことなどが重なって、ムスリム学者のあいだで、「アレクサンドリアは征服された最初から《ḫarāǧ》を課せられた」とする見解がかなり早くから生まれていたのであろう[(38)]。これに対しアラビア語訳者は、スルフの結果としての「貢納」が《ǧizya》と呼ばれることを知っており、また当時は、一般に ǧizya の語をそのように理解していたのであろう。

この訳法はセベロスの場合と対照をなしている。セベロスは一〇世紀後半の人であるが、彼は徹底して彼と同時代の語法にしたがって訳していて、《ḫarāǧ》は「租税一般」および「地租」の意味に、《ǧizya》は「人頭税」の意味にとっている。したがって、いま述べた 'Abd al-'Azīz b. Marwān の場合はむろんのこと、ミスル市の代表者たちがアムルと契約('ahd)を結び、それによって住民が租税を納めることになったその「租税」をも、ǧizya とせずに《ḫarāǧ》の語で訳している(Sawīrus, PO, I, 494)。

要するに、アレクサンドリアの租税は、もともと定額貢納であったが、ムスリム側の契約不履行、さらには徴税業務を委任されたローマ人の旧官僚によって、増額されていったのである。とくに、後者のローマ人による増税は、ローマ人対コプト人のしこりがアラブ征服後も尾を引いていたことを示している。

こうした増税によるムスリム側の契約不履行は、アレクサンドリアの場合に限らず、アムルがコプト人と結んだ和約についても起きたらしく、ヨハネスはアムルのコプト人に対する無慈悲とその契約不履行を伝え、彼の野蛮性を悲憤している(John, 195, CXX, 36)。また総主教キュロスの死の主因として、彼がコプト人に代わってしたムスリム当局への要望を拒絶された、すなわちムスリムが約束を守らなかったための精神的苦悩をあげている(John, 199, CXX, 67)[(39)]。ヨハネスの表現に誇張はあろうが、ここにムスリム当局の征服者としての姿を認めることができるのであり、また一方、被征服者側においても、征服者ムスリム軍と被征服民コプト人とのあいだにあって、中間的利益をあげようとするローマ人の旧支配層の残存していた事実がわかるのである。Dennett がヨハネスの年代記を史料として使用しながら、このような歴史的現実を無視し、もっぱら後世の意見が反映しているムスリム史料に頼ってしまったのは残念でならない。

結局ヨハネスによると、対コプト人の和約には、ミスル市とその管轄地(おそらく旧 Augustamnica 州)、上エジプトの Thebaid 州に関するもの、および各地からアレクサンドリアに逃亡していたコプト人を対象としたものがある。一方、対ローマ人のものは、アレクサンドリアの和約のみである。ただローマ人といっても、これはあくまで市民についてであり、軍人はビザンツ本国に撤退しなければならない。アレクサンドリアの和約以前では、ローマ人に対してはつねに「武力」征服を行なっていたが、これも厳密にはローマ人の軍隊および上級の行政官を対象としており、市民の取り扱いについては不明である。おそらく、アラブ軍は原住民のコプト人との区別をつけず、各地方行政体のなかに組みこんでいたと思われる。それは、たとえば各州の知事に、ローマ人が征服後もながらく任命されていたことからもいえるであろう。(40)

これらの、和約の第一条件である貢納は、もともと定額であったが、それが次第に増額されたことはすでに述べた通りである。ただ残念ながら、この額を決定づける課税基準の内容はまったく不明である。再三にわたって増額されたというのであるから、アラブ史家の一人当たり二ディーナールという率が、征服当初から存在したとする Dennett の主張が無意味なのは確かである。もっとも、州知事の地位さえ旧支配者のローマ人に占められていたほどであるから、徴税方法もビザンツ時代のそれを引き継いでいたであろう。

なおヨハネスによると、デルタ地帯の二州と Arcadia (al-Fayyūm) 州で、前述のローマ人の知事たちが指揮して、通常の税のほかに馬草・牛乳・蜂蜜・果実・にら・その他の産物をコプト人から付加租として徴収し運ばせたという (John, 195, CXX, 30–31)。この記事そのものは、アレクサンドリアの和約成立後の休戦期間中のことに触れているのであるが、こうした産物の徴収は、ミスル市の開城後すでに行なわれている (John, 182, CXIII, 4)。その目的はむろんアラブームスリム軍の維持にあり、占領区における一種の物資徴発とみなすことができる。幸い、文字通りこのような徴発行為を証明するパピルス文書が残っている。PERF n° 555–558 がそれで、これらはいずれもヒジュラ暦二二年の徴発命令書である。(41)

　PERF n° 555 は、上エジプト派遣軍の司令官 ʻAbd Allāh b. Ǧābir より Psophthis の主教宛に出されたもので、あるアラブ軍の将軍に三ソリドゥス(金貨)相当量の馬草、および彼の軍隊の手当として戦士一人当たり月額一アルデブの小麦を提供するよう命じており、第一 indiction 年 choiak 月三〇日(六四二年一二月二六日)の日付を持つ。PERF n° 556 はアムルより Herakleopolis の πάγαρχος(県の長官)宛に出されたものである。内容は n° 555 とほとんど同じで、二ソリドゥス相当量の馬草と軍隊の手当としての小麦をしかるべき場所で引き渡し、その受領の証明を受けるよう命令しており、その裏面には、当該住民から二ソリドゥスの馬草を受け取ったという将軍の裏書がある。日付は約半月後の tybi 月一三日(六四三年一月八日)である。PERF n° 557 は司令官 ʻAbd Allāh b. Ǧābir より Herakleopolis の πάγαρχος、Christophoros と Theodorakios 宛の宣告書で、兵士一人当たり一アルデブに相当する小麦とオリーブ油の供出を命じており、日付は mecheir 月一日(六四三年一月二六日)である。PERF n° 558 は、同じく司令官 ʻAbd Allāh b. Ǧābir より Herakleopolis の二人の πάγαρχος 宛に出された宣告書で、ギリシア語とアラビア語で書かれている。内容は Herakleopolis 駐在の麾下のアラブ軍の維持のための六五頭の羊を受け取ったというもの。日付は第一 indiction 年 pharmouthi 月三〇日、ヒジュラ暦二二年 ǧumādā l-awwal 月二九日(六四三年四月二五日)である。そして裏面には、その羊が引き渡されたことを示す裏書がある。

　アラブの戦士に、手当として給付される一人当たり一アルデブの小麦とは、(42) いわゆるムスリム軍の俸餉(rizq)のことで、キンディー al-Kindī によると、その額は一人当たり年一二アルデブ、月一アルデブであったといわれ(cf. Kindī, 82)、パピルス文書に記されている額と一致する。バラーズリー n° 534 の三アルデブという伝承は偽作である。

またこのように小麦などの現物租の徴収は、あくまで支出額、すなわちムスリム軍が消費する経費額を基準としており、一部のムスリム史料が伝えるような、納税者であるコプト人の人口や土地の面積を基準とする方法によっていない。この矛盾を解決するためには、さらに一層の検討を要する。(43)

4　村落共同体と徴税機構

ヨハネスの年代記から知りうることは、ほぼ以上で尽きる。まとめてみると次のようになる。

(1)　アレクサンドリアにしろ、エジプトの各州にしろ、征服当初、一定額の貢納の支払いが協定され、これが現金税となっている。ただしアレクサンドリアは他に比べて苛重な額を課せられた。

(2)　この現金税の納税者に対する課税基準・徴収方式はいずれも不明であり、また人頭税・土地税の区別があったか、あるいは、この現金税が人頭税と土地税とからなっていたかどうかも不明であるが、実際の徴収額は貧富によって差があった。

(3)　ムスリムに改宗すれば、なんらかの税負担を免れることができた。

(4)　貢納額は再三増額された。

(5)　現金税のほかに、小麦・馬草・その他の産物が現物租として徴収されたが、その徴収基準は、負担者の所有地面積など納税者側にあるのではなくて、その現物租を受け取るムスリム軍側にあり、その経費額如何によって、現物租の徴収額も決定される。したがってこの現物租は、いわば臨時税であった。

はなはだ漠然としたことしかわからなかったが、それでも、これをさきのムスリム伝承と対比し、両者に共通する部分とそうでない部分との区別を行なえば、それが、征服当初の税制を知るうえでの一つの重要な手掛りとなることが判明した。

ところで、アムル時代の徴税方法を述べたものとして有名な伝承が、イブン＝アブドゥル＝ハカムに記載されているが(Ḥakam, 152-53; cf. Ḫiṭaṭ, I, 77)、ここでいま述べたような意味での再検討を推し進めるために、この伝承を取りあげてみたい。なお前述のイブン＝アブドゥル＝ハカムの(a)から(e)までの諸伝承とは性質を異にするのであるが、便宜上これをハカム(f)と名づけておく。この伝承資料はこれまでたびたび紹介され、本邦でも前半の部分のみであるが、藤本勝次氏によって解説されている。[44] ただアラビア語が難解なため、解釈に相違があり、その資料的価値が十分に生かされていない。そこで訳文を載せて逐次検討したいが、それでは煩雑になるので要旨のみにとどめたい。

この伝承は Yazīd b. Abī Ḥabīb→Ibn Luhayʿa→ʿUṯmān b. Ṣāliḥ の系譜によって伝わっているが、この系譜そのものに問題はなかろう。冒頭は次のようになっている。

〔征服が一段落し、〕政務をととのえることができるようになると、アムル ʿAmr b. al-ʿĀṣ は、コプト人たちがビザンツの徴税〔方式〕(ǧibāyat al-Rūm) にしたがって、自主的に徴収することを認めた。

ここで「ビザンツ時代の徴税法によって、コプト人たちが自主的に徴収する」とあるのは、これまで述べてきたようなスルフにおける課税条件、すなわち「成丁一人当たり二ディーナールもしくは一ディーナール」などの規定と一見矛盾するようにみえる。しかしそうではない。後者の条件というのは、アラブ征服者がコプト人に課すべき貢納額を算出するための課税基準であって、しいていえば、これはあくまでアラブ側の問題である。それに対し、実際の徴税法は、従来通りビザンツ時代の方式を踏襲し、同時に徴税業務もコプト人の自治に委ねたのである。この両者の関係を誤解してはならない。実は、アラブ当局が課税基準によって算出した貢納額を、納税者であるコプト人がどのように消化したか、すなわちアラブの提示する貢納額とビザンツの徴税方式とのかね合い如何が、税制史上のキー・ポイントになっているのである。征服当初、アラブ－ムスリムはいわば少数の軍隊集団であり、被征服民に貢納を課しても、その実際の徴収業務はコプト人やローマ人の旧官僚層に委ねるほかはなく、一方、彼らが支配者のアラブに代わって、コプトの人民から徴収するのであれば、その方法にビザンツの徴税方式を採用するのは当然といわねばならない。以下、伝承の要点を列記すると次のようになる。

(1)　徴税(ǧibāya)は税務調査(taʻdīl)に基づいて行なわれる。すなわち、当該村落の繁栄(村としての生産量)の度合と人口の多寡にしたがって税額も増減する。

(2)　村の書記、村長、村民の代表者らによる村の生産量・人口数の審議とその村としての分担〔可能〕額(qisma)の査定の会議が、各村落ごとに開かれる。

(3)　上記の分担査定額の当該 kūra(県)への提示とその合算。kūra の担当者と諸村の代表者からなる合議により、その kūra の総分担査定額を諸村の負担能力(主として人口数)と播種地面積数に応じて、各村に割り当てる。諸村の代表者たちは、それぞれの割当額(qasm)をもって自分の村に帰る。

(4)　村当局は、この割当額と、村民および耕地に ḫarāǧ(現金税)として法的に課せられる村の税額とが一致するよう調整し、この額を細分して、各村民に負担させる。

(5)　ただし土地のうち、教会・公衆浴場・舟の費用に充てられている土地は、非課税地として除外し、その地積数(単位フェッダーン faddān)を総面積数より差し引く。またムスリム軍の款待(ḍiyāfa)、政府役人の滞在費のための土地もその面積数を差し引く。(45)

(6)　村内の職人・日傭いに対し、彼らの負担能力に応じて割り当てる。またもし流亡者(ǧāliya)がいれば、同じようにその負担能力にしたがって割り当てる。ただし成人男子か妻帯者に限られる。

(7)　残額の ḫarāǧ を地積数に応じて村民(農民)に割り当てる。ただし割当は耕作能力に応じ、耕作希望者に対して行なわれる。

(8)　耕作する能力のない者の土地は、その人に代わって、その割当税額を負担する能力があり、またそうした割当の増加を希望する者に割り当てられる。もし苦情が出れば、その希望者の人数に応じて割り当てる。その方法は、一ディーナール二四カラット(qīrāṭ)の割で土地を分割し、税額を割り当てる。

(9)　彼ら(土地耕作者)には、現物租(ḍarība)として、一フェッダーンにつき二分の一アルデブの小麦と二ワイバの大麦が課せられる。ただし、クローバーには現物租はない。

この資料は一見して明らかなように、エジプトの税務行政単位としてもっとも一般的な、コプト人の村落共同体について述べられている。当時は、この村落共同体に限らず都市共同体の場合においても、政府に対する納税責任は、共同体が全体として負うのである。まず(1)では、徴税法の大原則が明示されているわけである。村落の負担税額を決定する要素は、その村の人口と土地の生産量とからなり、したがってそのために、税務調査、すなわち戸口調査と地積調査が行なわれる。エジプトの場合「土地の生産量」というのは、単に耕地面積やその播種の度合ばかりでなく、洪水の度合が問題で、むしろ、これが土地の生産量を見込む場合の最大の要素になる。そうした調査の結果をもとに、村当局者たちが合議によって共同体としての分担額を査定し、これを上級の行政官庁である kūra 庁(県庁)へ提示する。むろん、同時に調査資料も提出されたであろう。

そこで(3)にあるように、kūra の政庁では、自己の管轄内の村落その他がそれぞれ提出した分担査定額を綜合し、各共同体で不公平のないように、諸村の代表者とともにふたたび各村の分担割当額を決定する。これには kūra(παγαρχία)の長官 πάγαρχος が重要な役割を果たしたものと思われる。この資料では記されていないが、同時に πάγαρχος は、さらに上級の官庁すなわち州の税務庁に、さきに決定した諸村の割当額を通報したとみなされる。ビザンツ時代、エジプトは Egyptus, Libya, Thebaid, Augustamnica, Arcadia の五州からなっていたが、ヨハネスの記事(John, 194-95)に明らかなように、この行政区画はイスラム時代後もしばらく継承されている。そのうえ、アムルの第一次総督時代には、まだフスタートの中央政庁は設立されておらず、これが設立され、税務行政の中央集権化が始まるのは、

第二代総督 ʿAbd Allāh b. Saʿd（在位二五―三五年）の時代になってからである（Sawīrus, PO, I, 501）。

一方、kūra の官庁でそれぞれの割当額の決定を受けた村の代表者らは、自村に帰り、今度は実際に村民の各個人に税額を割り当てるわけである。ただこの個所の原文が非常に誤解を招きやすい表現をとっているため、従来の解釈には無理があった。(4)にあたる部分は「村の割当額（qasm）と村〔の賦課人口〕および村内の耕作地の ḫarāǧ とを合致させ、そのうえで細分する」となっている。この ḫarāǧ について、A. Grohmann も Dennett もこれを「土地税」ととったため、非常に苦しい解釈をしており、また藤本氏は「租税一般」ととったが、その語義を乱用したため、飛躍した解釈を下している。「租税一般」の場合はあくまでその意味にとどめるべきであり、氏のように、さらにこれを「村自体の必要経費としての諸税」、いわば「村税」と解釈するのは行きすぎであろう。《ḫarāǧ》には「地租」や「租税一般」のほか、「現金税」の意味があり、当面の ḫarāǧ の語もその意味で用いられている。

この「現金税」というのは、(9)に出る《ḍarība》すなわち「現物租」に対応しているのである。「現金税」と解釈すると、(1)(2)の部分で明らかなように、課税の対象は「人間」と「土地」とからなっているのであるから、この ḫarāǧ を修飾している語句「村および村内の耕作地」の最初の「村」の部分には、「賦課人口」の語が略されているのがわかる。いいかえれば、この現金税は人頭税と土地税とからなっているのである。そして、その村全体としての現金税といえば、それはとりもなおさず、村に与えられた割当額（qasm）と額のうえで一致しなければならないものであり、すると、三者三様の解釈をされてしまった動詞《ǧamaʿa》は「合計する」とか「当てはめる」とか「あつめる」などの意味でなく、額のうえで両者を「合致させる」という意味であることも明らかとなる。村落共同体として政府に納めるべき税そのものが、一面から見れば割当額《qasm》となり、また別の一面から見れば現金税《ḫarāǧ》となっているのであって、それぞれ別個のものでなく、ましてや両者が額のうえで「合計」されることはありえない。

このように「割当」といっても、単純なものでなく、またコプト人のまったく自主的な操作に委ねられるのでもなくて、各納税者に割り当てる場合でも、あくまで人頭税と土地税という線に沿って課税されたのである。要するにアラブ征服者は、徴税業務やその方法についてはコプト人の自主に委ねはしたが、彼らの課税方針は、たとえ村落内の徴税であってもコプト人に遵守させたのである。エジプトの征服が始まった当初はともかく、アレクサンドリアも陥落して征服事業が一段落し、本格的な税務行政にとりかかるころには、アラブ当局はすでに人頭税と土地税とを明確に区別しており、ただ両者を併わせて、一本の「現金税」として徴収したにすぎない。

次に(5)の部分は、現金税を割り当てるさいのいわば但書で、村全体の耕地のうち、村落共同体の経費を充当するための土地は、非課税地としてあらかじめ控除したことを示す。納税者への割当は、(6)(7)にあるように、まず農耕以外の職業に従事している者、いわば人頭税のみを支払う者に対して行なわれ、次にその残額が農民のあいだで、地積数に応じて分割される。「残額の ḫarāǧ」とある《ḫarāǧ》も、むろん「現金税」の意味である。農民もやはり人頭税を払うのであるが、農民と土地とは不可分の関係にあるため、人頭税と土地税との区別は、観念上もしくは役所の税務簿上のことにすぎず、彼ら自身には、実際上ほとんど区別されていなかったと考えられる。

(8)の部分は、いわば一方から見れば農民、他方から見れば土地に対する割当の方法を述べたものである。原文を文字通り解釈すると、土地はすべて村落の共有地とみなされる。農民は、割り当てられた土地の面積に応じて土地税を支払うとともに、人頭税をも支払うわけである。しかもこの現金税のほかに、(9)にあるように、割り当てられた地積数と、一フェッダーン当たり二分の一アルデブの小麦プラス二ワイバの大麦の比率とによって、現物租をも支払わねばならない。

以上のことから、村落共同体が負担しなければならない税種とその構成を略述すると次のようになる。まず共同体全体としては、村の教会等の維持費とムスリムの款待費ほかがある。前者は共同体自体のためであり、後者はアラブームスリムのためであるが、いずれも、共同体内部で消化される。次に各納税者についてみると、村落共同体の構

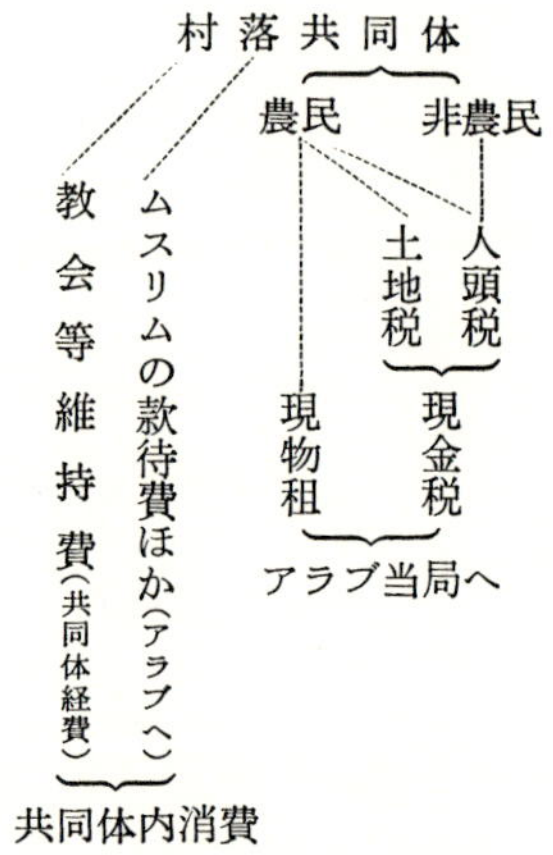

成員は主として農民と非農民に分かれるが、非農民は人頭税のみを支払い、農民は人頭税と土地税を支払う。そして非農民の人頭税と農民の人頭税および土地税とが、村の現金税を構成する。さらに、農民は地積数に応じて現物租をも支払うが、さきの現金税とこの現物租とがアラブ当局へ送付されるのである。図式化すると上のようになる。

こうしたさまざまな事実が判明する点、この資料はきわめて高い価値を持っているといわねばならない。なお当然のことながら、この資料に伝えられている徴税方法とビザンツ時代のそれとが比較されねばならないが、この点についての検討は次章に譲るとして、ただここでは、ビザンツ時代の税の主体は現金税と現物租からなっており、その限りにおいては、上記の伝承の徴税法となんら矛盾していないとだけ述べておこう。

5　結　語

さて、ここで改めて、ムスリムの諸伝承とヨハネスの年代記、それに前節で検討したハカム(f)の伝承の三者を対比してみたい。なお最初のムスリム諸伝承は、前述の通りハカム(b)とバラーズリー n°. 534、ヤアクービーの三種に還元される。

まず、ビザンツ時代の税制も含めて、これらすべてに共通する点は「現金税」の存在であった。したがってこれがわれわれの問題解決の糸口となる。この現金税が人頭税と土地税からなっていたか否かは、ヨハネスでは不明であったが、「人頭税を含む」という点ではいずれも共通していた。しかし、それがただちに「現金税すなわち人頭税で、土地税を含まない」という意味に置きかえられるかどうかは疑問である。そうした断定をしているのはハカム(b)で、その第(2)条件は「土地に賦課はない」となっていた。しかし、これと同時代の Yazīd b. Abī Ḥabīb の伝承では、いずれもこの条件はなく(本章二七、三三―三四頁参照)、とくにハカム(f)では、土地税の存在は明白であった。土地非課税の規定は、ハカム(b)の伝承者 'Ubayd Allāh b. Abī Ǧaʻfar がスルフ理論を固執し、同時にコプト人の立場を擁護するうえから、彼自身が付加したと考えられる。むしろ彼のいう「ジズヤとしての一人当たり二ディーナール」は、人頭税の一ディーナールと土地税の一ディーナールとに分極化される。これはムスリム諸伝承のみの推察からもいえ、また農民の人頭税が一ディーナールであったことからもいえる(本章三七頁参照)。

もっとも、非農民の場合、土地税は支払わないのであるから、「ジズヤの二ディーナール」は、現実にはそのまま人頭税を意味したとみなされる。ただ土地税は、農民がそれぞれ耕作する地積に応じて課せられるのであるから、一人当たり一ディーナールというのは、あくまでアラブ当局側が便宜上想定した額にすぎない。またそうした介在がなければ、非農民の人頭税を二ディーナールと決めることもできなかったのである。したがって「一人当たり二ディーナールのジズヤ」という場合の「ジズヤ」は、農民、非農民いずれの場合においても、現金で支払われる「貢納」を意味しており、アラブ側の立場からの名称にすぎない。Dennett のように、これをそのまま「人頭税」と解することはできない。このようなジズヤの語の使い方は、ウマイヤ朝においても引き続き用いられたのであって、上エジプトの Aphrodito 出土のパピルス文書のうち、各村落に宛てられた納税命令書(entagion)にみえる《ǧizya》も、そうした意味で用いられており、それだからこそ、そのギリシア語が δημόσια (public taxes) となっているのである。[46] この「貢納」が、C. H. Becker の唱えたような単純なものでないことはいうまでもない。

ところでこのような貢納は、征服のさいのスルフでは一定額とされていたが、アラブ側の契約違反から、征服が一段落するまでに再三にわたって増額された。このことはヨハネスの年代記によって明らかである。もし増額するとすれば、人頭税は一人当たり一ディーナールで固定しているから、土地税しかない。すると、アラブの征服者が想定した土地税一人当たり一ディーナールという額は、増額の結果とみなされる。すなわち、アラブは最初から一人当たり一ディーナールの土地税を見込んだのではないのである。こうして、征服が一段落したとき、「貢納」は人頭税と土地税と併せて二ディーナールとなっていたが、その「貢納」ジズヤが、のちになると「人頭税」の意味に置きかえられ、土地税は別途に徴収されることになるのである。おそらくこの税制改革のさいに、アラブ当局から地積当たりの課税率が提示されたものと考えられる。すなわち、ハカム(f)の伝える段階では、土地税は地積数に応じて徴収されるとはいえ、それはあくまで村落内の自主的行為によることであり、その課税率そのものは、なにもアラブ側から指示されていないからである。その率が規定されていたのは、次に述べる現物租についてのみであった。

ハカム(f)では、現物租(ḍariba)はムスリム軍の款待費などと課税・徴収いずれのうえからも区別され、そのうえ小麦や大麦の穀物に限定されていた。すなわち、この場合の現物租はむしろ「穀物租」とした方が適切である。これは、前述の納税命令書類に出る《ḍariba》とまったく同じ概念を持っている。ところがこのような現物租の規定は、ヨハネスの年代記やギリシア語パピルス文書が伝える内容と矛盾する(本章四四—四六頁参照)。実は、この矛盾は年代的相違に由来している。ヨハネスでは、小麦については不明で、ムスリム軍の維持に供される馬草・牛乳・蜂蜜・果実などの徴発の事実しかわからないが、同時代のパピルス文書によって、この徴発の基準は、あくまでムスリム軍の消費する量に置かれていたことを知りえた。当然のことながら、これら両史料の示す征服の途次、およびその直後の時代では、まだ現物租に関する税法は確立せず、戦士の手当となる小麦でさえ、軍事徴発的に、いいかえれば臨時付加租として徴収されたのである。

しかし征服が一段落し、税務行政が整えられるようになると、現物租も恒久的な税として徴収することになり、保存・輸送に便利な小麦と大麦に限ってこれを《ḍariba》とし、その徴収率をも決めたのである。この現物租の徴収は、ハカム(f)の前文にもあったように、むろんビザンツ時代の現物租の概念がそのまま利用されたにちがいない。ハカム

(f)とヤアクービーとでは、この徴収基準が地積と産額で相反するが(本章三六—三七頁参照)、ビザンツの制度や後世のそれからすれば、地積基準を取るべきであろう。いずれにしても、額のうえでは大差はなかろう。

こうして現物租の徴収が税法のうえで確定すると、同時に「ムスリムの款待」などの概念も明瞭となる。これらは、まだ多分に臨時税的な雑税としての意味を持って、村落共同体内で処理することになるのである。なおハカム(f)にみえる村落内での場合も含めて、以上のような各租税の実際の徴収方法についても検討しなければならないが、これは次章に触れることにし、最後に、あくまでアラブ側からみた課税基準ということで、征服事業が一段落し、政務が整えられるようになった時点における税制の要点を列記する。

コプト人村落共同体の場合

一、税の主体は現金税と現物租からなる。アラブ当局は前者を「貢納」とみなして、《ǧizya》と呼び、後者を《ḍarība》と呼ぶ。この「貢納」は初め定額であったが、再三にわたり増額されたもの。

二、現金税は、農民の場合「人頭税」と「土地税」に分かれ、前者は成丁一人当たり一ディーナール、後者は同じく平均一ディーナールを支払う。ただし土地税の計算は耕地面積を基準とし、両者は一括徴収される。非農民の場合は「人頭税」として二ディーナール支払う。

三、現物租となる穀物は土地そのものにかかり、単位面積(フェッダーン)当たりの一定比率をもとに、地積数に応じて耕作農民から徴収される。

四、ムスリムの款待費ほか、主としてアラブ軍の維持費と政府役人の滞在費などはその都度村落(もしくはkūra)内で調達し充当する。

五、村落共同体経費は、村民の共同負担としてアラブ当局に関係なく、村当局によって徴収・支弁される。

なおアレクサンドリアの場合を付記すると次のようになる。

一、現金税として「貢納」を支払う。定額であったが、最初からコプト人の場合より重く、しかも再三にわたり増額された。

二、コプト人村落の場合と異なり、現金税の主体は「人頭税」である。税務行政はアレクサンドリアの自治に委せ、アラブ側からの一人当たりの基準額の提示はなかった。各市民への割当はビザンツ時代の方式にしたがい、貧富により差がある。

三、二五年の叛乱以後においても、貢納とアレクサンドリアの自主的徴税の原則は変らず、この貢納額もウマイヤ朝初期までほとんど変化しなかった。

(1) Dennett の考えによると、ǧizya と ḫarāǧ は同意語として租税一般の意味に用いられたが、一方後世と同様に、最初期からそれぞれ ǧizya は「人頭税」、ḫarāǧ は「地租」の特殊な意味を持っていたという(一二一―一三、七五―七七頁)。従来 Wellhausen が確立し、Becker らも支持した説では、「ǧizya と ḫarāǧ はもと同意語として貢納を意味したが、二世紀に入ってしばらくして ǧizya は人頭税、ḫarāǧ は土地税を意味するようになった」というのにあった。

(2) 序論で述べた通り、アラブ史家たちは、この和約をバビロンの和約として伝えているのであるが、ヨハネスの年代記によっても明らかなように、バビロン城塞の陥落と、バビロンの都市、すなわちミスル Miṣr 市の開城とは別個に考えるべきであり(John, 13; cf. E. Amélinau: La Conquête de l'Égypte par les Arabes, 2e partie, Revue Historique, T. 120, 1915, Nov.-Dec.)、厳密には「バビロンの和約」はむしろ「ミスル市の和約」と呼んだ方が適切である。

(3) まったく同じ内容の伝承があるが、八六―八七頁の方にのみ Yazīd b. Abī Ḥabīb の名がみえる。彼は最初の Yaḥyā b. Maymūn と同時代の人物であり、一般に Yaḥyā から Ibn Luhayʻa らが伝えているとされているから、Yazīd の名は誤ってかあるいは故意に挿入されたと考えられる(cf. Suyūṭī, I, 297; Ḍahabī, V, 17)。

(4) 序論一〇―一五頁。

(5) Kindī, 340–42; Wakīʻ, III, 229–30; Ḍahabī, IV, 228; V, 17; Suyūṭī, I, 297; II, 138.

(6) 序論一六頁参照。

(7) Eutychius では、イブン＝アブドゥル＝ハカムの伝承をそのまま転載しておりながら、Dennett のいう(3)(4)(5)の条件の部分が脱落している。これはおそらく，Eutychius の時代の実情からはとうてい理解しえない条件だったので，転載するときに抹消したのであろう。その点，とくに(4)の土地に関する部分の脱落は興味深い。

（8）Ibn Saʿd, VII, 494–96 ; Kindī, 46 ; Ḏahabī, III, 37–39 ; Taġrībirdī, I, 171 ; Suyūṭī, I, 215, 345, 585.

（9）Ḥakam, 182 ; Ibn Saʿd, VII, 494 ; Kindī, 34 ; Taġrībirdī, I, 116.

（10）Ibn Saʿd, VIII, 123.

（11）序論一一，一五頁。

（12）Ibn Saʿd, VII, 372 ; Ibn Qutayba : al-Maʿārif, (al-Qāhira, 1960), 511 ; Taġrībirdī, II, 104.

（13）Taġrībirdī, II, 265.

（14）Cf. Balāḏurī, II, 354 ; al-Balāḏurī : Ansāb al-ašrāf, vol. I, (al-Qāhira, 1959), 161, 177.

（15）1. Abū Firās→Yazīd b. Abī Ḥabīb→Ḥarmala b. ʿImrān→ʿAbd Allāh b. Yazīd (Ḥakam, 182)
2. Abū Firās→Ḥarmala b. ʿImrān→ʿAbd Allāh b. Ṣāliḥ (Ibn Saʿd, VII, 494)
3. Abū Firās→Ḥarmala b. ʿImrān→ʿAbd Allāh b. Wahb→Ibn Saʿīd al-Hamḏānī→Aḥmad b. al-Ḥāriṯ (Kindī, 34)
4. Abū Firās→Ḥarmala b. ʿImrān→ʿAbd Allāh b. al-Mubārak→Naʿīm b. Ḥammād→Yaḥyā b. ʿUṯmān→Ibn Qudayd (Kindī, 34)

（16）序論四頁年表参照。

（17）al-Ṭabarī : Kitāb Iḫtilāf al-fuqahā', ed. J. Schacht, (Leiden, 1933), 218 ; Abū Yūsuf : Kitāb al-Ḫarāğ, (al-Qāhira, 1352 H), 25, 28, 35 ; Qudāma : Kitāb al-Ḫarāğ wa-ṣināʿat al-kitāba, (MS de la Bibliothèque Nationale, Arabe 5907), 92 b, (Ben Shemesh : Taxation, II, p. 26.) ; cf. Yaḥyā b. Ādam : Kitāb al-Ḫarāğ, (al-Qāhira, 1347 H), n° 1, 22, 47 ; Balāḏurī, III, 546 (n° 1016).

（18）Ṭabarī, I, 2809 ; cf. Amwāl, 142.

（19）C. H. Becker : Die Entstehung von ʿUsr und Ḫarāğ Land in Agypten, Islamstudien, (Leipzig, 1924–32).

（20）序論一一，一五頁。

（21）Ibn Saʿd, VII, 517 ; Suyūṭī, I, 279, 346.

（22）序論一一頁。

(23) Suyūṭī, I, 272.
(24) Ibn Sa'd, VII, 508 ; Suyūṭī, I, 244.
(25) Balāḏurī, n° 544(p. 255) はこの伝承を簡略化したものである。ただ、一村ではなく、「エジプトの民」に 'ahd があるとし、しかも六条件のうちの「増税されないこと」という句が、「彼らには増税されることのないハラージュを課した」となっていて、後世の意見に都合のよいように、内容を完全に歪曲してある。
(26) 嶋田襄平「ムハンマドの租税制度」『史学雑誌』第六十九編第十号参照。
(27) 嶋田襄平「大征服時代のアル・サワードのスルフ」『中央大学文学部紀要』一四、八八―九〇頁参照。
(28) Cf. Dennett, chapter IV, Syria.
(29) Cf. R. Rémondon : Papyrus Grecs d'Apollônos Anô, (Le Caire, 1953), 109. 本書第1部第二章九四頁参照。
(30) Ḥakam, 162–69 ; John, 195, CXX, 31.
(31) イラクの場合については、嶋田「大征服時代」九四頁参照。
(32) Cf. Dennett, chapter IV, Syria ; L. Casson : The administration of Byzantine and early Arab Palestine, (Agyptus 32, 1952), 60.
(33) 序論一七―一八頁参照。
(34) 序論註(3)参照。
(35) Cf. John, p. iii.
(36) セベロスでは、ミスル市の主だった人々がアムルと契約('ahd)を結び、コプト人は保護を得たが、ローマ人は滅ぼされたということになっている(Sawīrus, PO, I, 494)。
(37) 序論一七―一八頁。
(38) 序論一五―一七頁参照。イブン＝アブドゥル＝ハカム記載のアレクサンドリア征服の記事は、いずれも後世の、実際的にはほぼウマル二世前後ごろの意見を反映したものであったが、すでにそれらの伝承では、アレクサンドリアの賦課を事実に反して《ḫarāǧ》だと伝えている。一方コプト人の賦課については《ǧizya》の語が用いられているが、彼らの賦課ものちには《ḫarāǧ》で示し、ǧizya は純然たる人頭税を意味するようになったから、この点からも、アレクサンドリアの武力征服説は早くから生まれたとみなされる。

(39) ただし、アレクサンドリアの和約の一条件であった教会不可侵は、アムルの在位中忠実に守られ、教会の財産からは何も取られなかったという(John, 200, CXX, 3)。この点は、その後教会領も課税された事実と対照をなしている。

(40) Cf. John, 194–95, CXX, 29; 200, CXXI, 4; Sawīrus, PO, V, 52; Rémondon, 5.

(41) A. Grohmann: From the World of Arabic Papyri, (Cairo, 1952), 113–16. A. Grohmann: Aperçu de Papyrologie Arabe, (Société Royale Égyptienne de Papyrologie, Le Caire, 1932), 44–46. 原文そのものは見ることができないが、PERF n° 559, 560, 561 もそれぞれこのような徴発命令書である。

(42) ただし PERF n° 561 では、一アルデブと三分の一が支給されている。

(43) ムスリム史料で、つねに法制上のニュアンスを帯びて描かれる「戦利品」については、逃亡したキリスト教徒の財産を戦利品として没収したこと(John, 182, CXIV, 1)、アレクサンドリア遠征などから得た戦利品を戦士たちに分配したこと(John, 183, CXV, 4)などが知られる。しかし、これらの戦利品に土地も含まれていたかどうかはわからない。まだアレクサンドリア征服以前のことでもあり、動産に限られていたと考えられる。

(44) Dennett, 88–91; A. Grohmann: Aperçu de Papyrologie Arabe, p. 62 ff. 藤本勝次「初期イスラム時代エジプトの徴税に関する一史料について」『オリエント』Ⅶ/1、八五—九三頁。

(45) 第一部第二章註(56)参照。

(46) Cf. APEL n° 160–163; C. H. Becker: Papyri Schott-Reinhardt I, 82–85, 108–113.

第二章　ウマイヤ朝期における税制

1　「ジズヤ」の語義の変遷

イスラムの税制に関する重要な言葉に「ハラージュ」ḫarāǧ と「ジズヤ」ǧizya がある。周知のように、伝統的なイスラム法では、前者は「地租」を、後者は非ムスリムに課せられる「人頭税」を指す。ところが、これらの概念はイスラムの最初期から定められていたわけではない。それどころか、初期の文献におけるこれらの用語法はきわめて雑多であり、ときには「頭のハラージュ」とか「土地のジズヤ」とか、相反する意味にも用いられている。そのため、こうした現象に統一的な説明を与えようとする試みがこれまでいくたびかなされてきた。そのもっとも古典的かつ支配的であった説は Wellhausen の理論で、これには多くの継承者が出た。

しかし、彼はこの問題を解くに当たって地域差を考慮せず、イスラム圏全体を一様に扱うという大きな誤りを犯しており、その後 F. Løkkegaard(1) や D. C. Dennett(2) とくに後者によってきびしく批判された。しかしながら、彼らの説においても不明な点は多く、定説となるに至っていない。このハラージュとジズヤの問題は単にその定義上のことばかりでなく、初期の税制史一般にも通じるものであり、それはむしろ、税制史そのものが究められなければ、ハラージュとジズヤの用語法も適確に把握することができない、と言いかえてもよい関係にある。

こうした点を大いに考慮しながら、これまで最初期の税制を検討してきたが、ついでウマイヤ朝期の税制を検討するに当たって、これらの言葉の意味の問題をあらかじめ整理しておくことが、その後の理解を深めるうえで有益であると思われる。もっともイスラム初期のエジプトについては、ハラージュの語はほとんど用いられず、さほど考慮するに当たらないので、ここでは「ジズヤ」に限ってその用語法を取り上げ、その観点からウマイヤ朝期における税制の展開を究めてみることにする。このように、観点をこのジズヤの用語に置くのは、従来の諸説が、意識するしないにかかわらず、そうした観点のうえに立ってなされているためであり、さらには、税制研究の方法としてのこの観点そのものの批判を意図しているためでもある。

新版の Encyclopaedia of Islam は現在のイスラム学の水準を示すものであるが、そのジズヤ(djizya)の項目には疑問な点がいくつか見られる。その執筆者 C. Cahen も未解決な問題が存在することを認め、「暫定的な指針」という但書をつけて説明を行なっている。そのなかで、ジズヤの起源史の複雑さに関して三つの理由を挙げている。その一つは、すでにハラージュとジズヤの用語法に混乱のあることに気づいたアッバース朝時代の学者たちが、統一的な図式を作り上げようとして、当時もっとも一般化し、固定化していた意味によって、これら両語を説明しようとする傾向があったことであり、第二は、アラブ征服以後にできた制度は統一的なものでなく、種々ばらばらに与えられた当局者の承認や決定の結果生まれたものであるという、しかるべき考慮が研究に際して払われていなかったことであり、第三は、このイスラムの制度は、論争点となっている不明な問題を多く含んでいるとはいえ、前代の諸制度から引き継がれてできたもので、その前代の制度を廃止してできたものでないということである。

これらの理由のうち、第一と第二はいずれも穏当なもので、すでにわれわれとしては充分考慮しているつもりであるが、ただ第三の理由には微妙な問題も含まれていて、異論のあるところである。そこでここではとくにこの点に関連して、前代の制度から、ハラージュの語が地租の意味を持ち、その対立観念としてジズヤが人頭税の意味を持つという、このイスラム法的制度へどのように展開していったかについて、注意を払おうというわけである。

さて、用語法の混乱に理論的な説明を与えようとした Wellhausen の解釈は、ハラージュとジズヤとはもともと同意語で、単に地方共同体から一括して徴収される「貢納」を意味し、これらがそれぞれ地租と人頭税とに区別されるようになったのは、ウマイヤ朝末期、一二一年のホラーサーン総督 Naṣr b. Sayyār の税制改革以後のことである、というのにあった。この理論は多くの学者に受け入れられ、とくに C. H. Becker はこれをエジプトについて当てはめた。

彼によると、アラブはエジプト人に対し、成丁一人当たり二ディーナールの率で計算される現金、およびビザンツ時代の穀物租に相当する現物とからなる「貢納」を課し、その徴収はエジプト人自身に委せた。すなわち、ビザンツ時代の徴税法によって徴収させ、アラブ自身は税の内容に地租とか人頭税とかの区別をつけなかった。したがって、エジプト人は改宗すればあらゆる貢納から免れることができた。こうした制度を最初に破ったのは、総督 ʻAbd al-ʻAzīz b. Marwān(在位六五—八六／六八五—七〇五年)で、彼は貢納以外の付加税として修道僧に一ディーナールの人頭税を課した。これが先例になって、人頭税は他の人民にも及ぼされ、一〇六年の ʻUbayd Allāh b. al-Ḥabḥāb による税務調査の結果、この人頭税の一般化は決定的となった。そしてそれ以後、地租ハラージュ、人頭税ジズヤの制度が導入され、すべて人民は地租を払い、非ムスリムだけが人頭税を支払った。[3]

Becker は以上のように主張し、のち A. Grohmann や H. I. Bell らもほぼこれに賛同した。ただ Grohmann は、ムスリム伝承のいう「ジズヤとして成丁一人当たり二ディーナールを課す」のジズヤを「人頭税でない」とは完全に断言できないところから、逆に人頭税の意味を肯定し、これを「貢納」のなかに含まれる人頭税、ギリシア語の ἀνδρισμός に当て、アラビア語で《ǧizya raʼs》「頭のジズヤ」と呼ばれるものがそれに相当すると仮定した。しかし彼が、修道僧に対する人頭税を貢納の付加税と取り、それがのちになって、キリスト教徒やユダヤ教徒にも適応され、ここにアラブのいう真の人頭税ジズヤが生まれた、とするのは Becker と同じである。[4]

これらの説は、細かい点では多少の相違があるとはいえ、貢納がある時期における変革を境として地租と人頭税とに分離したとする点では一致しており、長らく定説になっていた。ただムスリム系のいかなる史料にも、この変革の時期を示す直接的資料が存在しないところに、この理論のもつ最大の弱点があった。

これに対しDennettは、この従来の説を批判して新説を出した。彼によると、同意語としてのハラージュとジズヤは貢納を意味するのではなくて、単なる「税」であり、したがって「頭のハラージュ」とあるときはそれが「人頭税」と訳される。一方、この租税一般の意味のほかに、後世と同様最初期からそれぞれ「ハラージュ」には地租、「ジズヤ」には人頭税の意味があったというのである(一二―一三、七五―七七頁)。概していえば、Beckerらの説における貢納から地租・人頭税へという前後関係を切り離し、これらを同時代的並列的に置きかえたものである。Beckerらの説では、アラブ時代になっても引き続きビザンツの税制が行なわれたとするために、ビザンツ的税制からイスラム法的税制への変革の時期、およびその理由をあえて求めねばならないところに説明の無理が生じる。

ところが、Dennettは一定総額による貢納制の存在を否定し、アラブは最初期からイスラム法的税制を施行したとして、理論的にはきわめてすっきりした形を示したのである。だがそれだけにDennettの主張には理論的な行き過ぎがなかろうかという危惧が抱かれる。要するに、エジプトにおける税制は果たして貢納制からイスラム法的税制への変革をたどったのか、それとも最初からイスラム法的税制が施かれたのかというわけであるが、ここで注意したいのは、いずれもジズヤの語義の分析を通じてこれが論じられていることである。実はこの「ジズヤ」についてはすでに第一章でも少し触れたのであるが、ただそこでは、「一人当たり二ディーナールのジズヤ」をそのまま「人頭税」と解することは不可能であり、そうかといって単純な「一定総額による貢納」でもないことを予想したにとどめた。(5) しかしこれは、征服期以後の税制の展開を知るうえでいわばその糸口ともなる重要な問題なのでさらに論を進めてみたい。

そこでまず、Beckerの「貢納」説に対するDennettの反論の一例を挙げることにする。Beckerの主張では、一人当たり二ディーナールの税というのはアラブが征服のさい、貢納の総額を計算するために用いた理論的な率であり、この貢納にはあらゆる種類の税種が含まれる。すなわち、ビザンツの遺制としての人頭税もこの二ディーナールのジズヤのなかに含まれるとする。これに対し Dennett は、どの伝承史料もそのようなことは伝えていず、むしろ Becker の考えに矛盾するといって、次に示すような資料を挙げている。むろんその狙いは、二ディーナールのジズヤがそれだけで一つの税、すなわち人頭税であり、これとは別に土地税が徴収されたと主張することにある(七六—七七頁)。

(1)　彼〔将軍アムル〕はこの二ディーナールに加えて土地の持主には三アルデブの小麦等々を義務づけた(Balāḏuri, I, 252)。

(2)　そして彼はエジプトの土地にハラージュ(ḫarāǧ)を課し、それを ǧarīb(面積の単位)ごとに一ディーナール、プラス三アルデブの穀物とそして各成丁の頭に二ディーナールとした(Balāḏuri, I, 252)。

(3)　エジプトのジズヤの民は、第一回目の和約ののち、ウマルのカリフ時代(二〇—二三年)に〔二度目の〕和約を結び、小麦・油・蜂蜜・酢の代わりとして、二ディーナールに加えて二ディーナールを支払うことに同意した(Balāḏuri, I, 254)。

(4)　エジプト全土は各人につき二ディーナールの課税額で和約を結んだ。これは頭のジズヤとして一人当たり二ディーナールを超えないものである。しかし土地や播種地については、その面積に従って賦課される(Ḥakam, 84)。

(5)　カリフ-ウマルはハラージュを州・県・都市・村落にそれぞれ課し、人頭税(ǧawālī)と十分の一税を徴収した(Agapius : Kitāb al-'Unvan, ed. A. Vasiliev, Patr. Or. VIII, 478)。

(6)　Qudāma によれば、カリフ-ムアーウィヤ(在位四一—六〇/六六一—六八〇年)はエジプト人に対し、現物租を九ディルハムで折れ合うことを許し、ジズヤを二四ディルハム＝二ディーナールに定めたという(A. Grohmann : Zum Steuerwesen, p. 129 より)。

(7) 人頭税は成丁にのみ課せられる。すなわち「ジズヤはかみそりを使う者以外の者には課すな。また婦人や子供や修道僧(Leyden MS. による)に課すな」(Ḥakam, 151; cf. Balāḏurī, I, 252)。

これらの資料を一見すると、Dennett の主張はもっともなこととつい首肯しがちである。ところがこれらを仔細に検討すると、その資料的価値が疑問視されてくる。まず、(1)はバラーズリーの n° 534 の伝承の一部であるが、この伝承についてはすでに第一章において、それが偽作の伝承であること、その偽作の年代もずっと後世であることを証明した。[6] したがって当面の証拠資料とすることはできない。(2)もこのバラーズリーの n° 534 の伝承の一部で、やはり同様に当面の資料とすることはできない。(3)はバラーズリーの n° 537 の伝承であるが、もしこの伝承が正しいとすると、現物租税はカリフ＝ウマル一世の時代まで、遅くともヒジュラ暦二三年までとなり、これはまったく史実に反する。したがってこの資料も証拠とはならない。(4)のイブン＝アブドゥル＝ハカムの伝承は、第一章で(e)系統として批判したように、後世のカリフ＝ウマル二世(在位九九—一〇一年)以後の法意見を反映したものであって、彼の伝える伝承のうちでも比較的新しい方に属しており、当面の直接の資料とすることはできない。[7] (5)の Agapius は一〇世紀半ばのキリスト教年代史家で、これは彼がアラビア語で書いた『世界史』からの引用である。しかしこの部分はイスラム圏全般について語っており、しかもアッバース朝時代になって人頭税の意味に固定した《ǧawālī》が用いられてあるなど、当面の資料とはなりえない。

(6)の Qudāma の説については、Dennett は直接 Qudāma の写本を見ず、Grohmann の論文から引用したのであるが、Köprülü 図書館の写本を見ると、[8] この部分はエジプトについてではなく、Diyār Muḍar という北部メソポタミア地方について述べられており、扱われている地域が異なる。要するに孫引によるミスである。(7)のイブン＝アブドゥル＝ハカムの伝承は、この伝承を伝えている系譜そのものに疑問があり、作られた伝承のようである。[9] 当面の資料とすることはできない。結局のところ、これらのうち満足な証拠資料は一つもないということになる。Dennett のこうした誤りが、彼のムスリム史料の無批判な利用にあることは以前にも述べた。一部ここに掲げられたものも含めて、ムスリムの伝承資料の紹介と批判はすでに序論と第一章で行なったので、ここでは省略するが、要するにそこで確かめたことは、ムスリムの諸伝承には、それぞれ時代を異にする後世の伝承史家や法理論家のさまざまな立場や主張が盛り込まれているということであった。その点を考慮し、視点を変えてこれらの伝承を再吟味すれば、各伝承の成立年代における「ジズヤ」の用語法を推測することも不可能でなかろう。そこで、エジプト征服に関する諸伝承をその成立の年代順に大別すると次のようになる。

一、ウマル二世以前もしくはファイ理論[10]が固まる以前の系統。

(a) 和約スルフの条件としてジズヤの二ディーナールが課せられる。これは対象を成丁とする現金税である。

(b) 土地に担税義務はない。

(c) アレクサンドリアなどアンワ征服によるところにはハラージュを課す。

二、ウマル二世以後の系統。

(a) ジズヤはとくに「頭のジズヤ」(ǧizya ra's)と明記され、一人当たり二ディーナールである。ただしスルフの内容とされる。

(b) 土地は賦課されるとあっても、規定の記述はない。

(c) アンワ征服によるアレクサンドリアはハラージュとジズヤを支払う。

三、ウマイヤ朝末期からアッバース朝初期の系統。

(a) ジズヤとして二ディーナールを成丁に課す。

(b) 土地にハラージュを課し、それは ǧarib ごとに一ディーナールと三アルデブの穀物である。

まず第一の系統では、ジズヤはつねにスルフに対応して現われ、「貢納」に意味の重点が置かれている。これはアラブの征服方針と関連がある。アラブが地方の共同体と和約スルフを結んで彼らに保護を与え、その代わり貢納を受け取るということは、共同体に対する徴税権の確立と、共同体の自主性の容認を意味する。初期の法理論では、税そのものの内容よりも、征服の仕方に関心があったのである。第二の系統にみられる《ǧizya ra'sʾ》は、現実の税務情勢の変化から、支配者のアラブとしても「人頭税」の概念をはっきり示さなければならなくなり、そこでジズヤだけでは「貢納」と間違われやすいので、ra'sʾ(頭)を付けて区別した結果生まれた言葉である。この系統は、その法理論が多分にあいまいなものである点からもいえるように、第一系統から第三系統への過渡期の産物である。第三系統では、つねにハラージュとジズヤとが対立的に現われ、ジズヤは単独で明確に人頭税を意味している。これはいわゆるイスラム法における税法と一致する。固定化した法理論によって潤色された伝承を伝えているのである。[11]

要するに《ǧizya》の語は《ǧizya ra'sʾ》という作られた語を中間に挾んで、貢納から人頭税の意味に変化している。[12] ただし Becker のように、この貢納を一定総額のものとして規定してしまう必然性はない。こうした法理論の展開による用語法の変化は、実は公文書における用語法の変化とまったく一致しており、そのことはパピルス文書資料によって知ることができる。ムスリム文献によれば、税務関係の公文書におけるアラビア語の使用はヒジュラ暦八七(七〇五/〇六)年からとされているが、[13] 九〇—九一年ごろの文書では、ジズヤはまだ多分に貢納のニュアンスをもって用いられているのである。

アフロディト Aphrodito 出土の文書のうち、総督より各村落に発せられた納税命令書(entagion)が十数点あり、そのなかにジズヤの語がみえる。これらはアラビア語とギリシア語で書かれ、いずれも同じ書式によっていて、その文中に、総督から各村落の住民に対し「お前たちに八八年度のジズヤとして〇〇ディーナールと、穀物租(ḍarībat al-ṭa'ām)として〇〇アルデブの小麦とがかかる」とある(cf. APEL n°. 160–163 ; P. Heid. III, n°. 5, 6, a–l)。《ǧizya》は現物で納められる《ḍarība》に対応する現金税として用いられており、しかもそれが村落を単位としている点で、貢納の意味を含んでいる。人頭税の意味はでてこない。このことはギリシア語の文面をみれば一層明らかとなる。すなわちジズヤの訳語として「国税」を意味する《δημόσια》が当てられている。この δημόσια は現金税 χρυσικὰ δημόσια の略で、のちに述べるように、これには土地税、人頭税が含まれているのである。

この当時のジズヤが現金税を意味していることは、他の種類の文書によっても明白である。すなわち総督 Qurra b. Šarīk よりアフロディトの πάγαρχος(ṣāḥib al-kūra 県の長官)Basilios に発せられた一連の納税督促状がそれである。そのうち九一年 rabīʻ al-awwal 月(七一〇年一/二月)の日付のあるアラビア語の文書(P. Heid. III, n° 1)において、遅れている管轄地区の《ǧizya》を徴収して送るようにとあるのに対し(cf. APEL n° 149, 153)、第八 indiction 年 tybi 月一九日(九一年 rabīʻ al-awwal 月八日=七一〇年一月一四日)という日付から同時に発せられたと考えられる同内容のギリシア語文書(P. Lond. n° 1349)では《ǧizya》の部分が《χρυσικὰ δημόσια》となっている。しかもこの督促状はたびたび発せられており、その類似の文面内容を持つ他のアラビア語文書(APEL n° 148)では、このジズヤが《māl》となっている。アラビア語の māl は現金を指す。一方、第八 indiction 年 pachon 月五日(七一〇年四月三〇日)の日付を持つ同じ内容のギリシア語文書(P. Lond. n° 1357)では《χρυσικὰ δημόσια》となっている。このように《ǧizya》はいずれも村落などを単位とする「現金税」を指しているが、ただこうした用語法からすれば、アラブ当局においてもこれをただ単純な「貢納」とみなす考えは、当時すでに薄れていたといえるであろう。

ところがこれよりややのちになると、《ǧizya raʼs》の語が現われてくる。そのもっとも古いのは Bodlian 図書館蔵の人頭税受領証で、しかもこれはアラビア語とギリシア語で書かれ、ヒジュラ暦では一〇一年 ṣafar 月、コプト暦では第三 indiction 年 epagomenai 月二日(七一九年八月二五日)の日付を持つ。そして《ǧizya raʼs》に対するギリシア語は δι-αγρ[αφῆς](または διαγρ[αφου])となっている。[14] διαγραφῆς は人頭税のことである。またフスタートに在住する上エジプトの Uśmūn の一住民に発せられた一一三年度の人頭税支払命令書でも《ǧizya raʼs》の語がみえる(APEL n° 180)。

そのうえ単独の《ǧizya》だけでも人頭税を意味する例も現われる。一〇三年 ša'bān 月(七二二年一／二月)、一一二年 dū l-ḥiǧǧa 月(七三一年二月一四日)のそれぞれの日付を持つ通行証にみえる《ǧizya》がそれである(APEL n° 174, 175)。また一一六年 rabī' al-awwal 月から rabī' al-āḫir 月の二ヵ月間の通行を許す文書もある(PERF n° 601; cf. Grohmann: A. P. Giess. Univ. pp. 31–33)。Dennett が正しく指摘したように(八一—八二頁)、Becker の説、すなわち税務長官 'Ubayd Allāh b. al-Ḥabḥāb による一〇六年の税務調査の結果、人頭税は修道僧から一般のキリスト教徒たちにも及ぼされたとする考え方は否定されねばならないが、上記のような例からすると、九一年から一〇一年までのあいだに税制上のなんらかの転機があったことは間違いなかろう。

《ǧizya ra's》を用いているパピルス文書はその後も散見するが(PERF n° 670, 677, 762)、むしろアッバース朝中期以後では、非ムスリムによって支払われる人頭税は《ǧāliya》(複数形 ǧawālī)と呼ばれており、ジズヤはいわばその雅名となっている。[15] これはジズヤに両義が生じたので、その混同を避けるためと考えられる。いずれにしてもこの点を除けば、貢納からイスラム法的人頭税へというジズヤの意味の変化は否定できない。しかしそれだからといって、Becker の説を肯定しようというわけではない。語義の変遷がそのまま税制そのものの展開を示すとは限らないからである。ここにわれわれがこれまで採ってきた観点の限界がある。最初に断ったように、ジズヤの用語法の観点は、あくまでウマイヤ朝期の税制研究の前提条件であって、さらに深く当時の税制の実態、およびその変革を知るには、観点をふたたび税制史そのものに移したうえで検討しなければならない。

2　現金税

さて、ウマイヤ朝時代のエジプトの税制を知るうえでもっとも有力な資料となるのは、なんといっても上エジプト出土のギリシア語パピルス文書である。主な出土地には Aphrodito(Kōm Išqaw)、Apollonopolis(Edfū)、Arsinoe(al-

Fayyūm）などがあるが、文書ではアフロディトのものがもっとも多く詳しい。ただ時代はウマイヤ朝中期に限られる。この多量の文書は大英博物館に蔵せられ、H. I. Bell によって校訂出版された[16]。

その Bell の研究によると[17]、税はまず「国税」（δημόσια）と「特別税」（ἐκστραόρδινα）とに大別され、前者はさらに土地税（δημόσια γῆς）、人頭税（διάγραφον）、維持費（δαπάνη）を含む「現金税」（χρυσικὰ δημόσια）と「穀物租」（ἐμβολή）とに分かれるという[18]。この分類は、征服期における村落共同体の負担税種の分類とほぼ一致する[19]。これらの税種のうちここでももっとも問題になるのは、むろん「現金税」すなわちさきに述べたように、まだ貢納のニュアンスを持っている「ジズヤ」の内容である[20]。

Bell は Becker の説を受け入れて次のような見解を述べている。彼によると「アラブはエジプトから一定総額の現金を貢納として要求し、これをどのような割合で既存の税種から徴収するかは地方官吏に委せた。したがって税金の一部はビザンツの土地税から、また一部はビザンツの人頭税から集められることになるが、これらをアラブの国税と認めたり、のちの ḫarāǧ（地租）と ǧizya（人頭税）とにそれぞれ同一視したりすることは誤りである。エジプト征服のさい、ジズヤは一人当たり二ディーナールに決められたというアラブ史家の伝承史料は、貢納額を決定するときにアラブが各納税者当たり二ディーナールを基準に計算したことを意味する」のであり、要するに「税はビザンツ時代のそれであって、アラブの ǧizya や ḫarāǧ とはまったく異なる」というのである（P. Lond. p. xxvi, n° 1419, introduction, p. 168）。

そこでビザンツ時代の税制との比較が必要となる。ビザンツの税制は時代によって変遷があり、またとくに六世紀ごろでは、税制は非常に混乱していて、統一的な体制はなかったようである[21]。G. Rouillard によると、ビザンツ時代の税には現金納によるものと、現物納によるものとがあり、前者の総体は δημόσια とか χρυσικά などと呼ばれる。直接税のもっとも重要なものは土地税で、これは現金と現物で徴収され、前者はさらに通常税（χρυσικὰ δημόσια）と特別税（ἐξτραορδινάρια）とに分かれる[22]。一見すると、この分類はアラブ時代の税種に類似しているようにみえる。ここで注意しなければならないのは、アラブ時代の *χρυσικὰ δημόσια* に含まれていた人頭税が、ビザンツのそれではみられないことである。実は、ビザンツ時代に人頭税が存在したか否かについては論争があって、決定的なことはわかっていないのである。

ビザンツ時代のパピルス文書に、*διαγραφή* とか *διάγραφον* とか呼ばれる税が現われるが、これをアラブ時代の *διάγραφον*「人頭税」と同一視し、六世紀の *διαγραφή* は東ローマの capitatio に相当する人頭税であるという仮説が立てられた。そのような主張を強く進めたのは Bell である。しかし彼の主張の根底には「初期アラブ時代の税制とビザンツ時代のそれとのあいだには密接な関係が存在した」という固定観念が横たわっているのである。Rouillard はこの仮説を確証するような資料はないと述べている。すなわち、*διαγραφή* が *δημόσια* と並んで現われる場合があり、また *διαγραφή* に関する六世紀の計算書によると、その納税者は「街区」でまとめられており、しかも同様の文書がアラブ時代にも存在する。ただそのようなことだけから、ビザンツ時代の *διαγραφή* は、人頭税であるアラブ時代の *διάγραφον* と同じものであったとしているにすぎないのである(Rouillard, pp. 71–72)。

また Johnson = West も Bell の主張を否定しており、*διαγραφή* は都市に限られ、Arsinoe 市では、都市の特定の街区(*λαύρα*)かギルドのメンバーに割り当てられた。*διαγραφή* は多分都市の特定区域を占める商業に対する税であろう、とさえいっている。ただそれが頭割りに課税されたかどうかは不明のようである(Johnson, pp. 262, 268)。むしろ彼らはビザンツ時代に人頭税が存在しなかったことを執拗に証明しようとしている。問題は都市よりも農村であるが、人頭税徴収の基礎となる戸口調査は三〇九／一〇年に二ヵ所で行なわれたという記録以外にはなく、パピルス文書では、人頭税が農民に課せられたという証拠がないという。二、三の不明な言葉はあるが、おおむねギルドから徴収される一種の財産税であったり、税不払者の欠損を補う意味の農民の代表者による支払いであったりするにすぎず、五世紀末からは記録も多いのであるが、人頭税と目されるものはほとんどないとしている(Johnson, pp. 259–262)。

ところでアラブ時代、人頭税を意味する言葉として *διάγραφον* のほかに《*ἀνδρισμός*》というのがある。税務簿などでは表題に *διάγραφον* とあっても、その帳簿そのもののなかでは *ἀνδρισμός* が用いられている(P. Lond. n° 1420, 1421, 1423, 1424)。ところがこの *ἀνδρισμός* の語はビザンツ時代では知られていない。そうすると、これは最初期のアラブの課税方針によって生まれた語ではあるまいか。当時のアラブは一応土地税と人頭税の区別は知っていたとはいえ、まだ土地に対する課税観念は薄く、どちらかといえば、土地よりもむしろ人に課税基準を置いていた。そしてその「人」とは厳密には「成丁」を指す。*ἀνδρισμός* は「男」とか「夫」を意味する *ἀνήρ* の属格 *ἀνδρός* から派生した語と考えられるが、これはムスリム伝承が一致して述べている課税対象としての「成丁」に相通じるものではなかろうか。征服期のアラブの考える土地税は、あくまで「人」を介しての土地税であった。いわばアラブは、課税方針において属人主義の立場を取っていたといえる。

これに対し、ビザンツ時代の課税方針は徹底した属地主義によっていた。帝領地とか私領地とかの土地の種別や作物の種類などによる税率の違いはあったが、課税の基礎は地積であり、その単位 *ἄρουρα* (aroura) であった(Johnson, pp. 256–258)。一般的な意味での国税を示す *δημόσια* がそのまま土地税を指したほど、土地税が税の主体をなしたが、農耕に従事しない職人に対する課税でも、「街区」という区画を単位としたり、そうでない場合でも、せいぜい個人の所有する財産に基礎が置かれたにすぎない。ビザンツ時代における人頭税存在の可能性が疑われるのも、この属地主義的傾向に関連しているのではあるまいか。属地主義であれば、人頭税という税種はさほど必要でなくなる。このように、課税方針も徴税機構も属地主義で占められていたところに、支配者アラブは属人主義による課税方針を持ち込んだのである。ここに、アラブ時代になって人頭税が確立された点もうなずける。ただし、ここでいう人頭税はむろんのちのイスラム法的人頭税とは性格を異にする。そこで、最初期の人頭税を「アラブ的人頭税」と名づけておこう。のちに述べるように、これは多分に所得税的なものだったのである。

さて、現金税(χρυσικὰ δημόσια)の内容を知るのに非常に好都合な文書がある。それは各納税者の負担税額を記した村の割当査定簿で、《μερισμός》と呼ばれる。これは最小の徴税区を形成する村落(χωρίον)ごとに、村長や村の有力者たちが合議で選出した一名ないし数名の査定人(ἐπιλεγόμενος)によって作成される(cf. P. Lond. n° 1356)。帳簿の冒頭にはこの査定人の名前が記される。査定人は全納税者の名前を記載し、富裕度に順じて各税種ごとに割り当てる。次に示す第1・第2・第3表はこの割当査定簿の一例で、原文よりやや簡略にした。第1表(P. Lond. n° 1420, l. 1–154)はナイル河の東岸にあって、アフロディト市のいわば衛星をなす「第五区」Πέντε Πεδιάδες と呼ばれる小村のもので、その年度は第三 indiction 年[23](七〇四/〇五年=ヒジュラ暦八五/八六年)、割当額は土地税(δημόσια γῆς)が 167 $^{2}/_{3}$ ソリドゥス、人頭税(διάγραφον)が二三〇ソリドゥス、総計 397 $^{2}/_{3}$ ソリドゥスで、穀物租(ἐμβολή)の割当額は小麦一四一アルタバ(artaba=ardeb)である。ただし穀物租は現金税の場合の翌年度、ここでは第四 indiction 年度の割当額が示される。この帳簿日付は第五 indiction 年 payni 月二四日(七〇六年六月一八日=ヒジュラ暦八七年 rağab 月一日)である。

第2表(P. Lond. n° 1420, l. 154–275)はナイル河の西岸にある「第二区」Δύο Πεδιάδες という小村のものであるが、文書の保存状態は第五区のものより悪い。年度は同じく第三 indiction 年、割当額は土地税が 171 $^{1}/_{2}$ ソリドゥス、人頭税が 40 $^{1}/_{3}$ ソリドゥス、総計 211 $^{5}/_{6}$ ソリドゥスで、穀物租の割当額は不明である。アフロディトの各地区の税額が記されている P. Lond. n° 1412(後述)によれば、この第五区・第二区のいずれの現金税総額も、前年の第二 indiction 年度に続いて同額を割り当てられていることがわかる。第3表(P. Lond. n° 1421)は、やはりナイル河西岸の「第三区」Τρεῖς Πεδιάδες 小村のもので、その年度は第二 indiction 年(七〇三/〇四年=ヒジュラ暦八四/八五年)、割当額は土地税が 238 $^{1}/_{3}$ ソリドゥス、人頭税が一二九ソリドゥスで、総計 367 $^{1}/_{3}$ ソリドゥス、穀物租は 215 $^{1}/_{2}$ アルタバである。ただし穀物租の割当年度は第三 indiction 年である。なお前二者の場合と違い、土地税・人頭税のほかに、維持費(δαπάγη)の割当額も記されている。帳簿日付は第三 indiction 年 phamenoth 月三日(七〇五年二月二七日＝ヒジュラ暦八六年 ṣafar 月二七日)である。(24) なお割当総額の $367\,{}^{1}/_{3}$ ソリドゥスは P. Lond. n° 1412 に記されている当該年度の割当額と一致する。これらのほか、同種の文書に P. Lond. n° 1422(第三区)、n° 1423, n° 1424(第五区)がある。n° 1422, n° 1424 については後述する。

これら三表とも、書式はほぼ同じである。第一欄は納税者名で、第二欄は地所名である。これは各納税者が所有している土地の所在場所を示しており、納税者によっては一カ所であったり、数カ所に及んでいたりする。ただし、これらの地所について、たとえば第1表第五区の最初の Belekau というのは、Mēnas Apollōs がそのすべてを所有しているわけでなく、一部だけで、他に Belekau の別の一部を所有している者もいるわけである。二重罫線の右欄は、各納税者の所有地にかかる土地税と納税者本人にかかる人頭税、それに第3表であれば、付加税としての維持費がそれぞれ記され、次にそれらの合計が現金税として記入される。単位はソリドゥス(金貨)である。最後の欄は所有地にかかる現物の穀物租(小麦)で、アルタバの単位で記されている。複数の地所を所有している者の場合には、各地所ごとの土地税と穀物租とが内訳として記入される。二重罫線の左欄の数字がそれである。

これらの帳簿に列記されている納税者のうち、誰が村長であるのか、第1表の第五区、第2表の第二区では不明であるが、第3表の第三区村については、コプト語を含む他の文書(P. Lond. n° 1494, 1524, 1549)によって、二番目の Apa Kyros Samuēl が村長であることがわかる。また同じく他の文書によって、第1表七七頁一五人目 Pwōnesh Ġamul (P. Lond. n° 1521, 1552)、同表七八頁七人目の Psacho Patermuthios(P. Lond. n° 1552)は村の有力者または村吏であることが判明する。これらの人物は所有している地所数も、そこに課せられている土地税も比較的多いところから、彼らが村の有力者だったことは十分にうなずかれるのである。このような有力者が所有している地所についてさらに詳しく見ていくと、地所名のあとに人物名が記されている場合がある。たとえば第1表の Horuonchios Onnophrios は、

第1表 第3 indiction 年度第5区現金税割当査定簿 704/05 年=85/86 H 年(P. Lond. n° 1420)

納税者名	地所名	土地税 sol.	穀物租 art.	土地税 sol.	人頭税 sol.	計 sol.	穀物租 art.
Mēnas Apollōs	Belekau			1/2	3	3 1/2	1/2
Kaumas Antheria	Sarseltōh			2 1/2	2 1/2	5	3
Psoios Andreas	Pkathakē	1	1	1 1/6	1 1/2	2 2/3	1 1/3
	Pkarou	1/6	1/3				
	Ammōniu	8 1/2	10				
Horsenuphios Hermaōs	Pankul 他	1 1/2	1 1/2	10 1/2	4	14 1/2	12 1/2
	Piah Alau	1/2	1				
	Piah Boōn	1/2	1/2				
Abraham Theodosios	Piah Kam	1	1 1/2	2 1/2	4 1/2	7	3
	Hagiu Biktōr	1	1				
Bethanias Pkaloos	Pkarou			1/3	0	1/3	1/3
Taam, Johannes Th[ ]liaie & Eudoxia	Pkarou & Belekau			2 1/3	0	2 1/3	2 1/3
Biktōr Gerontios	Samachēre & Tagapē			2/3	0	2/3	2/3
Georgios Taam	Tsament			1 1/3	2	3 1/3	1 1/2
Johannes Abraham	Abba Enōch			1	3	4	0
Zacharias Senuthios	Kōmētu			3	1/2	3 1/2	0
	Tagapē & Samachēre	2/3	2/3				
	Samachēre, Biktōr の代	1/2	1/2				
	Taprama, Klaudios の代	1	1				
	Hagias Marias	1 1/3	2 2/3				
Horuonchios Onnophrios	Tapubis, Theodosios の代	2 1/2	2 1/2	14 2/3	4	18 2/3	14 2/3
	Piah David	1 1/2	1				
	Bēsnatēt	2	2				
	H. Mari., Leontios の代	2 1/3	1 2/3				
	ibid., Andreas 司祭の代	2 1/3	2 2/3				
	Hyiu Pson	1/2	5/6				
Enōch Phoibammōn 司祭	Abba Enōch			2 1/3	2/3	3	2 1/3

司祭 Herakleios の子供たち	Sarseltōh			2	3	5	3
Theodōros Athanasios	Tleuei			1 1/2	1	2 1/2	1 1/2
Kolluthos Dioskoros 司祭	Trapetei	1/2	0	2 1/2	0	2 1/2	3
	Hyiu Charis	2	3				
Theodōros Taam	Keratas			2	1	3	2 1/3
Kauro Phoibammōn	Abba Enōch			1/2	0	1/2	1/3
Kyrillos〔Ezekiēl〕の妻	Zminos			1/2	0	1/2	1/2
Apollōs Kolluthos 司祭	Hagiu Pinutiōnos			2 1/3	0	2 1/3	2 1/2
Musaios Phoibammōn 司祭	Pool	1 2/3	1 2/3	4	0	4	4
	Sanlente	1 1/2	1 1/2				
	Abilu	5/6	5/6				
Makarios Apa Tēr とその兄弟	Hagiu Phoibammōnos			2	2	4	3
Makarios Tsekruj の妻	Tsekruj			1	0	1	1
Musaios Gerontios	Tagapē & Samachēre			2/3	0	2/3	2/3
Senuthios Theodosios	ibid.			2/3	0	2/3	2/3
Romanos Petros	Samachēre			3	2	5	6
Pekysios Hermaōs & Johannes	Patanube	4	4	6	2 1/2	8 1/2	6
	〔 〕, Theodosios の代	1	1				
	Pate	1	1				
Pwōnesh Ġamul とその子	Phib Pham	1	1/2	5 5/6	4	9 5/6	8 1/2
	Keratas	3	?				
	Phib Pham, Andreas の代	1	?				
	Hagiu Enōch	1/3	?				
	Hyiu Pson	1/2	1				
Pkore Pakos	Selsil			5	2 1/2	7 1/2	7
Joseph 司祭	〔Hagiu Pinutiōnos〕			1	0	1	2
Pachymis Chryse	Kalamotre			3	2	5	3
Severos Psacho	Belekau			1 1/8	1	2 1/8	1 1/2
Psuke Tsōne Kui	Tchoiras			2	2	4	0
Psepnuthios Elias	Abba Enōch			1	2	3	0
Tsenuthis Leontios	Trapetei			1/2	0	1/2	1/2
Elias & Maria Ezekiēl	Lachanias			2	0	2	2 1/2

納税者名	地所名	土地税 sol.	穀物租 art.	土地税 sol.	人頭税 sol.	計 sol.	穀物租 art.
Phoibammōn Biktōr & Jakob 司祭	Abba Taurinu			3 5/6	0	3 5/6	4 2/3
Aarōn Symeōn	ibid.			2	0	2	2
Senuthios Dianos	ibid.			1 1/3	0	1 1/3	1 1/3
Patrikia Phoibammōn	Hagiu Pinutiōnos			1	0	1	1
Mēnas Pekysios	Kalamotre & Hyiu Pson			1 1/2	4 1/2	6	?
Senuthios 学者	Tsan Kui			2	0	2	?
Psacho Patermuthios	Prōmou Seriōnos Papo Ġamul	1 1/3 4 1 2/3	1 4 2	7	0	7	7
Plakydos の息子たち	Thoole			4	4	8	?
Psacho Marsabau	Phene			1	1 1/2	2 1/2	?
Pesate Horuonchios とその兄弟	Sasnoeit			2 1/3	1	3 1/3	3
Pasēm の妻	Piah Kam			1 1/2	0	1 1/2	2
Psēre Theodosios	Neei. Se Ertadōre	5/6 1	1/3 0	1 5/6	2 1/3	4 1/6	1/3
Tekrompias, Barous の妻	Hagiu Phoibammōnos			1	0	1	1
Phoibammōn Kolluthos	Pharapane			2	2	4	0
Musaios Mias	Ertadōre			1	1 1/2	2 1/2	0
David Pesente	Pool			3	2	5	0
Mēnas Taneia	Palō Paanēs			3	3	6	0
Jōb Georgios	Pmu Nlakōn			2/3	0	2/3	0
? 司祭	Pkarou			1 1/3	1 1/3	2 2/3	1
?	Kelbaule			1 1/2	1 1/2	3	0
?	Sarseltōh			3	0	3	2 2/3
?	Phex			2	2 1/2	4 1/2	2
?	Hyiu Pson			2	0	2	0
?	Sarseltōh			2	2	4	0

?	Pmu Nlakōn			3	4	7	1
? 司祭	Hagiu Enōch & Tsament			2	2	4	0
Samuel Enōch	Kermantiu			1	0	1	0
Hellōs Philammōn	Parō Npa[ ]			2	2	4	0
Psepnuthios Taurinos	Phene			2	2	4	0
Leontios の子	Selsil			2	2	4	0
Kosmas Kyriakos	Pchicheiros			1	1	2	0
Johannes Psepnuthios	Kōmētu			3	2 1/2	5 1/2	2 1/2
Pkana Charis	Hyiu Charis			2	2	4	0
Senuthios Apollōs の子	Hagiu Biktōr			2	3	5	0
Anup Hermaōs	Pateite			1 1/2	3	4 1/2	0
Kyra, Panikatos の妻	Hagiu Pso[ ]			2/3	0	2/3	0
Anna, Philotheos Pkarous の娘	Pkarou			1/2	0	1/2	0
Theodōros Akanthōn				0	4	4	0
Ġamul Athanasios				0	1	1	0
Hermaōs Jaky[ ]				0	4 1/2	4 1/2	0
Phōkas Johannes				0	2	2	0
Stephanos Pkame				0	2 1/2	2 1/2	0
Senuthios Athanasios				0	5	5	0
Johannes Kulo				0	2	2	0
Kyriakos Apollōs					2 1/2		
Philotheos					3 1/2		
Stephanos 牧夫					2 1/2		
Johannes Onnophrios					2		
Hermaōs Johannes					2 1/2		
Georgios Pachymios					5		
Hermaōs Puōe					2 1/2		
Pesate Peskui					2		
Hermaōs Apa Tēr					3		
Dianos の子					2		
Theodosios Pk[ ]o					2 1/2		

納税者名	地所名	土地税 sol.	穀物租 art.	土地税 sol.	人頭税 sol.	計 sol.	穀物租 art.
Makarios Pkame					$2\,^1/_2$		
Daniēl Theodosios					2		
Musaios Makarios の子					$2\,^2/_3$		
Apa Kyros Apollōs					$2\,^5/_6$		
Pnei 油商とその子					4		
Theodōros Timotheos					$2\,^1/_3$		
Theodosios Joseph					2		
Matoi Theodosios					$2\,^1/_3$		
Apa Tēr Pkame					4		
Herakle Pebau					$2\,^1/_2$		
Elias Baroos					3		
Philammōn の子					$2\,^1/_2$		
Kosmas Philotheos					4		
Pkobos Athanasios					3		
Solomōn Kolluthos					2		
Simōn Psacho					3		
Kolluthos Mias					2		
Stephanos Jakky-.					5		
Lukas 補佐					3		
Makarios Sikluj の子					1		
Ġamul Paut の子					1		
Andreas Theodōros					$2\,^1/_2$		
Onnophrios Pataman-. の子					1		
Ġamul					$2\,^1/_2$		
Pkoore の子					2		
Dioskoros Psake の子					$1\,^1/_2$		
Abraham Arsenophoinix の子					1		
Senuthios Georgios, Tsament 在					1		

Abraham Georgios					2		
Andreas Theodōros					2		
Leontios Pnei 油商					2		
Markos の子					1		
Athanasios Isaak					3 1/2		
総計				167 2/3	230	397 2/3	141

〔註〕 第2の名前は姓でなく父称. 年号の H はヒジュラ暦を示す. 以下の表も同じ.

第2表 第3 indiction 年度第2区現金税割当査定簿 704/05年＝85/86 H 年(P. Lond. n° 1420)

納税者名	地所名	土地税 sol.	穀物租 art.	土地税 sol.	人頭税 sol.	計 sol.	穀物租 art.
Andreas Zacharias	Kermantiu Palei	1 1 1/2	1 1/2 1 1/2	2 1/2	1	3 1/2	3
助祭 Apa Tēr Parsat	Prōmpeto			3	0	3	0
Athanasios Zacharias	Sēmuke Pseli	1 1/2	1 1/2 0	1 1/2	0	1 1/2	1 1/2
Apa Kyros Psatos	Artophaku			1	2	3	1
Andreas Keleele	Pasire			1/2	0	1/2	1/2
Biktōr Sabinos Puōe	Kyniariu			3	3	6	1 1/6
David Biktōr	Bēs Kui			3 1/3	0	3 1/3	1
Sergios Horuonchios & Pekysios とその子	Peskui			1	1 1/3	2 1/3	1
Enōch Mēnas	Paiane			2	0	2	1 1/2
Enōch Palua Athanasios	Kap〔 〕 Pkitn Bes	? ?	0 2	4 1/3	0	4 1/3	2
〔 〕Biktōr	Pan〔 〕le Pkitn Bes	1 1/6 4	1/2 4	5 1/6	?	?	4 1/2
Enoch 警吏	Tra Neipon			1	0	1	1

納 税 者 名	地 所 名	土地税 sol.	穀物租 art.	土地税 sol.	人頭税 sol.	計 sol.	穀物租 art.
Hermaōs, Keramion 出身	Philastēr Pkeleje Paku Nkōm	2 2 1	2 2 0	5	0	5	4
Elias Horuonchios 他	Kumuta Paniske Bēs Kui	2/3 4 5/6 1 1/2	1 5 0	7	0	7	6
Theodosios Taurinos	Thekla Tep			1	1	2	1
Termuthios 他	Pasimōn			1/2	0	1/2	1
Theodōros 司祭	Abba Patmu			8	0	8	8
Theodosios Markos, Keramion 出身	Piah Epoikiu			1 1/6	0	1 1/6	1
Jōb, Laban 在	Laban			1 5/6	0	1 5/6	2
Palōtēs Pkomis	Nabōi			2	0	2	2
Jeremias Musaios, Aphrodito 出身	T〔 〕			4	1/2	4 1/2	2
〔 〕	Arsenei〔 〕u Prōmu Hōr	3 2/3 2 1/3	1/2 0	6	0	6	1/2
Apa Kyros, Am〔 〕出身，司祭	Tapias Selbise Strate	1 1/2 1 1/2 1 1/6	2 2 1	4 1/6	0	4 1/6	5
Hagiu Papnuthios の共同保有者たち	Abba Papnuthiu			1	0	1	0
Neiajēu の共同保有者たち	Neiajēu			2/3	0	2/3	1
Makarios, Porthmiu 出身	Porthmiu			3	0	3	0
Theodosios Horuonchios	Kastrikiu			1	0	1	1
Charistia, Piah Atau 出身	ibid.			1/2	0	1/2	1/2
Klaudios の子	ibid.			1/2	0	1/2	1/2
Pebo Iaky〔 〕	ibid.			1	0	1	1
Thekla Hellōs	ibid.			1	0	1	1

Paulos Paout	ibid.			1	0	1	1
Ouersenuphios Pamias	Abba Abraham	?	3	$6\frac{1}{3}$	2	$8\frac{1}{3}$	6
	Elaiurgu	?	3				
	〔　　〕	?	0				
〔　　〕	Philastēr	?	?	?	?	?	?
	Pkeleeke	?	?				
Mēnas Kyriakos	Bd〔　　〕			2	0	2	0
Patermuthios, Psyros 出身	Erkame	4	2	$5\frac{1}{3}$	0	$5\frac{1}{3}$	3
	Patanube	$1\frac{1}{3}$	1				
Pekysios Pkoore	Hagiu Phoibammōnos	5	5	$8\frac{1}{2}$	1	$9\frac{1}{2}$	7
	Pkoia	2	1				
	Phaueche	$1\frac{1}{2}$	1				
Pachymios Taurinos & Stephanos	Kalopen	?	?	?	?	$16\frac{2}{3}$	8
	Neu Ktēmatos	?	?				
	Pallaniu	?	?				
	Kalau	?	?				
	Piah Bēlei	?	?				
	Lakku	?	?				
Kyriakos Alere	〔　　〕			?	?	?	0
Pus, Poimen 出身	〔　　〕			?	?	?	0
Tsabet	〔　　〕			?	?	?	2
Biktōr Alere	〔　　〕			?	?	?	?
Hermaōs Sabinos	〔　　〕			?	?	?	?
〔　　〕Hermaōs	〔　　〕			?	?	?	?
〔　　〕	〔　　〕			?	?	?	?
〔　　〕	Hagiu Papnuthios	?	?	?	?	?	?
	Palei	?	?				
Athanasios の子供たち，Psyros 出身	Panbampe	?	10	$9\frac{1}{2}$	0	$9\frac{1}{2}$	10
	Patsoie	〔　〕$\frac{1}{6}$	0				
	Patkule	?	0				
Timotheos Petros	〔　〕ore			$2\frac{1}{6}$	0	$2\frac{1}{6}$	0
Theodosios Philotheos	Abba Pkyliu			$4\frac{2}{3}$	0	$4\frac{2}{3}$	$4\frac{2}{3}$

納税者名	地所名	土地税 sol.	穀物租 art.	土地税 sol.	人頭税 sol.	計 sol.	穀物租 art.
Eudoxia & Epiphanios	〔 〕ne			5/6	0	5/6	1
Johannes David 司祭	〔 〕nt			1	0	1	1
Paam Judith	〔 〕			5/6	0	5/6	0
Apollōs Pshoi, Pakaunis 出身	〔 〕			?	?	2	2
Psatos Petros	〔 〕			?	?	4 1/6	3
Proklas の子	〔 〕			〔2〕	〔0〕	2	0
Tatkeke の共同保有者たち	〔Tatkeke〕			〔1/2〕	〔0〕	1/2	1/2
Johannes Petros	〔 〕			?	?	2	2
Patermuthios K〔 〕	〔 〕			?	?	2	0
Philotheos の妻	〔 〕			〔2〕	〔0〕	2	0
Hermaōs Pkui	〔 〕			?	?	?	?
Onnophrios Pkuios	〔 〕			?	?	?	?
Apollōs 司祭	〔 〕			?	?	?	?
Petros Taurinos	〔 〕			?	?	?	?
Pkui Termuthios	〔 〕			?	?	?	?
総計				171 1/2	40 1/3	211 5/6	?

第3表　第 2 indiction 年度第 3 区現金税割当査定簿　703/04 年＝84/85 H 年(P. Lond. n° 1421)

納税者名	地所名	土地税 sol.	穀物租 art.	土地税 sol.	人頭税 sol.	維持費 sol.	計 sol.	穀物租 art.
Apollōs Zēnobios	Neu Ktēmatos Abaktu	1 1	0 1	2	0	1/3	2 1/3	1
Apa Kyros Samuēl	Psusire Pkelēch Abba Jakob Mylōnarchu	2 2/3 1 2/3 5/6 1/2	3 0 1 7/12	12 2/3	0	2	14 2/3	14 3/4

	Plein	?	5 1/2					
	Neu-Ktēmatos	1	0					
	Pauōs Psyru	?	4 1/2					
	Pagathon	1 2/3	0					
Pebō Herakleios	Pasodōru	1 2/3	0	3 1/3	1	2 2/3	7	9 1/2
	ibid., Georgios の代	0	9 1/2					
〔 〕Panube	Talita			3 1/3	0	0	3 1/3	4〔 〕
〔 〕Psennōr	Psennōr			1	0	0	1	0
〔 〕	〔 〕	2	?	3	0	0	3	?
	Neu Ktēmatos	1	?					
	〔 〕	?	7					
	Kakui	1	1					
〔 〕	〔 〕	?	?	10 1/2	0	?	〔10 1/2以上〕	〔11 3/4以上〕
	Pakis	1/2	1 3/4					
	〔 〕	?	?					
	Zygu	2	2					
Andreas〔 〕	Sineloole	1	1	3	0	0	3	5
	Bēs Sēm	2	4					
	Saumou	2 1/3	0					
	Tsuu	2/3	3 1/3					
Biktōr Ptēros	Pso〔 〕rus	1	0	5 1/2	1	1 2/3	8 1/6	3 1/3
	Noēliu	1 1/2	0					
Pekysios Isaak	Samakullei			3	0	0	3	?
Panychate の妻	Hierakinos			2/3	0	0	2/3	?
Paulos Dukai の妻	Phanuthe			1/2	0	0	1/2	?
Johannes Hermaōs	Noēliu			2	1	0	3	?
Enōch Phib の妻と他	Pham			3	0	0	3	3
Epiphanios Patermuthios	Kerebin	1	1 1/2	2	1	2	5	3
	Amma Theklas	1	1 1/2					
Maria〔 〕	Sasu			1/2	0	0	1/2	?
〔 〕b	Puamhmu			4	1	1	6	?
〔 〕	Sasu			1/2	0	0	1/2	?

納税者名	地所名	土地税 sol.	穀物租 art.	土地税 sol.	人頭税 sol.	維持費 sol.	計 sol.	穀物租 art.
〔 〕Johannes	Patkaleele			1	0	0	1	?
〔 〕	〔 〕 Neu Ktēmatos	1/2 1/2	1 1	1	1	2	4	2
Johannes Pkame	Hierakionos ibid., Psemnuthios の代 Pnonos	1 1/3 2 2/3	2 3 1	4	0	?	〔4 以上〕	6
〔 〕Tatui	Koleul Abba Patermuthiu Panychatu	1 1 1/2 1	2 1 1/2 ?	3 1/2	1	2 1/3	6 5/6	〔3 1/2以上〕
Joseph, Bunoi 出身	Sasu			5/6	2	1/6	3	4
Onnophrios Jakōb 司祭	Kerebin			4	0	0	4	0
Jōb Sabinos 司祭	Sitlak Kerebin Patkalei	2 1 1	7 1/3 3 0	4	1	2	7	10 1/3
Joseph Noēlios	Paasiti			3	0	1	4	3
Johannes Kallinikos	Tēnia			6	2	1	9	4
〔 〕, Abba Hermaotos 出身	〔 〕 Kauliu 〔 〕	1 0 5	0 6 0	6	0	0	6	6
〔 〕ē	Kaspitu			2	0	?	〔2 以上〕	?
〔 〕	Amma Theklas			1	0	0	1	?
〔 〕, Bunoi 出身	Amma Theklas			1/2	0	0	1/2	1/2
〔 〕	ibid.			1 1/3	0	0	1 1/3	2/3
Ġamul Kallinikos	Sineloole			1	0	1	2	?
Joannias Kolluthos 医師	ibid.			1	0	1/3	1 1/3	?
Apollōs Elias	Tkaleitōre Pkau Abba Senuthiu	3 0 1	8 1 1/3 0	4	0	1 1/3	5 1/3	9 1/3
Makarios Zēnobios	Neu Ktēmatos			1	0	1/3	1 1/3	?

Leōnos の共同保有者たち	Koleul			1/2	0	0	1/2	?
Mariam Panarios	Panariu			2	0	0	2	?
Mēnas Tekrompias	Neu Ktēmatos & Abaktu			2	0	1/3	2 1/3	?
Pat〔　　〕の共同保有者たち	Abba〔　　〕	1 1/2	0	5	0	0	5	0
	Abba Senuthiu	1	0					
	〔　　　〕	1 1/2	0					
	Koleul	1	0					
〔　　　〕pios	Pimise			1 1/2	0	?	〔1 1/2以上〕	?
〔　　　〕Herōn	Pasodōru			1	0	?	〔1 以上〕	?
Apollōs Kalansas とその兄弟	Pasodōru	2 1/3	2 1/3	5 2/3	0	0	5 2/3	8 1/6
	Pagathon	3 1/3	5 5/6					
Apa Kyros Biktōr	Mylōnarchu	2	2	11 1/3	1	?	〔12 1/3以上〕	17 5/6
	Abba Psempnuthiu	7	13					
	Papsout	1 1/3	2					
	Bēs〔　〕kth.	1	5/6					
P〔　〕epiētre	Pnonos			1/2	1	?	〔1 1/2以上〕	?
P〔　　〕Daniēl	Pagathon			2	1	2	5	?
Pamun Psintōorios	Abba Daniēl			1	0	1	2	?
Proklas Herakleios	Sineloole			1/3	0	0	1/3	1/3
〔　　〕ios Phibeios	〔　〕ēm〔　〕			2/3	1	1 1/6	2 5/6	?
〔　　〕as Pappas	Kakaleu			1	0	0	1	?
Samachēl	Kakaleu			4 1/6	0	1	5 1/6	?
Senuthios Onnophrios	Uranēp			3	1	?	?	?
Stephanos Lukanos 修道院長	Lachanias			1	0	0	1	?
〔　　〕David	Pham			1	0	0	1	?
〔　　　　〕	Archangelu			1	1	0	2	?
〔　　　　〕	Pnonos			3	0	?	〔3 以上〕	?
〔　　　　〕	Hyiu Panē			3	0	?	〔3 以上〕	?
〔　　〕Zachaios	Plaōs			1/3	0	?	〔1/3以上〕	?
〔　　〕sios	Noēliu			1 1/2	1/2	1/2	2 1/2	?
〔　　〕chiros	Pagathon			?	1	1	〔2 以上〕	?

納税者名	地所名	土地税 sol.	穀物租 art.	土地税 sol.	人頭税 sol.	維持費 sol.	計 sol.	穀物租 art.
Phoibammōn Pisios	Abba Musaiu			?	1	0	〔1 以上〕	?
Philotheos Athanasios	Hierakiōnos			1	0	0	1	?
Phoibammōn Siōs	Abba Senuthiu & Kolluthu 〔　　　〕	3 2/3	3 5/6	3 2/3	0	1	4 2/3	3 5/6
Phrēt Johannes	Sitlak			1	1	1	3	?
Simōn Markos	Sasu			2	0	0	2	?
Philotheos Makarios の共同保有者たち	Plah Abba Jakōb Tankesh Pasodōru	5 1 1 1/3	6 1/2 1 1 0	7 1/3	0	0	7 1/3	8 1/2
Johannes, Psinemun 出身	Dotse			1	0	0	1	?
〔　　　〕	Pchichitos			1	1	?	〔2 以上〕	?
〔　　　〕	Tsub			2 2/3	0	0	2 2/3	?
〔　　　〕	Samakullei			4	0	0	4	?
〔　　　〕	Tebu			4	0	0	4	?
〔　　　〕	Abba Senuthiu			2/3	0	0	2/3	?
〔　　　〕	Paras			3	0	0	3	?
〔　　　〕	Pkau			1	1	1	3	?
〔　　　〕	Pasodōru			1	0	?	〔1 以上〕	?
Noēlios Athanasios	Abba Musaiu			1	?	?	〔1 以上〕	?
〔　　〕Pekysios	Papēu			6 1/2	0	0	6 1/2	?
Apa Kyros Biktōr	Ertadre			3	0	0	3	?
Johannes Kyriakē	Pnonos			3	1	0	4	?
〔　　　〕, Plah 出身	Puamhmu			3	0	0	3	0
Uersenuphios Pkui	Papchrēme			3	0	1	4	?
Markos Kyrillos	Papchrēme			2	1/2	0	2 1/2	?
Makarios Psoios	T〔　　〕u			2	1	0	3	?

Klaudios〔　　〕as	Papu			1 2/3	1/3	1/2	2 1/2	?
Sabinos〔　　〕nos	〔　　　　〕 Kablautp	3 3	〔0〕 〔0〕	6	2	0	8	〔0〕
〔　　　　〕Pekysios	Psenyriu			2	?	?	〔2以上〕	?
〔　　　　〕Eustathios	Dukai			1/2	1	?	〔1 1/2以上〕	?
〔　　　〕son	Saratōke			1/2	?	?	〔1/2以上〕	?
〔　　　　〕	Sasu			?	0	?	?	?
〔　　　〕le	Pasodōru			?	?	?	?	?
〔　　　　〕	Pabō			?	0	?	?	?
〔　　　　〕	A〔　　　〕			?	?	?	?	?
土地税不払人								
Elissaios Makarios					1	1	2	
Ġamul					1	1	2	
Philotheos Psērios					1	2	3	
Biktōr Paunash					1	2	3	
Johannes					2	1	3	
Phoibammōn Panob					1	2	3	
Johannes Chaiō〔　〕					2	0	2	
Philotheos Kaktsak					1	1	2	
Abraham Pekysios					2	0	2	
David Kachaa					2	1	3	
Pus Makarios 外来者					2	0	2	
Onnophrios Theodosios 外来者					?	2	?	
Petros Georgios					1	1/3	1 1/3	
Lukas Makarios					1	1/2	1 1/2	
Elias 流亡者					1	2	3	
Psike Apa Kyros 流亡者					1	2 2/3	3 2/3	
Theodosios〔　　　〕					2	0	2	
Musaios Kasule					1	1/2	1 1/2	

納税者名		土地税 sol.	人頭税 sol.	維持費 sol.	計 sol.	穀物租 art.
Kolluthos Abraham			1 1/2	1	2 1/2	
Psemnuthios Elias			1	1	2	
〔　　〕			2	1	3	
〔　　〕Kolluthos			?	1/2	?	
Kolluthos〔　　〕			1	2	3	
〔　　〕Kolluthos			?	?	?	
P〔　　〕			0	1	1	
Petros Ġamul			?	?	?	
〔　　〕			1	1	2	
Psatē Perkai			3	?	?	
〔　　〕			1	1	2	
Pabsil Paēse			0	?	?	
〔　　〕			0	1	1	
Pnei Jijoi			?	?	?	
〔　　〕			0	1	1	
〔　　〕			?	?	2	
Phoibammōn Georgios			?	?	?	
総計		238 1/3	129			215 1/2
		367 1/3				

そうした地所を多く所有しているが、これはその人物が何らかの理由で村に不在しているか、あるいは彼の保護下に入ったために、そうした人物に代わって土地の占有権を保持し、納税していることを示している。

納税者の名簿の配列は、土地を所有する農民が第一に置かれ、次に土地を持たない非農民が配列される。当時土地を持たない農民が存在していたかどうかは、この割当査定簿では不明である。たとえ存在していたとしても、帳簿上では非農民として扱われる。第1・第2表の場合は、これら農民・非農民は区別されずに続けて記載されるが、第3表では非農民を「土地税免除者」ということで、《οἱ ἀτελεῖς》と呼び、明確に区別している。したがって農民の場合では、地所名および土地税と穀物租の額が記されるが、土地税免除者の場合は、むろんそうした項目は必要なく、人頭税のみ記される。彼らはおおむね役人(第1表下から一五人目)や職人(第1表下から三、二九人目)、日傭[25]、牧夫(第1表七九頁下から九人目)、他の土地からの流亡者(第3表下から二〇、二一人目)からなっていたようである[26]。また土地税免除者のなかに「某々の子」とのみある者が多い。彼らのうち《Makarios Sikluj の子》というのが第1表下から一四人目にあるが、これは同じく第1表二三人目にある《Makarios Tsekruj[27] の妻》の子に違いなく、戸主の Makarios が死んで妻が戸主となり、子はまだ家督を継いでいないが、すでに成人に達しているために人頭税を課せられたのであろう。他の「某々の子」というのも、おそらくこのようなケースによるものと考えられる。

　土地税は文字通り土地にかかるのであるから、その保有者は老若男女に関係なく、女性や未成年者でも納税者として登録される。「某々の妻」とあるのは、亡夫に代わって、その妻が納税者となった場合である。戸主が死んで、その子供たちが共同で農地を相続した場合は、その子供たち全体で納税責任を負う。またそのような兄弟のうちの一人が代表者となる場合もある。第3表一四人目の「Enōch Phib の妻と他」とあるのは、戸主が死んで、その妻と子供が納税者になったのであるが、P. Lond. nº 1422, l. 37 によると、四年後には戸主の子の Johannes と Job が納税者になっている。一家で各地の地所を耕作する場合、課税は地所ごとに行なわれるが、納税は一本にまとめられる。納税者名の欄には時折《某々の共同保有者たち κληρονόμων[28]》というのが現われるが、彼らはいずれも人頭税を支払っていないところからすると、これはおそらく零細な農民が集まって、一定の分担割合のもとに共同耕作し、そのうちの一人が納税代表者になっているのであろう。なかには、人名でなく共同耕作している地所の名称で登記されている場合がある(第2表二四、二五、五六人目)。しかし、こうした共同保有者は村の農民全体からすれば、きわめてわずかしかいない。

ところでさきに述べたように、Bell は現金税(χρυσικὰ δημόσια)を構成するものとして、土地税(δημόσια γῆς)、人頭税(διάγραφον)、維持費(δαπάνη)を挙げているのであるが、最後の「維持費」については、当時のアラブ当局がこれも現金税すなわち「ジズヤ」の一部と見なしていたかどうか疑問である。維持費というのは、第3表の P. Lond. n°1421 ではわからないが、他の文書によると、総督やその側近、中央官庁の官吏、フスタートやアレクサンドリアなどに住んで、ムハージルーン(Μωαγαρίται: muhāǧirūn の音写)と総称されているアラブ・ムスリム軍とその家族、地方の諸政庁の官吏、それに、フスタートの穀物庫やイェルサレムのモスク、カリフの宮殿などの建設に賦役として徴用される職人たちや、軍船の水夫として徴用される村民など、およそ公共の業務に携わっている人々に支給される糧食(小麦を除く)の経費を意味している。しかも、これらの経費は一括して徴収されるのではなく、それぞれ目的別の「納税命令書」が中央から発せられ、それにもとづいて納税民に割当・徴収されるのである。[29]

たとえばギリシア語文書 P. Lond. n°1375 は、総督やその側近、中央官吏などのための維持費の納税命令書で、それによると、羊・オリーブ油・沸酒(蒸溜酒か ἕψημα)・棗椰子・玉ねぎ・野菜・家禽・酢・ぶどう酒・乾ぶどう・木材(燃料用か)のそれぞれについて、一定量がそれに見合う現金代価の併記を伴って割り当てられ、その総計がアフロディト県全体に請求されている。そのうえこの文書で興味深いのは、頭書に《ṭaman^{u} rizq^{i} l-amīr^{i} wa-ḥāšiyatihi wa-ʿummālihi》(総督、その側近や官吏たちの維持費の代価)というアラビア語の表題が付されていて、δαπάνη に相当する語が《ṭaman rizq》となっていることである。[30] 当時の rizq は現金給与の ʿaṭāʾ に対立する言葉として、現物給与を意味し、しかもそれは通常穀物租(ἐμβολή)として徴収された小麦を指したが、この文書によると、小麦以外のいわば糧食手当も《rizq》と呼んだことがわかるのである。[31]

これに対して、現金税と穀物租とを請求する国税の納税命令書では、現金税の額は土地税と人頭税との総和であって、維持費の額は含まれていない。しかも納税督促状などでは、この現金税や穀物租が、それぞれアラブ－ムスリム軍やその家族の現金給与と現物給与に費消されることが示されている。[32] したがって、現金税のなかに維持費を含ませることは無理であり、いわゆる「現金税」は、あくまで土地税と人頭税とからなっていたとすべきであろう。また、いま述べた P. Lond. n°1375 のような総督やその側近・中央官吏などの維持費の課税は、かなり定期的なものであるが、[33] イェルサレムのモスクの建設に駆り出される職人や労務者の維持費の割当は、当然臨時的なものであって、[34] 毎年きまって割り当てられる現金税と同一に扱うことはできない。したがって、維持費全体としてはやはり特別税の範疇に入れるべきであろう。そこでこの維持費については一応保留することにして、次に土地税と人頭税の具体的な内容の検討に移りたい。

3　土地税と人頭税

まず第1—第3表を通じて見ると、土地税は支払っているが、人頭税を支払っていない者が以外に多い。第1表では、土地税支払人もしくはその代表人七三名のうち、人頭税支払人は四五名、したがって二八名の非支払人がおり、第2表では、文書の保存状態が悪いが、明白なものだけあげると、土地税支払人もしくはその代表人四五名のうち、人頭税支払人はわずか八名、したがって三七名の非支払人がいる。また第3表では、土地税支払人もしくはその代表人九二名中、人頭税支払人は二八名、不明五名で、したがって五九名以上の非支払人がいることになる。これは一体何を意味するのであろうか。

イスラム法における人頭税は非ムスリムに対して課せられるのであるが、上記の人頭税非支払人がムスリムであるはずはなく、これは論外である。ムスリム伝承のいずれもがそうであったように、課税の対象を「成丁」におくということであれば、人頭税非支払人は成丁以外の者ということになる。そこでこれらの表の人頭税非支払人一二四名について当たってみると、まず一七名の女性と、明らかに未成年の納税者と思われる者が五名いる。これはアラブ当局の課税方針に則して、第一に除外されたと思われる。次に非支払人として六名の司祭と修道院長・助祭の各一名がいる。[35] しかし司祭で人頭税を支払っている者が六名もあり、司祭ということで免除の対象となったとは考えられない。また第3表の Apa Kyros Samuēl のように、莫大な土地税を支払っていながら、人頭税を支払っていない者がいる。すでに述べたように、彼は第三区村の村長(lashane)であるので、慣例的に人頭税免除の特権を享受していたとみなされる。これに類した例を探すと、第1表では n° 1420 の冒頭に「査定人」として現われる Phoibammōn Biktōr、「学者」と呼ばれている Senuthios, P. Lond. n° 1552 に第五区村の役人もしくは有力者として現われる Psacho Patermuthios、第2表では「警吏」の Enoch が挙げられる。後述するように、のちのウマル二世の勅令に、「たとえ慣例上免除されていた者からでも人頭税を徴収するように」というのがあるが、これはこのような特権享受者の存在を傍証している (Sawīrus, PO, V, 72)。

以上の例外的な場合を除くと、人頭税非支払人は、人頭税を支払っている者に比べて土地税の割当額が比較的少ないことに気づく。彼らは耕地面積も少なく、したがって所得も低額の貧農と考えられる。そのもっとも端的な例は、零細な農民が集まって共同耕作する「某々の共同保有者たち」と呼ばれている納税者である。「共同保有者たち」というのは六例あるが、いずれも人頭税を支払っていない。ここで非常に興味深い例があげられる。すなわち第3表の Philotheos Makarios は他の共同保有者たちと四ヵ所の土地を耕作し、[36] 計 $7\frac{1}{8}$ ソリドゥスを納めていたが、のちには独立したらしく、同じく第三区村の割当査定簿である P. Lond. n° 1422 によると、四年後にはその四ヵ所のうちの Abba Jakōb のみを耕作して、その土地税を支払う一方、$\frac{1}{6}$ ソリドゥスの人頭税もしくは維持費を納めている(第5表九人目参照)。二、三人の名前が列記されている納税者や「某々およびその兄弟たち」となっている納税者で、人頭税を納めていない者も、やはりこの共同保有者に類する零細な農民であろう。これらからすると、農民に対する課税はあくまで土地税が主であり、担税能力に余剰があれば人頭税も徴収されるわけである。ただしその農民に余職があれば別である。これらの表によると、この農民の人頭税の額は一人当たり平均一ソリドゥスであったことがわかる。

一方土地税を納めない非農民に対する人頭税も、割当額は納税者によってまちまちであり、おそらく貧富によって割当額に差をつけたのであろう。その割当基準をどこに置くかは村当局、とくに査定人に委ねられ、「成丁」であるからいくら徴収しなければならないといった、厳格な規定は当時なかったようである。その点を知るのに好都合な文書がある。P. Lond. n°. 1424, 同 n°. 1422 がそれで、前者は第1表の年代から八年後における第五区村の現金税割当査定簿である。その年度は第一一 indiction 年(七一二／一三年＝ヒジュラ暦九三／九四年)で、帳簿日付は第一三 indiction 年 mesore 月四日(七一四年七月二八日)である。後者は第3表から四年後における第三区村の同じく査定簿で、その年度は第六 indiction 年(七〇七／〇八年＝ヒジュラ暦八八／八九年)である。これら両区のそれぞれの帳簿を比較すると、この四年間あるいは八年間に同一人物が同じ土地を耕作している場合もあり、また世代が変っている場合もある。そこで対照に便利なように、納税者名・地所名の明白なもののみ同一の表にまとめてみた(第4・第5表)[37]。

これらの表からすると、この八年間に大きな変化は起こっていないが、人頭税を支払っていた者がのちでは免除されていたり、逆に人頭税を免除されていた者が人頭税を支払うようになったり、あるいは額が増減している納税者もある。また時代ははっきりしないが、一年違いで同一人物の人頭税が増加している場合もある[38]。以上のような諸点からみて、アラブ初期の人頭税は、人頭税というよりもむしろ所得税に近い性格を持っていたことがわかる。これは前章で述べた、農民からは主として土地税を徴収し、非農民からはそれに見合う額の人頭税を徴収するという、征服期におけるアラブの課税方針にほぼ一致する。そこでさきにこれを「アラブ的人頭税」と名づけたわけであるが、ところがこの人頭税は、のちになるとその所得税的性格を失い、次第に純然たる人頭税、すなわちイスラム法的人頭税に変化するのである。

第4表　704年度，712年度第5区現金税割当額対照(P. Lond. n° 1420, 1424)

納税者名	地所名	土地税 sol.		土地税 sol.		人頭税 sol.		計 sol.		穀物租 art.	
Kaumas Antheria→彼の妻	Sarseltōh			2 1/2	3	2 1/2	〔0〕	5	〔3〕	3	?
Psoios Andreas	Pkathakē	1	1	1 1/6	1 1/6	1 1/2	0	2 2/3	1 1/6	1 1/3	2 1/3
	Pkarou	1/6	1/6								
Horsenuphios Hermaōs→ Ouersenuphios Antōnios	Ammōniu	8 1/2	8								
	Pankul	1 1/2	1	10 1/2	9	4	2	14 1/2	11	12 1/2	18
	Piah Alau	1/2	—								
Abraham Theodosios→ Theodosios Abraham とその兄弟	Piah Boōn	1/2	1								
	Piah Kam	1	1/2	2 1/2	2 1/2	4 1/2	4	7	6 1/2	3	5
	Hagiu Biktōr	1	1								
Biktōr Gerontios	Samachēre & Tagapē			2/3	2/3	0	1	2/3	1 2/3	2/3	?
Kyrillos Ezekēl の妻	Zminos			1/2	1/2	0	〔0〕	1/2	〔1/2〕	1/2	?
Musaios Phoibammōn 司祭	Pool	1 2/3	—								
	Sanlente	1 1/2	—	4		0		4		4	
	Abilu	5/6	—								
	Hagiu Pinutiōnos				1 1/2		0		1 1/2		?
Makarios Apa Tēr とその兄弟	Hagiu Phoibammōnos			2	2	2	1	4	3	4	?
Makarios Tsekruj の妻	Tsekruj			1	2/3	0	0	1	2/3	1	?
Romanos Petros	Samachēre			3	2	2	0	5	2	6	?
Pekysios Hermaōs & Johannes	Patanube	4	4								
	〔　〕, Theodosios の代	1	—	6	6	2 1/2	3	8 1/2	9	6	12
	Pate	1	2								
Pwōnesh Ġamul と子供たち	Phib Pham	1	1								
	Keratas	3	3								
	Phib Pham, Andreas の代	1	1	5 5/6	6 1/3	4	4	9 5/6	10 1/3	8 1/2	12 2/3
	Hagiu Enōch	1/3	1/3								
	Hyiu Pson	1/2	1								
司祭 Joseph→ 彼の妻 Staphoria	Hagiu Pinutiōnos			1	1	0	〔0〕	1	〔1〕	2	?

Pesate Horuonchios とその兄弟 →Basileios Horuonchios	Sasnoeit		2 1/3	2	1	?	3 1/3	?	3	?

〔註〕 各項左側数字が 704 年度，右側数字が 712 年度の額である.

第 5 表 703 年度，707 年度第 3 区現金税割当額対照(P. Lond. n° 1421，1422)

納税者名	地所名	土地税 sol.		土地税 sol.		人頭税 sol.		維持費 sol.		計 sol.	
Epiphanios Patermuthios	Kerebin Amma Theklas Thmēpanomet	1 1 	1 1/2 1 1	2	3 1/2	1	?	2	?	5	?
〔　　〕, Bunoi 出身	Amma Theklas			1/2	1/2	0	0	0	0	1/2	1/2
Mēnas Tekrompias	Neu Ktēmatos Abaktu		1 3	2	4	0	?	1/3	?	2 1/3	?
〔　〕as Pappas→Iulit Tau〔　〕as	Kakaleu			1	1	0	0	0	0	1	1
Samachēl→その子 Makarios Samachēl	Kakaleu→ Plaōs			4 1/6	1 2/3	0	0	1	1 1/3	5 1/6	3
Senuthios Onnophrios	Uranēp			3	3	1	1	?	5	?	9
Stephanos Lukanos 修道院長 →彼の妻	Lachanias			1	1	0	0	0	1/6	1	1 1/6
〔　〕sios→Apa Kyros Parthenia	Noēliu			1 1/2	1	1/2	0	1/2	1/6	2 1/2	1 1/6
Philotheos Makarios の共同 保有者たち→Philotheos のみ	Plah Abba Jakōb Tankesh Pasodōru	5 1 1 1/3	— 1 — —	7 1/3	1	0	?	0	?	7 1/3	1 1/6
Johannes, Psinemun 出身	Dotse (Maō Totse)			1	1	0	1/6	0	0	1	1 1/6
Philotheos Kaktsak	(土地税不払人)					1	0	1	1/2	2	1/2

〔註〕 各項左側数字が 703 年度，右側数字が 707 年度の額である.

ところで土地税の税率については、これらの五つの表からは明らかにしがたい。現金と穀物の割合がほぼ一ソリドゥス対一アルタバになっていることがわかるにすぎない。しかし文書のうちには、税率を知ることができるものもある。やはり割当査定簿(μερισμός)に属するP. Lond. n° 1427–1429がそれで、これらはn° 1420–1425と異なり、納税者の耕作する地所名の代わりに、耕地面積数(単位アルーラ aroura)が記されている。ただP. Lond. n° 1428, n° 1429によると、土地には灌漑地と非灌漑地の区別があって、税率が異なっている。P. Lond. n° 1428には第二区村の灌漑地・非灌漑地のそれぞれの総面積と税額が記されており、それによると、灌漑地では四アルーラにつき約$1\ ^1/_6$ソリドゥス、非灌漑地では同じく約$^5/_6$ソリドゥスの課税率となる。P. Lond. n° 1427とn° 1428とはいずれも第二区村についての査定簿の断片で、年度は第一 indiction 年(七三二/三三年＝ヒジュラ暦一一四/一五年)であるので、おそらくもとは同一帳簿に属していたのであろう。そこでP. Lond. n° 1427の部分のみ表にした(第6表)[(39)]。これらによると、税率はほぼ四アルーラにつき一ソリドゥスというのがもっとも多い。しかし税率は多様で、おそらく土地の肥沃度によって若干の差別をつけたものと思われる。

一方人頭税についてみると、人数・人頭率(κεφαλισμός)・人頭税の三項目が記されている。「人数」とあるのは文字通り人頭税を支払う人数で、当該納税者が支払わない場合は何も書かれない。「人頭率」とは当該納税者に一人分の割当額を課すか、あるいは半人分の割当額を課すかを示す率である。この点を知るのに便利な文書としてP. Lond. n° 1426があげられる。これは「土地税免除者」ἀτελεῖς についてのみの断片であるが、納税者名のあとに人数と人頭率・人頭税・維持費・計・穀物租が書かれている。ただし人頭税の額はあとから修正されているために人頭率に合わないが、計の方は修正されていないので、それから維持費を控除すれば、もとの人頭税の額を知ることができる。人頭率は1, $^5/_6$, $^2/_3$, $^1/_2$などがあり、三例を除いてすべて人頭率一に対して二ソリドゥスが課せられている[(40)]。またPGAA n° 76によると、人頭率は主に$^1/_6$が多いのに対し、大地主(magni possessores)は一に計算されている。

第 6 表 第 1 indiction 年度第 2 区税務簿 732/33 年＝114/15 H 年(P. Lond. n° 1427)

A. 納税者名	人数	人頭率	人頭税 sol.	地積数 aro.	土地税 sol.	維持費 sol.	計 sol.	控除額 sol.	納税額 sol.	穀物租 art.
〔 〕	—	—	—	—	—	—	—	—	—	—
〔 〕	1	1	3	8	2	0	5	$^1/_3$	4 $^2/_3$	9
Hermaōs Pkui	1	1	3	28	7 $^1/_2$	0	10 $^1/_2$	$^1/_2$	10	15
〔 〕	1	1	3	20	6	0	9	$^1/_2$	8 $^1/_2$	0
Musaios Epiphanios	—	—	0	2	$^1/_2$	0	$^1/_2$	0	$^1/_2$	1
合計	9	8 $^1/_3$	25	133	34 $^1/_3$	0	59 $^1/_3$	3 $^1/_6$	56 $^1/_6$	60

B. 納税者名	人数	人頭率	人頭税 sol.	地積数 aro.	土地税 sol.	維持費 sol.	計 sol.	控除額 sol.	納税額 sol.	穀物租 art.
〔 〕	—	—	—	—	—	—	—	—	—	—
Theodosios Philotheos	—	—	0	16	4	0	4	0	4	4
Isak Tanna & Tirēne	—	—	0	4	1	0	1	0	1	2
Psoios & Taurinos	—	—	0	4	1	0	1	0	1	2
Kyriakos Petros	1	1	3	8	2	0	5	$^1/_2$	4 $^1/_2$	2
Senuthios & Theodōros	—	—	0	4	1	0	1	0	1	0
Apa Tēr & Onnophrios	—	—	0	4	$^2/_3$	0	$^2/_3$	0	$^2/_3$	0
合計	4	3 $^2/_3$	11	146	37 $^5/_6$	0	48 $^5/_6$	1 $^1/_2$	47 $^1/_3$	54

台帳番号	人数	人頭率	人頭税 sol.	地積数 aro.	土地税 sol.	維持費 sol.	計 sol.	控除額 sol.	納税額 sol.	穀物租 art.
A	9	8 $^1/_3$	25	133	34 $^1/_3$	0	59 $^1/_3$	3 $^1/_6$	56 $^1/_6$	60
B	4	3 $^2/_3$	11	146	37 $^5/_6$	0	48 $^5/_6$	1 $^1/_2$	47 $^1/_3$	54
C	18	15 $^1/_{12}$	45 $^1/_2$	0	0	0	45 $^1/_2$	1 $^{17}/_{24}$	43 $^{19}/_{24}$	21 $^1/_2$
D	10	9	27 $^1/_3$	0	0	0	27 $^1/_3$	〔0〕	27 $^1/_3$	0
総計	41	36 $^1/_{12}$	108 $^5/_6$	279	72 $^1/_6$	0	181	6 $^3/_8$	174 $^5/_8$	135 $^1/_2$

このように人頭率は画一的に人頭税を課した場合の弊害を避けるために、各納税者の貧富の差を示す率としての意味を持ち、この率に順じて人頭税を課すわけである。しかし、問題は人頭率一に対して何ソリドゥス割り当てるかである。Dennett はこの n° 1426 の例から、それは平均二ソリドゥスで、これはムスリム伝承のいう一人当たりの二ディーナールと一致すると述べているが(一〇七頁)、二ソリドゥスは単なる一例にすぎず、ムスリム伝承の「二ディーナール」に結びつけるのは行き過ぎである。P. Lond. n° 1427(第6表)では、人頭率一に対し三ソリドゥス、P. Lond. n° 1428 では通常三ソリドゥス、土地税免除者の場合は四ソリドゥス、P. Lond. n° 1429 では四ソリドゥス、P. Lond. n° 1430 では、おそらく金額が修正されているためによく合わないが、それでも一〇ソリドゥスと推定できる。このような多様性からすると、人頭率は単に割当の計算を容易にするためのものであり、したがって何ソリドゥスを当てるかは実際の査定を行なう各村当局の自主性に委ねられていたのであろう。

ここでさきの第1―第3表と第6表とを比較してみると、土地税・人頭税のいずれについても書式に非常な差異が認められる。とくに地積数を記すか否かの違いは根本的なものである。地積数の記載されている文書として、ほかには P. Lond. n° 1416, D しかないが[41]、これは第6表と同時代に属す[42]。このような書式の差異は、両者のあいだの年代差に由来しており、第4表に用いた P. Lond. n° 1424 のことを考慮すると、厳密には七一四年(ヒジュラ暦九五年)から七三四年(ヒジュラ暦一一六年)[43]までの二〇年間に、税制上の改革の行なわれたことが予想される。前章で述べたように、アラブ征服期における土地税では、むろん耕地面積は考慮されていたが、これをどのように割り当てるかは村当局の自主性に委ねられ、単位面積当たりいくらというような規定はなかった。第1―第3表で地積数が明示されていないのは、この最初期の名残りではなかろうか。割当査定簿ではなくて実際の納税帳簿であるが、第一五 indiction 年(七一六/一七年＝ヒジュラ暦九七/九八年)の P. Lond. n° 1419 では、まだ地積数は記されていないから、変革の時期はさらに狭められるかもしれない。実はこの間、すなわちウマイヤ朝中期に一連の税制改革が起こっているのである。この

第7表　第3区現金税割当額

年度	人頭税 sol.	土地税 sol.	計 sol.	穀物租 art.
703-04	129	238 1/3	367 1/3	215 1/2
707	162 1/2	238 1/3	400 5/6	250

第8表　第2区現金税割当額(〔　〕内は推定額)

年度	人頭税人数	人頭税 sol.	土地税 sol.	計 sol.	課税率	
					人頭税/人	土地税/4aroura
704	26	40 1/3	171 1/2	211 5/6	1.55	2.45
707	—	〔81 2/3〕	〔171 1/2〕	253 1/6	—	—
732	41	108 5/6	72 1/6	181	2.65	1.03

点についてはのちに詳しく述べるとして、ここではこれらの文書を比較することによって、村における土地税と人頭税の割当額の変遷を示しておきたい。それはまた、当時の変革を知る一つの手掛りにもなるはずである。

ただ比較が可能なのは第三区村と第二区村のみで、前者は上記の第3表と P. Lond. n° 1422 および P. Heid. III, n° k から、後者は第2表と第6表および P. Heid. III, n° 1 からそれぞれ対照することができる。表にすると上のようになる(第7・第8表)。

まず第7表の第三区についてであるが、P. Lond. n° 1412 によると、第五区・第二区が七〇三年度に引き続き七〇四年度も同額を割り当てられているので、第三区も七〇四年度は七〇三年度と同額であったことは間違いない。土地税の割当額はそれから三年後も変らず、人頭税のみ増えている。第二区の七〇七年度もこの第三区の場合から推定して、土地税は変らず、人頭税のみ増加したと考えられる。この人頭税の増加は、人頭税のみを支払う非農民などが増加した結果と受け取れないこともないが、むしろ人頭税の徴収が厳しくなり、従来免除されていた者も、割り当てられるようになったためと解される。このような人頭税徴収に関する傾向はその後ますます進展するが、これは史書の述べるところと一致する。これら第二区・第三区の村だけに起こった現象ではないのである。

第8表の七〇四年度と七三二年度を比較すると両者間に非常な変化がみ

られる。人頭税の支払人数は六割ほどしか増えていないのに、額そのものは倍以上に増加し、逆に土地税は半分にも満たない少額になっている。第6表で知ることのできた地積の二七九アルーラはそれほど変化していないだろうから、それによって七〇四年度の土地税の税率を逆算して対照すると、それは四割ほども下がっていることになる。これは何を意味するのであろうか。実際に税率が下げられたのであろうか。それとも土地が荒廃し、耕地面積が減少したのであろうか。しかし人頭税の納税者が増え、その税率も増加していることを考えると、そのような可能性はあまり大きいとはいえない。やはりここでも、なんらかの税制改革を予想せざるを得ないのである。

征服直後の初期では、村における各納税者に対する実際の課税は、村当局の自主性に委ねられ、また人頭税も所得税的性格を持っていたことはさきに述べた。ところがアラブ当局が、属人主義の課税方針から人頭税徴収の徹底化を推し進めると、村当局としては徴税額に限度があるから、これまで土地税として出していたものを人頭税の形で徴収する以外にない。土地に対する課税率の低下はそのような事情に原因があるのではなかろうか。おそらくこのような土地税の混乱が招いたためと思われるが、アフロディトの県全体としても、税額は激減しているのである(cf. P. Lond. n°. 1416)。これはアラブ当局にとっても重大な問題である。そこで彼らのあいだに、従来は比較的ゆるやかだった土地に対する課税も、村当局の自主性に委せず、単位面積当たりの課税基準を規定しようという動きの出ることは当然であり、査定簿に納税者の耕地面積数を記すようになったのはその現われとみなされる。そこで想起されるのは、征服に関するムスリム伝承のうち、単位面積当たりの課税額を明示した伝承はずっと後世になって作られたということである。そうした偽作が、当時の税制改革を正当化しようとする作為によっていることはいうまでもなかろう。

4　課税業務

さて、これまで述べてきたような末端の納税者に課せられる税が、どのようにしてそれぞれの地方共同体に割り当てられ徴収されて、中央の国庫や地方の公庫に送られるかという問題に移りたいが、そのためには、あらかじめ当時の地方行政機構について触れておかねばなるまい。

アラブは征服のさい帝国支配の経験がなかったので、行政機構の大半を前代より引き継いだといわれる。ビザンツ時代、エジプトには五州あって、それらがアラブ時代後も存続したことは前章で述べた通りである。これら五州のうち、ナイルの流域にあるのは上エジプトの二州とデルタ地帯、すなわち下エジプトの二州である。これらの州は《ἐπαρχία》と呼ばれ、その長官として知事(δοῦξ)がいる。ビザンツの末期では、エジプトには強力な中央政府はなく、各州が独自の権力を持ち、またエパルキア(ἐπαρχία)内でもその下部に当たるパガルキア(παγαρχία 県=kūra)の管轄下に属さない都市や autopragia(不入)の特権を持つ広大な私領地があって、過度に分割統治されていた。アラブ当局は、こうしたビザンツ時代の欠陥を是正し、中央集権化を計った。[44]

キンディーによると、カリフ-ウマルが死んだとき(ヒジュラ暦二三年)、エジプトは上下に分割され、下エジプトは総督のアムル=ビン=アルアースが、上エジプトは第二代の総督になった ʿAbd Allāh b. Saʿd が統治していたという(Kindī, 10, 11)。この分割統治は、征服直後の軍事的配慮によってなされたのであろう。第二代からは総督がエジプト全体を支配した。フスタート al-Fusṭāṭ に中央政庁が設立されたのは、この第二代総督の時代であるといわれている(Sawīrus, PO, I, 501)。行政の中央集権化はこうして始まったが、しかし Bell や Dennett のように、παγαρχία(県)と中央政庁とが直結する体制にエジプト全土がすぐさま組織化されたと説くことは疑問である。

アフロディト文書によれば、行政のもっとも主要な単位はパガルキア《παγαρχία》で、その長官パガルコス《πάγαρχος》はフスタートの総督の直接支配下におかれている。ところが Apollonopolis 文書によれば、Apollônos Anô はアフロディトと同じ Thebaid 州に属するパガルキアでありながら、Thebaid 州の知事(δοῦξ)の支配下におかれ、フスタートとは直結していない。R. Rémondon はこの点を明らかにして、Bell の主張を修正・補足したのである(PGAA, pp. 6–7, 24, 64)。アフロディトがこのようにフスタートの直轄地になったのは、ビザンツ時代に autopragia の特権を持つ共同体であったことと関係があるように思われる。ビザンツ時代では、アフロディトは独立のパガルキアを形成していたのではなく、ただこの特権によって当該パガルコスの支配を受けず、エパルキアと結びついていた。アラブ当局は、このような autopragia の特権を持つ共同体を整理し、その特権を奪ってパガルコスの権限下に置くか、あるいはその共同体をパガルキアに昇格させて、その代わり中央政府の直轄とするかした。アフロディトは後者の場合である(cf. P. Lond. pp. xxi–xxiv)。しかし、このような行政整理がどの程度行なわれたかは不明である。ただフスタートの直轄であれ、知事の支配を受けるのであれ、パガルキアが行政単位として重要な役割を演じたことには変わりない。

さて徴税の手順であるが、これについてはパピルス文書の語るところと、前章でハカム(f)として紹介したイブン＝アブドゥル＝ハカムの伝承[45]とのあいだに多くの一致点を見い出す。それはまず徴税区として最小単位をなす各村落(χωρίου)の登録簿(κατάγραφον)の作成から始まる。この帳簿の作成は、村長(μείζων)や有力地主(πρωτεύων)たちの合議によって選ばれた査定人 ἐπιλέχθεις もしくは ἐπιλέγομενος によって行なわれる。査定人たちは、作成にさいし公正を期するためにあらかじめ誓約をする。登録簿には納税者の名前と、彼らが支払うべき人頭税(διάγραφον)の額およびぶどう園・播種地を含めた各人の所有地、中央からの指令の有無を付した特別公課などが記入される。各村で作成された登録簿はパガルコスのもとに集められ、一つにまとめられる。

ハカム(f)によると、次の段階ではパガルコスが諸村の代表者とともに、当該 kūra(パガルキア)内の総分担査定額をふたたび各村落に割り当てるとあって、上級官庁との関係は不明であるが、パピルス文書によれば、この登録簿はアフロディトの場合ではフスタートの中央官庁へ、Apollonopolis の場合では Antinoe 市にある州政府へ送られる。ときにはパガルコス自身が、村の代表者とともにこの登録簿を持参するようフスタートへ召喚されることもあった(cf. P. Lond. n° 1338, 1339, 1356)。

中央政庁もしくは州政庁では、この登録簿とおそらく次に述べる割当査定簿(μερισμός)の前年度のものをもとに、パガルキア全体および各村落の年間割当額を決定する。次に総督名もしくは州知事名で、この決定額を村落宛の納税命令書(ἐντάγιον)に記し、それぞれのパガルコスに送り、パガルコスはこれを各村落に転送する。ただし州政庁での割当額の決定は、通常中央政庁の諒承のもとに行なわれる。すなわち知事自身もフスタートにあって、管轄州内の各パガルキアの割当額を Antinoe 市にいる代官(τοποτηρητής)に通告し、代官はそれをパガルコスに知らせるのである(cf. PGAA, pp. 6–7, 74)。

ただこの各村落の割当額の決定は、中央政庁で行なわれるといっても、それは決定権があるという程度で、それぞれの納税者に則した微細な計算をするわけではない。そうした計算そのものはパガルコスの役所でなされる。中央政庁ではパガルコスの提示する額をそのまま承認するか、あるいは登録簿の内容や中央政府の政策の如何によって、額を修正して通告した。したがって額が毎年変動するとは限らない。この点についてはのちに示す P. Lond. n° 1412 の税務簿(第10表参照)によって知ることができる。なお納税命令書に記されている額は、当該村民が納めるすべての税額ではなくて、国庫に納入される現金税(δημόσια)と、やはり中央の穀物庫に送られる穀物租(ἐμβολή)のみである。《ἐκστραόρδινα》と呼ばれる特別公課は、その都度別の命令書によって割り当てられた。

この納税命令書(entagion)についてはすでに本章第1節で紹介した通りで、(46)総督クッラ＝ビン＝シャリーク Qurra b. Šarīk(在位九〇—九六／七〇九—七一四年)の西暦七〇九年のものでは、その文中に用いられている《ǧizya》の語がまだ多分に貢納のニュアンスを持っている点から、Becker が税の貢納制を証明する有力な資料として用いたものである。しかし、これまで述べてきたところから明らかなように、税制そのものは当時はすでに貢納制から離れ、中央政庁においてさえも、納税民の所得を吟味したうえで課税する段階に進展しているのである。この納税命令書によってただちに貢納制を主張するのは行き過ぎである。この点、Becker の主張および彼の説を受け入れて「ある納税民が現金で支払おうが現物で支払おうが、そのようなことは中央政庁の官吏にとっては関係のないことであった」と述べている Bell の主張に対して、Dennett が行なった反駁は妥当であるといわねばならない(九七—九八頁)。

アラブ当局がなお村落共同体を一つの枠として、すなわち税務共同体として扱っているのは事実であるが、ただそれは徴税業務に便利なためである。したがって当時の税制は貢納制であるとか、あるいは Dennett のいう個人の所得に課税の基礎を置く制度であるとかの主張は、互いに異なった次元について論じているわけで、議論としては意味をなさない。実は初期の一定額による貢納制が崩れ、中央政庁が村落内における課税そのものまで検査するようになった原因は、エジプト納税民の租税抵抗にあると思われる。すなわち納税額の減少、納税の遅延、納税民の逃亡などが、総督 'Abd al-'Azīz b. Marwān(在位六五—八六/六八五—七〇五年)の末期にはすでに広範囲にわたって起こっているのである。これらの点についてはのちに述べることにする。

中央政府もしくは州政府から納税命令書を受け取ると、パガルコスは各村落に対し、査定人 epilegomenos を選んで、割当査定簿を作成するよう命じなければならない。P. Lond. n° 1356 によると——これはおそらく特別税 extra-ordina と賦役の割当のためであろうが——このような割当査定簿の作成に関する総督からの指令が発せられている。それはパガルコスに対し「村長や村の有力者たちを召集して、彼らに公正かつ知性ある人物を選出することを命じ、選ばれた者に各村落 $\chi\omega\rho\acute{\iota}o\nu$ の割当査定簿を作成するよう指令せよ」と命じている。さらにその帳簿ができあがれば、コピーを取ってパガルコスの手もとに保管し、原本は中央政庁に送らねばならない。なおその査定簿作成人の氏名や出身地も頭書に明記して、中央に知らせなければならない。こうして作成された査定簿の例が、前節で紹介した P. Lond. n° 1420–1429 の文書なのである。この割当査定簿を作成するさいに、さきに作成された登録簿を参照したであろうことはいうまでもない。ハカム(f)の(4)の「村当局はこの割当額と村民および耕地に現金税として法的に課せられる村の税額とが一致するよう調整し、この額を細分して、各村民に負担させる」という記事は、この点の事情を物語っているものとみなされる。こうして初めて、村落内での徴税が可能となるのである。このようにパガルキア（県）は、政府と村落共同体とのあいだの媒体としての役割を演じているわけであるが、その行政機構についてさらに検討してみることにする。これは当時の税務行政およびその変遷を知る要ともなる問題だからである。

5　徴税業務

そこで、ウマイヤ朝中期におけるパガルキアおよびその管轄内の各村落に対する税の割当情況を知るために、アフロディトの場合を例として取り上げよう。アフロディトのパガルキア内の行政区画は、税務行政の改革のためか時代によって多少の変遷がある。P. Lond. n° 1412, 1420, 1421, 1442. D; P. Heid. III, n° 5, 6, a–l などによると、六九八—七〇九年当時では、周辺の小村を含むアフロディト市と《ἐποίκιον》（アラビア語では šubrā）と呼ばれる八つの村落および五つの修道院からなり、アフロディト市の場合はさらに「市」そのものと《πεδιάδες》（区）と呼ばれる三つの小村、および「バビロン Babylon 市滞在者」「諸修道院」「聖 Maria の人々」の計七つの徴税区に分かれる。ところが P. Lond. n° 1413 によると、七一六—七一二年当時では、アフロディト市の下部区分はされていない。しかしこれは πεδιάδες などの区分が解消されたというわけではない。七一五—七一六年の文書である P. Lond. n° 1434 によると、むしろアフロディト市の下部区分が ἐποίκιον などと同等に扱われて、特別公課や穀物租の割当を受けている。この形がはっきり現われてくるのは、七三二／三三年度の P. Lond. n° 1416 で、従来と異なり、国庫納付の現金税についても、πεδιάδες が ἐποίκιον とまったく同等に扱われている。πεδιάδες は下部区分であるといっても、ἐποίκιον より多額の割当額を課せられているのであるから、これは地理的区分よりも実際的な税務行政を重視して改革したものとみなされる。ただし「バビロン市滞在者」はアフロディトの「市」と対になって一つの徴税区を形成している。

さて P. Lond. n° 1413, 1414 の徴税簿によると、賦課税は次の六種類に分かれている。

一、基本国税(現金税)δημόσια
二、手数料 τετάρτια (δημόσια の一パーセント)
三、時価現物租代納金(主として醸出用食料品購入のための資金)
四、定価現物租代納金(醸出用綱・錨等購入のための資金)
五、乳酪用牛乳代納金
六、蜂蜜代納金

三―六の「代納金」はそれぞれ《ἀπαργυρισμός》と呼ばれる。これはもともと現物租であったが、のちにそれ相当額の現金による代納制に変わったものである。P. Lond. n° 1413 は、第一五 indiction 年から第五 indiction 年、すなわち七一六／一七(ヒジュラ暦九七／九八)年から七二二／二三(ヒジュラ暦一〇二／〇三)年までにおけるアフロディトのパガルキアの納税額計算書であるが、これによると、いずれの徴税区とも各税種の最初の項には《ἐπιζητούμενα》と呼ばれる額が、つねにソリドゥスとカラットの単位で記され、次に国庫納付額がソリドゥスとカラットの単位によるものと、ソリドゥスとその分数値によるものの二つの数値で記され、次に epizētūmena 額から国庫納付額を控除した《λοιπόν》と呼ばれる残額が記されている。

ここで、一応金額表示に関する技術的な問題に触れておこう。税額の表示にはこのように二種類あって、ソリドゥスとカラット(一ソリドゥス＝二四カラット)の単位で記されるものを《ἐχόμενα》、ソリドゥスとその分数値で記されるものを《ἀρίθμια》と呼ぶ。数値はつねに前者より後者の方が大きく、一ソリドゥスの ἀρίθμια はほぼ二二カラット前後に当たっている。Bell は額の大きい ἀρίθμια が名目価値、小さい方の ἐχόμενα が実質価値を示すと解釈しているが(P. Lond. pp. 84-85)、これは R. Rémondon のように、前者を国家が徴収するに当たっての計算上の額、後者を実際に税として徴収された現金の額と解釈する方が正しい(PGAA, p. 175)。したがって割当額は分数値の ἀρίθμια で示され、徴収額は ἐχόμενα で示される。各村落の割当額を通告する納税命令書では、その金額の単位が ἀρίθμια であることを明記している。当時の技術では、貨幣をすべて均一価値で鋳造することは困難であり、また銀貨や銅貨も金貨単位に換算しなければならないので、どうしても若干の誤差が生ずる。たとえ割当額は同一であっても、実際の徴税額が同一であるとは限らないわけで、むしろ数値の異なるのが当然であるといわねばならない。

ところで、P. Lond. nº 1413 の epizētūmena 額は現金単位の ekhomena でしか記されていないが、P. Lond. nº 1414 では arithmia 単位による額も記されている。これら二つの文書から、アフロディト内各徴税区に対する諸税種の epizētūmena 額は第9表の通りとなる。P. Lond. nº 1412――これはただ基本国税(dēmosia)しか記されていないが――には六九八／九九(ヒジュラ暦七九／八〇)年から七〇三／〇四(ヒジュラ暦八四／八五)年までの六年間、P. Lond. nº 1413 には七一六／一七(ヒジュラ暦九七／九八)年から七二一／二二(ヒジュラ暦一〇二／〇三)年までの六年間の epizētūmena 額が記されており、しかもそれらの額はいずれも同一である。[47] したがって六九八／九九年から七二一／二二年まで、この epizētūmena 額は毎年一定不変であると考えられる。Bell はこの epizētūmena を《tax-quota》と解釈し、各村落共同体に対する割当額は毎年一定であったと結論づけているが、しかしこれでは割り切れない面も多くあって、彼自身説明に苦慮している(P. Lond. pp. 81ff.)。また epizētūmena から国庫納付額を控除した残額が、国庫納付額より大きい場合があり、このような莫大な「残額」は一体何を意味するのかも問題となる。

これらの疑点について Dennett はかなり詳細な検討をしている(一〇〇頁以下)。彼はまず、Bell の立てた「残額は徴収されて地方経費に費やされた。またアラブ政府はかならずしも割当額の全額を要求したわけではなかった」という二つの仮説を否定している。地方経費にこれほどの巨額が充当されたとするのは不可能であり、また Psyros などある村落では、epizētūmena 額より国庫納付額の方が多額になっている。「割当額」より多額の税を納めたとすることも考えられない。

そこで Dennett は、この問題の解決は epizētūmena の定義にあるとして、これを「年々の割当額」でなく、単なる「割当額」の意味に取り、それに三つの理由を挙げている。第一に、六九八年から七二一年までこの額が一定であるとすると、フスタートのアラブ政府が割当査定簿を毎年吟味した点の説明がつかない。第二に、P. Lond. n° 1416 によると、七三二年度の epizētūmena 額はこれまでと異なり、従来の国庫納付額に非常に近いものになっている。第三に、七〇四年度の第五区および第二区の割当査定簿(merismos)である P. Lond. n° 1420 によると、これら両区の徴税額は、P. Lond. n° 1412 にみえる七〇三年度のそれぞれの国庫納付額と一致し、また、同じく七〇三年度の第三区の

第9表 賦課種別 epizētūmena 額(P. Lond. n° 1413, 1414)

1. arithmia(単位 solidus)

徴税区	基本国税	手数料	定価物代金	時価物代金	乳酪代金	蜂蜜代金	計
Aphrodito	7452 2/3	77	215 1/3	140 1/6	76 1/2	74 5/6	8036 1/2
Pakaunis	399	4 1/6	4 2/3	7 2/3	4 1/3	1 2/3	421 1/2
Bunoi	43 1/3	1/2	7 1/3	1/2	2 1/6	—	53 5/6
Keramion	54 2/3	1/2	7 2/3	2/3	2 1/6	—	65 2/3
Emphyteutōn	431 1/2	4 1/3	15 5/6	5 1/6	5 1/3	—	462 1/6
Poimēn	109 5/6	1 1/6	10 1/2	5/6	—	—	122 1/3
Psyros	77	5/6	9 1/2	1 1/6	—	—	88 1/2
Sakoore	13 5/6	1/6	7 1/6	—	—	—	21 1/6
聖 Pinutiōnos	53 1/6	1/2	12	1/2	—	—	66 1/6
Abba Hermaōtos 修道院	—	—	1/3	—	—	—	1/3
Pharou 修道院	—	—	1/6	1/6	—	—	1/3
Tarou 修道院	—	—	—	1 1/6	—	—	1 1/6
Barbaru 修道院	—	—	1/6	—	—	—	1/6
聖 Maria 修道院	—	—	1/2	—	—	—	1/2
総計	8635	89 1/6	291 1/6	158	90 1/2	76 1/2	9340 1/3

2.　ekhomena(単位 solidus : karat)

徴　税　区	基本国税	手 数 料	定価物代金	時価物代金	乳酪代金	蜂蜜代金	計
Aphrodito	6951 : 15	72 : 9 3/4	202 : 8	131 : 10 1/2	72 :	70 : 5 1/2	7500 : 3/4
Pakaunis	371 : 8	3 : 20 3/4	4 : 9	7 : 4	4 :	1 : 14 1/2	392 : 8 1/4
Bunoi	40 : 5	: 10	6 : 22	: 12 1/2	2 :	—	50 : 1 1/2
Keramion	50 : 19	: 12 3/4	7 : 4	: 16 1/2	2 :	—	61 : 4 1/4
Emphyteutōn	399 : 22	4 : 4	14 : 21 1/2	4 : 19 1/2	5 :	—	428 : 19
Poimēn	102 : 5	1 : 1 1/2	9 : 20	: 18 3/4	—	—	113 : 21 1/4
Psyros	70 : 21	: 17 3/4	9	1 : 1 1/4	—	—	81 : 16
Sakoore	12 : 19	: 3 1/4	6 : 17 1/2	: 1 1/4	—	—	19 : 17
聖 Pinutiōnos	49 : 17	: 12 1/2	11 : 8	: 13 1/4	—	—	62 : 2 3/4
Abba Hermaōtos 修道院	—	—	: 7	—	—	—	: 7
Pharou 修道院	—	—	: 4	: 2 1/2	—	—	: 6 1/2
Tarou 修道院	—	—	—	1 : 4	—	—	1 : 4
Barbaru 修道院	—	—	: 4	—	—	—	: 4
聖 Maria 修道院	—	—	: 11	—	—	—	: 11
総　計	8049 : 11	83 : 20 1/4	273 : 16	148 : 8	85 :	71 : 20	8712 : 3 1/4

定価物代金＝定価現物租代納金　　時価物代金＝時価現物租代納金　　代金＝代納金

割当査定簿である P. Lond. nº 1421 によると、その徴税額は nº 1412 の当該年度の国庫納付額と一致する。したがって納税民からは国庫納付額のみ徴収され、epizētūmena と国庫納付額との差額は徴収されなかった。

これらの点から Dennett は、「epizētūmena が年々の割当額でないことは明らかであり、するとこれは、おそらくアラブが時折行なった税務調査のさいに決定した割当額であろう」という仮説を立てている。epizētūmena に関する Dennett の推論はほぼ正しいように思われる。ただ epizētūmena は、割当額を算出する計算単位の arithmia 額よりも、むしろ現金単位の ekhomena 額が重要視されており、これがつねに税務計算の基礎に置かれていることから、epizētūmena はもともと徴収予定の現金の実質額を示したものであり、それはとりもなおさず、政府の歳出額を徴税計算の基礎においていたことを物語っている。したがって政府としては、epizētūmena 額まで各村落から徴収する権利があるわけであり、しかもそれが毎年一定であったことは、徴税の基礎を歳出に置こうとする政府の立場を明示したものといわねばならない。これは最初期の貢納制の名残りであろう。epizētūmena と国庫納付額との差額は、納税民にとっては政府に対する一種の負債であり、それによって政府は、納税民に対して納税義務をより強調することができた。

しかし政府にとっても納税民にとっても、実際の徴税に当たってより重要なのは「国庫納付額」であった。国庫納付額が ekhomena 単位と arithmia 単位とによる二つの数値で示されていることはすでに述べたが、政府が毎年「納税命令書」によって通知する割当額は、この国庫納付額の arithmia 単位による額である。納税命令書の金額が arithmia 数値の国庫納付額そのものであることは、第三区村に関して第六 indiction 年度(七〇七年)の納税命令書 P. Heid. III, n° k と割当査定簿 P. Lond. n° 1421, n° 1422 および徴税簿 P. Lond. n° 1412, 478 行の国庫納付額のそれぞれが額のうえで一致することから証明できる。[48] この arithmia 数値はいわば国庫納付予定額であり、一方 ekhomena による数値は国庫納付済額である。徴税簿の P. Lond. n° 1412 には、六九八(ヒジュラ暦七九)年度から七〇三(ヒジュラ暦八四)年度までのこれら両単位による現金税国庫納付額が記されている。そこでこれを表にしたいが、両数値を列記するのは煩雑なので、国庫に納付すべき割当額のみを七〇四年度と七〇七年度の割当額とともに表にした。第10表がそれである。なお七〇四年度のものは P. Lond. n° 1420 から、七〇七年度のものは P. Heid. III, n° 5, 6, a–l; APEL n° 160, 161 の一連の納税命令書から可能なかぎり復元した。また P. Lond. n° 1413 によって、七一六年度から七二一年度までの国庫納付額を知ることができ、そこで同様に割当額のみを示すと第11表の通りとなる。ただこの場合アフロディト市は下部区分に分けられず、一括して示される。

第10表で興味深いことは、第一四 indiction 年から第一 indiction 年までの三年間、アフロディト市そのものと、「バ

第10表　現金税国庫納付額徴税区別割当(P. Lond. n° 1412)

	(ヒジュラ暦)	(79)	(80)	(81)	(82)	(83)	(84)	(85)	(88)
	(西　　暦)	(698)	(699)	(700)	(701)	(702)	(703)	(704)	(707)
	indiction 年	12	13	14	15	1	2	3	6
徴税区名	Aphrodito								
	Kōm(市)	1434 1/2	1405 1/3	1329 1/2	1179 1/2	1329 1/2	1369 1/2		
	第 5 区	444 2/3	425 2/3	385 2/3	385 2/3	385 2/3	397 2/3	397 2/3	461 1/2
	第 3 区	436 1/3	397 1/3	360 1/3	360 1/3	360 1/3	367 1/3	〔367 1/3〕	400 5/6
	第 2 区	233 5/6	226 5/6	205 5/6	205 5/6	205 5/6	211 5/6	211 5/6	253 1/6
	聖 Maria の人々	48	50	36	36	36	37		47 1/2
	Babylon 滞在者	484	484	468	418	468	382 1/3		
	諸修道院	99	94	86	86	86	86		
	計	3180 1/3	3083 1/6	2871 1/3	2671 1/3	2871 1/3	2851 2/3		
	Pakaunis	413 2/3	418 1/6	388 1/6	388 1/6	388 1/6	408 1/6		498
	Emphyteutōn	153	124	120	120	120	107 2/3		131 1/3
	Bunoi	28	29	26	26	26	29		47 1/6
	Keramion	10	10	8	8	8	10 1/6		25 1/3
	Poimēn	46	47	35	35	35	36 2/3		30 1/6
	Psyros	84	84	84	84	84	87		104 1/2
	聖 Pinutiōnos	29	29	17	17	17	18 1/2		37
	Sakoore	9	9	8	8	8	8 2/3		
総　　計		3953	3833 1/3	3557 1/2	3357 1/2	3557 1/2	3557 1/2		

第11表　現金税国庫納付額徴税区別割当(P. Lond. n° 1413)

	(ヒジュラ暦)	(97)	(98)	(99)	(100)	(101)	(102)　(103)
	(西　　暦)	(716)	(717)	(718)	(719)	(720)	(721)
	indiction 年	15	1	2	3	4	5
徴	Aphrodito	?	2493 5/6	2618 1/2	3741	3736 1/2	3881 5/6
	Pakaunis	439	351 1/2	357 1/2	422	397 1/2	384
税	Bunoi	〔60以上〕	38	0	0	20	20
	Keramion	75	46 2/3	37 2/3	72 2/3	59 2/3	52
区	Emphyteutōn	307 2/3	146 2/3	220 1/6	359	372 1/6	254
	Poimēn	60 1/6	35 2/3	36 2/3	40 1/2	41 1/6	43
名	Psyros	?	58 5/6	65 5/6	85 2/3	83 5/6	81 5/6
	Sakoore	?	8 1/3	4	3	13	7 1/6
	聖 Pinutiōnos	0	0	0	0	0	0
	総　　計	4920 1/3	3179 1/2	3340 1/3	4723 5/6	4723 5/6	4723 5/6

ビロン市滞在者」を除いて各村落に対する割当額が一定しており、しかも総額においては第二 indiction 年度も引き続き同額を割り当てられていることである。(49) 第三 indiction 年度については第五区・第三区とも前年度と同額であるから、全村落とも第二 indiction 年と同額を課せられたであろう。第一五 indiction 年のアフロディト市の割当額は一五〇ソリドゥス、「バビロン市滞在者」のそれは五〇ソリドゥス、計二〇〇ソリドゥスが前後の年度より減少しているが、これはなんらかの理由によって別途の特別公課を割り当てられたために、「現金税」は免除されたものとみなされる。またパガルキア全体としては、前年度と同額を割り当てられていても、各村落に対する割当額の配分比率が異なっている場合がある。これは村落の割当額の決定には、パガルコスの権限によるところが大きいことを示すとともに、政府においては、村落よりパガルキアという枠をより重要視していることを物語っている。この点については第11表の第三から第五 indiction 年にかけての三年間についてみてもいえる。

　これらの二つの表によるかぎり、パガルキアおよびその各村落に対する割当額の修正は定期的に行なわれるのではなく、村落における税務調査や政府の政策などによって毎年変ったり、あるいは村落によっては五年間も据置きになったり、あるいは七一六年度から七一七年度、また七一八年度から七一九年度にかけてのように、急激に増減することもあるなどまちまちであった。総督クッラ＝ビン＝シャリークの命令した第六 indiction 年度の割当額は、それまでに比べて大きな額になっているが、これは史書の語るところと一致する。すなわちセベロスによると、彼は前任者の誰よりも税をきびしく取り立てたといわれているのである(Sawirus, PO, V, 64)。

それにしても、この第10表・第11表の割当額を第9表の基本国税、すなわち現金税の epizētūmena 額と比較すると、非常な開きのあることがわかる。なるほど、epizētūmena 額より大きい割当額を課せられている場合として、Pakaunis 村の六九八、六九九、七〇三、七〇七、七一九の各年度、Bunoi 村の七〇七、七一六の各年度、Keramion 村の七一六、七一九、七二〇の各年度、および七一七、七一八の各年度以外の Psyros 村があるが、その差はいずれも少額であり、アフロディトのパガルキア全体としては、七一六年度・七一九―七二一年度を除き、epizētūmena の半分にも満たない額となっている。しかも P. Lond. n° 1412(第10表)では、現金税についてしか記されていないので不明であるが、n° 1413 では現金税以外の特別税に関する項目も記されており、それによると《tetartia》も各種の代納金も、納入額はすべてゼロになっている。これは一体何を意味するのであろうか。

そのうえ、次の点についても同様の疑問が生ずる。年代は不明だが、クッラ＝ビン＝シャリークの総督時代(在位九〇―九六／七〇九―七一四年)に属すと思われる徴税簿 P. Lond. n° 1414 では、基本国税・手数料 tetartia・各種の代納金の各項とも、国庫納付額と《*λογίσιμα*》と呼ばれる項目とに分かれ、各徴税区ごとに、この国庫納付額と *λογίσιμα* (logisima)のそれぞれの集計が行なわれている。ところがこの各項目のうち、最初の基本国税――その国庫納付額はいわゆる「現金税」に当たる――はさて措くとして、他は各税種とも、その国庫納付額はごく一部の徴税区を除いて、ほとんどゼロになっているにもかかわらず、logisima についてはかなりの払込みがみられる。この部分のみを表にして示すと、第12表のようになるが[50]、これはいかなる意味を持っているのであろうか。この疑問を解くに当たって、こ

第12表 Aphrodito 県徴税基本台帳 709–714年/90–96 H年（P. Lond. n° 1414）

徴税区	基本国税			定価物代金	時価物代金	乳酪代金	計
	国庫納付額	logisima	計	logisima	logisima	logisima	
Aphrodito	3354 2/3	159	3513 2/3	8 2/3	84 1/3	28 2/3	3635 1/3
Pakaunis	399	20	419	1 5/6	7 1/3	4 1/3	432 1/2
Bunoi	23	3 2/3	26 2/3	0	1/2	2 1/6	29 1/3
Keramion	26	5 1/6	31 1/6	0	2/3	2 1/6	34
Emphyteutōn	249 2/3	14 1/2	264 1/6	3	5 1/6	5 1/3	277 2/3
Poimen	34	3 1/2	37 1/2	0	5/6	0	38 1/3
Psyros	77	2 1/6	79 1/6	0	1 1/6	0	80 1/3
Sakoore	13	2/3	13 2/3	0	0	0	13 2/3
聖 Pinutiōnos	15 5/6	2/3	16 1/2	5/6	1/2	0	17 5/6
Abba Hermaōtos 修道院	0	0	0	0	0	0	0
Pharou 修道院	0	0	0	0	1/6	0	1/6
Tarou 修道院	0	0	0	0	1 1/6	0	1 1/6
Barbaru 修道院	0	0	0	0	0	0	0
聖 Maria 修道院	0	0	0	0	0	0	0
総計	4192 1/6	209 1/3	4401 1/2	14 1/3	101 5/6	42 2/3	4560 1/3

〔註〕 手数料 tetartia および蜂蜜代納金と定価現物租・時価現物租・乳酪の各代納金の国庫納付額とは各徴税区ともゼロで納付がないので，ここでは省略した．この表で明らかなように，総計 4560 1/3 solidus のうち，国庫納付額は 4192 1/6 solidus，logisima は 368 1/6 solidus である．

の P. Lond. n° 1414 文書を仔細に検討すると、実は基本国税や各種の代納金など各項目に当てられている《logisima》の内容は、その基本国税とか、たとえば時価現物租代納金とかにはまったく関係のないことがわかる。すなわちこの文書では、各徴税区ごとに logisima 額の集計が行なわれたうえで、その logisima の内容となる各税目およびその内訳額が記されていて、そのことが判明するのである。

そしてすべての徴税区について同様の記載が行なわれたあと、この logisima の各税目の総集計も明示されている。そこで、P. Lond. n° 1414 文書よりこの部分のみを arithmia 単位で示すと、第13表のようになる。[51] この表のⓑⓒⓓⓖⓗの各項は、いわゆる「維持費」(dapanē) と称せられているものに属するが、この各維持費をはじめ、logisima の税目に登場する各項目は、実は当該年度中に割り当てられた特別税なのである。[52] 維持費については、すでに本章第2節で若干触れたとおり、特別税であった。またⓕの Munachthē 村駅逓用駅馬飼料費の負担金については、P. Lond. n° 1347 文書を見ると、この飼料費を含めた第八 indiction(七〇九／一〇)年度の当該駅逓用諸経費の納税命令書がアフロディト県に発せられていて、やはり特別税に属していることがわかる。

このように《logisima》の実態は特別税なのであり、しかも第9表に見られる諸種の代納金 apargyrismos の特別税と具体的な品目については共通点があるが、それでも logisima をこの代納金に直接組み入れていないのは、これら諸種代納金の項目がクッラ＝ビン＝シャリークの当時、すでに実用に適さなくなっていたことを示している。そして基本国税、すなわち現金税の国庫納付額が、《epizētūmena 額》とあまりにもかけ離れているために、少しでもこれを補う意味から県当局の判断において、logisima のかなりの部分を基本国税に加え、残りを特別税の各種代納金の項目に適宜配分したようである。要するに第9表の epizētūmena 表は、アフロディト県に課せられた徴税の基本台帳だったのであろう。この epizētūmena 額がいつの時代に決められたのか判明しないが、六九八―七二一年当時では、すでに実情に合わなくなっており、単に帳簿の計算上用いられているにすぎないのである。そして実際の割当額、言いかえれば国庫納付額は、logisima 額を考慮に入れても激減しているわけであるが、これは当時の農民の抗租や逃亡、農地の荒廃など社会情勢の急激な変化に対応するものと推定されるのである。

ところが七三四年一一月一九日(一一六年 šawwāl 月一七日)付命令書で割り当てられた第一 indiction 年度、すなわち七三二／三三年度の税務簿 P. Lond. n° 1416 には、まったく新しい epizētūmena 額が記されている。この文書は断片

第13表　Aphrodito 県各村 logisima 額割当表(P. Lond. n° 1414)

税目／徴税区名	ⓐ南厩用〔　〕経費	ⓑエルサレムのモスクおよびカリフ宮殿建設労務者維持費	ⓒフスタートにおける Carabi 船建造就労職人維持費	ⓓKlysma の軍船に就労する当該都市の職人維持費	ⓔ公共事業用乳酪製造用諸物件費	ⓕMunachthē 村駅逓用駅馬飼料費	ⓖダマスクスにある総督の私領地で働く労務者維持費	ⓗ当該地方(Aphrodito 県)とフスタート〔諸官吏〕維持費	ⓘ庫官 'Ilbā b. 'Abd Allāh への物件費	ⓙ庫官 'Ilbā b. 'Abd Allāh への牛乳費	ⓚ〔　〕Chaēl への carabi 船用〔　〕費	ⓛKlysma の知事 'Abd al-Raḥmān b. 'Ilyās への物件費	ⓜRosetta の長官 Paphnuthios への物件費	計
Aphro.	12	3	$3^2/_3$	$^1/_2$	$8^1/_6$	—	—	$132^1/_3$	$55^5/_6$	$28^2/_3$	15	$13^2/_3$	$7^5/_6$	$280^2/_3$
Pakau.	—	1	1	—	—	$^1/_2$	$^1/_2$	$11^1/_2$	$12^2/_3$	$4^1/_3$	—	$^1/_3$	$1^2/_3$	$33^1/_2$
Bunoi	—	$^1/_3$	—	—	—	—	$^1/_2$	$2^1/_2$	$^1/_2$	$2^1/_6$	—	—	$^1/_3$	$6^1/_3$
Keram.	$^1/_2$	$^1/_6$	—	—	—	—	—	$3^1/_6$	$1^1/_6$	$2^1/_6$	—	—	$^5/_6$	8
Emphy.	—	$^2/_3$	$^1/_2$	—	—	—	—	$7^5/_6$	12	$5^1/_3$	—	—	$1^2/_3$	28
Poim.	—	$^1/_2$	—	—	—	—	—	$3^1/_3$	$^1/_3$	—	—	—	$^1/_6$	$4^1/_3$
Psyr.	—	$^1/_2$	—	—	—	—	—	$2^1/_6$	$^2/_3$	—	—	—	—	$3^1/_3$
Sako.	—	—	—	—	—	—	—	$^1/_2$	$^1/_6$	—	—	—	—	$^2/_3$
Pinu.	—	—	—	—	—	—	—	$^1/_2$	$1^1/_2$	—	—	—	—	2
Phar.	—	—	—	—	—	—	—	$^1/_6$	—	—	—	—	—	$^1/_6$
Taro.	—	—	—	—	—	—	—	$1^1/_6$	—	—	—	—	—	$1^1/_6$
計	$12^1/_2$	$6^1/_6$	$5^1/_6$	$^1/_2$	$8^1/_6$	$^1/_2$	1	$165^1/_6$	$84^5/_6$	$42^2/_3$	15	14	$12^1/_2$	$368^1/_6$

〔註〕 とくに ⓗ の項目について本章註(52)参照.

第14表　第1 indiction 年度税務簿　732/33年 114/15H 年度(P. Lond. n° 1416)

地区 ＼ solidus	epizētūmena	国庫納付額	前納額	水軍費	計	残　額
Kōm Aphro.	1786	$1338\frac{5}{6}$	0	156	$1494\frac{5}{6}$	$291\frac{1}{6}$
第 5 区	305	229	$13\frac{29}{48}$	38	$280\frac{29}{48}$	$24\frac{19}{48}$
第 3 区	250	189	0	36	225	25
第 2 区	181	142	$6\frac{3}{8}$	18	$166\frac{3}{8}$	$14\frac{5}{8}$
聖 Maria の人々	12	9	$\frac{1}{3}$	0	$9\frac{1}{3}$	$2\frac{2}{3}$
諸修道院	66	$49\frac{1}{2}$	0	3	$52\frac{1}{2}$	$13\frac{1}{2}$
Pakaunis	270	$202\frac{1}{2}$	$1\frac{1}{4}$	38	$241\frac{3}{4}$	$28\frac{1}{4}$
Emphyteutōn	43	32	$2\frac{1}{16}$	3	$37\frac{1}{16}$	$5\frac{15}{16}$
Bunoi	22	16	0	3	19	3
Keramion	23	11	0	8	19	4
Psyros	86	?	?	?	?	?
⋮	⋮	⋮	⋮	⋮	⋮	⋮

なので、すべての村落の epizētūmena 額を知ることはできないが、判明するもののみ示すと第14表のようになる。これによると、額は以前の epizētūmena より激減し、従来の国庫納付額に非常に近くなっており、明らかに改善の跡がみられる。おそらく七二二年から七三四年までのあいだに、実情にそぐわなくなったこれまでの epizētūmena を廃止し、新しい額を決定したのであろう。この改革は Dennett も予想しているように、税務長官 'Ubayd Allāh b. al-Ḥabḥāb によるヒジュラ暦一〇六年(七二四/二五年)の税務調査の結果と思われる(Sawirus, PO, V, 75–76; cf. Dennett, p. 104)。

さて、割り当てられた税額は分割納によって徴収されるが、その支払時期はまず大きく年二回の割賦期(καταβολή)に分かれ、さらにこれはときには最高四回の小割賦期(ἐξάγιον)に分かれる。パガルキアの首府に集められた税金は担当の役人によって、アフロディトのような中央政府直轄地ならばフスタートの国庫もしくはアレクサンドリアの国庫へ送られ、Apollonopolis のような場合は州政庁のある Antinoe の公庫へ送られ、さらにフスタートへ転送される。ところが徴収から送金までの各過程の時期については、パピルス文書によるかぎり雑多で、定則的な時期があったかどうか疑われるほどである。

アフロディト文書のうちには、総督クッラ=ビン=シャリークよりパガルコスの Basilios へあてられた現金税徴収に関する書簡が多数あるが、そのうち次のような興味あるものがある。それは第八 indiction 年 tybi 月一九日(七一〇年一月一四日)の日付を持つ P. Lond. n° 1349 の文書で、パガルコスに対して第七 indiction 年度の現金税の徴収開始と国庫への送金を命じており、その理由として、住民は最近播種——すなわち小麦の——を終えたばかりで、納税義務を果たすのに便利である、ということを挙げている。しかもこの書簡はアラビア語によっても書かれている。P. Heid. III, n° 1 がそれで、日付は九一年 rabīʻ al-awwal 月となっていて合致する。これが tybi(ṭūbe)月に書かれていることは、のちアッバース朝時代において徴収開始期(iftitāḥ)、すなわち年度の開始期がこの月に置かれていたことと通じる。[53] また播種を終ったときに徴税することは、イブン＝アブドゥル＝ハカムの伝承にもみえる(Ḥakam, 161; cf. Ḥiṭaṭ I, 74)。なおこの伝承には、もう一つの徴税時期としてぶどうの季節の終末をあげており、これはほぼ pachon(bašans)月に当たる。

ここで注意しなければならないのは、《indiction》の年度内に徴税開始の命令が出されるのでなく、翌年度、しかも tybi 月ということは当該年度が終って九ヵ月目に出されていることである。しかしその後税金が予定通りに送られなかったためか、総督から発せられた納税の督促状が発見されているものだけでも四通ある。さきの書簡の直後に出された APEL n° 148(アラビア文)、七一〇年の春ごろに出された P. Lond. n° 1394、第八 indiction 年 pachon 月五日(七一〇年四月三〇日)の日付を持つ P. Lond. n° 1357、第九 indiction 年 payni 月七日(七一〇年六月一日)の日付を持つ P. Lond. n° 1380 がそれで、最後のものは最初の書簡からすると約六ヵ月近く経っている。四月末に出された書簡によると、その当時まで現金税をほとんど送っていない。それから一ヵ月後に出された最後の書簡では、その後国庫への送金はなされたようであるが、しかしその額は不満足なものであり、パガルコスは総督より非常な叱責を受けている。

この書簡のなかで「現金税の三分の二」という言葉がみえるが、これは第一割賦期に支払うべき額が年額の約三分の二に当たっているためで、したがって問題になっている遅延の税は、第一割賦期のものである。[54] 納税の遅延は当時慢性化していたらしく、第八 indiction 年 thoth 月一五日(七〇九年九月一二日)の日付のある P. Lond. n° 1338、それから約一ヵ月後第八 indiction 年 phaophi 月一二日(七〇九年一〇月九日)の日付のある P. Lond. n° 1339、アフロディトにおける受領日付が第八 indiction 年 phaophi 月二三日(七〇九年一〇月二〇日)の P. Lond. n° 1340 など、いずれも現金税の遅延について触れている。しかもさきに述べたように、政府では徴税の情況調査のため、当該税務簿を持参のうえパガルコス自身でフスタートに伺候するよう命じているのである。[55]

これらは日付からすると、第六 indiction 年度の現金税について述べているのであるが、これまでたびたび取り上げたクッラ＝ビン＝シャリークの一連の納税命令書(entagion)はこの第六 indiction 年度のためのものであり、その日付は第八 indiction 年 thoth 月(七〇九年八／九月)であった。ただこの納税命令書のアラビア語の部分の日付が九一年 ṣafar 月(七〇九年一二月—七一〇年一月)となっていて、ギリシア語の日付と合わない点は疑問が残るが、これは P. Lond. n° 1338–1340 などの文書の日付から推して、ギリシア語の日付を取るべきであろう。それにしても、第七 indiction 年度分の徴収開始命令が tybi 月(一月)に出されていることと比べると非常な遅れである。クッラ＝ビン＝シャリークが着任したのはヒジュラ暦九〇年 rabīʿ al-awwal 月一三日(七〇九年一月三〇日)で、ちょうど第六 indiction 年度の徴税命令を出すころであったが、それまでに彼は前任者の ʿAbd Allāh b. ʿAbd al-Malik が命令していた第五 indiction 年度の未納分を徴収しなければならなかったようである。P. Abbott n° 5 のアラビア語文書や第七 indiction 年 pharmuthi 月一四日(七〇九年四月九日)の日付のあるギリシア語文書断片 P. Lond. n° 1398 はそれを物語っている。しかし納税命令書と思われるファイユーム出土の PERF n° 570(七世紀)では、第六 indiction 年度のためのものが第八 indiction 年 pachon 月二七日(五月二二日)に出され、また PERF n° 581(七世紀)では、第一 indiction 年度のためのものが第三 indiction 年 mesore 月(七／八月)に出されているなどまちまちである。

徴税簿の P. Lond. n° 1412 には、アフロディトから国庫に送金したときの各割賦の期日が明示されており、表にす

第15表　現金税割賦期日(1)　(P. Lond. n° 1412)[56]

年度 (indiction)	第1割賦期	第2割賦期
12	13 ind. phaophi 10(699. X. 8)	13 ind. phamenoth 2(700. II. 27) & 14 ind. payni 4 & 14 (700. V. 29 & VI. 8)
13	14 ind. phaophi 30(700. X. 27)	15 ind. payni 1 & 17(701. V. 26 & VI. 11)
14	15 ind. hathyr 20 & choiak 5 (701. XI. 16 & XII. 1)	1 ind. epeiph 21 & mesore 8 (702. VII. 15 & VIII. 1)
15	1 ind. choiak 16 & 23(702. XII. 12 & 19)	2 ind. epeiph 24 & mesore 1 (703. VII. 18 & 25)
1	2 ind. tybi 21(704. I. 17)	3 ind. mesore 12 & 23(704. VIII. 5 & 16)
2	3 ind. phamenoth 1, 2 & 22 (705. II. 25, 26 & III. 18)	4 ind. phaophi 3 & 9(705. IX. 30 & X. 6)
4	5 ind. pharmuthi 16 (707. IV. 18)	6 ind. thoth 2(707. VIII. 31)

ると上のようになる(第15表)。この表を一見してわかることは、割賦時期が毎年少しずつ遅れていて、その遅延期間は第一二indiction年から第四indiction年までの八年間に約半年にも及んでいることである。またさきの第七indiction年度の徴税命令が出されたtybi月でも、実はまだかなり遅れた時期であることも判明する。当時としては、ある程度まで遅れを取り戻そうとしたのであるが、それでも六年前の状態に復したにすぎない。原則的にはもっと早い時期に徴税命令が出されるはずであって、そのことはやはり徴税簿のP. Lond. n° 1413に記されている七一六/一七年度から七二一/二二年度までの割賦期日によって明らかとなる。第16表がそれで、これによると、徴税時期が約一〇年ほどのあいだに非常に改善されたことがわかる。最初の第一五indiction年度分については、当該年度が終って一ヵ月も経たないうちに第一割賦期分が送金されているわけで、この事例からすると、徴税開始命令は原則として年度が終った直後の、すなわち新年度の初めに出されたようである。pachon月は麦類の収穫が行なわれる時期でもあり、アッバース朝時代ではこの月から第二割賦期が始まっている。

しかし改善されたとはいえ、この当時でも正常なのは最初だけ

第16表　現金税割賦期日(2)　(P. Lond. n° 1413)

年　度 (indiction)	第 1 割 賦 期	第 2 割 賦 期
15	1 ind. pachon 30(717. V. 25)	1 ind. phaophi 18 & 21(717. X. 15 & 18), hathyr 14 & 16 (717. XI. 10 & 12), mecheir 30 & phamenoth 29 (718. II. 24 & III. 25)
1	2 ind. epeiph 7 & mesore 4 (718. VII. 1 & 28)	2 ind. mecheir (719. I/II) & 3 ind. payni 29(719: VI. 23)
2	3 ind. hathyr 6 & tybi 20 (719. XI. 3 & 720. I. 16)	4 ind. pachon 11(720. V. 6)
3	4 ind. epagomenai 3 & choiak 18(720. VIII. 26 & XII. 14)	5 ind. pachon 15(721. V. 10)
4	5 ind. phaophi 7(721. X. 4)	5 ind. tybi 19 & mecheir 24 (722. I. 14 & II. 18) & 6 ind. pachon 11(722. V. 6)
5	6 ind. phaophi 1(722. IX. 28)	6 ind. phamenoth 25(723. VII. 21)

で、送金時期はともすれば遅れがちであった。このようにウマイヤ朝中期において慢性化していた納税の遅延は、徴収がいかに困難であったかを示しているが、それはいうまでもなく農民の抗租の一つの現われであったのである。

なお、これまでは現金税のみの徴収および送金時期を述べてきたが、一方現物で納める穀物租(embolē)は、現金税より一年早く送られる。第2節で述べた割当査定簿(merismos)でも、たとえば第1表のように現金税が第三 indiction 年度のものであれば、穀物租は第四 indiction 年度分が課せられていた。またクッラ＝ビン＝シャリークの第六 indiction 年度の納税命令書では、現金税と同時に穀物租の割当額も通告されているが、第八 indiction 年度では、穀物租についてのみの納税命令書が出されており、しかもこれは、ギリシア語とアラビア語で書かれている。PAF n° 10 と P. Lond. n° 1407 がそれで、ギリシア語の日付は第八 indiction 年 mesore 月一日(七〇九年七月二五日)、アラビア語の日付はヒジュラ暦九〇年 ramaḍān 月となっている。この納税命令書には、また同時に穀物租に関する訓告書のような書簡も添えて送られた(P. Lond. n° 1335)。

穀物租の納付命令は、原則として小麦の収穫期もしくはその直後に出されたようである。上記の第八 indiction 年度のものもそうであったが、第六 indiction 年度(七〇七/〇八年度)では命令書のアフロディト到着日付であるが、第六 indiction 年 epeiph 月八日(七〇七年七月二日)となっていて、やはり小麦の収穫の直後になされている(P. Lond. n°. 1433)。そのうえ、第一四 indiction 年度(七一五/一六年度)については、その命令書が第一三 indiction 年 pachon 月三日(七一五年四月二八日)に到着しており、これだとちょうど収穫期で、しかも新年度が始まる直前に出されている(P. Lond. n°. 1434)。このように、穀物租の納付命令が小麦の収穫期に出されるのは、現物そのものを徴収する関係上当然のことであろう。そしてこの穀物は当該 indiction 年内に納付しなければならなかった(cf. P. Lond. n°. 1370)[57]。

要するに、原則的には新年度の始まる pachon 月に、前年度分の現金税と新年度の穀物租の徴収命令が出され、pachon 月から choiak 月までの八ヵ月間を現金税の第一割賦期、tybi 月から pharmuthi 月までの四ヵ月間を第二割賦期に当てていた。ところがこれらの割賦期は、実際的には半年以上も遅れることがあり、たとえ政府が原則通りの期日に戻しても、ふたたび農民側は徐々に滞納期間を延長して対抗したといえる。アッバース朝時代においては、徴収開始期が tybi 月に置かれ、この月から pharmuthi 月までを第一割賦期、pachon 月から mesore 月までを第二割賦期として、割賦期が半期ずれ、従来と逆になるに至ったのも、この納税遅延の現象と無関係ではあるまい[58]。

6　税制の展開 (一)

さて、これまでウマイヤ朝中期を中心に税制についての全般的な説明を行なってきたが、ここでこれに対していわば縦の線として、この税制がウマイヤ朝時代全体を通じてどのような展開を見せたか、という点を考察したい。もっとも初期に関しては、資料はきわめて少ないが、前章で述べたような征服期に確立された制度が継承され、アラブ当局は税務行政そのものにはあまり干渉せず、コプト人の自主性に委ねていたであろう。

ヤアクービーによれば、カリフ＝ムアーウィヤの時代（在位四一—六〇／六六一—六八〇年）にエジプトの税額を三〇〇万ディーナールに決めたという（Ya'qūbī, II, 277）。この額はアムル＝ビン＝アルアースや第二代総督の 'Abd Allāh b. Sa'd が徴収したとされている額よりもずっと少なく、[59] アッバース朝時代の徴税総額に近いことからすると、[60] ムアーウィヤの治世になって初期の税制はほぼ安定したと考えてよい。代々総督は概して税務長官をも兼ねていたが、実際に税務全般を担当する政府の税務庁長官や各州の知事 dux（cf. PGAA, p. 5）、アレクサンドリアなどの重要都市の長官には、コプト人もしくはギリシア人が当たっていたようである。それが次第にアラブ人やイスラム教徒に切り換えられるようになったのは、総督 'Abd al-'Azīz b. Marwān（在位六五—八六／六八五—七〇五年）の末期から 'Abd Allāh b. 'Abd al-Malik（在位八六—九〇／七〇五—七〇八年）にかけてである。税務庁長官では、ヒジュラ暦八七年（七〇五／〇六年）に免職されたおそらくギリシア系の Athanasios が最後である。彼はシリアのエデッサ出身で、六五年半ば（六八五年初）に任命され、同時にその副長官となったコプト人の Isaac とともに二〇年間にわたって税務庁を牛耳った（Sawīrus, PO, V, 12, 48–49, 54；Kindī, 50, 59）。

アレクサンドリアでは、長くギリシア人の Theodoros がその周辺の諸地域を含めて支配し、いわばアラブ当局に対する自治権を得ていた。[61] 総督は、習慣として貢納額を受け取るためにアレクサンドリアへ出向くだけであった（Sawīrus, PO, V, 5, 6, 9, 10–13）。[62] それでもアラブ当局は、税務の実態について次第に関心を示すようになったらしい。ヒジュラ暦七四（六九三／九四）年総督 'Abd al-'Azīz b. Marwān はアレクサンドリアに赴いたさい、その地方の有力者を呼んで諸 kūra（パガルキア）に対する税務調査を命じ、耕地やぶどう園、穀物の種類を考慮して、それぞれの負担能力に応じた税額を決定させている（Eutychius, II, 41；cf. Kindī, 51；Ḥakam, 74–75）。

こうして中央権力による税務行政の直接的なコントロールが始まったが、それはやがて急速に強化されることになったのである。その最初は、総督 'Abd al-'Azīz b. Marwān の息子の al-Aṣbag による修道僧の調査と、彼らに対する一人当たり一ディーナールの人頭税の賦課、修道僧の増加の禁止であった。これは修道僧から人頭税を徴収した最初であるという。セベロスの『総主教史』には、このときの経緯が詳しく書かれている(Sawīrus, PO, V, 50–51; cf. Ḫiṭaṭ, II, 492)。ただこの命令が出された時期が、資料の混乱からやや明確でない。

セベロスによると、これはコプト教会の総主教 Alexandros 二世の就任期日、すなわちディオクレチアヌス暦四二〇年 barmūda 月二〇日(七〇四年四月二五日＝ヒジュラ暦八五年 rabīʿ al-āḫir 月一四日)からしばらくして断行されたという。ところがマクリーズィーでは、彼の就任はヒジュラ暦八一年(七〇〇年)となっていて、四年のずれがある。またセベロスでは、前総主教 Simon の没年はディオクレチアヌス暦四一六年 abīb 月二四日(七〇〇年七月一八日)で、その後空位時代が三年間続いたとある。この空位年数はマクリーズィーも同じであるが、しかし空位期間の三年が事実とすると、Alexandros の就任は七〇三年にならなければならない。

キンディーによると、al-Aṣbaġ が総督代理に任ぜられたのは総督がアレクサンドリアに赴いたヒジュラ暦七四(六九三／九四)年が最初で、翌年シリアへ赴いたさいも代理に任ぜられている(Kindī, 51)。その後総督は八一年と八三年にアレクサンドリアに赴いているが(Kindī, 53)、おそらくその都度 al-Aṣbaġ を代理に任命し、やがては行政権の大半を彼に委ねていたと思われる。al-Aṣbaġ が死んだのは八六年 rabīʿ al-āḫir 月二〇日(七〇五年四月二〇日)であるから(Kindī, 54)、彼が修道僧から人頭税を徴収した年は、むろん七四年から八六年までのあいだにある。それも総主教 Alexandros の就任後とすると、セベロスの日付では al-Aṣbaġ の没年の一ないし二年前、マクリーズィーの日付では五年前となる。

これについて Dennett は、al-Aṣbaġ の没年を七〇三年と取り違い、またある修道院と思われる地区の住民宛パピルス文書[63]に διαγραφή(人頭税)の語が出ているところから、セベロスの日付は誤りであるとし、修道僧に対する課税の年代を六九三／九四年、ヒジュラ暦七四年に置いている(八〇—八一頁)。しかしこれは疑わしい。この「住民」が果たして修道僧であるかどうかは疑問である。また文書によれば、この住民は叛乱を起こしているが、その点を考慮すると、彼らはその修道院付属の所有地に働く農民であろう。

さらにセベロスの伝えるところによると、al-Aṣbaġ は修道僧から人頭税を徴収したのち、全国の主教に対して、教会の私有地の土地税のほかに年額総計二〇〇〇ディーナールを支払うよう命じ、またキリスト教徒を虐待して強制改宗させ、その結果上エジプトの知事 Petros、その弟の Theodoros, Maryūṭ の長官 Theophanes の子ら有力者たちもムスリムに改宗したという(Sawīrus, PO, V, 51-52)。

これら一連の事件は税制史上重要な意味を持つ。前節において、この当時すでに納税額の減少、納税の遅延が慢性化していたことは述べた。農民たちのうちには、税負担を免れる一つの手段に、離村して人頭税免除の修道僧になる者が多かったのである。al-Aṣbaġ はこのような現象を防ぐために、まず修道僧の人口調査を命じ、彼らに課税することにした。その意図は、経済的負担から免れる目的で修道僧になろうとするのをやめさせることであった。そして al-Aṣbaġ は、新たに修道僧の増加することを禁じて、これを徹底化したのである。

教会領については、征服期当時は和約の規定通り課税されなかったが、(64) その後かなり早くから課税対象となり、土地税を賦課されたらしい。すでにカリフ－ムアーウィヤの時代にそうした事実がみられる(Sawīrus, PO, V, 6; cf. ibid., 48-49, 51, 58)。しかし修道院の土地については疑問な点がある。前述の第9表の epizētumena 表によると、アフロディトでは同パガルキア内にある Abba Hermaōtos, Tarou, Pharou, Barbaru, 聖 Maria の諸修道院は、土地税・人頭税の含まれる現金税の割当をまったく受けず、ただわずかの現物租代納金を割り当てられているにすぎない。総督 'Abd al-'Azīz b. Marwān 時代の納税額計算書である P. Lond. n° 1412(第10表)でも、これらの修道院は現金税を支払っていない。ところがアフロディト市管区内の「諸修道院」はかなりの現金税を支払っている。同じ修道院でも性格が違うようである。同市の管区内には、ほかに「聖 Maria の人々」とか「Babylon の人々——Babylon 滞在者——」とか

第17表　707年度 Aphrodito 修道院割当額

修道院	現金税	穀物租	資料
Abba Hermaōtos	28 1/6	—	APEL n° 163
Pharou	5	—	P. Heid. III, n° h
Tarou	30 1/6	18 3/4	P. Heid. III, n° f
Barbaru	10	—	P. Heid. III, n° 6

の徴税区があり、とくに前者の「聖 Maria の人々」は、納税命令書 P. Heid. III, n° i のアラビア語の部分によると「Maria 教会の人々」(aṣḥāb Kanīsat Mariya) となっている。したがってこの点を考慮すると、この「諸修道院」は教会領の場合と同じ範疇に属し、修道院の土地を小作する農民が課税の主対象となっているのであろう。一方 Abba Hermaōtos 以下のような修道院では、付属の土地を修道僧みずから耕作し、そのために通常の課税対象から除外されていたと推察される。

al-Aṣbag は、このように大幅に免税の特典を得ていた修道僧に対して、まず人頭税を課したのであるが、ただその後一年もしくは二年足らずで、彼も総督の 'Abd al-'Azīz も相前後して没したから、この改革が恒久的なものとなったかどうかは不明である。諸資料を参見すると、人頭税も含めて、修道院関係に対する課税はその後断続的に行なわれたようである。

そこでその後の修道僧対策の推移を見ることにする。'Abd al-'Azīz b. Marwān の次に総督になった 'Abd Allāh b. 'Abd al-Malik（在位八六—九〇／七〇五—七〇九年）は、のちに述べるように、公用語のアラビア語化や成丁調査など新たな政策を打ち出したのであるが、修道僧に対する課税についてはよくわからない。もっとも、教会に対する課税は続けている（cf. Sawīrus, PO, V, 55）[65]。次に総督となったのはクッラ＝ビン＝シャリーク（在位九〇—九六／七〇九—七一四年）であるが、彼のときには修道僧は明らかに課税されている。彼が第八 indiction 年（七〇九年）に出した第六 indiction 年度の納税命令書のうちには、これまでまったく課税されていなかった前述の修道院に対するものがあり、それぞれ第17表のような割当を受けている。しかし、これには人頭税も含まれていたかどうかは不明である。修道僧や主教に対する課税はかなり不平等であったらしく、セベロスによると、ある官吏が総督クッラに申し出て、彼らからの税の徴収を請負い、コプト正教以外の異端派からは二倍の人頭税を徴収する許可を得ている(Sawīrus, PO, V, 62)。

クッラの死後、税務長官に任命されたUsāma b. Zayd(在位九六—九九/七一四—七一七年)も着任早々修道僧の人口調査をするとともに、左手に修道僧の名前と所属の教会もしくは修道院の名称およびイスラム暦の日付を記した鉄の輪をはめさせ、また新たに修道院に来た者を修道僧にしないよう命じた。そうしてしばらくして、ふたたび修道院の調査を命じ、手に輪をつけていない僧を発見すると、彼らを拷問にかけ、一人につき一ディーナールを要求した(Sawīrus, PO, V, 68, 70–71; Ḫiṭaṭ, II, 492–93)。この修道僧対策は流亡者問題や通行証の発行など、一連の政策の一環として行なわれたのである。

ついで九九年 ṣafar 月(七一七年一〇月)にカリフのスライマーン(在位九六—九九/七一五—七一七年)が没し、ウマル二世が即位すると、Usāma b. Zayd は逮捕され、彼の政策は廃棄された。すなわちウマル二世は、修道院の私有地および主教の私有地には賦課すべきでないと命じ、税を免除したのである。しかしセベロスの記述では、一〇一年 rağab 月(七二〇年二月)にウマルが没し、ヤズィード二世(在位一〇一—一〇五/七二〇—七二四年)が即位すると、ウマルが免除した教会や主教の私有地の土地税をふたたび旧に復したという(Sawīrus, PO, V, 71–72)。

七一六/一七年度から七二一/二二年度までの徴税簿 P. Lond. nº 1413(第11・16表参照)を見ると、カリフ-ウマル二世時代に当たる第一・第二 indiction 年度のみ課税額が激減しているので、この間の事情が傍証される。ただこの帳簿では、Abba Hermaōtos 以下の修道院はまったく納税していないことになっている。しかし、Usāma b. Zayd 時代の第一五 indiction 年(七一六/一七年)の年号のある納税簿 P. Lond. nº 1419 によると、Abba Hermaōtos 以下の諸修道院の名前が納税者としてみえる。したがってこれより少しあとの年代の P. Lond. nº 1413 において、これらの諸修道院の納税額がゼロになっているのは簿記法の違いであろう。

命令書のアフロディト受領日付が第三 indiction 年 hathyr 月二二日(七三四年一一月一九日)になっている第一 indiction 年度の税務簿 P. Lond. n° 1416 によると、Abba Hermaōtos 以下の修道院が、他の徴税区と同様の扱いを受け、現金税の割当額を送っている。これは al-Qāsim b. ʻUbayd Allāh(在位一一六—一二四／七三四—七四二年)の税務長官時代のことであるが、やはり同時代についてセベロスが語っている記事でも、教会や修道院が土地税を支払っていて一致する(Sawīrus, PO, V, 94)。またその後の時代についても、教会領の土地税に関する記述は多い(Sawīrus, PO, V, 134, 139, 188, 190; X, 398)。しかし修道僧の人頭税については、これを徴収したという記事は Usāma b. Zayd 以来ウマイヤ朝時代ではもはや見当たらない。おそらく、ウマル二世が教会や修道院の私有地の土地税を免除したさいに、修道僧の人頭税も廃止され、以後土地税の方は復活しても、人頭税は徴収されなかったのであろう。このことは、ヒジュラ暦一〇五年(七二四年)カリフ—ヒシャームが即位したときも確認されたと考えられる(cf. Ḫiṭaṭ, II, 493)。

さて、少し横道に逸れたが、al-Aṣbaġ の修道僧課税で始まった税務行政の強化は、その後一層推進されることになった。それはまたウマイヤ朝中央政府のアラブ至上主義の政策とも関連しているのである。カリフ—アブドゥル＝マリクは総督の ʻAbd al-ʻAzīz b. Marwān がみずからの弟であったので、彼の在位中はエジプトの行政にあまり容喙しなかったが、総督が没すると、ただちに税務庁長官の Athanasios をダマスクスに出頭させ、逮捕し、取り調べてエジプトの税務を調査した。そして総督には息子の ʻAbd Allāh を任命した(Sawīrus, PO, V, 54; Kindī, 58)。

彼は八六年 ğumādā l-āḫira 月(七〇五年六月)に着任すると、まずギリシア語・コプト語を廃してアラビア語を官庁の公用語とし、また税務庁長官 Athanasios を解任して、シリアの Ḥimṣ 出身の Ibn Yarbūʻ al-Fazārī を任命した。八七年(七〇五／〇六年)のことである(Ḥakam, 122; Kindī, 58–59; cf. Ḫiṭaṭ, I, 98)。これまで、アラビア語はギリシア語とともに併用されることはあったし、これ以後でも、ギリシア語やコプト語はまだしばらく用いられるのであるが、しかしこの改革が転機となって、やがてまったくアラビア語化されるのである。

税務関係では、まず従来の税額の $1\,{}^{2}/_{3}$ 倍を課税し、ついで全国の成丁調査と人頭税支払いの徹底を命じた(Sawīrus,

PO, V, 55–56; cf. Ḫiṭaṭ, II, 492)。セベロスによると、彼は全国から二〇歳およびそれ以上の若者を集めて調査するよう命じ、その最高責任者には 'Āṣim と Yazīd という二人のアラブ人を任命した。取り調べは苛酷で、殺される者も多く、また見つけ出された未知の者、すなわち流亡者(φυγάδες, ǧāliya)は手と額に烙印を押され、知らない土地に送られた。この成丁調査は、al-Aṣbaġ による修道僧の人口調査と同様の意義を持つ。その目的は、成人になっても税務簿に登録せず、したがって人頭税を支払っていない者、あるいは出身の村を離れて他村に逃亡し、どこの登録簿にも載っていない者などを摘発して納税者を確定し、未納の人頭税を徴収することにある。セベロスに、もし人頭税を支払っていない死者が出た場合、それを誰かが支払うまでは埋葬することを禁じられた、と記録されるほど、人頭税はきびしく徴収されることになった。

こうした調査により未登録の者や流亡者が発見されたことは、裏を返していえば、当時の納税の遅延、徴税額の減少などの原因の一端が、このような現象にあったことを意味する。実はこの流亡者のことは、総督 'Abd Allāh のときに限らずそれ以後においても、財政上、社会上の重要問題となっていて、政府はこれに対し徹底的な対策を講じることになるのである。流亡者は修道僧と異なり、ほとんど家族を持っているために、問題はより深刻であった。パピルス文書のうちにも、流亡者に関するものは多い。

そこでまず PGAA n°13 によると、この流亡者調査はヒジュラ暦八七年(七〇六年)に始まったようである。この文書は第四 indiction 年 pharmuthi 月二二日(七〇六年四月一七日＝八七年 rabī' al-āḫir 月二七日)の日付を持っていて、Thebaid 州知事代理(topotērētēs)より各パガルコスに対し、流亡者(φυγόντες)名簿および外来者(未知者 ξένοι)名簿の持参と、外来者より罰金として一人当たり三ソリドゥスを徴収し、それを国庫に納付するよう命じている。前者の流亡者とは Apollônos Anô の住民で他のパガルキアに逃亡した者、後者の外来者とは、他のパガルキアから Apollônos Anô に逃亡して来た者を指す(cf. PGAA n°. 14)。このように、アラブ当局は最初、流亡者調査を地方官吏自身の手で行なわせたのであるが、その効果をあげるために、ついでアラブ人みずからこれに乗り出すことになった。第七 indiction 年 choiak 月二九日(七〇八年一二月二五日)の日付のある P. Lond. n° 1332, n° 1333 によると、Arcadia 州・Thebaid 州・辺境州のそれぞれにアラブ人の流亡査察使を派遣して、パガルキア内の流亡者を調査し、その姓名・原籍のパガルキア名・現住地名、および原籍地に戻るかあるいは納税を条件に流亡先の土地に留まるかの区別などを記入した流亡者名簿を、土着の書記を使って作成させている。

P. Lond. n° 1460, n° 1461 はそうした流亡者名簿の例である。前者では、流亡者の名前が流亡先のアフロディトの各χωρίον(村落)ごとに配列され、流亡者の原籍地がパガルキア名とともに付記されている。また「二〇年およびそれ以上の」とか「一五年およびそれ以下の」とかの小見出しがある。これはある文書では「逃亡して一五年かそれ以下の者」とあるように(cf. P. Lond. n° 1460, introduction)、流亡の期間を示す。この名簿は PGAA n° 13 の外来者名簿と同じで、Thebaid 州の諸パガルキアからアフロディトへ逃亡して来た者の場合であるが、後者の P. Lond. n° 1461 は、アフロディトより他のパガルキアへ逃亡した流亡者の名簿である。このように、流亡の現象はこの調査が始まるかなり以前から起こっており、しかも広範囲にわたっていたことがわかる。

むろん調査の結果、そのまま滞留する者はその村の登録簿に編入して課税し、そうでない者は強制的に原籍地へ送還する。セベロスが「発見された未知の者は知らない土地に送られた」と言っているのは、流亡先で成長したために知らないだけで、実際は原籍地に送られたことを意味する。さきの P. Lond. n° 1332, n° 1333 には、各州の査察使の名前が記されていて、辺境州には ʻAbd Allāh b. Šurayḥ、Thebaid 州には Šurayḥ b. al-Wāṣil、Arcadia 州には Sulaymān b. Yuḥāmir が当たっているが、この ʻAbd Allāh b. Šurayḥ から、以前辺境州内の Ptolemais Nome に逃亡していた六家族を受け取ったという、コプト語とギリシア語で書かれた村の役人の宣誓書がある。P. Lond. n° 1518 がそれで、第七 indiction 年 pashôn(pachon)月二七日(七〇八年五月二二日)の日付を持っている。文書は村の役人からパガルコスの Epimachos を通じて総督 'Abd Allāh b. 'Abd al-Malik にあてたもので、村の役人が流亡家族の受領を確認し、当局より命令があるまで彼らを保護することを引き受けていて、さらにその流亡の六家族計二二人の名前を付記している。P. Lond. n° 1521 も同様の宣誓書で、Thebaid 州担当の査察使 Šurayḥ b. al-Wāṣil により、Antinoite Nome で発見された流亡者を受け取っている。

また流亡者は農民に限らず、職人もいた。これは、賦役によって与えられた仕事を放棄して故郷の村に逃げ帰った者やそうした賦役を逃がれるために、出身地外のパガルキアに身を落ちつけていた者である(cf. PGAA n° 9)。

この流亡者調査は、次の総督クッラ＝ビン＝シャリークのとき一層強化された。セベロスもこのことは伝えていて、Saḥā 出身の 'Abd al-'Azīz という者を最高責任者にし、流亡者を集め、罰金を課したのち、出身地に強制送還したという(Sawīrus, PO, V, 64)。クッラは着任した年にアフロディトのパガルコスに対し、各村落ごとの住民登録簿の作成とその持参を命じたが、第八 indiction 年 phaophi 月一二日(七〇九年一〇月九日)の書簡では、早くもその登録簿とともに流亡者名簿の持参も命じている(P. Lond. n° 1338, 1339)。その二カ月後の第八 indiction 年 tybi 月四日(七〇九年一二月三〇日)の日付のある P. Lond. n° 1343 によると、当該パガルキア内に隠れていた流亡者の名簿の作成と彼らの原籍地への強制送還について、パガルコスに細かい指示を与えている。

それによると、名簿には流亡者の名前のほか、その流亡者の当該パガルキア内における滞在期間・財産高・保護者の名前などを付記し、また二〇年以上にわたって住みついている者も記載するよう命じている。要するに、およそ何人もどこかの行政区に籍を持たねばならないわけで、むろん政府のねらいとするところは、納税民の実態を把握することにある。村の住民登録簿に載っていない者はすべて流亡者名簿に入れられ、滞留者と送還者とに分けられるのである。総督はこの両者の名簿を中央政府よりの使者に渡すよう指示しており、その使者の帰還後、名簿に入っていない者が発見された場合には、パガルコスや地方吏に刑罰が与えられると警告している。そしてこの書簡の写しを取り、教会などを通じて住民のすべてに伝えるよう命じ、密告者には賞金が与えられることを言明させている。なお P. Lond. nº 1344 は、この命令書の効果がまだ現われていないので、さらに督促したものである。

このほかクッラは、パガルコスの Basilios に対して流亡者に関する書簡をたびたび発している。それらによると、上記の名簿にしたがって流亡者たちの滞留もしくは送還の指令が与えられ、とくに送還すべく命じられた流亡者が、まだ管区内に留まっていることが発見されたならば、パガルコス以下地方吏に厳罰が与えられる。またパガルコスは、他のパガルキアに逃亡していた流亡者たちを受け取りに使者を派遣し、先方のパガルコスに流亡者の受領証を渡さねばならない。ところがこうした最初の命令ではあまり効果がなかったためか、ついで非常にきびしい命令書が出された。すなわち政府は、流亡者名簿を作成してのち、流亡者をかくまっていることが証明された者には一〇ソリドゥス、流亡者自身には五ソリドゥス、行政官・村長・警吏にはそれぞれ五ソリドゥスの罰金を課し、密告者には逃亡者一人につき二ソリドゥスの賞金を与えるという指令を出したのである(cf. P. Lond. nº 1381–1384; APEL nº 151)。

これらの諸文書からすると、流亡者は長いあいだ、村の住民によって喜んで受け入れられ、隠されていたらしく、地方当局もこれを黙認していたようである。しかも、流亡は近隣の地方相互のあいだで行なわれていた。これらの流亡者は、大むね家族を持ち、資産も所有しており、なかには大地主の被護者になっていた者もあった。彼らは村当局にとって隠れた労働力であり、潜在的納税負担者となっていたのである(第3表参照)。調査や強制送還が必ずしも円滑に行なわれなかったのは、村当局や村民がこうした事情から政府の命令に抵抗し、あるいは協力しなかったためと思われる。それでも、この一連の流亡者対策はかなりの効果をあげ、村落に対する課税額のうち、土地税の方は以前と変わりなくても、人頭税の方は大幅に増額することができたのである。前の第7表・第8表はこれを物語っている。(66)

7 税制の展開(二)

九六年 rabīʻ al-awwal 月二四日(七一四年一一月七日)にクッラが没すると、カリフ－ワリード一世(在位八六―九六／七〇五―七一五年)は、新総督には軍事権のみを与え、税務長官には Usāma b. Zayd を任命した。彼が着任早々修道僧の調査をしたことはすでに述べた。このころになると、人々はもはや単に税を逃がれるという理由だけではなく、流亡を発見され逮捕された場合の罰金や刑罰のことをも恐れて、教会や修道院に逃亡するようになっていた。この修道僧調査の主目的は流亡の防止にあるわけで、彼はあらゆる機会を捕えて、流亡者の摘発に乗り出した。セベロスは「Usāma b. Zayd は未知の人を教会や宿屋、波止場に泊めることを禁じ、そのために人々は未知の人を家から追い出した。またもし流亡者や修道僧の印のない者が発見されれば、肉体的な刑罰が加えられた」と述べている(Sawirus, PO, V, 68)。すでに住民は、みずからの身の危険から流亡者を保護しきれなくなっている。

そのうえ、こうした状態に駄目を押すかのように、さらに一歩進めた政策が採られたのである。すなわち通行証の発行である。彼は次のような命令を出している。

「商用であれ何であれ、ある場所から他の場所へ徒歩もしくは船で旅行する者は、すべて政府発行の通行証を所持しなければならない。これを所持していないことが発見された者は、ただちに逮捕され、一〇ディーナールを支払わねばならない。船および積荷は没収される。」

この命令によって、道は通行不能となり、誰も旅行や貿易ができなくなった。ぶどう園のぶどうは腐るにまかせられた。それは、出荷の通行証を発行してもらうために、二カ月ものあいだ家のなかに留まっていなければならなかったからである。またもし通行証がなんらかの理由で破損した場合には、罰金として五ディーナール支払わねば、新しいものと取り換えてはくれなかった(Sawirus, PO, V, 69; Ḫiṭaṭ, II, 492–93)。

この通行証の発行は Usāma b. Zayd の時代に限らず、その後もしばらく行なわれており、パピルス文書にもその例が残っている(APEL n° 174, 175; PERF n° 601, 602; APG n° 6)。現存の通行証の記載年代は、Usāma b. Zayd 時代のものではないが、内容的にはほとんど差異はないものと思われる。これらによると、被発行者の名前のあとに、その人物の特徴・出身地・旅行の目的・その目的地およびその期間が記され、その期間内は各地方当局者も記載の被発行者の通行を妨げないよう依頼されている。このような通行証が、人頭税と密接な関係にあることは、所持者の旅行目的のなかに、純然たる人頭税の意味の「ジズヤ」の完納ということが記入されていて明白である。(67)

こうして、流亡者問題は総督 ‘Abd Allāh b. ‘Abd al-Malik 以来執拗に取り組まれてきたが、その第一の目的は彼らの土地への固定化と人頭税の徴収にある。初期では、彼らを原籍地へ強制送還して、そこで規定の納税を行なわせる場合と、納税を条件に流亡地に滞留する許可を与える場合の二つの対策が講じられ、政府はこの両者のうち、どちらかというと前者の強制送還に重きを置いていた。しかし Usāma b. Zayd のころでは、強制送還のことはあまり語られていない。実際的には、強制送還は困難な事業であり、また流亡者にとっても、長年離れていた原籍地に帰って、果たして安住の地を得られるかどうか不明である。そこで政府としては、強制送還を中止して、新たな方針、すなわちこれまでの流亡はやむをえず認め、その代わり彼らからは徹底的に人頭税を徴収するという政策に切り換えたものと考えられる。

ただ人頭税といっても、これまでの人頭税とは性格を異にする。従来の人頭税については、アラブ当局は村落共同体の枠を通して、いわば間接的に徴収しており、各納税者に対する課税の有無、金額の大小など、その割当情況からいえば所得税的であった。ところが流亡者に対する課税は直接的画一的であり、懲罰的である。従来の人頭税を「アラブ的人頭税」とすれば、これは「イスラム法的人頭税」に通じる。後世、非ムスリムによって支払われる人頭税、すなわちここでいうイスラム法的人頭税のことを、流亡者と同じ《ǧāliya》の語で呼ぶようになったが、これはこの流亡者に対する課税と無関係ではあるまい。(68)

本章第1節において、ムスリムの諸伝承およびパピルス文書における「ジズヤ」の用語法の変化、すなわち「貢納」もしくは「現金税」の意味のジズヤを「イスラム法的人頭税」の意味に用いるという変化が、ヒジュラ暦九一年(七一〇年)から一〇一年(七一九年)までのあいだに起こっており、したがってこの間に、税制上のなんらかの転機があったことを示唆した(第1節六八―七〇頁参照)。このような転機を促したものとしてまず考えられるのは、ウマル二世の税制改革であろう。しかしながら、少なくともエジプトに関する限り、そのような転機はすでに Usāma b. Zayd 時代に始まっているといわねばならない。のちウマル二世が出した勅令のなかに、次のようなのがある。

農民でみずからの土地以外のところに逃亡し、しかもみずからの土地でジズヤの割当を受けていた者については、彼にはこの〔ジズヤ〕以外のものを支払う義務はない。したがって、その土地の徴税官は逃亡者にそれを追徴することができる。(69)

この勅令は、Usāma b. Zayd が行なっていた流亡者からの人頭税の徴収を法制化したものにすぎない。ただ徴収するにしても、従来のジズヤの額を超えるものであってはならないことをウマル二世は示唆しているのである。エジプトではすでにウマル二世以前に、人頭税をこれまでのような現金税＝ジズヤの一部としてのそれではなく、のちのイスラム法におけるような人頭税として見なす観念が出来上っており、したがってのちに述べるように、ウマル二世が「改宗したズィンマの民からジズヤを免除せよ」と言った場合の「ジズヤ」を、ウマル二世自身の「ジズヤ」に対する観念とは無関係に、(70) エジプトの政府当局では無理なく人頭税の意味に解したのである。実は Usāma b. Zayd は、フスタートに着任するや全 kūra(パガルキア)に関する記録を求め、これをアラビア語に翻訳させており(Sawīrus, PO, V, 67)、「アラブ的人頭税」から「イスラム法的人頭税」への改革は、その調査の結果断行されたものとみなされる。

Usāma b. Zayd による全般的な徴税強化は、九九年のカリフ－ウマル二世の即位、Usāma の逮捕によって、教会領の土地税の免除や賦役の廃止など、一部緩和されたが、逆に人頭税のイスラム法的なそれへの傾斜は、ウマル二世によって一層強められ、法的にも確定されることになったのである。ウマル二世は、当時アラブ帝国の各地で混乱を生じていた租税体制に、統一的な原則を打ちたてようとして、一連の勅令を発し、改革を断行したが、その根拠になったのは、次の二点であるといえる。

(1)　アラブとか非アラブとかの民族上の区別でなく、ムスリムとか非ムスリムとかの宗教的区別を重視するという、その当時としては時代の流れでもあった彼の宗教主義。

(2)　およそ征服地に属す土地は、神がムスリム全体、言いかえれば国家に与えた戦利品ファイであるという、いわゆるファイ理論。

いまここで、彼の政策の全貌を述べるゆとりはないので、関連のあるものだけ触れておこう。

まずウマル二世が、教会領や修道院領・主教の私有地などの土地税を免除したことはすでに前節で述べた。セベロスによると、このほかカリフは諸種の税金を廃止して、滅びた都市を再建し、キリスト教徒は安寧と繁栄を享受したという(Sawirus, PO, V, 71–72)。ウマル二世の勅令によると、「ズィンマの民に課せられる租税(ジズヤ)は、農民が土地の生産物から、職人がみずからの所得から、商人がみずからの資金を増殖することから、それぞれ納めるものの三種類であり、これら以外の税については、根拠になるスンナがない」として、ここでいうジズヤ以外の税を廃止した。(71)廃止の勅令を出した税種としては、市場税や通行税に当たる《maks》(72)・旧ササン朝領で徴収されていた nayrūz 税と mi-hragān 税・帳簿手数料(taman al-ṣuḥuf)・送達吏手当・使者旅費・貨幣取扱吏手当・諸官吏俸給並びに滞在費・両替手数料(ṣarf)・婚姻税などがある。(73)それに耕作民に対する賦役も、不正と圧制に結びつくとして廃止した。(74)nayrūz や mihragān の贈与税のように、明らかに旧ササン領で徴収されていたものはともかく、以上のような諸種の雑税のうち、エジプトではいかなる税が廃止されたか明確にしがたい。いずれにせよ、これまで特別税(extraordina)と呼ばれた諸税課のかなりのものが廃止されたものと思われる。

また、ズィンマの民のうちすでにイスラムに改宗したにもかかわらず、なお改宗以前と同様の租税を徴収されている者のあることを知ったカリフは、「改宗者からジズヤを免除するように」という勅令を出し、エジプトの税務長官Ḥayyān b. Šurayḥにもこのことを伝えた。[75] このような勅令は、同胞の改宗を憂うキリスト教関係者にとっては大きな打撃で、シリア教会に属すミハエルの年代記は、次のように述べている。

ウマル二世はキリスト教徒がムスリムになるよう義務づけるために、あらゆる方法で彼らを圧迫するよう命じた。そして[その手段の一つとして]カリフは、ムスリムになったキリスト教徒は誰も人頭税を払わなくともよいと命じた。[76]

ここでウマル二世が、「改宗者からジズヤを免除するように」と命じた「ジズヤ」が、土地税をも含めた総体的な租税を意味するのか、人頭税を意味するのかについては議論のあるところであるが、少なくともエジプトでは、「人頭税」の意味に理解されたといえる。それは、すでに前税務長官Usāma b. Zaydが土地税とは切り離した単一的な「人頭税」の概念を出していたことと、セベロスの「ウマル二世は、たとえ慣例によって免除されていた者でも、ムスリムでない者からはすべてジズヤを徴収するように命じた」(Sawīrus, PO, V, 72)という文面から明らかである。

前者のUsāma b. Zaydについてはすでに触れた。後者については第3節で述べたように、エジプトの農村には「第三区村」の村長Apa Kyros Samuēl(第3表参照)のように、かなりの土地税を支払いながら、特権的に人頭税を免除されている者がいたが、「慣例的に免除されていた者」とは、こうした特権享受者のことを指しており、するとセベロスのこの「ジズヤ」は人頭税を意味していることになる。したがってこの勅令は、「改宗者からジズヤ、すなわち人頭税を免除する」という勅令の前提条件として出されたということになる。すなわち、ウマル二世はムスリムであるかないかの差異を峻別するために、非ムスリムからは無条件にジズヤを徴収し、その代わり、ムスリムからはジズヤを免除するよう勅令したのである。もっともウマル二世が、エジプトのこうした慣例的実情を知って、セベロスの文面通りの勅令を出したかどうかは疑問で、むしろこれはエジプトの政府当局が、ウマルの勅令をこのように理解して実施し、セベロスの原資料はその事実上の処置をこのような形で伝えたものと解すべきであろう。

以上のような種々の免税に関する勅令によって、エジプトの徴税額が減少したことは、第11表で、ちょうどウマル二世時代に当たる第一・第二の両 indiction 年度のアフロディト県の課税額が激減していることからも明らかである。またイブン＝サアドやマクリーズィーの伝えるところによると、税務長官 Ḥayyān b. Šurayḥ がウマル二世に

「ズィンマの民の改宗がジズヤを損い（徴税額が減少し）、その結果《dīwān》の民の ʿaṭāʾ を完全に支払うために、私は al-Ḥāriṯ b. Ṭābita から二万ディーナールを前借しなければならなかった」

と書き送って、カリフの意見を打診したところ、カリフは激怒し、税務長官に笞二〇の刑罰を与え、たとえ徴税額が減少しても

「ムスリムになった者からジズヤを免除せよ。神は汝の意見を醜いものとなし給う。神はマホメットを導き手として遣わされたのであって、徴税吏として遣わされたのではない。余の生涯をかけて最大の目的は、すべての人々が彼の手でイスラムに帰依することである」

と勅書したという(Ibn Saʿd, V, 384; Ḫiṭaṭ, I, 78)。この伝承は、ウマル二世の「改宗者からのジズヤ免除」の勅令によって、エジプトの徴税額が減少し、その結果アラブ戦士や家族に対する俸禄の支給に支障の起こったことを物語っている。

なおここで注意しておかねばならないのは、このジズヤ免除令によって、大量の改宗者が出たように誤解してはならないということである。この勅令の恩典に浴する者としては、勅令の出る以前すでに改宗していた者と、新たに改宗する者の二通りが考えられる。だがジズヤ免除令に関して、al-Layṯ b. Saʿd（九四―一六五または一七五年）の伝えるところによると、

ウマル二世は、エジプト人のズィンマの民のうち、ムスリムになった者からジズヤを免除し、ムスリムになった

者の ṣulḥ(または ṣāliḥ：しかるべき受給額)を dīwān(アラブ－ムスリムとしての受給者登録簿)のなかに、〔具体的には〕改宗介添者(man aslamū 'alā yadayhi：彼らの改宗にみずからの手を貸した人)の親族('aša'ir)のなかに加えた(Ḥakam, 155；Ḫiṭaṭ, I, 77)。

とある。この伝承によると、改宗者はジズヤを免除されたうえに、《dīwān》に登録されて、アラブ戦士——かならずしも実戦に参加する者ばかりではないが——と同様 'aṭā' と rizq の支給を受けることができるのであるが、しかしこれには一定の手続きを要した。ウマイヤ朝時代、ズィンマの民の改宗には、かならずしかるべきアラブ－ムスリムの介添が必要で、介添人は改宗者のいわば名付親となり[77]、改宗者はその介添人の mawlā となる。そしてこれが当該官庁に登録される。おそらくウマイヤ朝末期に属す改宗者名簿断片 APG n°5 は、このことをよく示している。

これによると、まず改宗者のムスリム名と、アラブ人の誰の mawlā であるかが明記され、ついでその改宗者がズィンマの民であったときの名前と父の名前が書かれ、そのあと種々の身体的特徴や出身地などが記されている[78]。やや簡略に示すと第18表のようになる。このような改宗者がムスリムとしての俸禄を受けるためには、さらに受給者名簿 dīwān のなかの該当個所、すなわち改宗介添者の親族のグループのなかに名前を登記されねばならなかったのである[79]。

当時の改宗が、このように煩瑣な手続きを要したことを考慮すると、「ジズヤ免除令」の恩典に浴したのは、勅令の出る以前すでに改宗し、しかもアラブ－ムスリムと同様の生活を送っていた者のみで、他は考えられない。確かに、ウマル二世のこの勅令によって《dīwān》のなかに編入され、しかるべき権利を享受した改宗者がいたことは、キンディーの記載からも明らかである。すなわちキンディーは、「〔ヒジュラ暦〕一〇〇年、エジプト〔在住〕の人々(アラブ－ムスリムたち)に五〇〇〇人を加えた」と述べたあと、Ibn Luhay'a→Sa'īd b. Kaṯīr b. 'Ufayr→'Ubayd Allāh b. Sa'īd→Ibn Qudayd の系譜によって、次のような伝承を伝えている。

ウマル二世は〔総督〕Ayyūb b. Šuraḥbīl に対し、軍隊のための割当をするようにと書き送って、「これをしかるべ

第18表　改宗者名簿ヒジュラ暦 2/3(8/9)世紀(APG n° 5)

改宗名	庇護者名	旧姓名	身体的特徴	備考
Kāmil	Sulaymān	Chael Apabūle	青年, 肥満, 無髯, 円眉, 半捲毛	
Sa'īd	〔　　〕d	ただれ目の Ğirğe Apabūle	無髯, 中背, 縮毛	Baršūb 出身
'Alī	Ṣamrīğ	ただれ目の Sakbanūn	無髯, 円眉, 直毛	Sila〔出身〕
Maymūn	'Alī	〔　　〕dīne Piheu	中背, 褐色, 禿額, 縮毛より直毛に近い	〔　　〕出身
Nuṣayr	'Āṣim	Mōne Piheu	中背, 円眉, 首に痣, 半捲毛	
Mahdī	Dayyāḥ	Patūk Papa Mīnā	青年, 短身, 低鼻, 色白, 円眉, 縮毛	Dašnūṭ 出身？
〔　　〕	Sa'īd	Silaheu Chael	無髯, 豊頬, 円眉, 〔　　〕	
〔　　〕n	Ayyūb	〔　　〕	無髯, 中背, 褐色, 〔　　〕	
'Īsā	Sulamān	Menas Qolte	青年, 肥満, 円眉, 鷲鼻, 半捲毛	
Ayyūb	'Uṭmān	〔　　〕Qolte	無髯, 短身, 低鼻, 〔　　〕	
Ayyūb	〔　　〕	〔　　〕m Abğawār？	無髯, 〔　　〕	
Sālim	Ibrahīm	ただれ目の Yoḥannes	青年, 〔　　〕	〔　　〕出身
Yazīd	Ibrahīm	Qalīs Yazīd	青年, 中背, 鷲鼻, 半捲毛	
'Īsā	Ṣabāḥ	Mōne Har〔　　〕	青年, 〔　　〕, 半捲毛	Abū Batū？出身

〔註〕 第二項はすべて庇護者「某の mawlā」という書式になっている.

き人々(ahl al-buyūtāt al-ṣāliḥa)に付け加えよ。まさにこの人々は宝の山であり、納税者たち?(ġārimūn)に二万五〇〇〇ディーナールを配分せよ」と言った(Kindī, 68-69)。

ここには《mawālī》の語はないが、内容はまったく改宗者のことを指しており、彼らが庇護者の家族のなかに組み入れられるという形で、《dīwān》に登録される点、さきの al-Layṯ b. Sa'd の伝承内容と完全に一致する。しかもこのときに編入された改宗者は五〇〇〇人にのぼったことも判明するのである。(80)

一方新たに改宗しようとする者にとっては、次のような内容の勅令が出された。

キリスト教徒であれ、ユダヤ教徒であれ、ゾロアスター教徒であれ、現在ジズヤを支払っているズィンマの民で、ムスリムとなり、これまで住んでいた住居を捨てて、〔アラブ〕ムスリムたちと共同生活をする者には、ムスリムたちと同様の権利と義務があり、ムスリムたちも彼を仲間として共に生活しなければならない。しかしながら、彼の土地と住居とは、神がムスリムたち全体に与え給うたファイ(fayʾ)である。[81]

この勅令で判断する限り、どうもウマル二世は、改宗者をアラブ－ムスリムたちと共同生活をし、彼らと同様の義務を果たす者という、きわめて狭義に解釈していたようである。彼の考え方からすれば、改宗によって当然これまでの住居や土地は不要になるはずであり、そこでウマル二世は、これをムスリム全体、言いかえれば国家に帰属させることにしたのである。これは改宗者の立場から言えば、土地や住宅の没収を意味した。ここで、改宗者の土地がムスリム全体に属すとは、その所有権が国家にあるということだけで、実際的には、ウマル二世が「改宗者の土地や住居は〔ズィンマの民の〕残留者のものとなる」と言った(Ḥakam, 154; Amwāl, n°. 434; Ḫiṭaṭ, I, 77)とも伝えられているように、そのまま村落共同体の責任において、他の村落民に耕作させ、したがって村落共同体からは、従来通りの税額を徴収できることになる。

そのうえウマル二世は、ズィンマの民の耕す土地がムスリムに売却された場合、その土地は十分の一税ʿušr を支払いさえすればよいという、おそらく当時シリアを中心に行なわれていた慣行に着目し、そのような行為は「ムスリム全体に属すファイを売却することであり、ジズヤを損うもの」として、耕地の売買を禁止した。[82]こうすることによって、征服地でズィンマの民が耕作する土地は、改宗であれ売却であれ、いかなる場合においても従来通りの課税の対象となり、その土地税は誰かによって支払わねばならないことになる。ここに、アラブ当局の課税に対する属人主義から属地主義への転換が見られるのである。

それはともかく、ウマル二世は以上のようなさまざまな内容の勅令を出したのであるが、改宗者についての規定は、キリスト教徒のエジプト農民にとってなんらの救いにもならなかった。すなわち、流亡などですでに自己の土地を捨てしまっている者ならば、改宗の動機も生ずるかもしれない。そのうえウマル二世は、流亡者に対して人頭税を課すという、これまでエジプト政府が現実的に行なってきた行為を正当化する規定も設けたので[83]、改宗する者も多かったであろう。しかし、土地に定着し、土地を耕作し、村落共同体の枠のなかで生活している一般農民にとって、こうした条件付の改宗はほとんど不可能であった。また当時の宗教感情からすれば、単に経済的動機から自己の宗教に背信し、進んでムスリムに改宗するとは思われない。

むしろ納税負担から免れる道として選んだのは、単に村落内にとどまって租税の支払いを拒否するか、あるいはまた流亡するか修道僧になるかであった。結局ウマル二世は「みずからの土地や国にとどまりたい者はムスリムにならねばならない。それを欲しない者はイスラムの領域から立ち去るように」という勅令を出したといわれるように、カリフの真意は改宗を促進させることにあり、それは結果的には、キリスト教徒に対する経済的精神的圧迫となって現われたのである[84]。このように、ウマル二世の改革は結局失敗に帰し、かえって混乱を深めたにすぎなかったが、これは彼の政策が、新改宗者からの土地没収と耕地の売買禁止という、きわめて観念的なものだったからである。次のカリフ－ヤズィード二世(在位一〇一－一〇五／七二〇－七二三年)は、ウマル二世が任命した官吏たちを更迭するとともに、ウマル二世の勅令の多くを廃棄してしまった[85]。

しかし、ウマル二世の勅令、とりわけ彼のファイ理論によって、課税における属地主義への端緒が開けたことは、税法上重要な意味を持つ。実際に、地主もしくは耕作者の改宗によって捨てられた土地は、誰かによって耕作されねばならないし、その場合の具体的な徴税規則も決めねばならない。また改宗していったん土地を離れた者が、ふたたび他の土地を耕作するという事態が起こった場合、政府としてはもはや人頭税収入は当てにできず、土地税に頼らざるをえない。そうした現象が一般化した場合はなおさらである。そこで土地税と人頭税をこれまで以上に峻別し、法理論的にも実際の徴収面においても、土地税歳入を確立しなければならない。要するに徹底した属地主義による課税方針を立てる必要がある。これがウマル二世以後、政府の取り組まねばならない課題であった。

この点ヤズィード二世は、ただウマル二世以前の体制に戻して、重い税負担を課すのみで、少なくともエジプトに関してはなんら解決の道を講ずることなく終ってしまった。帝国内における統一的な税制への改革を意図したのは、ヤズィード二世のあとを継いだカリフ－ヒシャーム(在位一〇五－一二五／七二四－七四三年)であった。彼はエジプトに関して、まずあらゆる納税者に対し受領証を発行するよう勅令して、キリスト教徒の評判を得たあと(Sawīrus, PO, V, 74)[86]、全般的な税制の整備を目指して、税務長官に ʿUbayd Allāh b. al-Ḥabḥāb(在位一〇五－一一六／七二四－七三四年)を送り込んだ。[87] 実はいま述べた課題の解決に乗り出したのがこの ʿUbayd Allāh なのである。すなわち、彼はエジプトに着任すると、まず全般的な税務調査を行なった。これは成丁・家畜の戸口調査と検地とからなっている。二〇歳から一〇〇歳までの成丁にはすべて首に鉛の標識を付け、人数を数えて登記し、家畜も大小の如何を問わず頭数を数えた。またさきに述べた通行証を発行して流亡を防いだ。これらは人頭税徴収の強化を意図したものであった。一方検地は、播種地やぶどう園の地積測量を主とし、灌漑地はむろんのこと、可耕地や雑草が生えて耕作困難な悪質の土地も登記した。マクリーズィーによると、この検地には彼自身出かけ、結局三〇〇〇万フェッダーンを得たという。そのうえ全国の境界や街道に里程標を建てた。この調査の結果、ʿUbayd Allāh はエジプトにはもっと担税能力があると判断し、そのことをカリフ－ヒシャームに具申して、増税を行なった。セベロスは「倍にした」と誇張して述べているが、キンディーによると、一ディーナールにつき一カラット、すなわち $1\ ^1/_{24}$ 倍にしたという。またとくにキリスト教徒に対しては、手に獅子像の烙印を押し、しかもそののちに「手にこの印のない者は、カリフの命に背いたという理由で、どこでも発見され次第手が切られ、重い罰金が課せられるであろう」という布告を出した。そしてこれらの業務を監督するために、二人の息子をそれぞれ上下エジプトに派遣した。[88]

さきに税務帳簿の記載方法の違い、とくに地積数の表示の有無や epizētūmena 額の変化から、七二二年から七三四年まで、すなわちヒジュラ暦一〇三年から一一六年までのあいだに、重要な税制改革、それもとくに土地税に関する変革の起こっていることを予想した。[89] 史書でこの間の改革を探すとすれば、この一〇六(七二四/二五)年の 'Ubayd Allāh の税務調査による改革以外にない。実はエジプトにおいては、このときに初めて属地主義によるイスラム法的税制が整えられたといって過言ではないのである。

もっとも、アラビア語の用語法のうえからいえば、ウマイヤ朝期はまだ過渡的な時代であったといわねばならないようである。税務長官 Usāma b. Zayd、カリフ=ウマル二世の時代を経て、「イスラム法的人頭税」を表わす語として《ǧizya ra's》が生まれ、大体 'Ubayd Allāh b. al-Ḥabḥāb の税務長官時代を通じて、《ǧizya ra's》と《ǧizya》とが併用されたことはすでに触れた。[90]《ǧizya》がこのように人頭税としての意味をはっきり持つようになると、土地税を従来通り、貢納もしくは総体的な租税の意味の、同じ《ǧizya》のなかに含ませるわけにはいかないし、また属地主義に立脚する税制を確立するうえからも、土地税の用語を明確化しなければならない。この点まず考えられるのは、《ḫarāǧ》の使用である。ところが、ウマイヤ朝期のパピルス文書にはこの語はまったく見当たらない。むしろ《ǧizya arḍ》の語が散見されるのである。[91]

これは《土地のジズヤ》を意味しており、明らかに《頭のジズヤ ǧizya ra's》に対立する語として作られたものである。したがってエジプトでは、土地税を示す行政用語として、《ḫarāǧ》ではなく、《ǧizya arḍ》を使用したものと思われる。しかし、地積を基準に課税する点、内容的にはのちの《ḫarāǧ》にまったく変りはない。イブン=アブドゥル=ハカムに Mālik b. Anas(一七九/七九五年没)の法意見がいくつか述べられているなかで、《土地のジズヤ ǧizyat al-arḍ》について、Mālik が「私にはその知識はないし、ウマル一世が土地を住民に安堵して、それをアラブ征服軍のあいだで分割しなかったということ以外、彼が土地についてどのように処置したか知らない。……」(Ḥakam, 155) と述べているところがある。この法意見はエジプトの伝承家 'Abd al-Malik b. Maslama が伝えているのであるが、これはおそらくエジプトのある法学者が、ウマイヤ朝末期からアッバース朝初期にかけての有名なメディナの法学者 Mālik b. Anas に意見を求めたときの返答であろう。これによると、「土地のジズヤ」という表現で土地税を示すことは、エジプト以外では行なわれず、エジプトにおいても、ウマイヤ朝後期に限られた現象であったと推定される。

さて、こうして 'Ubayd Allāh b. al-Ḥabḥāb が、新たな税務調査をもとにして、属地主義による税制の体系化を進めようとするなかで、彼が増税と強制労働[92]を行なった結果、エジプトの農民のあいだで抗租運動が起こり、とくにデルタ地帯では、ついに叛乱にまで発展した。最初に叛乱を起こしたのは Banā, Ṣā, Samannūd の各市で、Natū, Tumay[93], Qurbayṭ, Ṭurābiya など、下エジプト全般に広がった。この叛乱には、総督の al-Ḥurr b. Yūsuf みずから軍隊を率いて当たり、双方とも多数の死者を出したうえ、三カ月以上を要してようやく鎮圧した。この叛乱が起こったのは一〇七(七二六)年半ばごろのことで、キンディーによると、これはエジプト農民がアラブに対して叛乱を起こした最初であるという(Sawīrus, PO, V, 76; Kindī, 73–74; cf. Ḫiṭaṭ, I, 79; II, 261, 492; Taġrībirdī, I, 259)。

こののちエジプト農民は、アッバース朝カリフ－マームーンの親征(二一七／八三二年)によって完全に屈服されるまで、約一世紀にわたって、断続的に抗租叛乱を繰り返すことになるのである。農民たちは、これまで納税拒否の消極的な手段として流亡や修道僧志望の道をとったが、これらに対する調査はむろんのこと、全国各地の戸口調査や地積調査が進むと、彼らはもはや身動きできなくなり、叛乱以外に重税から逃がれる道はないと考えるに至ったのである。見方を変えれば、この叛乱は al-Aṣbaġ の修道僧調査とその課税以来、政府当局が行なってきた一連の税制改革が効を奏し、農民や農地の実態の把握、農民の土地への固定化というアラブ当局の目的が、ほぼ達成されつつあったことを証明しているといえる。

'Ubayd Allāh b. al-Ḥabḥāb はその後また増税の圧制[94]を行なったために、ついに税務長官の職を免ぜられ、代わりにその子の al-Qāsim b. 'Ubayd Allāh が任ぜられた。ヒジュラ暦一一六年 rabīʿ al-āḫir 月(七三四年五／六月)のことである。[95] イブン＝アブドゥル＝ハカムによると、ちょうどこのころ総督 al-Walīd b. Rifāʿa が、みずから出かけてかなり大規模な税務調査を行なったことになっている。これは村落ごとの戸口調査が主だったらしく、上エジプトでは六カ月、下エジプトでは三カ月を要し、人頭税が課せられる成丁が五〇〇人以下の小村を除き、一万以上の村を算出したという(Ḥakam, 156; cf. Ḫiṭaṭ, I, 74)。

この税務調査が ʿUbayd Allāh b. al-Ḥabḥāb の税務長官時代になされたものか、それとも al-Qāsim の時代になされたものかはっきりしない。総督 al-Walīd の在位期間はヒジュラ暦一〇九―一一七年で、この総督の着任後、ʿUbayd Allāh が一〇六年の税務調査の不備と、一〇七年の農民叛乱に伴う戸口情勢の変化に対応するために、改めてこの税務調査を実施し、その結果増税を行なったとも一応考えることができる。しかし、セベロスの伝えるところによると、al-Qāsim は就任後まもなく、まず特別の担当官をアレクサンドリアからアスワーンに至るエジプト全土に派遣し、とくに流亡者からの人頭税徴収を強化し、ついでみずからも全国を廻ったというから、この税務調査が、al-Qāsim の時代初期一一六年から一一七年にかけて実施されたとすることも可能である[96](Sawīrus, PO, V, 94–95)。

この al-Qāsim b. ʿUbayd Allāh による徴税は苛酷をきわめ、約七年にわたる彼の在任中に起こった旱魃と疫病にもかかわらず、彼は減税するどころかかえって増税をした。しかも飢饉で多数の死者が出たが、彼の人頭税徴収がいかに厳しかったかは、この飢饉に関する逸話からもうかがえる。すなわち、この飢饉で死亡した成年男子の死体は、当局がその死体を確認し、その死者とその父親の名前を登記するまでは、埋葬することができず、ひどい場合には、子供の死体さえもが埋葬を許されなかったという(Sawīrus, PO, V, 97–98, 112)。この逸話が示している通り、当時ではすでに戸口調査がほぼ完全なまでに出来上っていて、しかもこれがアラブ当局に把握されており、死者が出た場合は、人頭税登録人名簿から当該人名を抹消することが制度化されていたのである。おそらくこうした結果であろうか、一二一年には上エジプトでコプト人による叛乱が発生した(Kindī, 81; Ḫiṭaṭ, I, 79)。

一二五(七四三)年カリフ－ヒシャームが没したあとのウマイヤ朝末期は、政情不安や農民の抗租・叛乱もあって、税制上取り上げるべき問題は、一つを除いてほかにはない。その一つとは、一二七(七四五)年に簒奪総督の Ḥafṣ b. al-Walīd[97] が、エジプト人に対し、「スンナ教義にしたがって礼拝すべきこと、みずからの宗教を捨ててムスリムになった者は、すべてそれ以後人頭税を免除する」という命令を出したことである。セベロスの伝えるところによると、この命令のために多数の改宗者が出て、なかにはムスリムの兵籍に入り、軍人になる者もあったという(Sawīrus, PO, V, 116–17; cf. Kindī, 86–87)。セベロスは、このときの模様を憂慮すべき事柄として描いているのであるが、その彼の筆致が物語っているように、この改宗はこれまでのような強制的なものでなく、キリスト教徒のエジプト人自身の自主的な改宗である。抗租叛乱の失敗以来、エジプト人大衆の宗教感情にもかなりの変化が起こったようである。

この事件の記述から、カリフ－ウマル二世の設けた改宗者の条件、すなわち、みずからの住居と土地を捨てねばならないという規定が、このときまで有効であったことがわかる。それがいまや、別に土地を離れなくとも改宗しさえすれば、人頭税を免除されることになったのである。ただこの Ḥafṣ は翌一二八年に新任の総督に地位を譲っているので、この法令の永続性が懸念される。しかしそれもアッバース朝が成立すると、カリフ－サッファーフが同様の勅令を全国に発しているので(Sawīrus, PO, V, 189)、この法令はいわば確認された形となり、ここに、ムスリムになった農民はこれまで通り土地税は支払うが、人頭税は免除されるという、イスラム法的税制が少なくとも理論的には確立されたといえる。

8 結語

以上の諸論で、ウマイヤ朝時代の税制に関する主要な問題をほぼ扱ってきたつもりである。ジズヤの語義、パピルス文書資料、それに史書に現われた事件、いずれも単独では断片的で、問題を深く追求したり、多くを語らせたりすることはできなかったが、これら三者を対比することによって、よりさまざまな事実が判明し、税制史の実態を究明することができた。それで、ここで改めてウマイヤ朝時代における税制史の流れを総括してみたい。

アラブの征服以来まだ多分に残っていた政情不安も、カリフームアーウィヤのころにはほぼ安定し、同時に征服期に確立された税制も安定化した。ウマイヤ朝時代に課せられた税は、国税(δημόσια)と特別税(ἐκστραόρδινα)とに大別され、前者はさらに土地税(δημόσια γῆς)および人頭税(διάγραφον)からなる現金税(χρυσικὰ δημόσια：略して δημόσια)と、穀物租(ἐμβολή)とに分類できる。特別税には、現金納によるものと現物納によるものとがあり、また現物で支払うよう命令された場合でも、それ相当の現金で代納することもある。内容的には、羊・オリーブ油・沸酒・棗椰子・玉葱・野菜・家禽・酢など、総督やその側近・中央や地方の官吏・アラブームスリム軍やその家族、それに公共事業に従事する職人たちに支給される糧食の経費――通常「維持費」(δαπάνη)と称される――や公共建築物の建設などに使用される物質など雑多をきわめるが、これらのうちでも、定期的に課せられるものと、臨時的なものと二つの場合があった。また以上のような種々の税のほかに、あたかも一種の税金のように課せられる科料(ζημία)があった。

これらの税種をアラビア語でも表現するようになるのは、ウマイヤ朝中期以後であるが、それも時代によって変遷がある。ヒジュラ暦一世紀末ごろまでは、国税もしくは現金税のことを《ǧizya》、穀物租のことを《ḍarība》と称し、特別税一般を《al-abwāb》または《abwāb al-māl》とか《al-fuḍūl》とか呼んだ。しかし土地税や人頭税については、それ相当のアラビア語はなかった。ところがウマイヤ朝中期以後の一連の税制改革によって、これらの税種、とくに土地税や人頭税の概念が変化し、それにつれて、これらもアラビア語で明確に表現されるようになった。すなわち、まず人頭税がヒジュラ暦一〇〇年前後ごろから、《ǧizya ra's(頭のジズヤ)》または《ǧizya》と呼ばれるようになり、ついで土地税が《ǧizya arḍ(土地のジズヤ)》と称されるようになった。

人頭税の対象者は成丁であるが、誰もが支払うというわけではない。概して農民は土地税を支払い、非農民は人頭税を支払い、農民でも担税能力に余剰がある場合には、さらに人頭税をも支払う。この点、この人頭税はのちのイスラム法的人頭税と異なり、所得税的なものである。この人頭税はアラブ時代になって生まれたもので、ビザンツの遺制ではない。アラブ当局は、属人主義の課税方針によって各税務行政体、とくにパガルキア(県)に対する割当額を算定し、その額までは徴収できる権利を留保したが、それは何も毎年一定額を貢納として割り当てたというわけではなく、納税人口や灌漑度の変動による納税額の移動を認め、それによって毎年割当額を通告した。現実には、この割当額は一年で変る場合もあるし、数年間据え置かれる場合もあった。

徴税については、アラブ当局は最初あまり干渉せず、現地の地方官吏の自主性に委ねた。割当額をパガルキア(県)内の各徴税区にどのように配分するかは、パガルコス(県の長官)の権限によってある程度左右され、さらにこれを徴税区、すなわち村落共同体内で、各納税者に対してどのように配分するかは村当局の権限に委ねられた。その過程において、別にアラブの課税方針を無視するというわけではないが、ある納税者に対して、年によって人頭税を割り当てたり、割り当てなかったり、あるいは額を増減したりする場合があった。また宗教に関係なく、習慣上人頭税を免除されている者があった。村当局では、人頭税よりもむしろ土地税の方に重点を置いていた。それは、ビザンツ時代の課税方針が属地主義によっていたからである。

この属地主義による租税体系のなかに、アラブ当局は属人主義による課税方針を、それも不徹底な形で持ち込んだために、やがて歪が生じ、納税額の減少、納税の遅延となって現われた。そこでウマイヤ朝中期になると、これまで現地人の自主性に委ねていた税務行政について、アラブ当局は直接統制を加えるようになった。しかし、最初はこの属人主義を改めるというのではなく、むしろ強化し、人頭税徴収の徹底化を計った。修道僧の調査と課税、修道僧増加の禁止と流亡の禁止、流亡者の調査・登記と原籍地への強制送還、流亡地に滞留を許可する場合の課税、通行証の発行など、al-Aṣbaġ から Usāma b. Zayd の時代にかけての一連の税務政策がそれである。この過程において、従来の所得税的人頭税、言いかえれば「アラブ的人頭税」は、非ムスリムに対して一律に課せられる「イスラム法的人頭税」に変わり、さらにウマル二世によってこれは事実上法制化された。

しかし人頭税の徴収がきびしくなり、制度的にも整えられてくると、納税者としてはその皺寄せを法制上ではまだ不備な土地税に求めざるをえない。すなわち、結果的には土地税を犠牲にして、その代わり人頭税を支払うということになる。そこで政府は、改宗問題と土地税徴収とを切り離し、土地税はその土地の所有者の宗教にかかわりなく支払われるという、属地主義による課税方針に切り換えた。ウマル二世の税制改革がそれであり、ついでこれを実際の税務行政のうえでも実体化したのが 'Ubayd Allāh b. al-Ḥabḥāb の税務調査であった。

土地税といい人頭税といって、言葉のうえでは同じでも、改革以前のそれは属人主義にもとづき、以後のそれは属地主義にもとづいて課税されているという点、根本的に異なる。改革以前の土地税は、土地を耕す農民からの租税というニュアンスが強く、また人頭税は所得税的なもので、したがって農民では、たとえキリスト教徒であっても、人頭税を支払わない者が多かった。これに対して改革以後の人頭税は、非ムスリムに課せられる一種の宗教税である。また同じく土地税は、対象となっている土地が「征服地」であるか否かという、土地の法的範疇を前提にしたうえで課せられる税で、実際的には地積数と単位面積当たりの課税額が課税の基礎となる。

このような差異は、アラブ当局が課税の法的根拠を何に求めていたかという問題と深いつながりがある。ギリシア語やアラビア語のパピルス文書によると、現金税 *δημόσια* (ǧizya) はアラブ軍隊 (ǧund) であるムハージルーン (*Μωαγαρίται*: muhāǧirūn の音写) やその家族のための現金給与 'aṭā' (*ῥογά*) として、穀物租 *ἐμβολή* (ḍarība) は同じく彼らの現物給与 rizq (*ῥουζικόν*: rizq の音写) として支給されることが、納税民に対して再三にわたって強調されており、また維持費 (*δαπάνη*) についても、それが総督やムハージルーンやマワーリーたちの現物給与 rizq の一部であることが明記されているのである。(98) また文書のうちには、住民に対する課税が「カリフの権利」にもとづくものであり、「カリフの権利を徴収せよ」と述べている場合がある。(99) しかし、どちらかと言うとムハージルーンとの関係に重点が置かれている。

このようなわけで、少なくとも総督クッラ＝ビン＝シャリークの時代までは、課税の法的根拠は征服者であり支配者であるアラブームスリム軍の経費に求められていたわけで、これには当然、ウマル一世によって創始されたディーワーン体制、すなわち土地は原住農民にそのまま保有させ、アラブには征服軍の戦士として、原住民から徴収した租税を俸禄の形で与えるという、アラブ帝国の基本体制が前提になっている。ところがヒジュラ暦一〇〇年以後になると、事情はやや違ってくる。この年ウマル二世は、改宗者問題を解決するに当たって、「征服地は神がムスリム全体に与えた戦利品ファイである」という理論を初めて導入した。これはのち、いわゆるイスラム法にいう税制の基礎的理論となるものなのである。ただウマル二世自身の意図は、征服地を不可分のものとして固定化することによって、改宗者からの土地の没収を正当化することにあり、課税の法的根拠をファイ理論に求めるまでには至っていない。

こうしてウマル二世の税制改革は、その後のアラブ当局の課税に対する理論を根本的に転換させるものではあったが、一般的なコプト人の納税者の側からいえば、なんらの救いにもならなかったのである。それは、彼らが改宗してムスリムとしての特権を得るには、自己の土地や住居を捨てねばならないという、非現実的な条件が付帯されていたためで、改宗への道は閉ざされたも同然であり、彼らは結局は人頭税と土地税の両面から苛酷な納税を強いられたことになった。そこでこれが主因となって、コプト農民の抗租叛乱が起こり、抗争はたえまなく繰り返された。ウマイヤ朝末期になると、コプト人の不満を和らげる意図から、ウマル二世の改宗条件を撤廃する法令が出され、改宗しさえすれば、土地を離れなくても人頭税を免除されることになった。この法令は、やがて興ったアッバース朝の中央政府によっても確認され、ここに、いわゆるイスラム法的税制が少なくとも理論的には確立されたのである。

(1) F. Løkkegaard: Islamic Taxation in the Classic Period, (Copenhagen, 1950).
(2) D. C. Dennett: Conversion and Poll Tax in Early Islam, Harvard Univ. Press, Cambridge, 1950.
(3) C. H. Becker: Beiträge zur Geschichte Ägyptens unter dem Islam, (Strassburg, 1903), 81–112; cf. Dennett, op. cit., pp. 4–5, 76.
(4) A. Grohmann: Aperçu de Papyrologie Arabe, p. 69; cf. Dennett, op. cit. p. 77.
(5) 第一部第一章五二—五三頁参照。
(6) 同第一章二七—二九頁参照。
(7) 同第一章二六頁、序論一五—一七頁参照。
(8) Qudāma b. Ja'far's Kitāb al-Kharāj, (ed. by A. Ben Shemesh), 44, 113(90v); Qudāma's Paris MS. Arabe 5907, 103a–b. このパリ写本は Koprülü 版を手写したもの。
(9) この伝承は 'Abd Allāh b. 'Umar→'Abd Allāh b. Dīnār→al-Qāsim b. 'Abd Allāh→'Abd al-Malik b. Maslama の系譜によって伝えられ、'Abd Allāh b. 'Umar が父のカリフ－ウマルの言葉を伝えた形になっている。'Abd Allāh b. 'Umar の没年は七三年であるが (cf. E. I. new ed., I, 53–54)、次の 'Abd Allāh b. Dīnār の没年は一二七年で (cf. Taġrībirdī, I, 204; Ḏahabī, V, 31, 93)、その間年代が離れすぎている。また al-Qāsim b. 'Abd Allāh の没年は一二〇年代といわれ (cf. Ḏahabī, V, 123)、次の 'Abd al-Malik b. Maslama とのあいだに年代差がありすぎる。
(10) 序論一六頁参照。
(11) 第一部第一章三〇頁参照。
(12) イブン＝アブドゥル＝ハカムに、ジズヤの語義に関連して次のような法意見が伝えられている。
Yaḥyā [b. Sa'īd] 言う。「我々の主張するところでは、ジズヤには二つの種類、すなわち男たちの頭にかかるジズヤと、村の住民にかかって、村の住民から徴収される全体のジズヤとがある。もし「村」に結びつけていわれる〔全体の〕ジズヤはかかっても、頭のジズヤはかからない村民が、子供も相続人もなく死んだ場合、その村民の土地は村に帰属して、村民たちにかかるジズヤの全額を全うしなければならない、と我々は見なす。もし男たちの頭にかかるジズヤを課せられている者が、相続人なく死んだ場合、その者の土地はムスリム〔全体〕に帰属する」と (Ḥakam, 154; Ḫiṭaṭ, I, 77)。
ここで村にかかる「全体のジズヤ」というのは、「貢納」の意味のジズヤであることはいうまでもない。Yaḥyā b. Sa'īd

はウマイヤ朝カリフ－ワリード二世(在位一二五—一二六／七四三—七四四年)の時代に、メディナの裁判官を勤め、のちアッバース朝初代カリフ－サッファーフに招かれて、クーファの裁判官となり、さらに引き続いて、カリフ－マンスール(在位一三六—一五八／七五四—七七五年)の時代に、バグダードの裁判官を勤め、ヒジュラ暦一四三年に没した法理論家である。彼はジズヤに二つの語義があることを示してはいるが、その語義の差異が用語法における年代上の差異から生じたものであることを看過している。それが、法理論を組み立てる関係から、故意になされたものであるか否かは不明であるが、少なくとも、さきに述べたようなムスリム伝承の混乱の一端が、法理論家たちのこうした史的変容に対する無視から出ていることは否めない。

(13) Cf. Kindī, 58-59; Ḥiṭaṭ, I, 98; Ḥakam, 122.

(14) P. Oxon. Bodl. MS. Arab. d. 75. Cf. L. Casson: Tax-Collection Problems in Early Arab Egypt, Transaction and Proceedings of the American Philological Association, 69(1938), p. 289; A. Grohmann: Die Arabischen Papyri aus der Giessener Universitätsbibliothek, (Giessen, 1960), p. 25.

(15) 第1部第三章第2節二一一—二一二頁、APG, p. 25, note 2 参照。

(16) H. I. Bell: Greek Papyri in the British Museum, Vol. IV, Aphrodito Papyri, London, 1910.

(17) P. Lond. p. xxv; H. I. Bell: The Administration of Egypt under the 'Umayyad Khalifs, Bizantinischer Zeitschrift, XXVIII (1929).

(18) 現金税のなかに「維持費」も含ませることができるかどうかは疑問で、この点については後述する。H. I. Bell はあまり触れていないが、これらの諸種の税金のほかに、納税遅延などの理由で、あたかも一種の税金のように課せられる科料 ζημία (ǧarāma)があった。これは県の長官以下地方官吏を責任者として、アラブ当局が課すものであるが、さらに納税民に分割して割り当てられるのである(P. Lond. n° 1345, 1359; PAF n° 3; NPAF n° 3; P. Abbott n° 5)。このような形式の科料の習慣は、少なくともアッバース朝初期までは続いていた(cf. APEL n° 167. 第一部第三章一七七頁、第二部第一章三四五頁参照)。

(19) 第一部第一章五一—五二頁参照。

(20) 現金税(ǧizya)以外の諸種税金をウマイヤ朝中期の公用アラビア語で何と呼んだかについては、シカゴ大学 The Oriental Institute 所蔵パピルス文書によると、《al-abwāb》または《abwāb al-māl》と《al-fuḍūl》の語が用いられており、前者は現金納の特別税を、後者は「総督の庫官に支払う」という点から、現物納の特別税を指しているものと思われる(cf. P. Abbott

n° 4, 5)。

(21)　Johnson, chapter V, Taxation.

(22)　G. Rouillard : L'administration civile de l'Égypte Byzantine, (Paris, 1923), pp. 69–70.

(23)　indiction(ἰνδικτιῶν)とは、一五年を周期として繰り返される税年度のことで、ビザンツの遺制である。当時の indiction の始期については、Bell(P. Lond. p. 104, note 13)によっても、L. Casson(Tax-Collection Problems in Early Arab Egypt, p. 277, note 10)によってもはっきりしないが、種々の文書に記載されている日付から、pachon 月(コプト暦第九月)六日(グレゴリウス暦五月一日)にあったことは間違いない。Cf. P. Lond. n° 1356, 1357, 1362, 1413, 1434, 1435 ; PGAA n° 20, 21.

(24)　Bell はこの第三 indiction 年を七二〇年に置いているが、これは誤りである。Dennett が正しく指摘したように(一〇四頁)、この帳簿の現金税総額 $367\frac{1}{3}$ ソリドゥスが P. Lond. n° 1412, l. 478 に記されている第二 indiction 年の国庫納付額の $367\frac{1}{3}$ ソリドゥスと一致するので、この第三indiction 年はそれより一周期前の七〇五年であることがわかる。

(25)　第3表下から四人目の Pnei Jijoi は P. Lond. n° 1494 によると、五年後に水夫として第三区の村から賦役に出されているので、定職のなかった日傭と考えられる。

(26)　これらの人頭税支払人については、第一章(四八頁)で述べたイブン＝アブドゥル＝ハカムの(f)の伝承中(6)の記述とほぼ一致する。また第3表下から二四、二五人目の「外来者」の原語は ἐξωθεν であるが、Bell によれば、家から離れている納税者であるという。おそらく出稼人のような者であろう。

(27)　s と ts、l と r が相互に入れ変わっている例は多い。コプト名の表記がギリシア語では困難なためと考えられる。

(28)　Cf. P. Lond. p. 225, note 1285.

(29)　Cf. P. Lond. n° 1334, 1336, 1341, 1346, 1353, 1354, 1358, 1366, 1375, 1379, 1392, 1403, 1410, 1414, 1447.

(30)　「総督、その側近や官吏たちの維持費(rizg)」という表現は、アラビア語文書 NPAF n° 12 でも見られる。この《rizq》は文中に《māl》すなわち現金で送付することが指示されているので、現物租の小麦ではなく、維持費(δαπάνη)を意味している。

(31)　P. Lond. n° 1375 文書は総督からアフロディト県の長官に発せられたもので、その内容は次のようになっている。

……われわれは汝の行政区に下記の物資の代価として、$166\frac{2}{3}$ ソリドゥスを割り当てる。これは我らならびにアラブ人もキリスト教徒(ローマ人・コプト人)も含めて、我らとともにいる官吏たちやその他種々の人々の、現今第九 indiction 年度の一二ヵ月間における維持費(δαπάνη)のためのもので、その旨の支払命令書を各々の徴税区宛に発行し、それを汝

a表　総督，側近，中央官吏維持費納税命令書明細表

記		〔単　価〕	計 166 2/3 solidus	
羊	155頭	1頭当たり 1/2 solidus で	77 1/2	solidus
オリーブ油	47升(qisṭ)	1升当たり 1/2　〃	23 1/2	〃
沸　酒	102(112か)升	1升当たり 1/4　〃	28	〃
棗椰子	1 artaba		1/12	〃
玉ねぎ	5 artaba	10 artaba 当たり 1　〃	1/2	〃
野　菜	250束	600束当たり 1　〃	5/12	〃
家　禽	170羽	20羽当たり 1　〃	8 1/2	〃
酢	48升	72 xestae(qisṭ)当たり 1　〃	6 2/3	〃
ぶどう酒	165瓶	30瓶当たり 1　〃	5 1/2	〃
乾ぶどう	2 artaba	1 artaba 当たり 1/2　〃	1	〃
木　材	240 qintāl	16 qintāl 当たり 1　〃	15	〃

に送付した。したがってこの書簡を受け取ったならば、我らの支払命令書によって付与された権限にもとづき、すみやかに記載の金額を徴収し、それを指示通りに、汝の敬虔なる人々により、熱意をもって送金して国庫に支払い、その受領証を受け取れ。第九 indiction 年 pachon 月六日(七一〇年五月一日＝ヒジュラ暦九一年ğumādā l-āḫira 月二六日)書く。(以下、上記の明細表に続く。)

(32) P. Heid. III, n° 1; APEL n° 148; PAF n° 10; P. Lond. n° 1335, 1349, 1357, 1394, 1404, 1407; cf. P. Lond. n° 1433, 1434.

(33) P. Lond. n° 1375 は第九 indiction 年度のものであるが、この前年度のための納税命令書がちょうど一年前の第八 indiction 年 pachon 月六日(七〇九年五月一日)に発せられている。Cf. P. Lond. n° 1358.

(34) イェルサレムのモスクの建設に徴用される職人の維持費等のための納税命令書としては、P. Lond. n° 1334, 1366, 1403 が挙げられる。このうち n° 1334 では、大工もしくは建築師一名が徴用され、日付は第七 indiction 年 mecheir 月一七日(七〇九年二月一一日)となっている。n° 1366 では、労務者二名と大工一名が徴用され、日付は第九 indiction 年phaophi 月一日(七一〇年九月二八日)となっている。なおこれらの文書によると、徴用される人物には、維持費のほかにイェルサレムまでの往復の旅費と賃金が支給され、さらに P. Lond. n° 1414 によると、この場合の維持費は彼らが一二カ月間の滞在中に消費するオリーブ油や塩・酢などの費用を指していることがわかる。

(35) イブン＝アブドゥル＝ハカムに、女や子供には「ジズヤ」がかか

らない旨述べている伝承があるが、そのある異本では、さらに修道僧をも免除者としてあげている。しかしこの伝承は信憑性が疑わしく、後世の偽作と考えられる (Ḥakam, 151)。

(36) この文書は断片であるために Bell は村落名も年代も不明としているが、P. Lond. n° 1421 と共通する納税者名が多く、第三区村について書かれていることは明瞭である。そのうえ、八三行目に記されている土地税〔　〕$\frac{1}{8}$、人頭税 $162\frac{1}{2}$、穀物租二五〇アルタバの数字を、明らかに第三区のためと思われる第六 indiction 年度の納税命令書 P. Heid. III, n° k の現金税と穀物租のそれぞれの額と対照させると、まず穀物租が同額である。それで現金税 $400\frac{5}{6}$ から人頭税 $162\frac{1}{2}$ を引くと、土地税 $238\frac{1}{3}$ となり、これは P. Lond. n° 1421 に記されている土地税の額と一致する。したがって P. Lond. n° 1422 と P. Heid. III, n° k の納税命令書は同一地区、同一年度を扱ったものであることが判明する。

(37) P. Lond. n° 1424 では維持費の δαπάνη も記され、計はそれも含めた額になっているが、P. Lond. n° 1420 との比較の都合上維持費は控除し、P. Lond. n° 1424 の計を土地税と人頭税との合計額に書き変えた。

(38) P. Lond. n° 1442, E, l. 54.

Georgios	土地税	人頭税	計	穀物租
第5 indiction 年	1	$2\frac{1}{6}$	$3\frac{1}{6}$	0
第6 indiction 年	1	$2\frac{1}{2}$	$3\frac{1}{2}$	1

(39) Bell は P. Lond. n° 1427, n° 1428 のいずれも年代・地区ともに不明としている。ただ前者に関して、その場所は πεδια の文字が見え、しかも二、三の人名が第2表に出るものと共通しているので、第二区の可能性はあるが、非常に疑わしいと付言している。しかし、まずこの両文書に記されている数字は多くの点で一致する。しかも第6表の総計のところの割当総額一八一ソリドゥスは、後述する P. Lond. n° 1416(第14表)の第二区の epizētūmena 額一八一ソリドゥスに一致し、そのうえ前納による控除額 $6\frac{3}{8}$ ソリドゥスは、P. Lond. n° 1416 の前年度中納付の前納額 $6\frac{3}{8}$ ソリドゥスに一致する。なお割当額から前払いによる控除額を引いた当該年度の納税額 $174\frac{5}{8}$ ソリドゥスは、それから P. Lond. n° 1416 に記されている国庫納付額の一四二ソリドゥスと水軍費の一八ソリドゥスとを引いた余りが、同じく残額とされている $14\frac{5}{8}$ ソリドゥスと一致して計算が合う ($174\frac{5}{8}=142+18+14\frac{5}{8}$)。

一方年度については、P. Lond. n° 1427 には第一 indiction 年の文字そのものはみえないが、その前年度という意味での第一五 indiction 年の文字は出ており、そのうえ P. Lond. n° 1428 と同一であるということで、P. Lond. n° 1427 の年度も第一 indiction 年であることは明らかであって、これは P. Lond. n° 1416 の年度の第一 indiction 年に一致する。さて、この第一 indiction 年が何年に当たるかということであるが、Bell は P. Lond. n° 1416 についても年代不明としている。しかしのちに述べるように、P. Lond. n° 1416 の各地区における epizētūmena 額が従来とまったく変わり、書式も異なっているところから、明らかに七三二/三三(ヒジュラ暦一一四/一五)年に比定される。これは Dennett も正しく指摘している(一〇二頁)。

(40) P. Lond. n° 1426 の納税者名および人頭税の項は次の b 表

b表 土地税免除者人頭税割当

納　税　者　名	人数	人頭率	人頭税 sol.
Senuthios 〔E〕zekiēl	1	1	3
Pkylios Kosmas	1	1	2
Palote Markos	1	2/3	1 1/3
Pero Abraham & Psas	1	1	2 1/3
Kolluthos Abraham	1	2/3	1 1/3
Petros Salutsi	1	2/3	1 1/3
Hermaōs Johannes	1	2/3	1 1/3
Petros Akanthōnos	1	2/3	1 1/3
Senuthios Kyrillos	1	2/3	?
Pachymios Senuthios	1	1/2	1
Jakob Pson	1	2/3	1 1/2
Psau〔　〕Theodōros	1	2/3	1 1/3
Andreas Biktōr	1	2/3	1 1/3
Senuthios Theodōros	1	2/3	1 1/3
Pekysios Basileios	1	5/6	1 2/3

c表 土地税未納額調査簿断片

村　名 / 納　税　者　名	地　所　名	地積数 aroura	税額 sol.
第五区村			
Petros Basilios	Pia Mel ぶどう園(?)		
Theodosios Abraham	Hagiu Biktōr ぶどう園(?)	1 1/2	1
Mēnas Kolluthos	Kalamō	2	1 1/3
Horuonchios Georgios	Taplam〔　〕		
Emphyteutōn 村			
Theodosios Abraham	Barbaru	1	2/3
Dabid Apa Kyros	Santsitze	1 1/2	1
Enōch Pkui	Makatsal	?	?
聖 Maria 〔教会〕の人々	Neu Ktēmatos ぶどう園(?)	1	2/3

のようになっている。

(41) 前頁のc表 P. Lond. n° 1416, D は、おそらく土地税の未納分のための調査簿断片で、アフロディト県の各村落ごとにまとめられている。この表の第五区村の納税者のうち、Theodosios Abraham は第4表四人目(P. Lond. n° 1424)と同一人物で、しかも第4表では三ヵ所の土地を持っており、Hagiu Biktōr はそのうちの一つである。税額はこの表と同じ一ソリドゥスとなっている。

(42) 本章註(39)参照。

(43) 地積数の記載されていた P. Lond. n° 1427–1428 と n° 1416 の両文書における第一 indiction 年度の納税命令というのは、P. Lond. n° 1416, F によると、実際には第三 indiction 年 hathyr 月二三日(七三四年一一月一九日)に出されている。したがって厳密にいえば、この税制の変革時期の下限は、七三四年にくることになる。

(44) H. I. Bell: The Administration of Egypt under the 'Umayyad Khalifs, p. 279.

(45) 第一部第一章四七—四九頁参照。

(46) 本章六八—六九頁参照。

(47) また七一六/一七年度の納税簿である P. Lond. n° 1419, l. 254 には、アフロディト全体の dēmosia 額の 8049 : 11 が見える。

(48) とくに P. Lond. n° 1422 について説明した本章註(36)と第7表参照。

(49) 割当額は同一であっても、実際に徴収された現金額、すなわち ekhomena による数値は同一とは限らない。この点についてはすでに述べた。

(50) この徴税簿でも、金額はむろん ekhomena 単位と arithmia 単位の二通り記されているが、煩雑なので、ここでは arithmia 単位の数値のみ表示した。またこの徴税簿では、金額の複雑な修正が行なわれているが、第12表では修正前の元の額を示した。この修正は単に数値の誤謬を訂正するというようなものではなく、Pakaunis や Psyros の場合のように、ある徴税区で epizētūmena 額を上廻る現金税の国庫納付があれば、特別税(extraordina)の税種に算入し、それでもなお余剰額がある場合には、epizētūmena 額に比して国庫納付額のきわめて少ない徴税区、実際的にはアフロディト市に算入して、なるべく県全体としてのバランスを取ったことが判明する。このような徴税額の額面上の調整は、県の長官パガルコスのもとで行なわれ、これをフスタートのアラブ当局へ報告したものと思われる。

(51) 年代や具体的な内容は不明だが、P. Lond. n° 1442 によると、総計三〇六ソリドゥスにのぼるd表のような logisima がアフロディト県に割り当てられている。

(52) たとえばⓗの「当該地方とフスタートの〔諸官吏〕維持費」の具体的な内容は次頁のe表の通りである。なおこの表に関し、文書では、たとえば羊なら頭数、オリーブ油ならそれ相当量も記載されているが、煩雑になるのでこの表中では省略し、金額数値のみ記入した。

(53) 第一部第三章第3節二五三頁参照。

(54) Cf. L. Casson: Tax-Collection Problems in Early Arab Egypt, pp. 286–87.

(55) P. Abbott n° 4 も、年代は不明だが、やはりクッラ＝ビン＝シャリークによる納税の督促状で、しかも督促しているのは現金税(ǧizya)ばかりでなく、諸種の特別税(al-abwāb wa-l-fuḍūl)も含み、さらにこれらを徴収したうえ、主だった者とともに、フスタートへ伺候するようパガルコスに命じている。

(56) 第四 indiction 年度のものは、特別公課の日々受付台帳である P. Lond. n° 1433 から補った。当該日付に中央政府よりそ

d表 Aphrodito 県某年 logisima 額割当表
(P. Lond. n° 1442)

徴税区	割当額
Aphrodito	
Kōm	$116\frac{1}{2}$ solidus
第 5 区	$35\frac{1}{6}$
第 3 区	$21\frac{1}{2}$
第 2 区	$18\frac{1}{3}$
聖 Maria の人々	3
計	$194\frac{1}{2}$
Pakaunis	$59\frac{2}{3}$
Emphyteutōn	$5\frac{2}{3}$
Bunoi	$8\frac{2}{3}$
Keramion	$6\frac{1}{6}$
Poimēn	$4\frac{1}{2}$
Psyros	$12\frac{1}{3}$
聖 Pinutiōnos	$4\frac{1}{2}$
Sakoore	2
A. Hermaōtos 修道院	3
Pharou 修道院	$\frac{1}{2}$
Tarou 修道院	$\frac{1}{2}$
Barbaru 修道院	1
Maria 修道院	3
総計	306 solidus

e表 ⓗ 当該地方（Aphrodito 県）とフスタート〔諸官吏〕維持費内訳
(P. Lond. n° 1414)

徴税区	羊	家禽	オリーブ油	酢	沸酒	木材	計(sol.)
Aphrodito	55 1/2	3 5/6	35 1/3	2 5/6	27 5/6	7	132 1/3
Pakaunis	2 1/6	1/2	4 2/3	1/3	1 2/3	2 1/6	11 1/2
Bunoi	—	—	5/6	—	2/3	1	2 1/2
Keramion	—	—	1 1/2	—	1 1/6	1/2	3 1/6
Emphyteutōn	—	1/6	2	—	3 1/2	2 1/6	7 5/6
Poimen	—	1/6	2	—	1 1/6	—	3 1/3
Psyros	1	1/6	—	—	—	1	2 1/6
Sakoore	—	—	1/2	—	—	—	1/2
聖 Pinutiōnos	—	—	—	1/6	1/3	—	1/2
Pharou 修道院	—	—	—	—	1/6	—	1/6
Tarou 修道院	—	—	—	—	1 1/6	—	1 1/6
計(sol.)	58 2/3	4 5/6	46 5/6	3 1/3	37 2/3	13 5/6	165 1/6

れぞれ第一・第二割賦分の税金を運ぶ船の費用および担当のアラブ人の手当を割り当てる命令が来ているので、この直後に送金されたものとみて間違いない。

(57) アフロディト県の各徴税区に対する穀物租の割当額を種々のパピルス文書から示すと次頁のf表の通りとなる。単位はアルタバ(artaba)である。なお県全体の穀物租の epizētūmena 額については、P. Lond. n° 1419, l. 254 から 3265 1/3 アルタバと推定される。この表の第一 indiction 年から最後の第二 indiction 年までのそれぞれの資料は、P. Lond. n° 1442, D, n° 1421, n° 1420, n° 1415、第七年度のものは P. Heid. III, n° 5, k, l, a, c; APEL n° 160; P. Heid, III, n° e、第八年度は P. Lond. n° 1335, n° 1407; PAF n° 10、第一四年度は P. Lond. n° 1434、第二年度は P. Lond. n° 1436、最後の第二年度は P. Lond. n° 1427, n° 1428 である。これらのほか、年代は不明であるが総計二二五〇アルタバ割り当てられている年がある(P. Lond. n° 1404)。

(58) 第一部第三章第3節二五四―二五五頁参照。

(59) Cf. Ḥakam, 161; Ḥawqal, I, 135; Ḥiṭaṭ, I, 98; Balāḏurī, I, 253, 256.

(60) Cf. Ḥawqal, I, 136, 163; Sīra Ṭūlūn, 349–50; Ḥiṭaṭ, I, 99 etc. 第一部第三章第4節二七五―二七六頁参照。

(61) Theodoros はカリフ-ヤズィード一世（在位六〇―六四年）のところへ出向き、アレクサンドリア、Maryūṭ および近辺の人民に対する支配権の認可状を譲受している(Sawīrus,

f表 Aphrodito 県穀物租 embolē 割当額（単位 artaba）

	indiction（西　暦）	1 (702/03)	3 (704/05)	4 (705/06)	5 (706/07)	7 (708/09)	8 (709/10)	14 (715/16)	2 (718/19)	2 (733/34)
徴税区	Aphrodito	695 1/4			755 1/4		1000	1114		
	第 5 区	141	〔141〕	141	176	273 5/12		300		
	第 3 区	198 11/12	215 1/2	〔215 1/2〕	215 5/6	250		200		
	第 2 区	120			150	235		200		135 1/2
	諸修道院	50	〔50〕	〔50〕	50			83		
	Pakaunis	128 2/3			128 7/12	128 7/12		70		
	Bunoi	—			—	5		5		
	Psyros	11 1/3	〔11 1/3〕	〔11 1/3〕	11 1/3	11 1/3		15		
	Poimen	10	〔10〕	〔10〕	10	18 3/4		10		
	Sakoore	3	〔3〕	〔3〕	3	〔3〕		3		
計		1358 1/6			1500		2000	2000	2526	

PO, V, 5)。

(62) また Maryūṭ 市の長官に Theophanes という者がなっているが、総督 ʻAbd al-ʻAzīz に逮捕されている（Sawīrus, PO, V, 18; cf. ibid., 52)。

(63) H. I. Bell: Two Official Letters of the Arab Period, Journal of Egyptian Archaeology, XII(1926), pp. 265–74.

(64) 第一部第一章註(39)参照。

(65) この総督のときに、アフロディト県の主教に対して、ある種の税が課せられ、次の総督クッラ＝ビン＝シャリークから県の長官 Basilios に対し、その未納残額を請求する命令書が発せられているが、この税もおそらく主教自身の私領地か、それとも教会領に課せられたものと思われる（P. Abbott n° 1)。

(66) これらの表中の七〇七年度分は、実際は七〇九（ヒジュラ暦九〇）年に総督クッラによって割り当てられたものである。

(67) 通行証の一例として、APEL n° 175 を紹介する。その内容は次の通りである。
慈愛あまねき神の御名において。

これは〔税務〕長官 ʿUbayd Allāh b. al-Ḥabḥāb の上 Ušmūn 県における徴税官 ʿAbd Allāh b. ʿUbayd Allāh より Constantin Papostolos への文書である。〔この人物は〕若者で、鼻は低く、頬に傷跡があり、首に二つのほくろがあって髪は直毛である。彼は上 Ušmūn 県に属す Basqanūn〔村〕の住民である。げに余は彼に人頭税 (ǧizya) の完納と生計の糧の獲得のために、下 Ušmūn において働くことを許し、dū l-ḥiǧǧa 月朔日から一一三年 muḥarram 月末日までの二ヵ月間を与えた。よって総督の諸官吏ほかで彼に遭遇する者は、誰も当該期間内は彼の通行を妨げず、善処されたい。神のお導きに従う者に平安あれ。Ṭulayq、一一二年 dū l-ḥiǧǧa 月朔日これを書す。（文中一一三年とあるところ、テキストでは一一六年となっているが、これは誤り。）

(68) Cf. Encyclopaedia of Islam, new ed. "djawālī".

(69) Sīra ʿUmar, 83; cf. H. A. R. Gibb: The Fiscal Rescript of ʿUmar II, (Arabica, II/1), p. 7, nº XVII.

(70) 嶋田襄平氏（「ウマル二世の租税政策とその遺産」『中央大学文学部紀要』第五五号、九九—一〇五頁）も立証されているように、ウマル二世のジズヤの用語法を検討してみると、それは概して村落共同体などからの一括徴収を前提にした、ズィンマの民に対する総体的な租税を指しており、たとえそれが現実的には人頭税そのものを意味する場合であっても、《ra's(頭)》などを付して明確に示すこともなく、そのまま「ジズヤ」として用いている。たとえば総体的な租税の意味としては、ウマル二世が死亡したコプト人のジズヤを残存者に課せと命じたという場合 (Ḥakam, 89, 154; Amwāl, nº 127; Ḫiṭaṭ, I, 77)、農民で流亡した者にもジズヤが課せられるとする場合の根拠になっているジズヤ (Sīra ʿUmar, 83; cf. Gibb: The Fiscal Rescript, p. 7, nº XVII) などがあげられる (cf. Ḥakam, 154; Sīra ʿUmar, 79)。一方現実的には人頭税そのものを意味している場合では、勅令において、「ジズヤの民」には三種類あり、農民は土地から、職人は所得から、商人はお金を増殖して動かすことからジズヤを支払う (Sīra ʿUmar, 82; cf. Gibb: The Fiscal Rescript, p. 6, nº XII) というのがあるが、この職人や商人に課せられるというジズヤが、それに当たる。またウマル二世が改宗者からジズヤを免除し、アラブ・ムスリムと同様 ʿaṭāʾ の支給を受けられるよう彼らを《dīwān(登録簿)》に加えよという場合 (Ḥakam, 155, 156; Ibn Saʿd, V, 384) の改宗者とは、改宗のさいに介添人となったアラブ・ムスリムの mawlā となり、しかもその家族の一員となって、ときには軍務にも服している者を対象としており、したがって、それまでこの改宗者に課せられていたジズヤとは、実際的には人頭税そのものであったはずである。このように、ジズヤは明確な概念を持たずに用いられることが多いが、ただ例外的に「ウマル二世は、ジズヤとは頭にかかるものであって、土地にかかるものではないと言った」という、al-Layṯ b. Saʿd による伝承がある (Ḥakam.

154)。もしウマル二世が、ジズヤをこのように理解していたとすれば、これは総体的なジズヤに土地税も含まれていることと矛盾する。したがってこの伝承は、おそらくいま述べた実際的に人頭税を指す場合の、いわば補註として後世付加されたものであろう。

要するに、ウマル二世にとっては人頭税であるとか、土地税であるとかの区別はさほど問題ではなく、むしろ「ジズヤ」が「ズィンマの民」に課せられた租税であるという点に重きが置かれているのである。ウマル二世のこのようなジズヤの用法は、イラクやペルシアについて総体的な租税を意味した《ḫarāǧ》の場合と同じである。なるほど、現存のパピルス文書に現われる《ǧizya ra's》の最古の例は、ウマル二世時代に属しているが、ウマル二世のこのような用法からすれば、《ǧizya ra's》という言葉の発生をウマル二世に結びつけることはできないと思われるのである。

(71) Sīra 'Umar, 82; cf. Gibb: The Fiscal Rescript, pp. 6, 12–13.

(72) Sīra 'Umar, 83; cf. Gibb: The Fiscal Rescript, pp. 7, 14; Amwāl, 527, n° 1628; Ibn Sa'd, V, 378, 383.

(73) Sīra 'Umar, 136–37; Ṭabarī, II, 1366–67; Amwāl, 46–47, n° 120.

(74) Sīra 'Umar, 83; cf. Gibb: The Fiscal Rescript, pp. 7, 14–15. ウマル二世以前のエジプトにおける賦役については、たとえばアフロディト文書 P. Lond. n° 1434, ll. 71–76 によると、税務長官 Usāma 時代、第一四 indiction 年 pachon 月二〇日（九六年 ramaḍān 月六日）付フスタート発、同年 payni 月一四日（ramaḍān 月三〇日）アフロディト着書簡によって、アフロディト県内の灌漑溝の整備のために、工事に要する物資のほか、同県より計五〇名の賦役を出すよう指令されていて、その各村の割当人数は上記の表のようになっている。

徴　税　区	人数
Aphrodito（市）	20
第 5 区	10
第 3 区	6
第 2 区	3
Pakaunis	8
Psyros	2
聖 Maria 修道院	1
計	50

(75) Ḥakam, 155–56; Ibn Sa'd, V, 356, 384; Ṭabarī, II, 1367; Amwāl, 47, n° 120; Ḫiṭaṭ, I, 77–78. H. A. R. Gibb の推定と違って、この勅令が実際に出されたことについては、嶋田襄平「ウマル二世の租税政策」九九―一〇三頁参照。

(76) J. B. Chabot (éd. et tr.): Chronique de Michel le Syrien, 4 vols., (Paris, 1899–1910), II, 489.

(77) バルマク家の Ḫalid b. Barmak の祖父は、「〔ウマイヤ朝カリフ〕Hišām b. 'Abd al-Malik の手によってムスリムとなり (aslama 'alā yadi Hišām……)、〔カリフは〕彼に 'Abd Allāh と名付けた」という (Ḫiṭaṭ, I, 228)。また「彼の手によって

('alā yadayhi)」改宗するという表現は、ウマル二世の言葉にも見られる(Ḫiṭaṭ, I, 78)。

(78) APEL nº 260(ヒジュラ暦二世紀)も同種の改宗者名簿の断片である。

(79) エジプトにおけるアラブ－ムスリムの受給者登録簿(dīwān)に関して、きわめて興味深い文書がある。それは 'Abd al-'Azīz b. Marwān の総督時代(六五―八六／六八五―七〇五年)、それもかなり末期に属すギリシア語で書かれた維持費(dapanē)受給者名簿二通の断片 P. Lond. nº 1447 である。これは 'aṭā' や rizq の受給者名簿とは異なるが、登録人名そのものについてはなんら変りはない。この文書によると、受給者は総督およびその側近、中央官吏(ただしここでは総督の父 Marwān の mawlā の個所に組み入れられている)、御用職人や雑役夫、ムハージルーン(アラブ戦士とその家族)の各グループに分かれて登記され、さらに最後のムハージルーンは、滞在する軍事都市(amṣār)ごとに区分けされ、各受給者についてはその所属のグループが付記されている。なお軍事都市としては、この文書ではフスタートの名前しか見えないが、他にアレクサンドリアや Klysma (al-Qulzum：スエズ)などが考えられる。受給者には「維持費」として支給される羊・家禽・オリーブ油・沸酒(蒸溜酒か)・酢・木材のそれぞれの単位支給量と、それに相当する現金額が付記される。これは現物で支給される場合と、現金で代替支給される場合のあることを示している。ただしこの文書では、誰がいくら支給を受けたか文書の保存状態が悪いので不明である。なお維持費について詳しくは本章註(31)(52)参照のこと。

(80) なおジズヤが免除されていたかどうかはともかく、改宗者(mawālī)が《dīwān》に加えられて、アラブ同様 'aṭā' や rizq の支給を受けたのは、このときが初めてではなく、たとえば第五 indiction 年度(ヒジュラ暦八七／八八＝七〇六／〇七年)のアフロディト県諸税課日々受付台帳 P. Lond. nº 1433, l. 52 に「ムハージルーンとマワーリーのための維持費(dapanē)として小麦一〇〇アルデブ云々」というのがあり、マワーリーもムハージルーン同様支給を受けていたことがわかる。

(81) Sīra 'Umar, 79, cf. Ḥakam, 154; Ḫiṭaṭ, I, 77; Gibb: The Fiscal Rescript, p. 3, nº II.

(82) Sīra 'Umar, 83; Ibn Sa'd, V, 376; Amwāl, nº 257; Ibn 'Asākir: al-Ta'rīḫ al-kabīr, (7 vols., Dimašq, 1329–51H), I, 183–84. イブン＝アブドゥル＝ハカムの伝えるところによると、マーリク派の祖 Mālik b. Anas は、ズィンマの民の改宗と土地の売買について、ウマル二世に非常に近い考え方をしている。Mālik の主張は次の通りである。「和約 ṣulḥ〔征服〕の民がみずからの土地を売るのは合法であるが、武力('anwa)で征服されたところについては、そのような土地を誰からも買うことはできず、彼ら〔武力で征服された民〕にとって、彼らの手にしている(占有する)土地をいささかでも売ることは合法ではない。なぜなら、和約〔征服〕の民は改宗しても、自己の土地や財産に対して権利がある。しかし武力で征服された武力の民については、改宗すれば、彼のイスラムは彼の生命を保護しはするが、彼の土地はムスリムたち〔全体〕のものとなる。なぜなら、武力の民は彼らの国を征服されて、ムスリムたちに属すファイとなったからであり、和約の民は、和約を結ぶまで彼らの国を守った人々だからである。したがって彼らには、和約によって協定したもの以外に課税されることはない。また私は彼らに対し、増税したり、彼らからウマル一世が課した以外のものを徴収したりすべきではないと思う。……」(Hakam, 155)。Mālik b. Anas は他の初期の法学者たちと同様、課税の基準を征服の様式に置いているが、この点はウマル二世も同じで、彼は強力なエジプト武力征服論者であった(第一部序論一八—一九頁参照)。したがって、エジプトの改宗者の土地をムスリム全体に属すファイの一部であるとしたり、またこのような土地の売買を禁止したりすることは、法的になんら矛盾するものではなかったのである。

(83) 本章一三六—一三七頁参照。

(84) Cf. Sawīrus, PO, V, 72; Michel le Syrien, II, 489.

(85) Sawīrus, PO, V, 72–73; Ya'qūbī, II, 372; Ibn 'Abd al-Rabbih (ed. A. Amīn, etc.): al-'Iqd al-farīd, (7 vols., al-Qāhira, 1940–53), IV, 441–42. 嶋田襄平「ウマル二世の租税政策」一〇五頁参照。

(86) 納税受領証の発行は、すでにウマル二世によって規定されたことであったが(Sīra 'Umar, 82–83)、実際に制度化されたのは、ヒシャームの治世になってからと思われる。

(87) セベロスによると、'Ubayd Allāh はカリフ・ヒシャームによって見出され、エジプトに派遣されたことになっている。すると彼の着任は、ヒジュラ暦一〇五年以後となるが、A. Grohmann はこれより以前、一〇二年から税務長官に在職したとしている。これはおそらくその証拠となるパピルス文書の誤読によるものであろう。Cf. APEL, III, p. 122, note(3); N. Abbott: A New Papyrus and a Review of the Administration of 'Ubaid Allāh b. al-Ḥabḥāb, *Arabic and Islamic Studies in the Honor of Hamilton A. R. Gibb*, (Leiden, 1965), pp. 26–27.

(88) Sawīrus, PO, V, 75–76; Kindī, 73; Ḫiṭaṭ, I, 75, 98–99; II, 492. 'Ubayd Allāh の息子には、父のあとを継いで税務長官になった al-Qāsim のほか、APEL n° 175 や PERF n° 602 によると、地方の徴税官をしている 'Abd Allāh b. 'Ubayd Allāh や 'Amr b. 'Ubayd Allāh、それにのちにマグレブへ行った Isma'īl などがいる。なお Ḫiṭaṭ, II, 493 には、Ḥanẓala b. Ṣifwān の第二次総督時代(ヒジュラ暦一一九—一二四年)に税務調査が行なわれたとしているが、その模様は 'Ubayd Allāh のときの調査に酷似しており、またその前後関係の記述もあいまいで、他に資料もないので、これは 'Ubayd Allāh の調査を誤って伝えたのであろう。

(89)　本章第3節一〇〇—一〇二頁、第5節一一七—一一九頁参照。

(90)　本章第1節六九—七〇頁参照。フスタートに住む Ušmūn 県出身の一住民にあてられた一一三年度の人頭税支払命令書 APEL n° 180 では、文字通り《ǧizya ra's》と《ǧizya》とが人頭税の意味で併用されている。

(91)　A. Grohmann によると、ヒジュラ暦二世紀に属すパピルス文書に《ǧizyat arḍika》(汝の土地のジズヤ：P. Berol. 15016; J. Sperber, a. a. O., n° 42)とか《arḍ al-zar'i ǧizyatuhā》(播種地、そのジズヤ：PER Inv. Ar. Pap. 8988)、《min al-kurūmāti ǧizyatuhā, min al-qaṣabi ǧizyatuhā》(ぶどう園のうち、そのジズヤ、砂糖きび畑のうち、そのジズヤ：PER Inv. Ar. Pap. 3099)などの用語が見られるという。ただし、これらの文書の具体的な年代については不明である。Cf. APG, p. 21.

(92)　'Ubayd Allāh は、さきに述べたようなウマル二世による賦役廃止の勅令(本章一三七、一三八頁および註(74)参照)にもかかわらず、フスタートの対岸の al-Ǧazīra に、自己の私邸や公共建築物の建設等のために、エジプトの諸県から人々を徴集して、強制労働をさせたという(Sawīrus, PO, V, 76; cf. Kindī, 74)。

(93)　キンディーでは Numayy とあるが、これは Tumayy の誤り。

(94)　セベロスによると、彼は一ディーナールに対し、$1\frac{1}{8}$ディーナールを課したという(Sawīrus, PO, V, 86)。

(95)　Sawīrus, PO, V, 86–87; Ḥakam, 217; Ḫiṭaṭ, I, 208; cf. Taġrībirdī, I, 273. ただし通行証 PERF n° 601 では、al-Qāsim がすでに一一六年 rabī' al-awwal 月(七三四年四／五月)に税務長官として現われている(cf. APG, p. 33)。

(96)　このころになると、公文書におけるアラビア語の使用は、かなり末端の行政機関にまで浸透したらしく、ヒジュラ暦一一六(七三四)年の日付のある成丁調査名簿は、アラビア語で書かれている(APEL n° 201)。

(97)　Ḥafṣ b. al-Walīd は以前二度も総督になった人物であるが、カリフ—マルワーン二世が任命した総督を不服としたエジプト在住のアラブ軍の推戴を受けて、三たび総督の地位に就いた。

(98)　本文ではこの点についてあまり触れなかったので、ここで若干補足することにする。現存のパピルス文書のなかには、総督クッラ＝ビン＝シャリークからアフロディト県の長官 Basilios へ発せられた、ギリシア語やアラビア語による一連の納税督促状や納税命令書がある。これらの文書のうち、たとえば第八 indiction 年 tybi 月一九日(七一〇年一月一四日)の日付を持つギリシア語の納税督促状 P. Lond. n° 1349 の文中には、フスタートの *Μωαγαρίται*、すなわちムハージルーンに対する現金給与(*ῥογά*)は、第七 indiction 年度の現金税(*δημόσια*)から支払われること、その *ῥογά* の支給の期日がすでに到着しているにもかかわらず、現金税の納付が遅れているから至急徴収して送金すること、などが明記されている。

これに対応して、九一年 rabīʻ al-awwal 月という日付から同時に発せられたとみなされるアラビア語の文書 P. Heid. III, n°1では、アラブ＝ムスリム軍 ǧund とその家族に対する現金給与 ʻaṭāʼ の支給の期日が来ているにもかかわらず、現金税(ǧizya)が遅延しているから、至急送金するようにということが記されている。同じような内容は、これから二、三カ月あとに出された P. Lond. n° 1394 や第八 indiction 年 pachon 月五日(七一〇年四月三〇日)の日付を持つ P. Lond. n° 1357 など、ギリシア語による納税督促状やおそらくこの年代に属すアラビア語の督促状 APEL n° 148、翌第九 indiction 年 mecheir 月一〇日(七一一年二月四日)の日付のあるギリシア語文書 P. Lond. n° 1373 にも見える。

一方、第八 indiction 年 mesori 月一日＝九〇年 ramaḍān 月〔一二日〕の日付で、ギリシア語とアラビア語で書かれた、アフロディト市の住民への穀物租 ἐμβολή＝ḍarībat al-ṭaʻām の支払命令書 PAF n° 10＝P. Lond. n° 1407 では、この穀物租がフスタートの Μωαγαρίται の ῥουζικόν、すなわち現物給与 rizq のためであることが記されている。この文書と同時に発せられたアフロディト県全体に対する穀物租支払命令書 P. Lond. n° 1335 や、同じく総督クッラ＝ビン＝シャリークの治世末期の穀物租支払命令書 P. Lond. n° 1404 でも、この点は同じである。

またアフロディト県の税務日々記録簿 P. Lond. n° 1433, 1434, 1435 には、穀物租(ἐμβολή)として送られる小麦が、Μωαγαρίται の俸給のためと記されているところや、維持費(δαπάνη)として納入される当該の小麦や沸酒が Μωαγαρίται や μαυλεῖς(mawālī)のためであると記帳されているところがある。さらに維持費(δαπάνη)の受給者名簿である P. Lond. n° 1447 では、文字通り総督の mawālī やムハージルーン Μωαγαρίται の項目があって、それぞれ該当者の人名が列記されている。なお P. Lond. n° 1375 では、δαπάνη のことを rizq と称していたが、アラビア語では他に nāʼib(複数形 nawāʼib)とも呼ばれていた。それはイブン＝アブドゥル＝ハカムに、アラブ戦士やその家族が支給を受けるものとして、ʻaṭāʼ や rizq のほかに nāʼib を挙げている個所があるからで、おそらくこの方が一般的呼称であったと思われる(Ḥakam, 102)。

(99)　註(98)で述べたアラビア語の納税督促状 P. Heid. III, n°1 には、農民(ahl al-arḍ)に課せられる税はカリフ(amīr al-muʼminīn)の権利(ḥaqq)に属す、とも書かれているが、この文書のギリシア語の部分に当たる P. Lond. n° 1349 には、そのようなことは記されていない。しかしこれより約半年後に出されたギリシア語の納税督促状 P. Lond. n° 1380 には、「カリフ Ἀμιραλμουμνιν(amīr al-muʼminīn の音写)の権利を集めよ」という言葉が見える。

第三章　アッバース朝期における税制

1　抗租運動史

一

すでに第二章で述べてきたように、ウマル二世によって先鞭をつけられたイスラム帝国——厳密には「アラブ帝国」と称すべきであるが——この帝国内の税制の統一化への動きは、カリフ－ヒシャームの強力な推進を経て、アッバース朝の成立期に至り、属地主義による地租ハラージュと、一種の宗教税ともいうべき人頭税ジズヤとの二本の柱を根幹とするイスラム法的税制の確立となって展開、制度的には一応の体系化を見たように思われる。だが実は、エジプトではこのような制度上の推移とほぼ時を同じくして、原住民のコプト人、さらにはアラブのイスラム教徒による激烈な抗租運動が、政府当局に対してなされるようになり、しかもこれが約一世紀半の長きにわたって、幾度となく繰り返されたのである。

　これは一体何を意味するのであろうか。制度上の欠陥が一連の抗租運動の原因となっているのであろうか。それとも、なんらかの税制上の改悪がなされたためであろうか。あるいはまた、単に当局の力による圧制が、コプト農民やアラブのイスラム教徒を叛乱へと駆り立てたのであろうか。それとも、これにはなんらかの政治的要因が働いているのであろうか。またさらに、こうした絶え間ない抗租叛乱の勃発が、その後の税制の展開に影響を及ぼすことはなかったであろうか。こうした疑問を解明するには、抗租運動そのものの原因なり性格なりが、当然究められねばならないであろう。そこで、やや煩雑になるかもしれないが、まずこの一連の抗租運動を紹介し、しかるのち、税制そのものとの係り合いに触れたい。実はこの点を前提としなければ、アッバース朝期における税制問題に深く立ち入り、これを明らかにすることはできないと思うからである。

ところで、マムルーク朝時代エジプトのすぐれた歴史・地理学者マクリーズィー al-Maqrīzī は、自著『エジプト地誌』Kitāb al-Mawāʿiẓ wa-l-iʿtibār bi-ḏikr al-ḫiṭaṭ wa-l-āṯār を草するさい、ウマイヤ朝の後期からアッバース朝にかけて起こった一連の叛乱が、初期イスラム時代のエジプト史において持つ重要性に着目し、しかもこれらの叛乱は、コプト農民によるものと、エジプトの農村地帯に定着したアラブ族によるものとの二種類に分けられるとして、「コプト人の叛乱およびこれに関連する諸事件について」と「エジプトの農村地帯へのアラブ族の定着、その生計手段としての農耕の選択および彼らの定着に関連する諸事件について」の二節をもうけ、それぞれについて述べている(Ḫiṭaṭ, F. I, 332–41; Ibid., B. I, 79–81)。

しかしながら、その内容はほとんどキンディーの『エジプト総督史』からの抜粋で占められ(1)、それぞれ末尾に、前者では若干の註記を付加し、後者ではカリフ-マームーン(在位一九八―二一八/八一三―八三三年)に関する一つの逸話を挿入しているにすぎない。しかもいずれの側の叛乱も、マームーン自身による鎮圧を最後に、もはや起こらなかったかのような叙述をしている。ところがキンディーの『総督史』そのものやセベロスの『コプト教会総主教史』の関連記事を詳しく検討すると、マクリーズィーのように、単純に二分化することも、マームーン以後叛乱は起こらなかったとすることも無理のようである。また叛乱の性格も時代が下がるにつれてかなり変化しているのである。

二

キンディーによると、エジプトのコプト農民が最初に叛乱を起こしたのは、ヒジュラ暦一〇七(七二六)年のことであるという(Kindī, 73–74)。セベロスの『総主教史』でも、コプト農民の叛乱の記事が出てくるのはこの時が最初である(Sawīrus, PO, V, 76)[2]。この叛乱についてはすでに第二章で触れたので、ここでは詳しく述べないが、ただ次の点だけは強調しておきたい。すなわち、これが突然勃発したものではなく、ウマイヤ朝中期以後のアラブ当局による税務行政の強化と税制改革に遠因があり、直接的には税務長官 'Ubayd Allāh b. al-Ḥabḥāb の税務調査に伴う増税と、カリフ−ウマル二世によって廃止されたはずの強制労働の復活とに原因がある、ということである。

ついでキンディーがコプト人による二度目の叛乱として伝えているのは、ヒジュラ暦一二一年における上エジプトでの叛乱で、コプト農民が徴税吏たちと戦ったこと、当時の総督がエジプトの正規軍(ahl al-dīwān)を派遣して多くのコプト人を殺し、暴徒を鎮圧したことを述べているが(Kindī, 81)、その原因については何も語っていない。当時税務長官であったのは al-Qāsim b. 'Ubayd Allāh で、セベロスによると、彼は一一六年に就任してまもなく、エジプト全土に特別の担当官を任命して、「未知なる人々」(ġurabā')すなわち居住する村や町に本籍を持たない、いわゆる流亡者(ǧāliya)からの人頭税徴収の徹底化を推進し、そのために「大小の村々や町々で、人々は非常な苦難に遭った。あたかも海の魚の如く、強大なる者は弱小なる者を喰った。これらの人頭税の徴税吏たちは富裕でない者たちを貪り、彼らの財産を奪い、ついにはすべての人が貧者になった」。そのうえ、彼は在任中数年にわたって起こった旱魃と疫病の発生にもかかわらず、減税するどころかかえって増税し、しかも飢饉で多数の死者まで出た、という(Sawīrus, PO, V, 94–95, 97–98)。貧富に関係なく、画一的に課せられる人頭税は、コプト人の一般農民を苦しめ、ところによっては彼らを叛乱へと駆り立てたのである。一二一年の上エジプトにおける叛乱は、そうした意味で単に上エジプトだけの問題でなく、あとに続く一連の抗租叛乱の、いわば前兆であった。

一二五年 rabī' al-āḫir 月(七四三年二月)、カリフ−ヒシャームが死ぬと、さしものウマイヤ朝帝国も衰亡の一途をたどることになった。中央での政情不安は、たちまち地方に波及し、それはエジプトも例外ではなかった。一二五年raǧab月、エジプト在住のシリア系アラブ軍団は、シリアへの帰還命令を不服として、総督Ḥafṣ b. al-Walīdにクーデターを起こし、総督はもう少しのところで命を落とすところであった(Kindī, 83; Yaʿqūbī, II, 402)。しかしヒジュラ暦一二七年、カリフ－マルワーン二世(在位一二七―一三二／七四四―七五〇年)が即位し、新任の総督を派遣すると、エジプトのアラブ軍はこの総督を不服として、前総督のḤafṣを擁立、カリフに反抗した(Kindī, 85-86)。こうした情勢のなかで、Ḥafṣはコプト人に対し、みずからの宗教を捨てて改宗した者にはすべて人頭税を免除する、という命令を出した(Sawīrus, PO, V, 116-17)。これはおそらく、彼がコプト人たちの支持を得るために出したものであろう。だが翌年初め、このḤafṣは総督の地位を去り、やがて殺されてしまった。したがって彼のコプト人に対する約束も破棄されたものと思われる(3)。

こうした政情不安のなかで、ʿAbd al-Malik b. Marwān b. Mūsaという者が一三二年に税務長官となり、翌年にはさらに総督も兼務するようになったが(Sawīrus, PO, V, 118; Kindī, 93)、彼はマルワーン二世に忠実な総督として、エジプトの住民に重税を課し、人々は彼の圧制にあえいだといわれている(Sawīrus, PO, V, 118-19, 134, 139)(4)。やがてこれは総督に対する彼らの叛乱となってはね返った。キンディーによると、一三二年下エジプトのSamannūdで、ヨハネスYuḥannasを指導者とするコプト人が叛乱を起こし、総督が派遣した軍隊によって殺され、鎮圧されている(Kindī, 94)。

セベロスの『総主教史』は、この叛乱には触れていないが、やはり下エジプトで起こった叛乱については詳しく述べている(5)。それはMennas Apakyrosという人物を指導者とした、Bašmūr県の住民によるものと、Šubrā Sunbāṭ村などの他県の住民によるもので、彼らは総督ʿAbd al-Malikに叛乱、当該地方を占拠し、税務庁長官に対する納税を拒否した。これに対して総督はただちに軍隊を派遣したが、かえって敗退する始末であった。そうしたさなかに、アッバース朝の革命軍に破れたマルワーン二世が、一三二年šawwāl月二一日(七五〇年六月二一日)、軍隊とともにエジプトに到着した。カリフは叛徒に降服の勧告状を送ったが、拒否されたので大軍を差し向けた。しかし、叛徒側は湿地帯に立て籠っているので攻撃がはかどらず、逆にウマイヤ朝の軍隊は、夜襲による多大の損傷を受けたりして、結局鎮圧できなかった(Sawīrus, PO, V, 156-57, 160, 162; cf. Kindī, 95)。なおアッバース朝軍が al-Faramā までやって来たとき、Bašmūr の叛徒たちは早速彼らと接触、協力体制に入っている(Sawīrus, PO, V, 172-73)。

キンディーには、マルワーン二世のエジプト到着後、ナイル河の河口 Rašīd(ロゼッタ)でコプト人が叛乱し、総督の派遣した軍隊によって鎮圧されたことが記されているが(Kindī, 96)、これはセベロスのいう Bašmūr の叛乱となんらかの関連があると思われる。要するにコプト人は、滅亡を目前にしたウマイヤ朝政府に対し、下エジプトのほぼ全土で抵抗したわけで、しかもそれは、すでに単なる抗租運動の域を脱していたのである。

このような情勢のなかにあって、ウマイヤ朝カリフに反抗したのはコプト人ばかりではなかった。すなわち、エジプト在住のアラブ人も、打倒ウマイヤのアッバース朝軍に呼応して、各地で叛旗を翻した。デルタ地帯東部、いわゆるハウフ al-Ḥawf al-Šarqī 地方[6]の住民やアレクサンドリアの al-Aswad b. Nāfiʻ、上エジプトの ʻAbd al-Aʻlā b. Saʻīd、アスワーンの Yaḥyā b. Muslim などである(Kindī, 95)。結局アッバース朝軍がエジプトまで追撃して、一三二年末(七五〇年八月初)マルワーン二世は殺され、ウマイヤ朝は滅亡した。

三

アッバース朝軍の総指揮官で初代エジプト総督の Ṣāliḥ b. ʻAlī は、ウマイヤ朝打倒に功労のあった前述のアラブの有力者たちに、恩賞として土地を与えたが(Kindī, 101)[7]、叛乱を起していたコプト人たちにも、なんらかの形で報償が与えられたようである。セベロスによると、Bašmūr の人々には租税が免除されたうえに、他の徴税区の税金が与えられた。またコプト教会の総主教 Abba Michael が、ウマイヤ朝時代、一般のコプト人同様重税を課せられていたエジプト全土の教会について、その財産の保護を請願したのに対し、総督はこれに応じている(Sawīrus, PO, V, 188)。このような免税措置や優遇措置は、他の叛乱者たちに対しても取られたと思われる。しかも、マルワーン二世がフスタート市に火を放ったさい、諸官庁の帳簿類や税務局の計算書など、ことごとくが灰燼に帰してしまい、そのために新当局にはエジプトの税務の実態がよく把握できなかったという事情もあって(Sawīrus, PO, V, 188)、アッバース朝成立直後のコプト人たちの納税負担は、かなり軽度のものであったらしい。ところが、それもわずか二年間のみで終ることになるのである。

キンディーによると、ヒジュラ暦一三五年、ウマイヤ朝末期に抗租運動を起こした同じ Samannūd で、Abba Mennas(Abū Mīnā)というおそらく主教と思われる人物が叛乱、総督の派遣した軍隊によって鎮圧され、殺されている(Kindī, 102)。これは、アッバース朝当局がエジプトの税務体制を再編するに当たってとった処置に負うている。すなわちセベロスの伝えるところでは、一三四年にカリフのもとから税務長官として 'Aṭā' b. Šuraḥbīl' 同補佐として Safī が派遣されて来ると、総督 Abū 'Awn 'Abd al-Malik は、エジプトの徴税額をウマイヤ朝末期の状態に戻すことに決定し、しかも下エジプトには二種類、上エジプトについては一種類の税種を新たに設置、徴税の全権をこれら二人の担当官に委ねたのである。その結果、この叛乱の起こった一三五年、アッバース朝の支配下になってから三年目には、税金は二倍に増額され、これがキリスト教徒のコプト人たちから徴収されたという(Sawīrus, PO, V, 188–89; cf. Kindī, 102)(8)。

倍額に増税されたというのは、アッバース朝成立直後の二年間の状態に比較してのことであろう。コプト人のウマイヤ朝打倒・アッバース朝援助の行為に対して、アッバース朝当局は、最初は免税措置などを講じて優遇したが、それも二年間のみで、従来通りの税制に戻してしまった。そこでコプト人としては、アッバース朝当局に裏切られたという気持から叛乱を起こしたものとみなされる。事実セベロスの『総主教史』は、アッバース朝当局がキリスト教徒に対する約束を破ったとして、これを非難しているのである。こうしたさなかに、カリフ－サッファーフ(在位一三二―一三六／七五〇―七五四年)による改宗者の人頭税免除令が布告され、多くのキリスト教徒のコプト人が、重税に耐えかねて改宗した(Sawīrus, PO, V, 189)。

アッバース朝成立後三年目のこの叛乱のあと十数年間は、史書によるかぎり、一応叛乱の記事は見当たらない。ただ一四五(七六四)年に、エジプトにおけるシーア派の最初の叛乱として、フスタートで小規模の紛争があったというだけである。もっとも、この叛乱にエジプト在住のウマイヤ家の子孫が加わっていたことは注目に値する(Kindī, 111-12; Ḫiṭaṭ, II, 338)。これはやがて起こるアラブ族同士の内紛の前兆をなすものであった。

一方コプト人たちについては、この間一見平和な時代を過ごしたかのようにみえるが、パピルス文書によると、かならずしもそうでなかったらしい。ヒジュラ暦一三七―一四〇(七五四―七五七)年に属すコプト語・ギリシア語・アラビア語で書かれた APEL nº. 167 の文書は、この点の有力な傍証となる。すなわちこの文書は、上エジプトの Aḫmīm と Ṭahṭā の両県において、徴税官 ʿAmr b. ʿAttās とその部下の徴税吏たちが、不当な課税を行なったという訴えがあったために、県の長官が県下の全町村長ら地方の有力者を召集して、取り調べた結果、この訴願を却下し、逆に、今後こうした訴願があった場合には、町村長たちが科料の連帯責任を負う、といった内容のものである。これによると、当時上エジプトでは、町村長のほとんどはまだキリスト教徒のコプト人によって占められていたこと、したがって住民の大半もキリスト教徒のコプト人であるということ、彼らに対してアッバース朝当局が強圧的な課税を行なったこと、このような苛酷な課税に対する訴えは、おそらく他の地域でも行なわれたに違いないこと、しかしこうした訴願は、当局によって取り上げられる可能性はほとんどなかったこと、などが明らかになるのである。コプト人たちのこのような重税に対する不満や苦情は、やがて行き場のない叛乱へと彼らを駆り立てたものと思われる。

キンディーによると、ヒジュラ暦一五〇(七六八)年にデルタ地帯中部の Saḫā でコプト農民が叛乱、徴税吏たちを襲撃して彼らを追い出した。この地方の知事 'Abd al-Ǧabbār b. 'Abd al-Raḥmān はただちに鎮圧に向ったが、Šubrā Sunbāṭ までやって来たコプト人と交戦するうちに、近隣の Bašmūr・al-Awsiya・al-Buǧūm (al-Naǧūm) の諸県のコプト人も叛乱に合流した。これを聞いた総督はアラブ正規軍やエジプト在住のアラブ貴族を派遣したが、逆にコプト人たちの夜襲を受け、知事は戦死、多数の負傷者を出し、コプト人の屯所に火を放ったのみで、軍隊は敗残兵同様にしてフスタートに帰還したという(Kindī, 116–17)。ついで一五六(七七三)年には、Rašīd に近い Balhīb でコプト人が叛乱を起こし、総督が派遣した軍隊によって鎮圧されている(Kindī, 119)。

これらの叛乱はいずれもカリフ－マンスール(在位一三六－一五八／七五四－七七五年)の治世中に起こっているが、このカリフはアッバース朝の事実上の建設者として、税制についても、ウマイヤ朝カリフ－ヒシャームのとった方法を手本にしながら、その確立に努めたといわれている。(9) したがってこれらの叛乱も、マンスールの租税政策となんらかの関連があると思われる。事実このような抗租運動は、ほぼ同じ時期にエジプト以外のところでも起こっているのである。すなわち北部イラク al-Ǧazīra では、一五五(七七二)年に施行された税務調査の結果、増税と徴税の強化がなされたために、農民が逃亡したり、富裕な地主や都市民を襲ったりしている。(10) また一五八(七七五)年ごろ、パレスチナでは税務長官が住民の襲撃を受けている(Ǧahšiyārī, 134)。

四

さて、これまで述べてきた一連の叛乱は、概してコプト農民によるものであったが、カリフ－マフディー(在位一五八－一六九／七七五－七八五年)の治世以後になると、従来とは異なった現象がみられるようになった。それはエジプトの農耕地帯に定住して、農民もしくは地主化したと思われるアラブの子孫たちが、抗租運動を含めて、種々の形でアッバース朝当局に反抗しはじめたことである。

まず一六七年から一六九年にかけて(七八三―七八五年)、ウマイヤ朝カリフ＝アブドゥルマリクの弟でエジプト総督であった 'Abd al-'Azīz b. Marwān の子孫の Diḥya b. Mu'aṣṣib が、一族とともに上エジプトの Ahnās 県で叛乱、納税を拒否し、みずからカリフたることを宣言した。この Diḥya は、すでに一四五年の、エジプトにおけるシーア派の最初の叛乱に参画していた人物である。総督はこのことを知ったが、そのまま放置しておいたので、Diḥya は上エジプトのほぼ全域を掌握、徴税も行ない、そのために総督は罷免されてしまった。結局丸二年以上かかり、総督もそれから三代目のときにやっと鎮圧され、Diḥya は殺された。ただこの叛乱で興味深いのは、Diḥya がウマイヤ朝時代のアラブ至上主義を捨て切れず、それがために、自己の軍団内におけるコプト人出身のマワーリーやベルベル人たちの離反を招き、叛乱の壊滅を早めたという点である。すなわち Diḥya は、同じムスリムであってもアラブ人をマワーリーたちから区別して優遇し、逆にこうした差別を不当として、イスラムは一つであり、平等に待遇するようにというマワーリーたちの要求を拒否したのである。これは、このような反動的なアラブ至上主義が、アッバース朝帝国内における統一的なイスラム化への大きな流れのなかにあっては、もはや通用しなくなったことを物語っている(Kindī, 124, 126, 128–131; Ya'qūbī, II, 489; Ḫiṭaṭ, I, 308; Taġrībirdī, II, 60–61)。

もっともこの叛乱は、一見ウマイヤ家の残党による政治的運動であるかのような様相を呈しているが、その本質はあくまで抗租運動であったことに注意しなければならない。その点は、この叛乱に引き続いて起こった下エジプト、すなわちデルタ地帯におけるアラブ人の叛乱によっても証明できるのである。

Diḥya がまだ上エジプトを掌握していた一六八年、総督兼税務長官の Mūsā b. Muṣ'ab(在位一六七―一六八/七八四―七八五年)は徴税業務を強化して単位面積フェッダーン当たりの税額を従来の二倍にし、また場合によっては賄賂を取ってこれに手心を加えた。[11] その結果、カリフ＝ヒシャームの時代、ヒジュラ暦一〇九(七二七)年にカイス Qays 族が入植して以来、アラブ系住民の多く住むハウフ地方で、総督の派遣した徴税吏たちが追い出され、住民は当局に対する抗戦を宣言した。ハウフのアラブ人は主としてカイス系とイェーメン系とからなっていたが、この両アラブ部族は同盟を結ぶとともに、エジプトの軍隊のうちで、総督に反感をいだいている一部のものとも密約をかわした。こうした情況のなかで、総督はエジプトの全軍を率いてハウフ地方に進駐し、住民と戦ったが、軍隊は敗退、総督は殺されてしまった(Kindī, 125–27; Yaʻqūbī, II, 483)。

ハウフ地方のアラブ人については、ウマイヤ朝末期、彼らの主要根拠地であるBilbays付近に三〇〇〇戸が住んでいたといわれるが、アッバース朝に入ってからは、カリフ＝マンスールの治世末期、Muḥammad b. Saʻīd の税務長官時代(ヒジュラ暦一五二―一五六年)[12]に、本格的な税務調査が行なわれたらしく、四八〇〇戸内外を算定したという(Kindī, 77)。キンディーによると、彼らは入植当時、十分の一税としてのサダカ(ṣadaqa)を課せられたはずであるが(Kindī, 77)、その後の税制改革や税務調査の結果、アラブ人たちも、原住民たちとほとんど変らない厳しい税率を課せられるに至ったらしい。ハウフ地方のアラブ人が、どの程度の税率を課せられたかは、直接的な資料がないので明確にしがたい。しかし、ちょうど同じアッバース朝初期の北部イラクでは、アラブ人の土地は理論的には十分の一税地に属し、彼らの納める土地税も《ṣadaqa》もしくは《ṣadaqat al-māl》と称されているにもかかわらず、その税率はキリスト教徒のシリア人の耕作するハラージュ地の場合と同じか、むしろ苛重であったことが報告されている[13]。また上エジプトで出土しているパピルス文書のうち、ヒジュラ暦二―三世紀の地租割当査定簿では、課税率のうえでアラブ人とコプト人とのあいだに差別がなかったことが示されている(APEL nº 222, 223)。

したがってこれらの点から、ハウフのアラブ人に課せられた租税も、その名称が何であれ、税率はコプト人に対するハラージュと変りなく、それは当然以前よりも重いものであったに違いない。実はハウフのアラブ人によって殺された総督 Mūsā b. Muṣʻab は、すでに一五五年から一五八年にかけて、カリフ＝マンスールの命によっていま述べた北部イラクの総督に着任、新たな税務調査(taʻdīl)をもとに増税し、厳しい徴税を行なって、納税民たちの憎悪の的と

なった前歴を持っているのである。(14)

ウマイヤ家の子孫による上エジプトでの叛乱やデルタ地帯でのアラブの叛乱は、課税上の大原則、すなわちおよそ征服地の土地は、その地主の民族・宗教に係わりなく、地租ハラージュを支払うという原則が、エジプトでは、おそらくこの当時よりアラブ人に対しても実施されたであろうことを示している。ウマイヤ朝後期から、アッバース朝初期に至って確立されたこの属地主義による原則は、特権階級意識の強かったアラブ人の不満のもととなり、それが彼らを叛乱へと導くことになったと思われる。それはともかく、ハウフ地方のアラブの叛乱は結局翌一六九年、総督al-Faḍl b. Ṣāliḥ(在位一六九／七八五―七八六年)によって鎮圧され、新しい課税額を不当とする彼らの要求は押しつぶされてしまった(Yaʻqūbī, II, 489)。だがアラブ人たちは、一回の弾圧だけで屈服しはしなかったのである。

ヒジュラ暦一七八(七九四)年、総督兼税務長官のIsḥāq b. Sulaymānは税務調査を行ない、農民(muzāriʻūn)たちが負担に耐えないような増税を行なったが、そのためにカイス族、クダーアQuḍāʻa族、その他からなるハウフ地方の住民が武装蜂起し、防備を固めた。総督は軍隊を派遣したが、有力指揮官が戦死し、鎮圧できなかった。そこで総督はカリフ＝ラシード(在位一七〇―一九三／七八六―八〇九年)に援軍を要請、やがて叛徒たちは、Harṭama b. Aʻyanに率いられたバグダードからの大軍を前にして降服を申し出て、租税の支払いを認めた。そしてその結果彼らに課せられていた租税全額が徴収された(Kindī, 136; Ṭabarī, III, 629–30; Yaʻqūbī, II, 497)。

タバリーが述べているように、このハウフの住民もカイス族やクダーア族などのアラブ人が主体であろうが、キンディーのいう《muzāriʻūn》が、農民化したアラブ人を指すのか、アラブ地主の小作人となっているコプト農民を指すのか、あるいは両者を含めたものか、当該の文面だけでは明確にしがたい。ただここで注意しておかねばならないのは、ハウフの住民が納める租税について、タバリーでは「彼らに課せられる政府の割当額(waẓāʼif al-sulṭān)」とあるだけで漠然としているが、キンディーでは《ḫarāǧ》とはっきり記していることである。この《ḫarāǧ》は「租税一般」

よりも「地租」そのものを意味していると思われる。いずれにせよハウフの住民はアッバース朝中央政府の圧倒的な権力に、ふたたび屈した形となったが、それも長くは続かず、ついで彼らの不満を一層助長する事件が起こったのである。

総督兼税務長官の al-Layt̠ b. al-Faḍl（在位一八二―一八七／七九八―八〇三年）は、着任以来毎年税の徴収を厳しく行なっていたが、ヒジュラ暦一八六（八〇二）年、ハウフ地方に派遣された測量吏（massāḥ）が、寸足らずの単位尺度、すなわち qaṣaba（四メートル弱）単位の長さを短くして播種地を測量、実際の土地面積より多くの地積数を算定し、これによって課税額を決定するという不正を行なった。カイス族などハウフの住民はこのことを総督に訴えたが、黙殺されてしまったので、大挙してフスタートに向った。途中総督の軍隊と交戦、双方とも多数の死者を出して退却し、ハウフの住民は引き続き納税を拒否した。総督は翌一八七年初めカリフ－ラシードのもとに赴き、ハウフの住民から地租ハラージュを徴収するには、軍隊の力を頼む以外には不可能であると訴えて、軍隊の派遣を要請した。そのときカリフの宮廷に、Maḥfūẓ b. Sulaymān という者がいて、鞭や棍棒を使わずに徴税することを請負ったので、カリフは総督を罷免し、Maḥfūẓ を税務長官に任命した（Kindī, 139–41）。

セベロスの『総主教史』によると、al-Layt̠ b. al-Faḍl は善良な人間で、キリスト教徒に好意を示した総督として描かれており、コプト人に評判がよい（Sawīrus, PO, X, 400–01, 404–08）。したがってこの叛乱が起こったのは、総督がハウフのアラブにのみ、意識的に苛酷な条件を押しつけたのか、それとも下級官吏がたまたま不当な測量を行なったのか、いずれかの結果であろうとみなされるが、この当時実施された税制改革のことを考慮すると、総督が一層の増収を計るために、このような不当な測量を測量吏に内命した可能性が強い。またそうした測量の地域も、単にハウフ地方にとどまらなかったように思われる。この点についてはのちに触れるつもりである。

この事件に関連して注目に値するのは、中央政府でエジプトの徴税を「請負」ったケースが初めてあらわれることである。もっとも、まだヒジュラ暦四世紀（一〇世紀）ごろに行なわれた徴税請負制度（ḍamān）のように、体系化されたものではなかろう。[15] またこれを契機に、エジプトの徴税請負制が始まったということもなかった。しかしいずれにしても、この徴税請負がそれほど成功したとは思えない。Maḥfūẓ b. Sulaymān が、いつごろまで税務長官の地位にあったか明確な記載はないが、遅くとも四年後の一九一年には、総督 al-Ḥusayn b. Ǧamīl が税務長官を兼務するよう命ぜられている（Kindī, 142）。しかもその年、ハウフの住民がまた抗租運動を起こし、地租の支払いを拒否したのである。

そのうえ、主謀者の Abū l-Nidā' は約一〇〇〇人の武装団を率いて、おそらくバグダードからの鎮圧軍の進路を妨害するためか、アカバ湾の要衝 Ayla 付近で道路を封鎖し、さらにシリア国境内の村々まで侵掠した。カリフ－ラシードは Yaḥyā b. Muʿāḏ の指揮のもとに軍隊を派遣、一方総督もエジプトから軍隊を派遣し、Ayla で Abū l-Nidā' と遭遇、一味を逮捕した。ついで Yaḥyā b. Muʿāḏ が軍隊を率いてハウフ地方の首府 Bilbays に進駐したので、ハウフの住民は地租の支払いを認めた。Yaḥyā は一九一年から翌年にかけて（八〇七―八〇八年）、約八カ月間滞在して治安維持に努めたのち、フスタートへ到着した。するとカリフからバグダードへの帰還命令が届くとともに、ハウフの住民へも勅書が寄せられた。その内容は、フスタートに赴いて、新総督 Mālik b. Dalham（在位一九二―一九三／八〇八年）と地租ハラージュに関して協定を結ぶように、というものであったが、これはその実は謀略であった。イェーメン系やカイス族などのアラブ族の首長たちは、フスタートに到着するやことごとく逮捕され、足枷をはめられ、バグダードへ護送されたのである。一九二年 raǧab 月半ば（八〇八年五月半ば）のことであったという（Kindī, 143-46; Ṭabarī, III, 711, 732）。

当局側のこうした欺瞞行為のあとでは、ハウフの住民がすなおに納税に応じるはずもない。そこで、一九四（八一〇）年、総督兼税務長官に就任した Ḥātim b. Harṯama は、従来のように一方的に課税することをやめ、Bilbays へ赴き、ハウフの住民と地租に関する協定 ṣulḥ を結んだ（Kindī, 147）。《ṣulḥ》は普通イスラム軍が、武力によらずに異教徒を征服するさいの条件付和約を意味したが、いままったく異なった事態に適用されるに至った。もとより、ここ

で結ばれた ṣulḥ の内容については知るよしもないが、これまで権力と法の名のもとに徴税を行なってきたアッバース朝当局が、その困難さから、地方の武力集団との妥協によって徴税しようとする姿勢を、少なくともエジプトでは初めて示したのである。

五

一方、このようなハウフの住民との妥協が成立した同じ年、すぐ近くの Natū・Tumay 両県(デルタ地帯中部)で、住民の抗租叛乱が起こり、彼らは集結、ジュザーム Ğuḏām 族出身のアラブ人 'Uṯmān b. Mustanīr を指導者として契約した。総督は軍隊を派遣して叛徒を鎮圧、Uṯmān は逃走したが、イェーメン系アラブ人の有力者一〇〇名を人質にして、フスタートに帰還したという(Kindī, 147)。Natū・Tumay 両県といえば、ヒジュラ暦一〇七年、コプト人がエジプトで始めて叛乱を起こした地方の一部である。住民の大半はまだコプト人によって占められていたと考えられるが、興味深いのは、叛乱の指導者にアラブ人を迎えていて、かなりのアラブ人がこれに参加していることである。この点からすると、これら両県にもかなりのアラブ人が浸透して、コプト人と同化しているものと思われる。これまでの叛乱では、概してコプト人やアラブ人がそれぞれ単独で起こしていたのであるが、ここに共同によるものが現われてきたのである。

ヒジュラ暦一九三(八〇九)年、カリフ－ラシードが没し、アミーン(在位一九三－一九八／八〇九－八一三年)が即位すると、アミーンとその弟でカリフ位継承者のマームーンとの関係は次第に疎遠となり、それはやがてイスラム帝国全体を覆う内乱にまで発展、その余波はエジプトにも例外なく襲った。すなわち一九四年、アミーンがマームーンの継承権を廃して、自分の子供を継承者に指名すると、翌年エジプトの有力軍人たちのあいだでこれが問題となった。そして彼らは、密かにマームーンと連絡をとり、一九六(八一一)年にはアミーンを否認して、マームーンをカリフに推戴することを宣言、クーデターを起こして、アミーンが派遣した総督を追放、新たに総督を選んだ。そこでアミーンはハウフのカイス族の族長 Rabīʿ b. Qays に勅書を送って、エジプトの総督に任命するとともに、一九四年の Natū などの住民による叛乱の指導者になった ʿUṯmān b. Mustanīr やハウフのアラブの有力者たちにも Rabīʿ を援助するよう呼びかけ、アラブ人たちはこれに応じた。要するに、エジプト政府の正規軍系の軍人たちがマームーン側につき、これまで当局にたびたび反抗してきたカイス族やイェーメン系アラブなど、ハウフの全住民がアミーン方に加担したのである(Kindī, 148-51；Yaʿqūbī, II, 533)。そして両派のあいだで幾度となく戦闘が繰り返され、それは一九八年初(八一三年九月)アミーンが殺されてからも止むことなく、やがてアラブ人、コプト人、中央政府軍、それにアレクサンドリア地方を占拠したアンダルシア海賊を含めた、約二〇年間にわたるエジプト全土の内乱、群雄割拠の時代へと発展したのである。

この間、敵味方の離合集散も激しく、その経過を詳しく述べるのは煩瑣にすぎないので、内乱については概略のみにとどめ、抗租運動に重点を置きたい。まずこのように地方分立時代の契機になったのは、アミーンとマームーン両派の対立もさることながら、一九七年、カイス族との戦闘に破れた指揮官 ʿAbd al-ʿAzīz al-Ǧarawī が、部下のラフム Laḫm 族やジュザーム族の扇動によって Bilbays へ赴き、彼の官吏を派遣して、下エジプトの租税を独自に徴収させた事件である(Kindī, 151)。

一九八年、総督 al-Muṭṭalib がわずか七カ月で免職され、アッバース家の al-ʿAbbās b. Mūsā が任命されたが、その子の ʿAbd Allāh が総督代理として先に着任し、腹心の部下とともに軍隊を虐待したり、民衆に対して苛斂誅求を行なったりしたので、軍隊がクーデターを起こし、al-Muṭṭalib を総督に推した。この事件をきっかけに、以後 ʿAbd al-ʿAzīz al-Ǧarawī は Tinnīs に居城を構え、下エジプトの中央部と東部を支配し、ラフム族とジュザーム族とは下エジプト西部やアレクサンドリア地方を占拠した。al-ʿAbbās はエジプトに到着しても総督に着任できず、Bilbays に留まってカイス族の援助を乞うたが、一ヵ月余りで毒殺される始末であった。二〇〇年には、さきのクーデターのときの実力者で、バルフ出身の al-Sarī b. al-Ḥakam が、ホラサーン系の軍隊を率いて al-Muṭṭalib を追い出し、総督の地位につき、フスタートと上エジプトを支配することになった(Kindī, 152–61; Yaʻqūbī, II, 539, 541; Sawīrus, PO, X, 427–28)。

こうしていわば群雄割拠の時代に入ったが、ちなみに下エジプトの事実上の支配者である ʻAbd al-ʻAzīz al-Ǧarawī は五万人の私兵を擁していたという(Kindī, 164)。このような戦乱状態のもとでは、公正な税務行政ができるはずはなく、ヒジュラ暦二〇三(八一九)年には Saḫā のコプト人が、ʻAbd al-ʻAzīz al-Ǧarawī に抗租叛乱を起こした。しかもこれには、アラブのムドリジュ Mudliǧ 族が加担し、その数八万人といわれた。しかし al-Ǧarawī はこの叛乱を鎮圧し、ムドリジュ族は敗走した(Kindī, 170)。

ヒジュラ暦二〇五(八二〇)年、ʻAbd al-ʻAzīz al-Ǧarawī がアンダルシア海賊の占拠するアレクサンドリア市[16]を包囲攻撃中に戦死し、同年引き続いて総督 al-Sarī b. al-Ḥakam が没したが、支配権がそれぞれ息子に引き継がれただけで、武力割拠の状態は変らなかった(Kindī, 172; Ṭabarī, III, 1044; Sawīrus, PO, X, 457–59)。そして二〇六年には、カリフーマームーンから総督に任命された Ḫālid b. Yazīd が、実力でエジプト総督の地位を保持している ʻUbayd Allāh b. al-Sarī の妨害によって就任できず、戦闘ののち捕えられ、やがてメッカに去らねばならなかった(Kindī, 174–76; Yaʻqūbī, II, 555–56)。

そこでやむなくカリフは使節を派遣して、この ʻUbayd Allāh と、下エジプトを掌握している ʻAlī b. al-Ǧarawī に対し、それぞれその支配地の総督の地位を認める代わりに、その地区の徴税を請負わした(ḍammana)。これはエジプト全体ではなく、部分的な一定地区に、徴税請負制を導入した最初の例として注目される。むろんこれには、事実上の支配という点が当局によって考慮されたことはいうまでもない。しかしながら、いわばカリフによる公的な承認にもとづく総督兼徴税請負人となった支配者でも、実際の徴税は、かならずしも容易になったわけではなかった。たと

えば 'Alī b. al-Ǧarawī は徴税を企図したが、ハウフ地方では住民の拒否に会い、しかも住民が 'Ubayd Allāh b. al-Sarī に助力を求めたので、'Ubayd Allāh とのあいだで戦闘を行なっている(Kindī, 176–77)。そしてそれ以後、両者の確執はエジプトの各地で、二一〇年まで続けられた。

こうしたエジプトの混乱を鎮めるために、カリフ－マームーンから派遣されてきたイラン系の将軍 'Abd Allāh b. Ṭāhir は、ヒジュラ暦二一〇年から二一二年にかけて、アンダルシア海賊の占拠しているアレクサンドリアを含めたエジプトのほぼ全土を平定し、エジプトは一応の平静さを取り戻したようにみえた(Kindī, 180–84; Ya'qūbī, II, 560–61; Ṭabarī, III, 1086–96; Sawīrus, PO, X, 465, 467)。だが 'Abd Allāh b. Ṭāhir は、長年にわたる内乱の原因となった税制問題については、二一一(八二六)年に 'Ubayd Allāh b. al-Sarī の書記であった Muḥammad b. Asbāṭ と「租税(ḫarāǧ)についての協定(ṣulḥ)を取り決める」という暫定的な措置を講じただけで[17]、なんらの根本的な解決策も与えず、バグダードに帰還したようである(Kindī, 182)。

六

ヒジュラ暦二一三(八二九)年、カリフ－マームーンの弟 Abū Isḥāq(のちのカリフ－ムウタセム)がシリアとともにエジプトの総督[18]となり、税務長官に Ṣāliḥ b. Šīrzād を任命すると、税務長官は増税を行ない、圧制を強いたので、翌年ハウフ地方を中心に、下エジプトで抗租叛乱が起こり、住民が集結、総督代理 'Īsā b. Yazīd が派遣した軍隊は指揮官を残してほぼ全滅した(Kindī, 185; Ṭabarī, III, 1099–1100; Ya'qūbī, II, 567)。実はこれは、以後四年間にわたって起こった、これまでのどの叛乱よりも大規模な抗租運動の端緒をなすものであった。

新たに総督代理に任命された 'Umayr b. al-Walīd は新規に軍隊を徴募し[19]、ハウフ地方のアラブ族との戦闘準備にかかった。彼はまずカイス族を慰撫するために 'Abd Allāh b. Ḥulays をハウフ地方に派遣したが、'Abd Allāh は逆に彼らを扇動して、カイス族の首領になってしまった。また同じハウフ地方で叛乱を起こしていたイェーメン系アラブ族の首領は、ジュザーム族出身の 'Abd al-Salām であった。総督代理がみずから軍隊を率いて鎮圧に向う一方で、カリフ－マームーンは両アラブ族へ特別使節を派遣した。しかし彼らは使節の勧告を拒否し、鎮圧軍と遭遇、多くの住民が殺されたが、総督代理 'Umayr も、ハウフの住民の刺客の手にかかって殺されてしまった。そこで前総督代理の 'Īsā b. Yazīd が復位し、ハウフ地方へ向ったが、多少の遭遇戦を行なっただけで鎮圧できなかった。そこで総督でカリフの弟 Abū Isḥāq は、カリフの命令を受け、みずから親衛隊のトルコ奴隷兵を率いてエジプトに到着、カイス族とイェーメン系アラブ族の叛乱軍を鎮圧、両首領を捕虜にし、フスタートで断首に処した(Kindī, 185–88; Ṭabarī, III, 1101; Ya'qūbī, II, 567)。

ここで興味深いのはトルコ人傭兵の登場である。エジプト政府の正規軍は、代々エジプトに在住している者にしろ、中央政府から派遣されてくる総督に従ってきた外来者にしろ、概してアラブ人によって構成されていたが、カリフ－アミーンとマームーンとの闘争、マームーンのカリフ即位以後、ホラサーン出身のイラン系軍人が多くなり、それも上層部を占めるに至った。その結果、エジプト出身のアラブ系軍人とイラン系軍人との対立が激しくなり、しかもアラブ系軍人は比較的ハウフの住民の叛乱に同情的なこともあって、これが叛乱の鎮圧をより困難なものにしていたのである(Kindī, 110, 129, 148, 159, 166, 183–84, 187)。Abū Isḥāq によるトルコ傭兵の導入は、その後のエジプト正規軍のトルコ化を象徴するものであったが、このときはトルコ傭兵をエジプトに残留させず、Abū Isḥāq は翌二一五(八三〇)年初、彼らとともに去っている(Kindī, 189; Ṭabarī, III, 1103)。こののちしばらくして、Abū Isḥāq がカリフ－ムウタセム(在位二一八―二二七／八三三―八四二年)となり、トルコ傭兵を正式のアッバース朝軍に採用、その後のトルコ軍閥跋扈の端緒を開いたことは周知の通りである。

さて Abū Isḥāq がエジプトを去って半年後、今度は西部ハウフ地方でラフム族が叛乱、総督の派遣したハウフ地方の知事の軍隊によって鎮圧された(Kindī, 189)[20]。しかし翌「二一六年 ǧumādā l-ūlā 月(八三一年六／七月)には下エジプト Asfal al-Arḍ 全土で、アラブ人もコプト人も叛乱を起こし、徴税吏たちを追い出し、服従することを拒否した」のである(Kindī, 190; cf. Yaʻqūbī, II, 568; Ṭabarī, III, 1105–07; Sawīrus, PO, X, 485–86; Eutychius, II, 57)。アラブ側の史料もキリスト教徒側の史料も、この叛乱の原因が徴税官たちの苛酷な徴税や不正行為にあることを指摘している。セベロスによると、当時税務長官をしていたのは Aḥmad b. Asbāṭ と Ibrāhīm b. Tamīm の二人で[21]、彼らは人々が長いあいだ蒙っている苦難にもかかわらず、無慈悲に租税を請求し続け、それもまったく支払い不可能な額を課し、しかも穀物価格の騰貴で、多数の老若男女が餓死する有様だったという(Sawīrus, PO, X, 486)。

Aḥmad b. Asbāṭ は半独立の総督であった ʻUbayd Allāh b. al-Sarī の書記で、前述のように、二一一年 ʻAbd Allāh b. Ṭāhir とのあいだで、租税に関する協定を結んだ Muḥammad b. Asbāṭ の子供である。Ibrāhīm b. Tamīm は長くエジプトの税務関係の行政官をしている人物で、キンディーによると、彼を最初に登用したのは総督 al-Layṯ b. al-Faḍl(在位一八二―一八七年)であったという(Kindī, 140)。約三〇年前である。その後一九八年、al-ʻAbbās b. Mūsā が総督に任命されたとき、税務長官代理に就任したことがヤアクービーに見えている(Yaʻqūbī, II, 539)[22]。エジプトの住民はどこでも、これら二人の税務長官の苛斂誅求に苦しんだが、主な叛乱地として挙げられているのは、東西の両ハウフ地方、Natū・Tumayy 両県、Damīra 市のある al-Awsiya 県、Bašmūr(al-Bašarūd)[23]県で、アレクサンドリアと下エジプトのほぼ全土、それに上エジプトの一部も戦場になった。セベロスは、これらのうちとくに Bašmūr 県のコプト人キリスト教徒の叛乱の経緯についてかなり詳しい報告を行なっている。

それによると、Bašmūr 地方の徴税責任者は Ġayṯ という名の男で、この地方のキリスト教徒の大半は、あたかもイスラエル人のように非常な苦難に遭ったという。すなわち租税を支払うために子供を売ったり、体を挽臼に縛りつけて、笞打たれながら騾馬のごとく粉を挽かねばならず、このような懲罰と苦難の日々を終らすのは死のみであったという。そしてもはやこうした苦難から逃れるすべはないと知った彼らは、この地方には沼地が多くて軍隊が入り込めず、彼ら以外に道を知っている者はないと判断し、反抗して税の支払いを拒否し始めた。そして彼らはこのことに全員一致して賛同し、ひそかに叛乱の計画を練るに至った(Sawīrus, PO, X, 487)。これは、当局による徴税がいかに苛酷なものであったかをよく伝えている。

下エジプト叛乱の報に接したカリフ-マームーンは、弟のエジプト総督 Abū Isḥāq に命じて、エジプト経由バルカ遠征に赴いていたトルコ系将軍 al-Afšīn[24] を急遽エジプトに帰還させ、鎮圧に当たらせることにした。al-Afšīn は叛乱の起こった翌月にはエジプトに到着したが、ちょうどナイル河の洪水期に当たっていたので、軍事行動が思うにまかせず、四カ月ばかりフスタートに滞留した。その間 Natū・Tumayy 両県の住民は彼と戦うために、南に移動して Išlaym に集結するとともに、アラブの名家出身の Ibn ʿUbaydus al-Fihrī[25] を総指揮官に選んだ。また西部ハウフ地方では、ムドリジュ族が、al-Afšīn の派遣したアレクサンドリア知事 ʿAbd Allāh b. Yazīd(cf. Sawīrus, PO, X, 481)の軍隊を敗走させ、アレクサンドリアに逃げ帰った知事を追撃し、アレクサンドリア城を包囲占拠した。このとき、市民そのものはムドリジュ族の侵入に無抵抗であった。

これは二一六年 šawwāl 月のことであったが、同月 al-Afšīn は、総督代理 ʿĪsā b. Manṣūr とともにフスタートを進発、まず Išlaym で Ibn ʿUbaydus の叛乱軍の大半を殲滅し敗走させた。総督代理は一たんフスタートに帰還したが、al-Afšīn は東部ハウフ地方に進撃、この地方の叛徒たちを鎮圧し、ついでデルタ地帯中部の Maḥallat Abī l-Hayṯam に転進、戦闘ののち、この地方の叛乱の指導者であるラフム族の Abū Ṯawr を殺し、さらに北進して Damīra に赴き、al-Awsiya 県のコプト住民を鎮圧した。[26] 一方、総督代理はフスタートから Tumayy 県へ出動し、この地方の住民を敗走させている。al-Afšīn は大軍を率いて、西部ハウフ地方沿いにアレクサンドリアへ向ったが、途中各地でムドリジュ族の前哨部隊と遭遇、その大半を捕虜にしたうえで断首し、やがて同年 ḏū l-ḥiǧǧa 月一九日アレクサンドリアに入城した。このとき、アレクサンドリアを占拠していたMuʿāwiya b. Ḥudayǧ家のMuʿāwiyaやラフム族の有力者たちは逃走した(Kindī, 190–91; Yaʿqūbī, II, 569; Sawīrus, PO, X, 487–88; cf. Ḫiṭaṭ, B. I, 173)。

一方、こうしてal-Afšīnがエジプトに来て各地の叛乱を鎮定しているあいだに、Bašmūr県のキリスト教徒たちは叛乱の陰謀を進め、武器を用意して役人たちを襲撃するとともに、互いに納税しないことを協定し、またこのような事態をみて、彼らを慰撫または仲介しようと、彼らのところに赴く者にはすべて抵抗し、殺すに至った。当時のコプトの総主教ヨセフAnbā Yūsābは彼らのこの叛乱を憂慮して、自殺行為であるこうした当局への抵抗を止めるよう彼らに手紙を書き、主教たちに持たせてやったが、彼らはその主教たちをも襲撃し、持ち物を奪う始末であった。al-Afšīnはアレクサンドリアを陥落させたあと、Bašmūrの鎮圧に向ったが、彼らの頑強な抵抗に遭って思うにまかせず、彼はこの情況をシリアにいたカリフ－マームーンに通報した(Sawīrus, PO, X, 488–90; Kindī, 191)。

二一七年muḥarram月(八三二年二月)、カリフはal-Afšīnの要請に応じてエジプトに到着、みずから鎮圧の指揮をとることになった。カリフはまず総主教ヨセフと、シリアからカリフに同行して来たアンチオキアの総主教をBašmūrの叛乱者たちのもとに派遣し、帰順を奨めるよう命じた。しかし、彼らは総主教たちの説得を拒否し、あくまで抗戦する姿勢を示した。総主教からの報告を聞いたカリフは、al-Afšīnに進撃を命じた。だがal-Afšīnの軍隊は沼地に挟まれて苦戦、そこでカリフはBašmūrへの道を知っているTīdah(Tandā)やŠubrā Sunbāṭの住民を集めて道案内をさせ、叛乱者を殺戮した。そして捕虜にしたBašmūrの男女はバグダードへ送還したり、子供は奴隷として売ったりした。なおカリフは、その後バグダードに帰ってからでも、まだエジプトに残っているBašmūrの住民を探索して、バグダードに強制移住させ、ムウタセムがカリフに即位するまで監禁したという。またBašmūrでの鎮定が行なわれているあいだに、上エジプトに派遣されていた一隊がIbn ʿUbaydusを逮捕し、Saḥāにいるカリフのもとへ護送、Ibn ʿUbaydusは断首され、ここに、一年近くに及んだ下エジプト全土の叛乱も終止符を打った(Sawīrus, PO, X, 492–95,

501–02; Kindī, 192)。

七

ここで、アラブやコプト人によるこの抗租叛乱について、カリフ当局やエジプトのイスラム法学者がどのように考えていたかを示す興味深い逸話が伝えられているので、紹介しておきたい(27)。それは一種の行政裁判事件に関連する話である。この裁判はカリフに対し、徴税官の圧制を非難する訴えがなされ、その結果開かれたのであるが、開廷の膳立てをしたのは、カリフに同行してエジプトに来たバグダードの税務庁長官で、皇弟 Abū Isḥāq の書記官をしていた al-Faḍl b. Marwān であった(28)。彼の真の意図は、この裁判を開くことによって、エジプトの税務行政に対する非難の声を弾圧することにあり、したがって彼は、あらかじめそうした非難者の内偵をも行なっていたのである。

裁判はフスタートの大モスク内で開かれ、この al-Faḍl b. Marwān が主宰した。そしてカリフに同行してエジプトの臨時裁判官となった最高裁判官(バグダード)の Yaḥyā b. Akṯam(29)、カリフのブレーンでやはり彼に同行して来たムウタズィラ派の裁判官 Aḥmad b. Abī Du'ād(30)、エジプトの訴願院(maẓālim)裁判官 Isḥāq b. Ismā'īl(31)らが陪席、それに al-Faḍl b. Marwān の主張によって、エジプトのマーリク派法学者 al-Ḥāriṯ b. Miskīn(32)が担当裁判官の席についた。実はこれは、al-Ḥāriṯ b. Miskīn が税務長官たちの圧制を非難しているとの情報を得たうえでの al-Faḍl b. Marwān の策略であった。果たして、裁判の途中で原告の訴願者が、二人の税務長官 Aḥmad b. Asbāṭ と Ibrāhīm b. Tamīm のことについては al-Ḥāriṯ b. Miskīn に尋ねて欲しいと陳述した。しかし、裁判の形式からいっても、いわば裁判長に当たる al-Ḥāriṯ に、このような趣旨の証言を原告の側から求めることは違法であるらしく、原告は激しく非難され、そのうえで al-Ḥāriṯ に対し、これら二人の税務長官についての意見が求められた。al-Ḥāriṯ が「彼ら二人は非道な圧制者である」と述べると、al-Faḍl b. Marwān は「このようなことのために貴下の出廷を求めたのではない」と発言、場内は騒然となった。

そこでal-Faḍlは退席して別室のカリフのところへ行き、「人々がal-Ḥāriṯと結託して叛乱を起こしたのではないかと恐れる」と報告した。al-Ḥāriṯはカリフに呼び出され、査問を受けたが、前と同じ証言をしたので身柄を拘束されてしまった。ついで、カリフの叛乱の鎮圧に同行してのち、ふたたび査問を受けたが、そのさいal-Ḥāriṯは、マーリク派の祖Malik b. Anasがカリフ－ラシードに答申したときのある故事を引用して、忠誠心を捨てて叛乱を起こしたのであれば、その叛乱者を殺すことは合法であるが、もし政府の圧制に対する叛乱ならば、叛乱者たちを殺すことは不法である、と答えた。そこでカリフは激怒して、al-Ḥāriṯは愚か者だが、マーリクはもっと愚かであると面罵し、もし不当な収奪を受けたのであれば、彼らには保護(ḏimma)が与えられているのであるから、その旨をカリフに訴える、すなわち訴願院に提訴すればよいのであって、武力に訴えたり、イスラム教徒の血を流したりする権利はない、と述べて、al-Ḥāriṯの主張を全面的に却下した。結局彼は裁判官の職務を停止され、バグダードに送られて、以後約一六年間監禁されることになったのである。

この事件の経緯から次のようなことが指摘できる。すなわち、エジプト在住の法学者たちが、概して徴税官たちによる苛酷な収奪の事実を認め、これを法的にも不当なものとして、叛乱を起こしたアラブ人やコプト人に対して同情的であったのに対し、カリフ当局は、不当な収奪の事実を形式的な法手続きの問題にすり替え、叛乱者に対しては徹底的な弾圧をもって望むという、権力者としての姿勢をあくまで堅持したことである。もっともカリフ自身は、当局によるこうした圧制をかならずしも是認していたわけではない。実際マームーンは、エジプトに到着するや総督代理の'Īsā b. Manṣūrをしかりつけ、彼の軍旗を降ろさせるとともに、白衣の着用を命じ、このような前代未聞の大事件になったのは、人民に負担不可能な税額を課し、しかもこの問題が重大事となって国土が荒廃するまで、事実をカリフに隠すという、総督代理やその官吏たちの行為の結果であると厳しく戒告しているのである(Kindī, 192)。

ただこれら地方当局者に対する責任の追及が不徹底な形に終ったのは、エジプトの統治権がカリフの弟 Abū Isḥāq にあって、総督代理はむろんのこと、税務長官をはじめ主な地方当局者はいずれも弟が任命した者であるということへの配慮があったからである。カリフのこうした配慮は、カリフに同行してシリアからやって来たアンチオキアの総主教ディオニシオス Diwnūsiws に対する忠告のうちにもみられる。すなわち、総主教がカリフに、叛乱の原因は二人の税務長官の圧制にあると進言したところ、カリフは、もしこのことが弟の Abū Isḥāq に知れたら、これら税務長官は彼の臣下であるので、汝に身の危険が及ぶであろうと述べ、総主教をエジプトから極秘のうちに逃がしているのである(Sawīrus, PO, X, 495–96)。

いずれにせよ、このヒジュラ暦二一六—一七年の叛乱とカリフ-マームーンの親征によるその鎮圧とは、二つの点で歴史的に大きな意義を持つ。その第一は、およそコプト人のみからなる抗租叛乱は、少なくとも史書によるかぎり、もはや見られなくなったということであり、第二はイスラム帝国内におけるアラブの地位の低下を決定的なものにしたということである。

もっとも第一については、何もコプト農民が抗租運動をしなくなったというわけではなく、彼らは叛乱のようなもっとも犠牲の多い方式を放棄し、別な抗租形態へ転換したのである。それはいわば国家権力の「裏をかく」ことであった。マクリーズィーは次のように述べている。

> この〔カリフ-マームーンがみずからエジプトの農民暴動を鎮圧して〕のち、神はコプト人をエジプト全土にわたっていやしめ、その力を捨てさせ、コプト人は一人として政府(sulṭān)に反抗し、立ち向うことはできなかった。イスラム教徒が村々を征圧したので、こののちコプト人は計略や術策を用いて、イスラムとその民を欺く方にまわり、みずからの手を租税の登記に置くことによって、破滅を克服したのである(Ḫiṭaṭ, F. I, 334–35; ibid., B. I. 79–80, II, 494)。

ここでマクリーズィーは、コプト人たちがどのような策略を用いて、いわば脱税行為を行なったか、その具体的な方法については記していない。コプト人たちが消極的な抗租運動の一つとして、ウマイヤ朝に引き続きアッバース朝時代に入ってからでも、納税の延滞や税額の一部滞納を絶えず行なっていたことは、カリフ＝ラシードの治世、ヒジュラ暦一七六年当時のある逸話からも知ることができる(Ǧahšiyārī, 220)[33]。しかし、ヒジュラ暦三世紀以後では、彼らがとった方法は滞納といった程度のものでなく、官吏の買収をはじめ、税の負担を軽減するためにあらゆる手段を講じたものと思われる。マクリーズィーは同様趣旨のことに触れた別の箇所で、「彼らは税務の書記をするようになった」(Ḫiṭaṭ, II, 494)と述べているが、コプト人は以前から地方は勿論、フスタートの税務官庁でもかなり高い地位を占めており[34]、これら税務官吏と納税民とが結託する場合も多かったであろう。いずれにせよ、当時すでに、彼らが納税に関してつねに不正を働くという評判はイスラム帝国内でも高く、一〇世紀後半の地理学者イブン＝ハウカルは

　エジプトの住民はコプト人のキリスト教徒で……彼らには徴税官や徴税区の納税請負人(mutaqabbil)との係り合いのとき以外には、不正行為は少ない(Ḥawqal, I, 161)。

と述べている。実は彼らのこのような形での抗租運動が、その後の漸進的な税制の変革に大きく作用しているのである。この点についてはのちに指摘する。

さて、第二のアラブに関しては、エジプトでの彼らの叛乱とその鎮圧におけるトルコ系傭兵の登場の結果として、翌二一八(八三三)年に出されたカリフの勅令に見ることができる。すなわち、エジプト総督として叛乱の鎮圧にも参加したAbū Isḥāqは、この年カリフに即位するや総督Kaydarに勅書を送り、《dīwān》(軍務庁)に登録されている者のうちから、アラブ人を削除し、彼らに対するʿaṭāʾ(俸給)の支給を停止するよう命じたのである。総督はこれを実行に移したが、このようなʿaṭāʾの打ち切りに対し、アラブはYaḥyā b. al-Wazīr al-Ǧarawīを指導者として、ラフム族やジュザーム族を中心に叛乱を起こし、「ʿaṭāʾの打ち切りはわれわれの権利(ḥaqq)とfayʾとを否定するもの」と宣言

した。しかし、彼に同調して戦った者は以外に少なく、キンディーによると約五〇〇人であったという。結局彼らは翌二一九(八三四)年に鎮圧されてしまった(Kindī, 193–94; Ḫiṭaṭ, B. I, 94)。

ヒジュラ暦二二〇年以来、アラブームスリムは征服地における支配階級として、現金給与の ʿaṭāʾ と現物給与の rizq――両者を ʿaṭāʾ で総称することもある――の支給を受ける特権を有し、しかも受給者には単に正規の軍人ばかりでなく、その家族や非戦闘員も含まれていたのであるが、ここに彼らの長年の特権が剥奪されたのである。もっとも、すでにアッバース朝に入ってからは、正規軍中に占めるアラブ人の割合はかなり減少していたらしく、この時の叛乱の同調者がそれほど多くなかったことは、この点の事情を物語っている。また当時の大半のアラブ人は、もはや当局の支給する ʿaṭāʾ に生活の基盤を置いていたわけではなかったようである。しかし、彼らに対する ʿaṭāʾ の打ち切りが、イスラム教徒内におけるアラブの優越性を完全に失墜させたことは否めない。このような勅令は単にエジプトばかりでなく、イスラム帝国内の他の地域でも発せられたに相違ないが、タバリーやヤアクービーにその記載が見えない点からすると、正規軍の非アラブ化がかなり早くから進行していた他州では、それほど影響を与えなかったようである。それにしても、カリフームウタセムによるこの ʿaṭāʾ の打ち切りと、彼が継承者時代から養成していたトルコ傭兵の、アッバース朝軍隊への正式の採用とが無関係でないことは忘れてならない。

八

さて少し横道に逸れたが、エジプトは、こののちしばらくは比較的安定した時代を迎えたようで、史書にはこれといった事件は記されていない。それはエジプトの住民が長期にわたる戦乱に疲れ果ててしまったことと、税制上の変革からか、当局がそれほど苛酷な収奪を行なわなくなったことによっている。たとえばキンディーによると、総督ʿAnbasa b. Isḥāq(在位二三八―二四二／八五二―八五六年)は徴税官吏たちにもはや不正なことを行なわないよう命じ、人民の利益をはかって彼らを監督、公正な徴税を行なわせ、またハウフ地方でも、当時では聞いたこともないような公正さを示したという(Kindī, 200)。この総督は、セベロスでは al-Ġayr ʻAbd al-Masīḥ b. Isḥāq として現われ、カリフームタワッキル(在位二三二—二四七／八四七—八六一年)のキリスト教徒迫害令を実行した人物として、憎悪に満ちた言葉で描かれている(Sawīrus, II, 4-6)。しかし、彼が行なったのは宗教的迫害であって、税制上のそれではなかった。それにヒジュラ暦二四二年、彼に代わって総督となった Yazīd b. ʻAbd Allāh(在位二四二—二五三／八五六—八六七年)については、彼が善政を行なった結果、エジプトの土地は安定し、物資は豊かとなり、苦難の時代は去って、人々は喜びに満ちた、といわれていて、セベロスでは非常に評判がよい。しかも裁判官の al-Ḥāriṯ b. Miskīn(在位二三七—二四五／八五一—八五九年)[35]は公正であり、この時代は総督・税務長官・裁判官のいずれもが正義を旨とし、いかなる人に対しても正しく事を処したので、人々はかつての苦難と飢餓とを忘れるほどであったという(Sawīrus, II, 10-11)。ちなみにこの裁判官は、さきに述べたように、二一六—一七年の大叛乱のさい、税務長官の苛斂誅求をカリフに訴えて投獄された人物である。

だがエジプトの住民のすべてが、このような秩序回復のあとに訪れた新しい体制に満足していたわけではなかった。それはヒジュラ暦二五二—五三(八六六—六七)年に、下エジプトで起こった叛乱に見ることができるのである。すなわち、二五二年 rabīʻ al-āḫir 月、ムドリジュ族の Ǧābir b. al-Walīd がアレクサンドリア地方で叛乱、これには多数のムドリジュ族やマワーリーたちが参加した。アレクサンドリア知事は軍隊を派遣して鎮圧に向わせたが、苦戦のすえ敗退した。この Ǧābir の勝利を聞きつけて、体制に不満を持つ多くの人々が、各地から彼のもとに馳せ参じ、庇護を求めた。そのなかには、彼の有力な部下となった者として、ʻAbd Allāh al-Marīsī やコプト人キリスト教徒 Ǧurayǧ、ヌビア人 Abū Ḥarmala などがいたが、Abū Ḥarmala は大軍を率いて Sanhūr, Saḫā, Šarqiyūn, Banā などの諸地区を占拠し、徴税吏たちを放逐して勝手に徴税するとともに、自軍に参加していた通称 Ibn al-Arqaṭ というカリフーアリーの子孫を一軍の指揮官とすることによって、元総督の息子など、有力者も含めた多数のアラブを糾合、Ibn al-Arqaṭ には Banā, Būṣīr, Samannūd の支配を委ねた。こうして叛乱軍は下エジプトのほぼ全域を占拠したが、トルコ人総督の Yazīd b. ʻAbd Allāh はトルコ傭兵の大軍を派遣し、各地で戦闘が行なわれた。しかし、イラクから総督の援軍が派遣されるに及んで、同年末までには叛乱軍の大半は鎮圧され、Ǧābir も翌年半ばには降服した。なおこの間、ハウフ地方でもアラブ人が別個に叛乱を起こしている (Kindī, 205–10; Yaʻqūbī, II, 612; Ḫiṭaṭ, II, 339; Sawīrus, II, 39–43)。

ここで思い起こされるのは、ヒジュラ暦二四七／八(八六二)年の Aḥmad b. Mudabbir による税制改革、とりわけ放牧税 marāʻī の導入で、これは牧畜や遊牧を生業とするアラブの反撥を招いたことは必至である。しかしこの叛乱を単なる抗租運動と見ることは、あまりにも一面的すぎるように思われる。この叛乱では、政府軍側が主としてトルコ人で固められていたのに対し、叛乱軍側はアラブやマワーリーたちからなり、しかもマワーリーの大半を占めるコプト人のうちには、未改宗のキリスト教徒が含まれていたり、ヌビアの移住民がいるなど、雑多な集団からなっていた。したがってこれは、イスラム帝国内における支配階級の非アラブ化という、時代の大きな流れにあくまで抵抗しようとする保守的なアラブと、長年の混乱の結果として起こったであろうエジプト農村社会の再編に適合できなかった一部の原住コプト人とが連携して起こした一種の反体制運動とみなすべきであろう。むろん戦闘の主力をなしたのはアラブであり、叛乱の経過がアラブ人とトルコ人との対立に発展したことを思えば、いわばアッバース朝権力から見放されたアラブとしては、これは最後の組織的な抵抗だったのである。またそれはセベロスが伝えるように、掠奪に終始した叛乱の実態からしても、末期的症状を呈していたといえるのである。

ついでエジプトでは、この叛乱の翌二五四(八六八)年、Aḥmad b. Ṭūlūn が総督となり、トゥールーン朝が開かれることになるが、この前後数年間、毎年のようにアリーの子孫を自称するシーア派の叛乱が起こっている[36]。これらは、その一つにさきの Ǧābir b. al-Walīd の甥が加わっていたことからもわかるように、アラブの反体制運動が宗教運動の形をとったものとみなすことができるが、叛乱の規模そのものは小さく、当局にとって脅威となるものではなかった。そしてその後エジプトでは、抗租運動にしろ政治運動にしろ、もはやエジプト社会内部からの武装蜂起は見られなくなったのである。

以上、ウマイヤ朝後期からアッバース朝期にかけて、エジプトで起こった一連の叛乱について、年代順に紹介してきたが、要約すると次のようなことがいえるであろう。

一、ウマイヤ朝後期からアッバース朝初期、カリフ－マンスール時代までに起こった叛乱の主体は、あくまでコプト農民であって、叛乱の指導者もコプト人であり、その性格は純然たる抗租運動であった。ただ例外としてウマイヤ朝末期、一部のアラブによる反ウマイヤの政治的叛乱があり、それに伴ってコプト人の抗租運動も、表面的には政治運動に転化することがあった。この時期を仮に第一叛乱期と名づけるとすると、この時期の抗租の原因は、多少の相違はあれ、概してウマイヤ朝中期以来のアラブ当局による税制の強化とその統一化にあって、その事情はアッバース朝期になっても変らず、コプト人としては、改宗によって部分的にでも苛酷な課税から逃れるか、あるいは叛乱という自殺行為に走るかの選択をつねに迫られた。この状態は、これ以前の時期のそれとは非常に異なる。以前では、農民が税から逃れる手段として選んだのはもっぱら流亡であって、改宗は税負担額の軽減に結びつくという保証もなく、またたとえ保証されても、それはみずからの土地を捨てるという代償を払わねばならなかったのである。

二、カリフ－マフディーの治世以後、ヒジュラ暦二世紀後半になると、下エジプトのハウフ地方を中心に、アラブ人による叛乱が激発する。これはかなり長期間にわたって起こるのであるが、カリフ－ラシード没後、一九四(八一〇)年までの約三〇年間で一つの区切りをつけることができるので、これを第二叛乱期としよう。この時期の叛乱は、最初のウマイヤ家の残党による場合のように、政治運動的様相を呈しているものがあるが、それさえも叛乱の本質は抗租であって、アッバース朝当局が属地主義にもとづく税制、すなわちムスリム全体のためのファイに属する土地の保有者は、たとえアラブ人であっても地租ハラージュを支払わねばならないという、イスラム法としての税制を実際面でも浸透させようとした結果、これまで無税もしくは軽度の税負担で済んだアラブが、これに激しく抵抗したのである。たびたびの叛乱ののち、カリフ－ラシードの没後に、総督とハウフのアラブとのあいだに租税に関する妥協が成立し、彼らの抵抗は一応成功したかにみえた。なおこれまで独自に抗租運動を行なっていたコプト人とアラブ人とが、この第二叛乱期を通じて利害の一致点を見い出し、共同闘争を行なう場合が出てきた。

三、第二叛乱期に深刻化した政府系のアラブとハウフ系のアラブとの対立は、中央でのカリフ－アミーン・マームーン兄弟をめぐる内紛と重なって、ふたたび表面化、これがきっかけとなって十数年に及ぶ群雄割拠時代を迎え、徴税もそうした群小地方政権が独自に行なった。地方政権相互の確執はともかく、この時期の抗租叛乱は、この種の地方政権に対してなされたもので、これは正常な税務行政がなされなかったためと思われる。

四、アッバース朝中央政府軍による群小地方政権の平定後、カリフ位継承者ムウタセムによる間接統治時代(二一三－二一七年)の数年間、単独にしろ共同にしろ、アラブとコプト人が毎年のように叛乱を起こした。これを第四叛乱期と名づけるとすると、この時期の抗租は、まさに、現地のイスラム法学者も非合法と認めるほどの、きわめて苛酷な徴税がなされた点に原因があった。アッバース朝当局は、叛乱そのものに対しては徹底した弾圧で望んだが、その後の経過を見ると、課税に関しては、この期の抗租叛乱を契機に、緩和に踏み切ったものと思われる。

五、カリフ－ムウタセムの即位(二一八年)以後、三十数年間に起こった叛乱は、シーア派による宗教運動も含めて、概して反体制的な政治運動であって、その主体はアラブであるが、もはや抗租運動としての意義は失われていた。

(1)　叛乱に関するキンディーからの抜粋記事はマクリーズィーの他の箇所でもみられ、コプトについては「エジプトにおける諸ミフラーブ、その差異の理由、ミフラーブの正否の解明」「エジプトのコプト人のキリスト教徒がイスラム教徒に服従してジズヤを支払い、ズィンマの民となったことおよびこれに関連する諸事件と情報」の二節で触れているほか、エジプト総督史のところでも扱っている場合がある(Ḫiṭaṭ, I, 302–13, II, 261, 493–94)。またイブン＝タグリビルディーの《Nuǧūm al-zāhira》の該当箇所にも、各叛乱の記事がみえるが、これらはキンディーからの引用にすぎないので、特別な場合を除き、出典頁数の付記は省略する。

(2)　第一一 indiction 年 phaophi 月二〇日(ヒジュラ暦九四年 muḥarram 月一〇日＝七一二年一〇月一七日)の日付のある上エジプト出土のギリシア語パピルス文書によると、これより少し以前に、修道院付属の村で叛乱があったという。ただし叛乱そのものについては具体的に何も記されていない。この文書の内容は、その叛乱の当時未納となっていた人頭税の支払いを上エジプト Thebaid 州の州知事(dux)が住民に喚起したものである。この点からすると、これはその当時急速に強化されつつあった人頭税の徴収に対して、住民が納税拒否を行なったが、運動としてはせいぜい村単位の小規模なものに終り、その結果、史書には記録されなかったのであろう。Cf. H. I. Bell: Two Official Letters of the Arab Period, Journal of Egyptian Archaeology, XII (1926), pp. 265–75. 本書第一部第二章註(63)参照。

(3)　簒奪総督の人頭税免除令によって、フスタート市ならびに同市管轄下の周辺地区で、この年に二万四〇〇〇人の改宗者があったという(Sawīrus, PO, V, 116–17)。しかし、このような改宗が引き続き起こった様子は伝えられていない。またこの総督は改宗者の一部をムスリム軍の兵籍に加えたが、これも翌年新任の総督によって削除されたことは間違いない。それは、この Ḥafṣ が前回総督であったとき(一二四—一二七年)に決定した軍隊の俸給が、次の総督 Ḥassān b. ʻAtāhiya によってすべて削除されたという先例があるからである(Kindī, 85)。

(4)　総督 ʻAbd al-Malik は、軍隊の有力指揮官たちをフスタートに召集して七日間も拘留すると同時に、各県の徴税官や村の指導者、村長たちを拘留して、徴税の決算書の提出を要求し、責任税額の納入を求めている。またコプト教会の総主教も、教会領の地租の支払いのために召喚されたが、多額のために支払えず、そのために総主教は牢獄に監禁され、拷問を受けた。総主教は租税支払いのために、上エジプトを巡錫する許可を総督に求めて許されたが、「エジプトの各地の住民は、圧制と損失と租税のために衰亡しており」、旅は困難を極めたという。

(5)　al-Bašmūr はデルタ地帯北部の一県(kūra)で、al-Bašrūd ともいう。前者の方が古い名称で、セベロスにはその後 al-Bašrūd と呼ばれるようになったことが記されているが、アイユーブ朝時代まではなお al-Bašmūr という呼名も用いられていた。この県はマクリーズィーによると二四カ村からなっていたという。Cf. Sawīrus, PO, X, 502; Ibn Ḫurdāḏbih: Kitāb al-Masālik wa-l-mamālik, ed. M. J. de Goeje, BGA, VI,(Leiden, 1889), p. 82; al-Ya'qūbī: Kitāb al-Buldān, ed. M. J. de Goeje, BGA, VII,(Leiden, 1892), p. 332; Hawqal, I, 138; Yāqūt: Kitāb Mu'ǧam al-buldān, Jacut's geographisches Wörterbuch, ed. F. Wüstenfeld, 6 Bde,(Leipzig, 1866–73), I, 633, 634; Mammātī, 89; Ḫiṭaṭ, B. I, 73.

(6) 扇形をなしているナイル河下流のデルタ地帯で、砂漠と接している両翼の地域は al-Ḥawf と呼ばれ、そのうち東部のものは al-Ḥawf al-Šarqī、西部のものは al-Ḥawf al-Ġarbī と呼ばれている。しかし歴史的により重要なのは東部の al-Ḥawf al-Šarqī で、本書で「ハウフ」というのはこの東部のハウフ地方を指す。巻末地図参照。

(7) デルタ地帯東部の al-Ḥawf al-Šarqī で、最初に反ウマイヤの黒旗を掲げた Šuraḥbīl b. Muḍaylifa には Manbūba 村が、アレクサンドリアの al-Aswad b. Nāfi' には Munyat Būlāq とアレクサンドリアの Zabbān b. 'Abd al-'Azīz b. Marwān の邸宅が、上エジプトの 'Abd al-A'lā b. Sa'īd には al-Maymūn(ハルガ＝オアシス)と Ahnās の諸村との qaṭī'a 地をそれぞれ譲渡された。

(8) このように課税額をウマイヤ朝時代のそれに戻すことは、教会領についても同様で、コプト総主教 Michael は、教会の維持のためにのみ耕作されている土地の地租を軽減してくれるよう総督 Abū 'Awn に嘆願したが、この二人の税務担当官たちは聞き入れなかったという(Sawīrus, PO, V, 190)。

(9) 拙稿「イスラム国家の展開」(岩波講座『世界歴史』8)一九八—九九頁参照。Cf. Ya'qūbī, II, 466; Ṭabarī, III, 412; Ǧahšiyārī, 134, 137.

(10) Cf. Cl. Cahen: Fiscalité, propriété, antagonismes sociaux en Haute-Mésopotamie au temps des premiers 'Abbāsides d'après Denys de Tell-Mahré,(Arabica, I, 1954), pp. 136–52.

(11) カイス族など、アラブ人のエジプト農村地帯への入植については第二部第一章第2節参照。

(12) キンディーでは、Muḥammad b. Sa'īd の在任期間は不明であるが、タバリーによると、一五二年から一五六年にかけて在任したことになる。Ṭabarī, III, 370, 372–73, 377, 379; cf. Ǧahšiyārī, 141; Kindī, 365–66.

(13) Chronique de Denys de Tell-Maḥré, 4e partie, éd. et trad. J.-B. Chabot,(Paris, 1895), 107, 129, 165; cf. Cl. Cahen: Fiscalité, propriété……, pp. 140–42.

(14) Cf. Ṭabarī, III, 374–75, 381–84; Cl. Cahen: Fiscalité, propriété……, p. 137, note 7.

(15) 中央政府で契約が結ばれる徴税請負制度については、本書〔付論〕を参照のこと。

(16) アレクサンドリアは一九七年、エジプト全土が内乱時代に入ったとき、周辺部とともにラフム系アラブ族の支配下に入ったが、ラフム族とともにデルタ地帯西半部を占拠したジュザーム族と相互に掠奪を繰り返し、農村地帯は荒廃した。総督の鎮圧によってしばらく当局の権威を回復したものの、今度はムドリジュ族の掠奪を受ける有様であった。こうしたなかに、一九九年 al-Andalusīyūn と呼ばれる人々が、船団を組んでアレクサンドリアにやって来た。彼らはムスリム系海賊で、ビザンツ領の海岸や島々を掠奪して、戦利品や捕虜をアレクサンドリアで売却した。しかし、彼らもたちまちアレクサンドリアの複雑な政治に巻き込まれ、一時は市民の襲撃に遭い、船に逃れたこともあった。ヒジュラ暦二〇〇年、アレクサンドリアの簒奪知事となった ʿUmar b. Mallāl(セベロスでは ʿUmar b. Mālik)は ʿAbd al-ʿAzīz al-Ǧarawī の宗主権を認めたうえで、アンダルシア海賊のアレクサンドリアからの追放を命じたが、当時アレクサンドリアに現われたスーフィー教団の指導者が、アンダルシア海賊とラフム族との提携の仲介をして、知事襲撃を策動し、これにはジュザーム族やムドリジュ族も加わって、知事とその一族を殺害した。しかし、そのあとすぐラフム族とアンダルシア海賊とは分裂、紛争を起こし、その結果アンダルシア海賊がアレクサンドリアを支配することになった。これ以後 ʿAbd al-ʿAzīz al-Ǧarawī は四回アレクサンドリアに遠征し、四度目に戦死したわけである(Kindī, 153, 157–58, 161–65, 169–70, 172; Sawīrus, PO, X, 428–32, 445, 449, 451, 455–58; Yaʿqūbī, II, 541–42)。

(17) キンディーによれば、この措置は ʿUbayd Allāh b. al-Sarī が一定条件のもとに降服するさいに、その一環として取り決められたのであるが、ヤアクービーによると、ʿUbayd Allāh が出した条件の一つに、二カ月間の上エジプト徴税権の授与というのがあり、これが ʿAbd Allāh b. Ṭāhir によって認められているので、この租税に関する協定というのは、おそらくこのことを指していると思われる(Yaʿqūbī, II, 561)。

(18) みずからは任地に赴かないが、その代わりに総督代理を派遣するとともに、税務長官以下、重要な地位の任免権を保持する。

(19) ヤアクービーやタバリーでは ʿAbd Allāh b. Ǧalīs となっているが、ここではキンディーをとることにする。またタバリーでは、ʿAbd Allāh b. Ḥulays や同じ時期に叛乱を起こしたイェーメン系アラブ族の首領 ʿAbd al-Salām の叛乱の最初の年を二一三年に置いているが、これは二一四年の誤りであろう。

(20) キンディーでは単に al-Ḥawf とのみ記されているが、ラフム族が根拠地にしていたのは西部ハウフ地方 al-Ḥawf al-Ġarbī である。

(21) セベロスには Aḥmad b. al-Asbaṭ とあるが、《al-Asbaṭ》は誤りで、Ibn Ḥaǧar al-ʿAsqalānī: Rafʿ al-iṣr ʿan quḍāt Miṣr, (2

vols., al-Qāhira, 1957–61), p. 168 に《Ibn Asbāṭ》とあるのが正しい。

(22) 二一六年当時の Ibrāhīm b. Tamīm がこれらと同一人物だとすると、かなりの高齢となり、やや疑問が残る。それにキンディーの『エジプト裁判官史』によると、一年後の二一七年当時の話に、もう一人の税務長官 Aḥmad b. Muḥammad b. Asbāṭ と並んで Isḥāq b. Ibrāhīm b. Tamīm が登場する (Kindī, 444)。したがってこの息子の Isḥāq b. Ibrāhīm の誤りではないかと思われるが、ここには役職が明記されていないので断言はできない。息子も父の Ibrāhīm とともに、すでに重要な地位にあったと考えることもできる。Ibn Ḥaǧar al-ʻAsqalānī にはただ《Ibn Tamīm》とあるだけで、確証にはならない。

(23) al-Bašmūr が al-Bašarūd とも呼ばれたことは本節註(5)参照。しかしタバリーやエウチキウスではこのいずれでもなく、《al-Bīmā》という名称を用い、ヤアクービーでは al-Bīmā と al-Bašarūd と列記して、いずれも下エジプトの県(kūra)であるかのごとく説明しながら、一方では《al-Bīmā は al-Bašarūd のコプト人たちのことである》と述べている (Ṭabarī, III, 1106; Eutychius, II, 57; Yaʻqūbī, II, 569)。Ibn Ḫurdāḏbih (BGA, VI, 81–83), Yaʻqūbī: al-Buldān (BGA, VII, 331–34, 337–39), Ibn al-Faqīh: Muḫtaṣar Kitāb al-Buldān, (ed. M. J. de Goeje, BGA, V, Leiden, 1885, pp. 83–84), Qudāma b. Ǧaʻfar: Kitāb al-Ḫarāǧ wa ṣināʻat al-kitāba, (ed. M. J. de Goeje, BGA, VI, Leiden, 1889, pp. 247–48), Ḫiṭaṭ, B. (I, 72–74) などに記されているエジプトの県名表には al-Bīmā は見当たらない。ただ Yaʻqūbī: al-Buldān, p. 340 に、《下エジプトに住む[コプト]人たちは al-Bīmā と名づけられている》という記述がある。さらにエウチキウスでは、「コプト語で al-Bīmā と呼ばれる人々が叛乱したが、その意味は四〇人の子孫ということで、これはローマ人たちがイスラムの初期、エジプトから撤退したときに、そのうち四〇人が残留し、その後彼らの子孫が繁栄して下エジプトに多く住むようになり、al-Bīmā すなわち四〇人の子孫と名づけられた」というような伝承が伝えられている。以上のようなことから、Bašmūr 県の住民がコプト人であったか、それともローマ人の子孫であったかはともかく、《al-Bīmā》が彼らの呼称であったことは確かである。

(24) al-Afšīn はヒジュラ暦二〇七(八二二)年、Aḥmad b. Abī Ḫālid によって征服されたマーワラー＝アンナフルの Ušrūsana 地方の王 Kāwus b. Ḫāraḫarah の子 Ḫaydar (Ḥaydar) で、タバリーによると、この征服のさい、Kāwus はその子 al-Faḍl とともにカリフ-マームーンのもとに護送されているので (Ṭabarī, III, 1066)、Ḫaydar も父と一緒にバグダードに送られ、その後カリフのもとで、軍人としての教育を受けたものと思われる。afšīn は Ušrūsana の王を示す称号であったが、Ḫaydar は自己の出自を示すために、これを通称に採用したのであろう。Cf. Encyclopaedia of Islam, new ed. "afšīn".

(25) タバリーでは ʻAbdūs al-Fihrī となっている。アラブによるエジプト征服のさいの一指揮官で、バルカ遠征軍の将軍であ

った ʿUqba b. Nāfiʿ の子孫。またこの一家はアッバース朝革命のとき、アレクサンドリアでいち早く反ウマイヤの黒旗を翻し、アッバース朝成立後、その恩賞としてのイクターを与えられている。本節註(7)参照。Cf. Kindī, 32, 95, 101, 190; Suyūṭī, I, 220.

(26) この地方の住民が、まだほとんどコプト人によって占められていたことは、セベロスが二〇年後の二三七年当時についてさえ、Damīra の住民はすべてキリスト教徒で、そのために総主教の居所が一時この地に移転された、と伝えている点からも明らかである(Sawīrus, II, 3)。

(27) ʿAsqalānī: Rafʿ al-iṣr, 168–69; Yaʿqūbī, II, 569.

(28) Ibn Ḥağar al-ʿAsqalānī ではカリフ-マームーンの宰相(wazīr)となっているが、これは誤りで、宰相としては、この事件の翌年、カリフ-ムウタセムの即位後になったのが最初である。Ṭabarī, III, 1181–82; al-Tanūḫī: Nišwār al-muḥāḍara wa aḫbār al-mudākara, Vol. VIII, (Dimašq, 1930), 29; cf. D. Sourdel: Le vizirat ʿabbāside, (2 vols., Damas, 1959–1960), pp. 233–34, 245–47.

(29) マルウ出身者でバグダードの最高裁判官(qāḍī al-quḍāt)。二一五年以後、エジプトの裁判官は空席となっていたが、カリフ-マームーンの命により、二一七年 muḥarram 月一日に就任した。Cf. Kindī, 441–42; Wakīʿ, III, 273; D. Sourdel: Le vizirat ʿabbāside, pp. 238–42.

(30) バスラ生れのムウタズィラ派裁判官で、のちカリフ-ムウタセムやワースィクのもとで、最高裁判官として敏腕をふるった。Wakīʿ, III, 294–98; cf. Encyclopaedia of Islam, new ed., Vol. I, "Aḥmad b. Abī Duʾād".

(31) 二一五年初、総督 ʿAbdawayh b. Ğabala のときに就任した。Kindī, 189; Wakīʿ, III, 280.

(32) マーリク派の有名な法理論家(faqīh)であったが、本文で記したような事件にまき込まれ、二一七年から二三二年までバグダードで監禁された。釈放後二三七年、カリフ-ムタワッキルの要請で、エジプトの裁判官に就任、二四五年まで在職した。Kindī, 462, 467–75; Ḥakam, 247; ʿAsqalānī, 167–82; Wakīʿ, III, 240–41; Sawīrus, II, 10–11.

(33) 二三六(八五一)年ごろのある私書簡では、官吏を買収して、所有地を実面積数よりもずっと少なく測量させている(APEL n° 288)。

(34) 二一五(八三〇)年当時、フスタートの税務庁の長官は Isḥāq b. Andūna というキリスト教徒、またある地方長官と思われる人物は Tādurus (Theodoros) という Nikiu 出身のコプト人、二一七年ごろ上エジプト州の長官付書記官は Ğirğa (Georgi-

os)というキリスト教徒の補祭(Sawīrus, PO, X, 477, 483, 503)。二三六年当時、フスタートの税務庁長官付書記官は Maqārah b. Yūsuf (Makarios b. Joseph)、国庫長官は Ibrāhīm b. Sawīrus (Abraham b. Severos) であった (Sawīrus, II, 3)。これらはたまたま史書に記載された例証にすぎない。ヒジュラ暦二三五(八五〇)年、カリフ・ムタワッキル(在位八四七―八六一年)がキリスト教徒官吏任用禁止令を含む、異教徒(ズィンマの民)差別視の勅令を出したさい、これが二年後エジプトでも実施され、多くのコプト人官吏が免職されたが、すでに官庁内における彼らの勢力は抜きがたいものとなっており、数年後には復職している (Ṭabarī, III, 1389–94; Ya'qūbī, II, 565; Sawīrus, II, 4–6, 11)。

(35) 本節註(32)参照。

(36) 二五四年、アリーの子孫で通称大 Buġā が上エジプトで叛乱、翌二五五年にはその従弟通称小 Buġā が Ǧābir b. al-Walīd の甥と連合して、アレクサンドリアとバルカのあいだで叛乱、上エジプトに侵入、いずれも鎮圧されている。また彼らとは別個に、やはりアリーの子孫で通称 Ibn al-Ṣūfī (スーフィー教徒と考えられる) が、二五三年、二五五年、二五六年、二五九年にそれぞれ上エジプトで騒乱を起こしている (Kindī, 211–14; Ḫiṭaṭ, II, 339)。

2　課税法

一　人頭税免除令

ヒジュラ暦一三二(七五〇)年にアッバース朝が勃興してから、三五八(九六九)年にファーティマ朝の軍隊がエジプトを占領するまで、約二二〇年間にわたるアッバース朝期の税制一般について、およそなんらかの関連のある資料を蒐集してみると、それは史書や地理書などのアラビア語文献に属するものにしろ、パピルス文書によるものにしろ、いずれもきわめて断片的で、体系的なイメージを与えてくれるものは皆無に近い。たまに体系的な視点で書かれていることはあっても、マクリーズィーのようにずっと後世のものであったり、あるいは一時期に限られていたり、単に理論的な観点だけで論じられていたりすることが多い。しかも個々の資料が互いに矛盾している場合も少なくないのである。

そのうえ前節で述べてきたように、アッバース朝期、とりわけその前半期に、エジプトは激しい抗租運動を経験しており、それは当然税制の改革なり、アラブ当局の権力の浸透なりとの関連性を予想させるのであるが、実は史書そのものは、そうした抗租運動の根本的な理由について深くは語っていないのである。そこで、こうしたいわばばらばらな資料を十二分に吟味したうえで、当時の租税制度を再構成しなければならないのであるが、それには、まず如何なる税が如何なる基準のもとに課せられたかという、課税の法的な問題を取り上げ、ついでそのような税をどのようにして徴収するかという行政的な手続き上の問題を検討するという方法をとることが、理解を容易にするうえで望ましいように思われるのである。

さて、アッバース朝期には如何なる税が課せられたかという第一の問題を検討してすぐ気の付くことは、そこには一貫した税法は見られず、とくにアッバース朝期の半ば、二四八(八六二)年における税務長官イブン＝ムダッビル Aḥmad b. Muḥammad b. al-Mudabbir の税制改革によって、大きく変容しているということである。そこでこの税務長官の改革以前をアッバース朝期の前期とし、以後を後期として、時代を分けて順次論じることにする。ところでアッバース朝前期の課税法を考察するに当たって、まずウマイヤ朝期の税制との比較、並びにその継承の如何が当然問われねばならないが、ウマイヤ朝期の税制については、すでに第二章において詳しく述べたので、ここではその成果を十二分に考慮することにとどめて、論を進めたい。

前節ですでに述べたように、一三二(七五〇)年にアッバース朝が成立してのち、エジプトの税務体制は二年にわたる混乱期を経て、一三四年に、ウマイヤ朝末期のそれに戻すという形で再編され、しかも下エジプトには二種類、上エジプトには一種類の新税が設置された。ここでアッバース朝政府が新たに設けた税について、セベロスの『総主教史』では単に《maks》とのみ訳されているだけで、その実態はまったく不明である。《maks》という訳語や、上下のエジプトで課税の有無に差異があることなどからすると、これらの新税は普遍的な税ではなく、単なる雑税であろう。この点を除けば、アッバース朝政府はウマイヤ朝時代の税制をほぼ全面的に継承したことになる。これは当然コプト人たちの抵抗を招いたが、やがて、カリフ－サッファーフによる改宗者からの人頭税免除の勅令が伝えられると、諸種の税課の重圧にあえいでいたコプト人たちが大量に改宗した(Sawirus, PO, V, 189–90)。

アッバース朝の初代カリフが、このような人頭税免除令を帝国全土に出したことは重大な意味を持つ。まず第一は、人頭税と土地税との区別がこれまで以上に明確となり、人頭税ジズヤは頭の上にかかるものであるという観念が固定化したことである。これによって、土地税はジズヤの対立概念として、土地にかかるものであるという観念も明確化されることになる。こうした区別は、これらの税の徴収の仕方を見れば一層明らかとなる。ウマイヤ朝期では、'Ubayd Allāh b. al-Ḥabḥāb によるヒジュラ暦一〇六年の税制改革以後、人頭税と土地税の区別がはっきりしたが、それでもこれらを一括徴収することは従来と変りなかった。これは一一四／一一五年度の税務簿 P. Lond. n° 1427(第6表参照)を見れば明らかで、ここでは土地税・人頭税・維持費が一括して徴収されている。ところがアッバース朝では、人頭税と土地税とは別々に徴収された。すなわち納税民には、土地税なり人頭税なりの受領証が発行されており、[1] また、人頭税・土地税のそれぞれの納税者名簿はあっても、[2] これらの税を一括徴収するような税務簿は見当たらない。

第二に、このときの人頭税免除令は、ウマル二世のそれとは違い、改宗者からの住居や土地の没収という条件はなく、コプト農民は改宗しても、そのまま自己の住居に居住し、自己の土地を耕すことができた。[3] 大量の改宗者が出たのは、単に人頭税や種々の特別税を免れるためばかりでなく、改宗後も以前とほぼ同様の生活を営むことができるという事情も、与って大きな力があったと思われる。それに、改宗を促進させた要素として、しかるべきアラブ－ムスリムの介添という、これまで改宗のさいに要した面倒な手続きも、簡略化もしくは撤廃されたであろうことも考慮されねばならない。

実はこれらの二点は、アッバース朝初期に形成されたイスラム法における税規定と深い関係を持っているのである。第一の、人頭税と土地税とを対立的に位置づけた課税観念というのは、アブー＝ハニーファ Abū Ḥanīfa(一五〇／七六七年没)をはじめ、概してイラクの法理論家たちの法意見に相通じる。すなわち彼らによると、

「征服した土地をムスリム軍のあいだで分配せず、ムスリム全体のために固定した場合、その住民の頭にはジズヤが、土地にはハラージュが課せられる。」

という。さきに、アラブ征服期の税制を検討するに当たって、ムスリム諸伝承の資料批判から、このような観念が盛り込まれているバラーズリーの n° 534 の伝承は、征服当時の模様を忠実に伝えているのではなく、後世この派の法意見を反映して作られたものであることを指摘した(第一章三〇頁参照)。実はこのような前提に立って初めて、改宗者から人頭税は免除しても、地租は従来通り徴収するという規定が、効力を持ってくるのである。[4] カリフ－サッファー

フは、すでにウマイヤ朝時代から懸案になっていた改宗者問題を解決するために、この人頭税免除令を出したのであろうが、それにはおそらくイラクにおける現実なり、法意見なりをもっとも参照したであろう。これは、エジプトをも含めて、従来まだ多分に不均衡であった税制が、イラクのそれを中心に統一化へ向うことを意味する。

このことは、第二の点について見れば一層明白となる。バラーズリーやクダーマ Qudāma b. Ǧaʿfar は改宗に関する法学者たちの意見を伝えているが、それによると、武力で征服された異教徒がイスラムに改宗する場合、土地は改宗者の手にとどめて耕作させ、それから地租ハラージュを支払わせるという点については、法学者たちのあいだで意見の不一致はないが、地租のほかに、収穫物のうちからザカートを支払わせるか否かについては意見に相違があって、Mālik b. Anas, Ibn Abī Ḏiʾb, Sufyān al-Ṯawrī, Ibn Abī Laylā, al-Awzāʿī らは地租とザカートの課税を主張し、Abū Ḥanīfa とその弟子たちは両者の課税を否定したという[5]。

この法意見に関する資料のうち、前半の意味するところは、もはやこの当時では、ウマル二世の人頭税免除令の付帯条件、すなわち改宗者からの土地没収はまったく問題外で、むしろ重点は、彼らを土地に固定し、少なくとも土地税に関しては従前の税額を確保することにあった、ということである。後半の部分については、完成されたイスラム法ではむろん後者の、同一人物にハラージュとザカート(ウシュル)を課してはならないという説が採用されたが、この点を考慮すると、これら二つの税を同時に課すというのは、明らかに年代の古い意見である。実際ウマイヤ朝時代には、改宗者が土地税とムスリムとしてのザカートもしくはウシュル(十分の一税)の両方を課せられた場合もあったようである[6]。いずれにせよ、相異なる法意見が、最終的にはハナフィー派のそれに統一されたことは、ウマイヤ朝後期にはなお各州で取り扱いに混乱のみられた改宗者問題が、やはりイラクの場合を中心にして処置されていったことを物語っている。

カリフ＝サッファーフのとき以外に、アッバース朝期で一時的に大量の改宗者を出したと伝えられるのは、カリフ＝ムタワッキルによるキリスト教徒迫害のとき(cf. Sawirus, II, 4–6)と、税務長官イブン＝ムダッビルによる税制改革のとき(cf. Sawirus, II, 26–27)ぐらいである。年々改宗者は増加していったと思われるが、それでもこの時代では、まだエジプトの住民の大半はキリスト教徒であった。[7]

二　人頭税

こうした非イスラム教徒に課せられる人頭税は、イスラム法ではむろん《ğizya》もしくは《ğizya ra's》と呼ばれたが、行政上の用語法ではどうであろうか。この点パピルス文書によると、一九六年 ramaḍān 月（八一二年五／六月）の日付を持つ人頭税受領証 PERF n° 670 や同時代に属すと思われる人頭税支払名簿 PERF n° 677 では、《ğizya ra's》が用いられている。[8] これはウマイヤ朝中期以来の用法で、したがって少なくともヒジュラ暦の二世紀末までは、引き続きこの用語が踏襲されたとみなされる。ところがヒジュラ暦三世紀以後になると、《ğizya》もしくは《ğizya ra's》はほとんど現われず、[9] もっぱら《ğāliya》（複数形 ğawālī）が用いられている。[10] この方は例証が多数あって、枚挙にいとまがないので、記載の文書番号は省略するが、私見の及ぶところ、そのもっとも古い例は二一四（八二九）年の年号を持つ PERF n° 715 である。

《ğāliya》はウマイヤ朝時代では「流亡者」の意味に用いられた言葉であった(APEL n° 151; P. Heid. III, n° 12; Ḥakam, 153. 第一部第二章第6－7節参照)。それが人頭税の意味で使用されるようになったのは、税制上の展開に由来しているといえる。すなわち、《ğizya》は貢納（実際的には現金税）と人頭税の二義を持つようになって、混同を招きやすかったのと、非イスラム教徒に対する差別的人頭税という観念は、流亡者に対する懲罰的な課税が転化して生じたものとの二つの理由が考えられるからである。しかし、アッバース朝当局がなぜヒジュラ暦三世紀初頭に、行政用語から《ğizya》を

第19表　人頭税割当査定簿断片 3(9)世紀(APEL n° 202)

納税者名	税額(dīnār)
室内装飾屋 Ṡanūda	$^1/_2+^1/_4$
Basinne Krisdōdore	$3+^1/_2+^1/_{24}$
Chael Basinne	$^2/_3+^1/_{48}$
Severos Apollo	$^1/_8$
Ǧirǧe Paleu	$1+^1/_3+^1/_4$
Merqūre Yoḥannes	$^1/_4+^1/_6+^1/_{48}$
日傭 Sīsinna	$4+^1/_{24}+^1/_{48}+2$ ḥabba
Theodorakios と Apollo Šanūda	$2+^1/_3+^1/_8$ {彼は $1\,^1/_3$ 支払った 彼は $1\,^1/_3$ 支払った
ʿAbd al-Ḫāliq, 通称 S-d	$^1/_8$

廃して、《ǧāliya》を採用したのか、多少疑問は残る。しかもイスラム法では、《ǧizya》はこのころすでに人頭税の意味に固まりつつあったときである。

この点については、エジプト以外の地域の実情と比較・検討することが必要であろう。ハナフィー派法学者アブー＝ユースフ Abū Yūsuf（一八二／七九八年没）の《Kitāb al-Ḫarāǧ》には《ǧāliya》の複数形 ǧawālī が二回出る（Abū Yūsuf, 4, 49）。彼はむろん法規定では《ǧizya》を用いているわけであるが、この箇所は、カリフ＝ラシードの治世当時、すなわちすでに二世紀後半に、イラクでは人頭税を指す行政用語として、《ǧāliya》が用いられていたことを示している。[11] これからすると、エジプトに人頭税としての《ǧāliya》が導入されたのは、やはりイラクの先例によるのであろう。

ところで《ǧizya ra's》にしろ《ǧāliya》にしろ、非イスラム教徒一人当たりの人頭税の税額は、一体いくらとされていたのであろうか。課税額の決定に一定の基準があったのであろうか。イスラム法の規定では、これには三段階あって、年額富者は四八ディルハム、中産の者は二四ディルハム、下層の者は一二ディルハム課せられ、シリアなど金本位の地区（エジプトはこれに当たる）では、それぞれ相当額の四ディーナール・二ディーナール・一ディーナールが課せられることになっている。そして第一階級の富者とは、私領地や邸宅・奴隷などの所有者や両替商・織物商・その他の大商人・医者などで、中産者とは前者より所得は少ないが、それ相当の資産や家屋を持つ者であり、下層者とは、裁縫師や染物屋・靴職人などの手工業者とか農夫など、みずからの手を働かす職に就いている者であるという。[12] 人頭税の三段階規定がウマル一世の創始に係るかどうかの問題はともかく[13]、これが法として固定化したことは、ファーティマ朝末期からアイユーブ朝にかけてのエジプトの税制を伝えている Ibn Mammātī や al-Maḫzūmī が、この時代の人頭税の税額として、ごくわずかの額の加算はあるが、やはりこの三段階規定を述べていることからもわかる。[14]

ところがアッバース朝期において、実際人頭税が、このような三段階規定にもとづいて課税されたかどうか確かめることはきわめて困難である。それはパピルス文書のうち、保存状態が良好で、年代や内容の確認できる人頭税割当査定簿がほとんどないこと、そうした査定簿の断片と目されるものでも、記載の税額が千差万別であることなどによる。たとえば APEL n° 202 は、ヒジュラ暦三(九)世紀の人頭税割当査定簿の断片とされているもので、税額はアラビア語で書かれ、支払済の場合はあとからその旨註記されているが、その主要な部分を紹介すると、第19表のようになる。この表では、わずか一〇名の納税者でも、課税額において、最高のものと最低のものとのあいだに実に三三倍の開きがある。また同じく三(九)世紀の人頭税納税者名簿とされる APEL n° 203(第20表)では、各納税者の納税額は比較的平均しており、しかもイスラム法にいう下層者の課税額にほぼ等しいか、それと

第20表　人頭税納税者名簿断片 3(9)世紀 (APEL n° 203)

納税者名	税額(dīnār)	
……	—	—
Paheu Šīše	$1\ ^{7}/_{12}$	$^{11}/_{12}+^{1}/_{2}$ qīrāṭ
Mōne Pistos	$1\ ^{1}/_{2}$	$^{11}/_{12}+^{1}/_{3}$ qīrāṭ
Posṭolos Senyris	$1\ ^{3}/_{4}$	$6+^{2}/_{3}$ qīrāṭ
Atanās Siya	$1\ ^{1}/_{2}$	$^{45}/_{48}$
警吏 Boqṭor	1	1
牧夫 Yoḥannes と彼の子供たち	$1\ ^{3}/_{4}$	$^{11}/_{12}+^{1}/_{2}$ qīrāṭ
Maqāre Boqṭor	1	1
Theodor Boqṭor	$1\ ^{7}/_{12}$	$^{11}/_{12}+^{1}/_{3}$ qīrāṭ
Apollo Theodor	1	1
Pilatos Hillis	$1\ ^{1}/_{3}$	$^{11}/_{12}$
Chael Homīse	$1\ ^{7}/_{12}$	$1\ ^{7}/_{12}$
Qolte Siya	$1\ ^{1}/_{2}$	$^{45}/_{48}$
Sṭefāne	1	〔　〕
Homīse Chael	$^{2}/_{3}$	$^{1}/_{2}$
Boqṭor	$1\ ^{7}/_{12}$	$^{7}/_{12}$
dīnār	$18\ ^{1}/_{28}$(?)	$^{2}/_{3}$ qīrāṭ
	$1\ ^{7}/_{12}$	
合計	$38\ ^{1}/_{12}$	

〔註〕 1 qīrāṭ＝$^{1}/_{24}$ dīnār. 税額の第二項の意味不明. おそらく第一割賦支払額であろう.

第21表　人頭税割当査定額
(PER Inv. Ar. Pap. 5999^{v})

納税者名	税額(dīnār)
………	
Papnūte Apollo	$^{35}/_{48}+{}^{1}/_{3}$ qīrāṭ
Halimios Damūne	$^{5}/_{6}+{}^{1}/_{12}$ qīrāṭ
Job Pelōte と Chael Petre	$^{21}/_{48}$
Ḥafāra Apollo	$^{5}/_{24}$
Apaheu と Ḥafāra	$^{1}/_{24}+{}^{2}/_{3}$ qīrāṭ
Pamun Amone	$1\ ^{7}/_{24}$
Pilatos Dorothe	$^{3}/_{4}+{}^{1}/_{6}$ qīrāṭ
Theodor Baqūf	$^{7}/_{12}$
Job Yoḥannes	$^{3}/_{8}+{}^{1}/_{3}$ qīrāṭ
執事 Pam̄un Lukas	$^{3}/_{8}$
Pelōte と Pqām	$^{35}/_{48}+{}^{1}/_{3}$ qīrāṭ
Patermute Chael	$^{1}/_{16}$
執事 Apa Kyros	$^{5}/_{24}$
Ǧōš〔　〕Silvane	$^{1}/_{6}+{}^{1}/_{4}$ qīrāṭ
Theodor Fasīle	$^{11}/_{48}$
Chael David と Theodor	$^{1}/_{24}+{}^{1}/_{3}$ qīrāṭ
Mina Chael と Pqām Chael	$1\ ^{11}/_{24}+{}^{2}/_{3}$ qīrāṭ
執事 Pilatos	$^{3}/_{16}$
Merqūre Pamun	$^{3}/_{4}+{}^{1}/_{3}$ qīrāṭ
執事 Yoḥannes Job	$^{5}/_{8}$
Šabīb Silvane	$^{1}/_{2}+{}^{1}/_{3}$ qīrāṭ
Abīğe Ẓalmā	$^{37}/_{48}$
Pqām Silvane	$1\ ^{7}/_{12}$
Markos Apollo Būle	?
警吏 Apollo 他	$^{33}/_{48}+{}^{1}/_{3}$ qīrāṭ
Job Pamun と Babā	?
Isaak Chael	$^{35}/_{48}$
警吏 Apollo Chael	$^{3}/_{16}+{}^{5}/_{12}$ qīrāṭ

も中産者のそれとの中間値を示している。人頭税 ğāliya 納税者名簿断片の APEL n° 211 も、この n° 203 に近く、税額として、$1\ ^{1}/_{4}$, $1\ ^{1}/_{2}$ ディーナールがみられるが、2, $2\ ^{1}/_{4}$ ディーナールなどの中産者の額を思わせるものもある。しかし、三(九)世紀初頭の人頭税割当査定簿の断片とされる APEL n° 207 では、二ディーナールや三ディーナールのかなり高額が課せられている。やはり同時代に属す納税者名簿 APEL n° 208 でも、$2\ ^{1}/_{12}$ ディーナールや $3\ ^{2}/_{3}$ ディーナールが課せられ、なかには七ディーナールという非常な高額もある。

一方アッバース朝の後期では、税制の変革にともなって税務の簿記法も変化し、人頭税のみの納税者名簿は作成されず、他の諸種の税も含めた租税台帳が作成されており、PER Inv. Ar. Pap. 5999^{v} もその一つであるが、その人頭税の項のみを紹介すると、第21表のようになる。これによると、人頭税の税額は非常に少なく、大半は一ディーナールに満たないし、最高額を割当てられている者でも1 1/2ディーナール弱である。APEL n° 238も同種の租税台帳で、六種の税項目からなっているが、そのうちの人頭税の項を見ると、税額は5/48, 15/96, 21/96, 1/8の各ディーナールとやはり低い。

人頭税の税額を知る手掛りとして、他に一連の人頭税受領証が想起される。額の明確なもののみ年代順に列記すると、第22表のようになる。この表によると、額はやはりきわめて多様で、これには一定基準の求めようがない。しかも、受領証の頭書に、PERF n° 762では「第五支払期」、PERF n° 823では「第一支払期」とあることからもわかるように、人頭税も年数回の分割納が行なわれており、そのうえ毎回同一額を支払うとは限らないので、当該納税者の年間課税額を算出することは不可能である。

第22表　人頭税受領証税額情況

文書番号	年代	税　額(dīnār)
PERF n° 670	196	1/2
PERF n° 718	216	1/4
PERF n° 726	224	1/12+1/48
PERF n° 741	3世紀	1/2+1/8
PERF n° 746	227	1/4+1/8
PERF n° 752	229	1/4
PERF n° 762	241	1/4
PERF n° 766	244	1/4
PERF n° 787	253	1/2+1/3+1/48
PERF n° 823	265	1/2
PERF n° 887	297	3
APW n° 15	302	1/2+1/3+1/24+1/3 qīrāṭ
PERF n° 908	320	2
PERF n° 916	330	1/3+2/3 qīrāṭ
MPER p. 162	344	1/3+1/8
MPER p. 164	344	2/3+1/4

以上のように、パピルス文書からは、人頭税の税額に関する一定基準を求めることはできないが、それでも貧富に応じて額に大小があったこと、差額の段階はイスラム法におけるような単純なものではなく、下層者の一ディーナール相当額を課せられる者でも、さらに微細な段階に分れていたことなどが判明した。ところでセベロスの『総主教史』によると、税務長官イブン＝ムダッビルは、コプト暦五七八(ヒジュラ暦二四八)年の税制改革のさい、キリスト教徒の人頭税をこれまでの二倍から三倍に引き上げ、「その結果、みずからの力で生活できないような貧しい者からでさえ、一年間に五〇ディルハムを徴

収した」という(Sawīrus, II, 26–27)。これが事実とすると、最下層に属す者でさえ、イスラム法でいう最高位の富者の税額を割当てられたことになる。また改革以前の税額を逆算していえば、貧者で年額約1⅓ディーナールを課せられたということになる。これは第19表に見られる税額に近い。ずっと後世のことについてであるが、マフズーミーによると、ズィンマの民の大半は下層階級に属し、富者階級に属す者は少ないという(Maḫzūmī, 77a)。アイユーブ朝初期でもアッバース朝期でも、エジプトの住民の貧富の割合にそれほど変化があるとは考えられない。この点からすると、案外第20表は、アッバース朝期の平均的な人頭税納税者の実情を伝えているのではなかろうか。

三　地　租

次に人頭税に対立し、しかももっとも重要な税種とされる土地税について検討したい。イスラム法では、これはむろん「ハラージュ」——慣例上「地租」と訳される——と呼ばれているが、ウマイヤ朝では《ḫarāǧ》の語はまったく用いられず、その後期において土地税は《ǧizya arḍ》(土地のジズヤ)の語で示されたことはさきに指摘した。私見の及ぶところ、パピルス文書で《ḫarāǧ》の語がもっとも古く現われるのは、ヒジュラ暦一五六年 šawwāl 月(七七三年八／九月)に書かれた PAL nº 16 である。その後は一六二(七七九)年の借地契約文書 PERF nº 612(cf. APEL, II, p. 38)、一六九(七八五)年の muzāraʻa 契約文書 P. Loth nº 1(第二部第二章三七八頁参照)があり、一七〇年代以後になるとかなり増える。一五六年の文書では、文中の《ḫarāǧ》が「地租」であることを示す直接的な文句はないが、文書の内容から、それが「租税一般」の意味ではなく、「地租」を指していることは疑いない。一六二年・一六九年の文書中の《ḫarāǧ》は明らかに地租である。一五六年はカリフ－マンスールの治世末期に当たるが、《ḫarāǧ》の語がエジプトに導入されたのは、このカリフのときと見てよかろう。これはおそらく、カリフ－マンスールの税制の全国的整備の一環として行なわれたものと思われる。

この土地税に関連して、まず問題になるのは改宗者からの徴収であるが、これが「地租」という形ではあるが、従前通り徴収されたことはさきに述べた通りである。エジプトの場合、問題はむしろ、ウマイヤ朝後期以来エジプトの農村地帯に入植し、コプト農民から購買などの手段によって土地を獲得し、次第に土豪地主化していったアラブ－ムスリムの地主が、自己の所有地についていかなる税を支払ったかという点にある。[15]

アブー＝ハニーファ、アブー＝ユースフ、ヤフヤー＝ビン＝アーダム Yaḥyā b. Ādam(二〇三／八一八年没)などの法学者によると、それ相当の重い土地税、すなわちイスラム法でいう「地租」の課せられる土地(ハラージュ地)を、あるムスリムがその所有者であるズィンマの民から購入した場合、その土地には以前と同様「地租」がかかり、その土地が十分の一税地(ウシュル地)に変ることはない、という(Abū Yūsuf, 86; Yaḥyā, n° 63, 153)。[16] 要するに、およそ征服地の土地は、その地主の民族・宗教にかかわりなく、「地租」を支払わねばならないわけで、ここにはいわば属地主義の原則が貫徹している。これはイスラム法における課税上の大原則なのであるが、実は、これらの法学者たちは、体系化がかなり進んだ時代のイスラム法の代弁者であり、したがってこうした原則も、時代の推移とともに生まれた歴史的産物であって、イスラムの当初から存在しているわけではないのである。

ここで、このアブー＝ユースフらの見解では、征服地の売買は自明のこととされており、また確かに、アブー＝ユースフはそうした征服地の売買を合法化してもいる。[17] しかしながらイスラム法関係の文献を見ると、それ以前の法学者たちのあいだでは、この征服地の売買の合法性自体が一つの論争点になっていることがわかる。[18] 論争の主たる内容は次の通りである。アブー＝ユースフらの新しい学派は、和約 ṣulḥ によって征服された土地はむろんのこと、武力 ʿanwa で征服された土地でも、アラブ－ムスリム軍のあいだで分配せず、住民の手にそのまま留めたような土地は、売買が可能であるとする。これに対し、Mālik b. Anas(一七九／七九五年没)や al-Ḥasan b. Ṣāliḥ(一六八／七八四―五年没)ら、アッバース朝の勃興前後に活躍した学者たちは、和約による征服地の売買は認めても、武力征服地のそれには、ムスリム全体に属すfay'を損うものとして反対した。[19] 後者が武力征服地、すなわち彼らのいうfay'の土地——イラクやエジプトもこれに属すると考えられていた——の売買に反対したのは、もしムスリムがそのような土地を獲得すれば、その土地はウシュル地となって、国庫収入の減少を招くという考えが根底にあったからである。これは逆に言えば、被征服民の保有するハラージュの土地を、ムスリムが購買などの手段によって獲得した場合、そのムスリムは十分の一税ウシュルを支払いさえすればよい、という慣行のあったことを示している。確かに、ウマイヤ朝時代にはこうした慣行があって、ウマル二世はこれを禁止したのであるが、[20] この禁止令は一時的なものに終り、逆にこの慣行はその後も引き続き実行されたのである。そしてとくにシリアの場合、これに再検討がなされたのは、アッバース朝カリフ－マンスールのときであった。[21]

このように、土地問題に関する初期イスラム法学者たちの論争史は、そのまま現実の税制上の推移を反映しているといえる。すなわち、当面の、アラブ－ムスリムが原住民から獲得した所有地に関していえば、それは、ウマイヤ朝では概してウシュルを支払えばよかったが、アッバース朝初期に至って改革がなされ、改宗農民同様、ハラージュを課せられることになったと推定されるのである。この点、エジプトの場合はどのような経過をたどったであろうか。エジプトで、アラブ人が農村地帯へ入植するきっかけになったのは、ウマイヤ朝カリフ－ヒシャームの派遣した税務長官 'Ubayd Allāh b. al-Ḥabḥāb がカイス Qays 族を招致した事件である。すなわち、この税務長官はヒジュラ暦一〇九(七二七)年、カイス族四〇〇戸三〇〇〇人をデルタ地帯東部に入植させ、農耕を奨めた。キンディーによると、このとき彼らに「十分の一税('ušūr)としてのサダカ(ṣadaqa)」が課せられたという(Kindi, 76-77; Ḥakam, 143)。この場合カイス族が所有した土地は、当局から指定を受けたものであるが、その後彼らが周辺地帯に獲得した土地についても、これが先例となって、ウシュルの軽い税負担で済ますことができたと考えられる。

一方パピルス文書のうち、アッバース朝初期、少なくともヒジュラ暦二世紀末前後に属す土地台帳や村内の地租割当査定簿などによると、アラブ人の大地主も零細なコプト人の自作農も、同一帳簿内に記載され、しかも両者は税率のうえで差別がなかったことがわかる。たとえば土地保有者名簿 PERF n° 616（二／八世紀）では、'Ubayd Allāh b. Sufyān のように、100 1/2 フェッダーンを所有するアラブ人大地主もいれば、わずか二フェッダーンを所有する農夫もいる。またサマワー Samawā 村地租割当査定簿 APEL n° 223（二—三／八—九世紀）でも、やはり各納税者の所有地積数にかなりの開きがあるが、単位面積当たりの税率ではほとんど区別がない。第23表がそれである。

第23表　Samawā 村地租割当査定簿
（8–9 世紀：APEL n° 223）

納税者名	播種地 faddān	税額 dīnār
Šanūda, Huğayr 出身 Badermūde のぶどう園主	4 1/8	3 1/24
Maqāre Abaqīre	2 23/48	2 23/48
黒人 Maymūn	7 3/8	7 3/8
漁師 Apollo	〔　〕	〔　〕1/4
al-Sawda Malak	7 7/48	7 7/48
Ḥirāš, Ğarīr の mawlā 通称 Dawās	3 1/4	3 1/4
Marōn, Asmarūs の子	26 1/3	26 1/3
Mūsā b. Qurra	29 39/48	〔29 39/48〕
Basinna Aṣmak	23/48	〔23/48〕
Muḥammad b. al-Aṣbaġ 通称 'Alī	32 45/48	〔32 45/48〕
Mīnā Qomā, 通称 Mīla	2 1/48	〔2 1/48〕
Šanūda Balūte	2 3/48	〔2 3/48〕
Isaac Nastos	2/3 〔　〕	〔　〕
警吏 Chael, Ḫiyār のもとに同居の 通称 Chael Damūne	1 1/12 〔　〕	〔　〕
Bilatōs Batās	13/24 〔　〕	〔　〕
〔　〕ūre	5/48 〔　〕	〔　〕
Boqṭor〔　〕	〔　〕	〔　〕

〔註〕 12名のコプト人に混じって，アラブ人2名，ギリシア人(Marōn)1名，黒人ムスリム1名，それにアラブ人の mawlā となっている改宗コプト人？1名がいる．これらのうち，2名のアラブ人とギリシア人の地積は他のコプト人たちの地積に比して圧倒的に多い．

この納税者たちに課せられているのはむろん「ハラージュ」のはずであるが、するとアラブ人地主に対する課税のウシュルからハラージュへの転換は、一体いつごろ行なわれたのであろうか。残念ながら、この点を確かめうる直接的な資料はない。しかし前節で述べた通り、デルタ地帯のアラブに対する増税、彼らや上エジプトにおけるウマイヤ家子孫の抗租叛乱などから、このような転換はカリフ－マフディー時代に起こったものと推定できる（本章第1節一八一頁参照）。もっとも、アラブ地主の納める土地税も、コプト農民のそれと同様「ハラージュ」と呼ばれたかどうかは疑問で、最初は従来通り「サダカ」と称せられた可能性が強い。しかしそれも、次第に「ハラージュ」に置き換えられていったと思われるが[22]、ここに一つの問題点が生ずる。

税率上はともかく、アッバース朝当局が税務行政のうえで、コプト農民と、アラブ＝ムスリムの地主とを区別していたことは明らかである。それはコプト農民、すなわち法的にいえばズィンマの民の租税を ḫarāǧ もしくは《maqbūḍ》と呼んでいるのに対し、イスラム教徒のそれを《baqṭ》と称していることである[23]。このような現象は、アッバース朝中期、それも主としてヒジュラ暦三(九)世紀のパピルス文書にのみ見られるもので、とくに baqṭ の語は史書などでは見当たらない。たとえば A. Grohmann によると、ベルリン博物館所蔵文書 P. Berol. 6602 の一二―一五行目は次のようになっている (cf. APW n° 36, note 1)。

コプト人のハラージュの報告書 kitāb ḫarāǧ al-Qibṭ

イスラム教徒たちの baqṭ の報告書 kitāb baqṭ al-muslimīn

国庫納入額明細書 kitāb tafṣīl mā wurida ilā bayt al-māl

諸種雑税報告書 kitāb al-ḍarā'ib

これはおそらく、下級官庁から上級官庁へ提出する税務報告書の種類を述べたものに違いないが、ḫarāǧ と baqṭ との対比は、上級官庁から下級官庁への指令書 APRL n° II/8 でも見られる。

また baqṭ と maqbūḍ もしくは maqbūḍa を対比させている文書としては、二四六(八六〇/六一)年度のためのある私領地の地積調査簿 APW n° 88 や、ヒジュラ暦三(九)世紀半ばごろの借地契約文書 APEL n° 79 がある[24]。前者では一名のイスラム教徒と二名のコプト人のおそらく共有になる私領地(awsiya)一八七フェッダーンが、「baqṭ と maqbūḍa の土地」の一部である旨明記されており、これは、baqṭ がそのイスラム教徒の支払う税、maqbūḍa が他の二名のコプト人の支払う税を指している。後者は「baqṭ と maqbūḍ の納税請負人」から一借地人に交付された文書で、さらに文中には「当該私領地 ḍayʿa のうち Safṭ として知られる baqṭ〔地〕に属す三〇フェッダーン」という句がある。これらの例によると、baqṭ と maqbūḍ は、その概念上単に税の種別を表わすばかりでなく、土地の制度上の区分をも表わすようである。(25)

このような用語法を持つ《baqṭ》とは、πάκτον の借用語であるといわれている。πάκτον はウマイヤ朝中期のアフロディト文書では P. Lond. n° 1436 と n° 1586 の二カ所に見えるが、とくに後者において「借地」の意味で用いられている。これをそのまま適用すると、baqṭ は借地もしくは借地料の意味になる。すると、とくにいま述べた借地契約文書 APEL n° 79 の場合、借地三〇フェッダーンに対し、記載金額の二五ディーナールは借地料であるということになるが、借地契約文書の形式として、通常この記載金額は国庫へ納付される土地税を指しているので(第二部第二章参照)、この「借地」とは、なんらかの国有地の貸借を意味していることになる。このような「国有地」について二つの解釈が可能である。すなわち、完成されたイスラム法の税制理論では、征服地の究極の所有権は国家に属しており、したがって土地保有者は、その民族・宗教に関係なく地主としての国家に対し、租税を借地料として支払うとされる。これは従来疑義のあったイスラム教徒による土地所有を合法化したわけで、当面の「国有地」とは、そうした全般的な征服地を指すものと理解できる。第二の解釈は、征服地全般ではなく、実際的に国家が所有する特定の土地を指し、それを一部特権的なイスラム教徒が(26)、国家からの借地の形で保有し、国家に対して借地料、言いかえれば baqṭ を支払うというものである。これら二つの解釈について、baqṭ は私領地と結びついて現われること、そのような私領地は、とくにヒジュラ暦三世紀初頭ごろより急速に発展してくること(本書第二部第一章第2節参照)、課税率が通常の地租に比べてやや低いこと(PSR n° 243; APEL n° 79)、baqṭ は三世紀末でも現われるが(PERF n° 879)、そのころまで国家的土地所有理論が有効であったとは考えられないことなどを考慮すると、後者の解釈の方がより妥当性があるように思われる。

一方ハラージュと類似概念を持つと見なされる《maqbūḍ》は、イブン＝ハウカルやこれに拠ったと思われるマクリーズィーでは、単位面積フェッダーン当たりの「課税額」の意味で用いられている(Ḥawqal, I, 136; Ḫiṭaṭ, I, 99)。これは一般的な地租ハラージュの課税率を示しているわけで、baqṭ の対立概念としての《maqbūḍ》と矛盾するものではない。

いずれにしても、コプト農民のような原住民の納めるハラージュもしくは maqbūḍ と、イスラム教徒の納める baqṭ との対比のような規定は、イスラム法にはまったく見られないことで、これはエジプトの税務行政に特有の現象であったことに改めて注意しておかねばならない。なぜこのような処置が当局によってとられたかは、これ以上具体的な資料がないので明らかにしがたいが、おそらく、エジプトの土地が法的にはすべてハラージュ地に属すにもかかわらず、一部の特権階級が自己の所有地について、より軽度の税負担で済ますことができるように意図されたものと推定される。

四　地租の課税基準

次に「地租」はどのような基準のもとに課せられたかという問題に移りたいが、ここで注意しておかねばならない点がある。それは、ウマイヤ朝期では、土地税は現金によるものと現物による穀物租とからなっており、アッバース朝は当然これを踏襲したはずであるが、果たしてこのような二本立てによる地租の徴収が、ずっと行なわれたのであろうかということである。アッバース朝時代のエジプトでは、地租は原則として土地測量制(misāḥa)にもとづいて課税され、しかも前期では、後期のように作物の種類によって税率が異なるということがなく、ただ地積数に一定の税率を乗じるという、比較的単純な方式が採用されていた。しかし、単位面積フェッダーン当たりの税率ということになると、その数値は穀物租の有無によってかなり異なるはずである。したがって、あらかじめ穀物租の問題を検討しておく必要がある。

アッバース朝期の場合、地租の一部として小麦などの穀物が現物で徴収されたことを示す資料は、史書などの文献では見当たらない。ただウマイヤ朝期における穀物租の徴収は、アラブ－ムスリムに対する現物給与 rizq の支給が目的であったから[27]、この観点からアッバース朝期を見ると、まずアラブに対する給与の打ち切りが決定された二一八(八三三)年以後における徴収は問題外となる。これ以前の時代については、キンディーが、一九三(八〇九)年ごろの事件として、軍隊の騒擾の結果、総督は 'aṭā' を全額支給することにし、それを三等分して金貨・織布・小麦で支払ったと述べていて、現物支給を伝える唯一の資料となっている(Kindī, 146; cf. Bayrūt ed. p. 172–73)[28]。キンディーは、そうした全額支給が当時すでに途絶えがちであったことから、この事件を伝えたものと思われる。したがって、現物給与となる穀物租の徴収も、一九三年以前に廃止された可能性が強い。

一方パピルス文書史料では、穀物租(ḍarība)の徴収をはっきりと示すものがある。それは一部の借地契約文書で(第二部第二章別表参照)、年代的にはヒジュラ暦一六二(七七九)年の日付のある PERF n°. 612 がもっとも古く、もっとも新しいのは一八二(七九八／九九)年の APRL n°. IX/6 である。私見の及ぶところ、同種の文書は計六点あり、これらはいずれも契約の一条件として、現金によるハラージュのほかに、穀物租の納付が義務づけられている。ところが同じ借地契約文書でも、一九〇(八〇五／〇六)年以後のものでは、穀物租の徴収のことはまったく触れられていない。しかも一フェッダーン当たりの税率の現金額が、以前よりかなり高くなっている。これは明らかに、一八二年から一九〇年までのあいだに税制改革が行なわれ、ウマイヤ朝期以来継続されてきた現金と現物の二本立てによる土地税の徴収を廃止し、完全な現金納制に改められたことを示している[29]。このことは、キンディーの記事によって推定した穀物租の廃止時期とほぼ一致する。

さて、いま述べた一連の借地契約文書によって地租の税率を見ると、穀物租との二本立て徴収の行なわれた一九〇年以前では、概して一フェッダーン当たり一ディーナールの現金と一定の穀物租が課せられている。穀物租の税率も明示、もしくは判明する文書は、PERF n° 626 と同じく n° 638r で、いずれも一フェッダーン当たり小麦 $\frac{1}{2}$ アルデブと大麦 $\frac{1}{6}$ アルデブとなっている。この額は、イブン＝アブドゥル＝ハカムが征服直後のエジプトの税制として伝えている伝承に、「穀物租(ḍarība)として一フェッダーン当たり小麦 $\frac{1}{2}$ アルデブと大麦二ワイバ($\frac{1}{3}$ アルデブ)が課せられる」とあるのと、きわめて近い(第一部第一章第4節参照)。しかし、ウマイヤ朝中期のアフロディト文書では、概して現金による土地税一ソリドゥス(ディーナール)に対して小麦一アルデブの比率を持っていた。穀物租の税額を明示していない文書のうち、そうした穀物租を当該地方の慣例にしたがって支払うよう指示しているもの(PERF n° 612; APRL n° IX/6)があることを考慮すると、穀物租の税率は地方によって多少の差異が見られたであろう。この差異が、全国に統一的な度量衡の制度がなかったために起こったのか、それとも別の理由によるのかは不明である。

一フェッダーン当たり一ディーナールという現金の率は、al-Fayyūm でも(cf. PERF n° 621, 625, 626, 638r)、Ušmūn でも(cf. APRL n° IX/6)、またさきに述べた地租割当査定簿(第23表)の Samawā 村の場合でも同じであり、おそらく地方的差異はなかったであろう。ところが一九〇年以後になると、事情はかなり違ってくる。

イブン＝ハウカルによると、カリフ＝マームーンやムウタセムの時代、すなわちヒジュラ暦三(九)世紀の前半では、一フェッダーン当たりの課税率(maqbūḍ)は、標準貨幣で二ディーナールであったという(Ḥawqal, I, 136; Ḫiṭaṭ, I, 99)。これは当時のもっとも一般的な税率を述べたものと思われるが、一九〇年以後三世紀前半の借地契約文書や借地人名簿によると、さきに触れた baqṭ 地以外の通常のハラージュ地では、税率は概して 2〜2 $\frac{1}{2}$ ディーナールとなっていて(PSR n° 428; APW n° 25; PER Inv. Ar. Pap. 3638; APEL n° 144, 80, 226; P. Berol. 15093)[30]、イブン＝ハウカルの述べている税率とほぼ一致する。これを一九〇年以前の税率と対照すると、穀物租の小麦 $\frac{1}{2}$ アルデブと大麦 $\frac{1}{6}$ アルデブが、1〜1 $\frac{1}{2}$ ディーナールに相当することになるが、当時の小麦や大麦の価格を考慮すると、これは実質上かなりの増税となる。この問題についてはのちにふたたび触れる予定である。

なお、ついでに三世紀後半以後の税率についても見ると、それはきわめて多様なものとなっており、しかも一フェッダーン当たり $\frac{1}{3}$ ディーナール (PERF n°. 684) から四ディーナール (APEL n°. 222) まで、大きな開きがある。ただ一般的には、1〜$1\frac{1}{2}$ ディーナールの場合が多く、この限りにおいては三世紀前半の税率に比べて低い。三世紀後半以後の地租について概していえることは、(1) 作物の種類が明記され、それによって税率も異なる場合が出てくること、[31] (2) 同一の地租割当査定簿内での各納税者に対する税率は、従来ではほぼ一定であったが(例、第23表)、APW n°. 26(第24表)のように、地積数とはまったく関係なく、納税者ごとに異なる場合が出ること、(3) ヒジュラ暦四世紀になると、税率が相対的に高くなる反面、地積数を表示しないいわゆる《qabāla bi-lā misāḥa》、すなわち「耕作請負」が発生し、税率無視の傾向が現われること、などである。最後の耕作請負のことはのちに触れるとして、税率の高騰については、イブン＝ハウカルが、イフシード朝時代(三二三—三五八／九三五—九六九年)の税率を平均 $3\frac{1}{2}$ ディーナールであったと述べているのと一致する(Ḥawqal, I, 163)。

以上アッバース朝前期について、そのもっとも主要な税、すなわち人頭税と土地税、およびこれらに関連する諸問題を取り上げてきたが、これら両税以外に関しては、資料がまったく不足しているために、税種や課税法など詳細なことは不明である。一六九年 ṣafar 月(七八五年)の分益小作契約文書 P. Loth n°. 1 に現われる特別公課 nawā'ib の語が示すように、[32] とりわけアッバース朝初期には、なおウマイヤ朝期の特別税に相当する諸種の雑税が存在したと予測されるのであるが、その内容についてはよくわからない。ただパピルス文書に、イスラム教徒の所有する家畜に課せられた救貧税(ṣadaqa)の受領証 APEL n°. 197(一四八／七六五—六六年)があり、イスラム教徒に対する一種の家畜税が存在したことがわかる。もっともこの文書では、現物で納付されていること、その現物の受益者が指定されていることが判明するだけで、課税基準そのものについては不明である。[33]

第24表　地租割当査定簿(APW n° 26)

税率	納　税　者　名	地積 faddān	税額 dīnār	備　考
	⋮			
1 1/2	〔　　〕b. al-Ḥağğāğ と Pegoš b.〔　　〕	3	4 1/2	širka の土地
1 1/2	Sulaymān	2	3	al-Ḥurr が Asʻad b. Rabīʻ より請負う
2/3	Yūsuf al-Fusṭāṭī	3	2	
1 1/3	Mubārak b. ʻAbd al-Raḥmān b. Nauf	3	4	Sulaymān al-Ğinnī 昨年請負う
1 1/4	Abū l-ʻAṭṭāf	5	6 1/4	
5/6	Yūsuf al-Ḥār	2	5 1/6	
21/24	Kāmil b. Ḫalīl	10	8 3/4	レンズ豆・えんどう豆
?	al-Ḥurr b. Ismāʻīl	10	?	Abū l-Qāsim として知られる土地，うまごやし
?	〔　　〕b. Isḥāq 水車屋	4	?	
?	貨幣取扱吏 Mūsā b. Ayyūb	1 1/2	?	
	⋮			
〔1 3/4〕	?	4	7	
1	Ayyūb と Ġanm Maymūn	3	3	Muḥammad の土地
1	Isḥāq〔b.　　〕	9	9	Ibrāhīm b. Isḥāq の土地 4 dīnār の賃金で
1	ʻĪsā〔b.　　〕	6	6	Muḥammad の土地，14〔　　〕Ġayl al-Qiṭrī
1	〔　　〕b. Ḥafṣ	2	2	Muḥammad の土地
1	Ismāʻīl〔b.　　〕	11	11	
1 1/3	〔　　〕b. Mağd	9	12	
1	?	4	4	
	⋮			
	小　　計		98	

さて、こうした諸種の租税を賦課するに当たって、アッバース朝当局はその法的根拠を何に求めていたのであろうか。この点に関しては、カリフ－ラシード時代に属すパピルス文書PERF n° 624 が重要な示唆を与えてくれる。[34] それは総督 ʻAbd Allāh b. al-Musayyab(在位一七六－一七七／七九三－七九四年)の Ehnās・al-Bahnasā 両県における徴税官 Sufyān b. Qurʻa より、「イスラム教徒とズィンマの民」からなる Ehnās 県の全住民に与えられた納税に関する勧告状で、そのなかに次のような一文がある。

総督 'Abd Allāh b. al-Musayyab は余と汝らに書簡を送り、そのなかで総督はエジプトおよび(すなわち)〔ムスリム全体の〕ファイ(afyā')としてあるところの土地の租税(ǧizāya)ならびに……に関し、カリフのもとで決定された額を我らに命じている。……

要するに、ズィンマの民であるコプト人はむろんのこと、イスラム教徒に対しても、エジプトがファイの土地に属すことを理由に、納税義務のあることが告示されているわけで、アッバース朝当局が課税の根拠をファイ理論に求めていたことがわかる。

このような表現はほかにも認めることができる。それはやはりカリフ＝ラシードが、Harṯama b. A'yan をホラサーン総督に任命したときの叙任状で、そのなかに、総督の義務の一つとして「住民から、彼らに対して正当に課せられるカリフのハラージュならびにムスリム〔全体〕のファイ(fay')の税金すべてを徴収する」ことが述べられている(Ṭabarī, III, 717)。これらの例証からすると、少なくとも課税の法的根拠に関しては、実際の行政とイスラムの法理論とが一致していたことは明らかである。

五　イブン＝ムダッビルの改革

次にアッバース朝後期、すなわち税務長官イブン＝ムダッビルの税制改革以後における課税問題を検討したい。マクリーズィーによると、エジプトでハラージュ以外の税金を最初に設定したのはイブン＝ムダッビルで、それは彼がエジプトの税務を担当したヒジュラ暦二五〇年以後のことであるという。そして彼が新たに導入した税種として、Naṭrūn(天然炭酸ソーダ)税、放牧税(marā'ī)、魚網税(maṣāyid)が挙げられている(Ḫiṭaṭ, I, 103–04)。ここでマクリーズィーがハラージュといっているのは、単に地租を指すのではなく、イスラム法でも認められている正規の税一般を指すようであるが、しかしそれ以外の諸税を導入した年を二五〇年としているのは、誤りである。

キンディーには、イブン＝ムダッビルの税務長官就任の年代もしくは税制改革の時期に関する記述はない。しかしセベロスの『総主教史』によると、ムンタセルがクーデターによってカリフになり(二四七年 šawwāl 月)、各地の地方官を更迭したさい、イブン＝ムダッビルも Sulaymān b. Wahb に替って着任し、ただちにイスラム教徒やキリスト教徒・ユダヤ教徒に対して苛酷な税を強いたが、それはコプト暦五七八(二四七—四八／八六一—六二)年であったという(Sawīrus, II, 24, 26–27 ; cf. Kindī, 203)。一方パピルス文書では、二四八年 tōt 月一三日(八六二年九月一〇日)の日付を持つ放牧税受領証 PERF n°. 777 があって、それにはイブン＝ムダッビルの名前と、その放牧税が二四七年度のためであることが明記されている。これらの資料からすると、彼の税制改革はヒジュラ暦の二四八(八六二)年に行なわれ、税年度では二四七年度から実施されたことになる。

イブン＝ムダッビルが導入した税種のうち Naṭrūn というのは、カイロとアレクサンドリアのほぼ中間にあるオアシスの Naṭrūn 湖で採集される天然炭酸ソーダのことで、マクリーズィーによると、従来は自由に利用してよい共有財産 mubāḥ であったが、彼がこれを政府に帰属させたという(Ḫiṭaṭ, I, 109)。したがって、これは税というよりむしろ国有財産となったわけである。次に放牧税の課税根拠は、自然に繁茂する牧草そのものを一種の国有財産と見なすことにある。やはりマクリーズィーによると、ナイル河が減水して牧草が繁茂し、放牧によってその牧草がなくなると、担当の役人を派遣して家畜の頭数を数え、所有主から一頭当たり何がしかを徴収したという(Ḫiṭaṭ, I, 107)。また魚網税は、単に海岸や湖沼での漁撈に対するばかりでなく、各地でナイル河の増水を利用して、灌漑溝に仕掛けられる魚網に対しても課せられた(Ḫiṭaṭ, I, 107–08)。

しかし、イブン＝ムダッビルが創設したのは、これら三税種だけではなかった。セベロスは、彼が宅地に植えてある棗椰子や果樹についても課税し、また長らく廃止されていた修道僧に対する人頭税も復活したと述べている(Sawīrus, II, 24)。確かに、三世紀後半以後のパピルス文書には、これまでになかった種々の税目が登場する。たとえば、上エジプトの某県内各村落収税報告書断片 APG n° 4 では、次のような税種が見られる。

①私領地税 māl al-ḍayʽa＝ハラージュに相当。
②人頭税 ǧawālī
③放牧税 marāʽī
④棗椰子税 naḫl
⑤牧草税 ḍarībat al-ḥaḍar
⑥ぶどう園税 ḍarībat al-karm
⑦砂糖きび税 ḍarībat qaṣab al-sukkar
⑧果樹園税 ḍarībat al-ǧanna

しかもこれらの税種は、①の私領地税と②〜④、⑤〜⑧の三つの範疇にほぼ区分けされている。とくに⑤〜⑧の各税種には ḍarība の語が冠せられている場合がある。[35] また Ḥayz Šanūda 県の諸税領収計算書断片 P. Berol. 15131 では、人頭税・放牧税・棗椰子税のほかに、庭園税（miʼāl, maʼla の複数形）・救貧税（ṣadaqāt）が列挙され、これらが《abwāb al-māl》と総称されている。[36] さらに某村の諸種税金納税者台帳 APEL n° 238 では、庭園税（maʼla）・牧場税（murūǧ）・人頭税・放牧税・棗椰子税・うまごやし税（qurṭ）の六種の税項目が配列されている。これらのほかパピルス文書には、マクリーズィーのいう魚網税（maṣāyid, APEL n° 233; PER Inv. Ar. Pap. 5999^{r}）をはじめ、菜園税（mabāqil, mabqala の複数形、PER Inv. Ar. Pap. 5999^{r}; cf. APEL n° 234）、labaḫ（アカシアの一種）収穫物税（ṭaman ṭamara, APG n° 3）、亜麻税（kattān, APEL n° 81/82; PER Inv. Ar. Pap. 3431, 6007）、オリーブ税、浴場税（PER Inv. Ar. Pap. 5999^{r}）、総督穀物税（ġallat al-amīr, PERF n° 641; cf. PER Inv. Ar. Pap. 6011）などが散見される。[37]

もっとも、パピルス文書を仔細に検討すると、これらすべての税種がイブン＝ムダッビルの創設したものとは限らないということである。たとえばうまごやし税は、イブン＝アブドゥル＝ハカムが征服期の税制として述べたところで、これには現物租(ḍarība)はかからないとされていたものであった(Ḥakam, 153)。しかも二五一年の日付のあるPER Inv. Ar. Pap. 8569 に「うまごやし税」(ḫarāǧ al-aqrāṭ)の語が現われることから、これがイブン＝ムダッビルによって導入されたかのようにみえる。[38] しかし、これはあくまで、彼が「うまごやし税」という税目を設けたというだけで、二四八年以前ではうまごやしが課税の対象外であったということを意味しない。すなわち、たとえば一五六(七七二／七三)年ごろに書かれた地租の納税台帳断片 APEL nº 231 では、各納税者が耕作している作物名が付記されているが、そのなかには亜麻やうまごやしも含まれている。同様にして三世紀初頭前後に属す納税台帳 APEL nº 232 には、小麦や大麦と並んで、うまごやし・けし(ḫašḫāš)・エジプト豆(ḥazar)・青草(ḫalī)・ルピナス(turmus、野菜の一種)などの作物名が記されているのである。

したがって、通常免税とされていた休耕地(muʻaṭṭala)でもないかぎり(cf. PERF nº 621)、これらの作物を栽培すれば当然課税の対象となった。ただアッバース朝前期では、課税の主眼は作物よりも土地そのものに置かれ、作物の種類に関係なく、地租の名で一括して徴税されていたわけである。実はこれは、イスラム法における土地税の原則に沿うものでもあった。ところがイブン＝ムダッビルは、課税対象の範囲を広げて新しい税目を導入するとともに、土地税に関しては、土地そのものよりも作物の種類に課税の主眼を置き、しかも租税体系の全面的な再編を行なったのである。

さきに、諸種の税金が三つの範疇に区分されていた事例を紹介したが、このような方法は、下級官庁に対する納税者移管通告書 APRL nº II/7 でも見られる。すなわちここでは、納税者に課せられる全税金を ḫarāǧ, ḍarāʼib, abwāb の三語を列記して表現している。[39] したがって、イブン＝ムダッビルが税制を再編するに当たって、諸税種を三分割したことはほぼ間違いない。税種によってはどの範疇に属すのか不明なものもあるが、概して ḫarāǧ は小麦や大麦を

第25表　諸税領収納税者台帳(単位 dīnār)3 H世紀後半(APEL n° 238)

納　税　者　名	数	庭園税 ma'la	牧場税 murūğ	人頭税 ğāliya	放牧税 marāʽī	棗椰子税 naḫl	うまごやし税 qurṭ
〔　　〕sī Merqūre 鼻高	—	5/48	5/48	5/48	—	?	?
庫吏 Bilōte		13/96	15/96	15/96	—	?	?
Homīse 鼻高，数人のために	1	13/16	13/16	—	—	?	?
酒屋 Yoḥannes　1/8							
彼自身　1/6							
Adratīne　1/12							
Siṣrā(?)　1/12							
Beğōš　1/6+1/3k							
Šanūda Qarā　3/32							
Mūsā　11/32							
Sisinne Helis		7/48	7/48	—	—	?	?
Yoḥannes Abalaheu		5/16	5/16	—	5/16	?	?
		5/8	—				
執事 Yoḥannes		1/6k	1/6k	?	?	?	?
染物屋〔　　〕uheu		1/6k	—	?	?	?	?
小　　計		$1^{29}/_{48}$	$1^{29}/_{48}$				
?		7/48+1/3k	7/48+1/3k	—	—	7/48+1/3k	1/24
?		11/96	11/96			10/96	
?		7/96+1/6k	7/96+1/6k	—	—		
⋮			(後		略)		

〔註〕 k=qīrāṭ=1/24 dīnār.

対象とした地租を指し、abwāb(または abwāb al-māl)は人頭税・放牧税・棗椰子税・牧場税などを、ḍarā'ib はうまごやし税・牧草税・ぶどう園税などを含んでいた。このような税の分類方法は、地租と人頭税とをもっとも主要な税として対置させるアッバース朝前期の分類方法と根本的に異なる。

ただ注意しなければならないのは、税目によっては、税そのものを指すのではなく、諸種の税を包括する一つの項目として、単に帳簿上でのみ用いられる場合があることである。たとえば PER Inv. Ar. Pap. 5999r では、牧場税 murūǧ は人頭税・放牧税・棗椰子税(地区によっては人頭税と浴場税)を、また菜園税 mabāqil は放牧税・棗椰子税・魚網税もしくはオリーブ税をそれぞれ総括する項目名となっている(第29表参照)。そのうえ諸税領収納税者台帳 APEL n° 238(第25表)にみられるように、納税者がそれぞれ当該税目について、ほとんど同額を支払っており、これはある納税者に一定額が割り当てられると、それをただしかるべき税目に配分したにすぎないことを思わせる。これらの事例から明らかなように、この新たな租税体系を実施するに当たっては、かなりの試行錯誤があったものと思われる。

(1) パピルス文書のうちで、納税者個人にあてられた人頭税受領証として古いものでは PERF n° 670 がある。これは一九五年度のためのもので、人頭税(ǧizya ra's) $^1/_2$ ディーナールが支払われている。Cf. PERF n° 715, 718, 752. 土地税(地租)受領証では PERF n° 695 があり、これは二〇三年度のものである。

(2) 納税者名簿には年代のはっきりしているものは少ないが、人頭税では PERF n° 677(二世紀末)、APEL n° 202, 203, 206, 211(三／九世紀)があり、土地税(地租)では APEL n° 223(八—九世紀)、222(三／九世紀)などがある。

(3) ウマル二世の改宗者に関する勅令については第一部第二章第7節参照。

(4) Cf. Yaḥyā, n° 22, 25.

(5) Balāḏurī, III, 546, n° 1016; Qudāma, 92b (Ben Shemesh: Taxation, II, 26); cf. Yaḥyā (Ben Shemesh: Taxation, I), n° 35, 614, 615. なおエジプトでは裁判官(qāḍī)も、すでにカリフ=マフディーのときに、アブー=ハニーファの学派に属す者が、カリフから派遣されて来ている。Cf. Kindī, 371–73.

(6) Yaḥyā, n° 34, 36, 601; Amwāl, 88, n° 235–43. 嶋田襄平「ウマル二世の租税政策」一〇七頁参照。

（7）一〇世紀後半の地理学者イブン＝ハウカルでも「エジプトの住民はコプト人のキリスト教徒である」と記している（Ḥawqal, I, 161)。

（8）二四一年 paophi 月一四日（八五五年一〇月一〇日）の日付のある人頭税受領証 PERF n° 762 (EPER n° 13) では、文書の保存状態が悪いため、《ra's》のまえに当たる部分が欠落しているので、そこに《ǧizya》と書かれてあったのか、《ǧāliya》と書かれてあったのか不明である。二八〇（八九三）年ごろの納税者名簿 APEL n° 254 や三〇八（九二〇／二一）年の人頭税受領証 PERF n° 897 に《ǧāliya ra's》とあるので、後者の可能性も強い。またアッバース朝成立直後の一三四年 raǧab 月（七五二年一／二月）の日付を持つ APEL n° 169 には《ǧizya》の語が見えるが、やはり文書の保存状態が悪いため、それが人頭税を意味しているのか、それとも一般的な租税を指しているのか不明である。

（9）barmūde 月一三日の日付を持ち、三一八（九三〇）年度のためとされる人頭税受領証 APEL n° 195 には、例外的に《ǧizya》が用いられている。しかし、この文書中に「ハーキミー金貨で」とあるところから、これはファーティマ朝時代に属し、したがって三一八年は四一八年の書き誤りであることがわかる。また書式の点でも、これはやはり《ǧizya》が用いられていて、四二七年 ramaḍān 月一一日＝同年 abib 月一四日の日付を持つ人頭税受領証 PERF n° 1181 (cf. MPER, p. 169) と同系統に属している。なお行政用語以外では、イスラム法上と並んで、史書でも《ǧizya ra's》が用いられることがあった (cf. Sīra Ṭūlūn, 118)。

（10）詳しくは、APG, p. 25, note 2; APEL n° 211, 212; MPER, II/III, pp. 162, 164 参照。

（11）なおイラクではその後もずっと ǧāliya が用いられ、少なくともブワイフ朝時代まで至っている。Cf. Hilāl al-Ṣābi': Kitāb Tuḥfat al-umarā' fī ta'rīḫ al-wuzarā', (Leiden, 1904), 158; A. v. Kremer: Ueber das Einnahmebudget des Abbasiden-Reiches vom Jahre 306 H. (918–919), (Denkschriften der Kaiserlichen Akademie der Wissenschaften, Wien, 1887), 307; Miskawayh: Taǧārib al-umam, (7 vols., London, 1920–21), II, 25; Ibrāhīm b. Hilāl al-Ṣābi': al-Muḫtār min rasā'il, ed. Šakīb Arslān, (Ba'abdā, Libnān, 1898), 214 (Ḥiṭaṭ, I, 279); Kitāb al-Ḥāwī, apud C. Cahen: Quelques problèmes économiques et fiscaux de l'Irāq Buyide d'après un traité de mathématiques, (Annales de l'Institut d'Études Orientales d'Alger, X, 1952), 335.

（12）Abū Yūsuf, 122–24 (Ben Shemesh, Taxation, III, 84–85); Amwāl, n° 100–104; Qudāma, 102b–103a (Ben Shemesh, Taxation, II, 43–44).

(13) 完成されたイスラム法では、このような人頭税の三段階規定はウマル一世によって創始されたものとされているが、このカリフの治世中に、実際に三段階の人頭税が存在したかどうかについては疑問視されている。嶋田襄平「ウマル一世のサワード租税制度」二〇—二一頁参照。

(14) Ibn Mammātī や al-Maḫzūmī によると、アイユーブ朝初期の人頭税の額は、富者では $4\,{}^{1}/_{6}$ ディーナール、中産では $2\,{}^{1}/_{12}$ ディーナール、下層では $1\,{}^{7}/_{12}$ dīnār＋2 ḥabba であるという。Mammātī, 318; Maḫzūmī, 77a; cf. C. Cahen: Contribution à l'Étude des impôts dans l'Égypte médiévale (JESHO, V, 1962), p. 248. ただし、征服直後のエジプトでは、人頭税は一人当たり二ディーナールの画一的な計算によっていたという Cahen 氏の説明は誤り。

(15) エジプトでは、征服以来ヒジュラ暦一世紀のあいだは、アラブ－ムスリムの軍事都市(amṣār)への固定化政策は守られたが、二世紀に入ると、彼らの農村地帯への入植が始まり、やがてその有力者たちは各地で土豪地主的存在となっていった。この間の過程については第二部第一章第2節参照。

(16) この点をもっとも具体的に述べているのはアブー＝ユースフで、彼は次のように言っている。「何びともハラージュ地をウシュル地に、またウシュル地をハラージュ地に変更する権利はない。すなわちあるウシュル地の所有者が、ハラージュ地を買って、それを自己の土地とともにウシュル地にして、ウシュルを支払ったり、あるいはハラージュ地の所有者が、隣接しているウシュル地を買って、それを自己の土地とともにハラージュ地にして、ハラージュを支払ったりすることは違法である」(cf. Ben Shemesh: Taxation, III, 83)。

(17) アブー＝ユースフによると、「ハラージュを支払うという条件で和約を結んだ異教徒は、ズィンマの民となり、彼らの土地はハラージュ地となるが、その所有権は彼らに属す。武力で征服した土地に関しては、もしカリフがそれを征服に参加したアラブ－ムスリム軍のあいだで分配したのであれば、その土地はウシュル地となるが、もし分配せず、住民たちの保有に委ねたのであれば、その土地はハラージュ地となり、それ以後はもはやカリフといえどもそれを没収することはできない。その土地は彼らに属する私有地(milk)で、彼らはそれを相続したり、売買したりできる」という(Abū Yūsuf, 63, 202)。また同じような合法化は、Ibn Abī Laylā や Abū 'Ubayd によっても行なわれている(Yaḥyā, nº 28; Amwāl, 84)。

(18) クダーマはこの論争を集約した形で伝えている。Qudāma, 94a (Ben Shemesh: Taxation, II, 29)。

(19) 両派の主張の根本的な相違は、アブー＝ユースフらが征服の形式よりも土地保有の実態そのものを重視して、「ハラージュ地」の概念を規定し、そうした土地の売買・相続を合法化するのに対し、マーリクらは征服の形式そのものを重視して、征服地をスルフ(和約)地とアンワ(武力)地とに分け、後者をハラージュ地とし、その売買を非合法とする。al-Ṭabarī: Kitāb Iḫtilāf al-fuqahā', 218–19, 224; Yaḥyā, n° 27, 28, 34, 35; Ḥakam, 155; Amwāl, 79–80, n° 205; cf. Abū Yūsuf, 69, 86; Yaḥyā, n° 47.

(20) ウマル二世による耕地売買禁止令については、第一部第二章第7節一四三頁参照。

(21) Ibn 'Asākir, I, 183–84. マンスールの場合、ヒジュラ暦一四〇—四一年にシリア各地に担当官を派遣して、購買や相続・贈与などによって所有者の移管された土地や原住農民の保有地などの税務調査を行なわせたが、結局前者の土地は、古くからの譲渡地(qaṭī'a)とともにハラージュを課することをせず、ウシュル地のままとし、原住農民の保有地のみハラージュを課したという。

(22) やはりアッバース朝初期の北部イラクで、アラブ地主の納める土地税が、キリスト教徒のシリア農民の納めるハラージュと同率か、あるいはむしろ過重であったにもかかわらず、ṣadaqa もしくは ṣadaqat al-māl と呼ばれていた。このことは前節で述べた通りである。またマクリーズィー所収の Abū Dā'ūd の著《Kitāb al-Sunan》によると、《Kitāb al-Zakāt》という書の〈ṣadaqat al-zar'〉の章に、あるムスリムの広大な菜園がフスタートの郊外にあって、二一七(八三二)年カリフ－マームーンがエジプトに来たとき、これを見て驚き、そこにいくらの「ハラージュ」が課せられているかと尋ねた、という逸話が記載されていたという。これは当時、ムスリムの支払う土地税は法的にはサダカと呼ばれていたが、慣例ではハラージュとも呼ばれていたことを示している(Ḫiṭaṭ, I, 334)。なお一四八(七六五／六六)年に書かれた救貧税(ṣadaqa)受領証 APEL n° 197 というのが、私見の及ぶところ一点あるが、これは土地税ではなく、ムスリムの所有する家畜を対象としたもの。

(23) カリフ－ラシード時代の総督 'Abd Allāh b. al-Musayyab の徴税官から Ehnās 県の全納税民宛発せられた書簡 PERF n° 624 では、その納税民を「イスラム教徒ならびにズィンマの民からなる」ものと述べている。Cf. A. Grohmann: From the World of Arabic Papyri, (Cairo, 1952), pp. 132–34.

(24) この文書は日付の部分が欠落しているが、文中に納税請負人(mutaqabbil)として登場する Muḥammad b. 'Īsā は、二四九年度の地租受領証 APEL n° 184 や二五二／三年に書かれた官庁文書下書 PERF n° 786 にも現われる。

(25) 他に baqṭ の出る文書としては、「Abū Bakr の baqṭ〔地〕」の句がある PSR n° 243 や「Siya Sāwa の baqṭ〔地〕と Šahrūn の baqṭ〔地〕について」の地租受領証 PERF n° 879 がある。Cf. APEL, II, p. 40.

(26) 借地契約文書 APEL n° 79 では、baqṭ 地三〇フェッダーンを借り受ける借地人は《カリフの mawlā》の肩書を持っており、特権階級に属していることがわかる。

(27) ウマイヤ朝時代、標準的なアラブ一人に対し、rizq として年間一〇ないし一二アルデブの小麦が支給された(Kindī, 82)。

(28) ʿaṭāʾ は通常現金給与を意味するが、この場合、その支給額の三分の一のみ現金で支払い、他は現物で支払ったということなのか、それとも ʿaṭāʾ は俸給全般を指し、現金のほか、rizq の小麦も「維持費」の織布も規定通り支給したということを意味するのか明確でない。

(29) もっとも ḍarība(複数形 ḍarāʾib)の語そのものは、アッバース朝後期でも用いられるが、意味は異なる。Cf. APG nº 4; Muqaddasī, 213.

(30) baqṭ 地およびこれに準ずると思われる一部の私領地の税率は $^{5}/_{6}$, $1\,^{1}/_{2}$, $1\,^{7}/_{12}$ ディーナールなどで、かなり低い。Cf. PSR nº 243; APEL nº 79; PERF nº 633, 759.

(31) 二五三年度の借地契約文書 APEL nº 81/82 では、一フェッダーン当たりの小麦の税率 $^{1}/_{2}$ ディーナールに対し、亜麻のそれは $1\,^{1}/_{2}$ ディーナール、借地人名簿 PER Inv. Ar. Pap. 341(三世紀)では小麦が $^{2}/_{3}$ ディーナールで、亜麻が $1\,^{1}/_{2}$ ディーナール、借地契約文書 PER Inv. Ar. Pap. 8689 では小麦が二ディーナールで、亜麻が四ディーナール、借地人名簿 PER Inv. Ar. Pap. 6007 では小麦 $2\,^{1}/_{3}$ ディーナール、亜麻四ディーナールである。

(32) 第二部第二章三七八頁参照。

(33) この受領証の内容は次の通りである。「慈愛あまねき神の御名において。総督 Yazīd b. Ḥātim の二人の徴税官 Muḥammad b. Ismāʿīl と al-Rabīʿ b. Qays より、Ḥasīb b. ʿAlī を負債者とし、Ismāʿīl b.〔　〕と Ǧābir b.〔　〕を受益者とする受領証で、二人はサダカ(ṣadaqa)の羊四〇頭を一四七年度のために〔　〕受け取った。一四八年〔　〕書す。」

(34) Cf. A. Grohmann: From the World of Arabic Papyri, pp. 132–34.

(35) 牧草税以下の税種は、かならずしも ḍarība の語を冠せられるわけではなく、ハラージュを取る例もある。たとえば PER Inv. Ar. Pap. 10151 では ḫarāǧ al-ḥaḍar wa-l-aqrāṭ(同様例 APW nº 13)となっており、また ḫarāǧ al-karm や ḫarāǧ al-qaṣab の例もある(PERF nº 857; PER Inv. Ar. Pap. 8527; APEL nº 234)。Cf. APG, pp. 18–19.

(36) Cf. APW, beilagen IV, Ar. Or. XII, p. 109.

(37) ǧallat al-amīr というのは、ウマイヤ朝時代における総督ならびにその側近やフスタートの高等官吏たちの維持費(δαπάνη)に相当するものと思われる(cf. P. Lond. nº 1375. 第一部第二章九二頁参照)。なお納税にさいして、支払われた現金の実質額を調整する意味で徴収される保証手数料(ṣarf)などの税種については、税の範疇がまったく異なるので、ここでは触れないでおく。

(38) Cf. APEL, IV, pp. 64-65. ほかにうまごやし税の出る文書に、APRL n° VII/19; PER Inv. Ar. Pap. 10151 などがある。

(39) APRL の校訂者 D. S. Margoliouth は最後の al-abwāb を al-nawā'ib と判読したが、これは A. Grohmann によって訂正された。Cf. APG, p. 18, note (2).

3　税務行政

一　行政機構

前節で述べてきたような諸種の税金は、いかなる行政機構を通じて納税民に課税され、ついでどのようにして徴税され、国庫なり公庫なりに納付されたのであろうか。この点を考察するに当たって、まずアッバース朝期のエジプトの地方行政機構に触れねばならないであろう。

さきに、ウマイヤ朝期でもなおビザンツ時代の州県制度が存続していて、エジプトはデルタ地帯の二州と上エジプトの二州、それにバルカの五つの州(ἐπαρχία)に分かれ、各州はさらにいくつかの県(παγαρχία)に分かれていたことを述べたが、アッバース朝期でもこれがそのまま受け継がれたかどうかはきわめて疑わしい。まず州について、リビア地方のバルカ州はともかく、史書やパピルス文書によく現われるのは、下エジプト Asfal al-Arḍ と上エジプト a-Ṣaʻīd の二語で、[1] これらが単に地理的区分ばかりでなく、行政区画をも指していたことは間違いない。そしてヒジュラ暦二世紀末から三世紀にかけての内乱時など、特異な時代を除いて、これら二州には概して知事(δοῦξ)に当たる wālī が置かれていたようである。たとえば、アッバース朝初期(一八〇／七九六年ごろ)に属す私書簡 APRL nº I/5 では、下エジプト州に軍事と税務を担当する wālī が派遣されていたことが明らかであり、[2] またセベロスには、カリフームウタセムの治世初期に関して、「上エジプト州知事の書記」(kātib al-wālī fī l-Ṣaʻīd)という官職名が見える(Sawīrus, PO, X, 503)。それにアレクサンドリアは、その周辺地域も含めて、いわば特別地区として知事(wālī)が置かれていた(Kindī, 153, 157, 184, 205, 216, 274; Sawīrus, PO, X, 430, 467, 481, 540, II, 2)。

ところが、イブン＝ホルダーズビフ(三／九世紀)の記載するエジプトの県名表には、州名と思われるものも混入している。すなわち al-Ḥawf al-Šarqī, al-Ḥawf al-Ġarbī, Asfal al-Arḍ, Baṭn al-Rīf, al-Ṣaʿīd である。[3] 一方、マクリーズィーはエジプトの行政区画を説明するに当たって、まず上エジプト al-Ṣaʿīd と下エジプト Asfal al-Arḍ の二つに大きく分け、後者についてはさらに、al-Ḥawf al-Šarqī, Baṭn al-Rīf, al-Ḥawf al-Ġarbī(アレクサンドリアを含む)に三分し、それぞれに所属する県(kūra)名とその所管の村落数を列記している(Ḫiṭaṭ, I, 72-73)。したがってアッバース朝期においても、下エジプトを三州に分けて、上下エジプトを四州とする場合のあったことが予測される。バルカも入れてエジプトを五州に分け、それぞれに知事を置いたことを示すほぼ唯一の例証は、アッバース朝がトゥールーン朝からエジプトを回復した二九二(九〇五)年のときで、その五州はアレクサンドリア・Ṭaġr Tinnīs wa Dimyāṭ (Baṭn al-Rīf)[4]・al-Aḥwāf (両ハウフ地方)・Barqa・al-Ṣaʿīd となっている(Kindī, 258; Taġrībirdī, III, 145)。

このように、アッバース朝期でもエジプト本土を三ないし四州に分ける分割統治の行なわれたことは明らかであるが、州知事の役割は、ウマイヤ朝期のそれとはまったく異なっていたことに注意しなければならない。ウマイヤ朝期では、アフロディト県のような、フスタートの中央政府の直轄地はともかく、各県の税務行政は、その上級官庁である州知事(δοὺξ)の監督を受け、その媒介を通じて中央政府と結ばれていた。ところがアッバース朝では、軍事権と財政権の分離が進み、たとえ総督が税務長官を兼務することはあっても、その下部機構は明確に区別されていた。すなわち、州の知事は主として軍事権を担当するのみで、各県の税務行政は、税務長官が任命する県の徴税官(ʿāmil)によって執行され、フスタートの中央政府と直結していたのである。このことは、いま述べた二九二年の場合、五州の知事と並んで、エジプト全土の税務を担当する税務長官が任命されていることからもわかるが、パピルス文書を見ると一層明らかとなる。パピルス文書では、税務長官(もしくは総督)と県の徴税官との直接的関係を示す例は枚挙にいとまがないが、州知事を媒介とする例はまったく見られないのである。

したがって、徴税区として重要なのは県(kūra)であるが、ただ一県がかならずしも一徴税区を形成するとは限らず、二県以上で一徴税区を構成する場合もあれば、数ヵ村で一徴税区を構成する場合もある。[5] とりわけ三世紀以後私領地(diyāʿ)が発展してくると、これが特定の徴税区を形成することがあった。たとえば、地租受領証 APRL n° III/9 では《総督の私領地の kūra》という語句が見られ、また収税計算書 PER Inv. Ar. Pap. 5999r では、上エジプトの Qūṣ や Maysāra ならびにこれらの都市に所属する諸村落からなる私領地が、一徴税区を形成している。[6] そのうえ次節で取り上げるように、税の請負制が発展してくると、徴税のための行政単位は一層複雑なものになるのである。[7]

このような私領地や納税請負制の発展にもっとも大きな影響を受けたのは、徴税区として最小単位をなす「村」であった。ウマイヤ朝においては、村(χωρίον)は村長(μείζων : māzūt)を中心に、自立的な地方共同体として、徴税業務に重要な役割を演じ、それは末期まで変らなかった(cf. Sawīrus, PO, V, 134)。この点はアッバース朝初期でも同様で、村落共同体はなお有効な機能を発揮したようである。すなわち、ヒジュラ暦一三七—一四〇(七五四—七五七)年に属す宣誓書 APEL n° 167 によると、上エジプトの町村長の大半はまだキリスト教徒のコプト人によって占められ、しかも彼らが、上級官庁である県の長官兼公庫長のアラブ人から、各町村における徴税の最高責任者と目されている。また一五六年 šawwāl 月(七七三年八/九月)の日付のある地租受領証 PAL n° 16 によれば、実際にコプト人の村長が村民の納税の直接受領者となっており、村落共同体の徴税は、村長の責任においてなされたことが確かめられるのである。[8]

ところが私見の及ぶところ、この一五六年以後、村長が「村」の徴税に責任を負っていたことを示す資料はまったく見当たらない。村内の徴税業務は、もっぱら政府の派遣する県の徴税官もしくはその代官の監督のもとに行なわれており、村長の媒介を必要としていない。ここに、ウマイヤ朝に比して、アッバース朝当局の著しい権力の浸透を見ることができる。それはともかく、このような行政上の転換はカリフ-マフディー(在位一五八—一六九/七七五—七八五年)の治世中に行なわれたらしい。それは、すでに一六二年 dū l-ḥiǧǧa 月(七七九年八/九月)の日付のある借地契約文書 PERF n° 612 において、借地ならびに納税の取り決めに関する、県の徴税官と一納税者とのあいだの直接的な関係を認めることができるからである。

こうしてアッバース朝期では、税務長官―県徴税官―納税民という税務行政における中央集権体制が、かなり早くから確立しており、したがって次に検討する徴税手順も、これを標準的な機構とする前提に立って述べるはずである。しかしながら、この体制がかならずしも成功したものでなかったことは、第1節で取り上げた一連の抗租運動からもうかがえるが、三世紀以後のエジプトにおける私領地の拡大、それに続く納税請負制の発展は、当然この体制に大きな影響を与えずにはおかなかったのである。これらについては、それぞれ章節を改めて詳論するので、ここでは省略するが、ただ次のような点だけはあらかじめ注意しておきたい。まず前者についていえば、「村」の全部もしくは一部が私領地となっている場合、その村の徴税には私領地の地主の何らかの介入を招きやすいということである。後者では、ある県全体なり一村なりが、納税請負制によって徴税される場合、その県や村の徴税が、通常の徴税官によるそれと、まったく同一条件のもとに行なわれることはありえないということである。

徴税機構のうえで注目すべき事実は、ヒジュラ暦二四二(八五六)年ごろ「総督 Yazīd b. ʿAbd Allāh al-Turkī は、muḥtār たち〔の選出〕を命じ、彼らを諸県に配置した。Yazīd は県に muḥtār を配置した最初の人である」というキンディーの記事である(Kindī, 203)。《muḥtār》とは「選ばれたる者」の意味で、これだけではその職務内容を明らかにすることはできない。しかし、この制度はトゥールーン朝にそのまま受け継がれたらしく、『イブン＝トゥールーン伝』にも見える。それによると、《muḥtār》は県内の各徴税区ごとに置かれて、《muḥtār al-nāḥiya》と呼ばれており、徴税担当官 ṣāḥib(おそらく県の徴税官 ʿāmil)とともに、当該徴税区(村落規模か)の各納税者に対する課税額の査定に重要な役割を果たしている(Sīra Ṭūlūn, 189–92)。ウマイヤ朝時代、村長や有力地主たちの合議によって選ばれた査定人が、課税の基礎となる村の登録簿の作成に当たっていたことを述べたが、[9] muḥtār はおそらくこの「査定人」に相当するのであろう。アッバース朝初期における村落共同体の自主的業務の停止以後、ちょうどヒジュラ暦二世紀後半から三世紀にかけて起こった一連の抗租叛乱によって、従来の村落共同体は崩壊も同然の状態となっており、ヒジュラ暦の二四〇年代は租税体制の再編期に当たっていた。muḫtār の設置や前節で述べたイブン＝ムダッビルの税制改革は、このような再編の一環として行なわれたものとみなすことができるのである。

二　課税業務

さて、人頭税や地租を徴収するには、まずそれぞれの対象となる非イスラム教徒住民や土地の調査から始めねばならないが、残念ながら前者については、どのような組織によって戸口調査が行なわれ、人頭税納税者名簿や前節で紹介したような人頭税割当査定簿が作成されたのか、ほとんど不明のままである。したがって、ここでは地租の場合を中心に述べたい。前節でも少し触れたが、エジプトでは地租は原則として「土地測量制」(misāḥa)にもとづいて課税される。[10] この制度の意味は文字通り土地を測量して、耕地面積数を算定し、これに一定の税率を乗じて税額を決めることにある。この測量に従事する官吏として資料に見えるのは、《massāḥ》(Kindī, 140; ABPH n°7; APW n°30)[11]と《qaṣṣāb》(APEL n°288)である。両者の職掌の違いについては明確でないが、ファーティマ朝時代では、qaṣṣāb が実際の測地をし、それをもとに massāḥ に当たる māsiḥ がその土地の面積数を算定したといわれているから、[12] アッバース朝期でも、qaṣṣāb は massāḥ の補佐を勤めたと思われる。

測量の結果、各納税者ごとの土地台帳が作成されるはずであるが、現存の文書からその例証を挙げることは困難である。ただ作物ごとに税率の異なるアッバース朝の後期と、おそらくそうしたことがあまり考慮されなかった前期とでは、当然その書式も異なっていたであろう。しかしその前期でも、地租割当査定簿もしくは地租納税者名簿と思われる文書の断片からすれば、土地台帳には単に耕地面積数を記すだけでなく、作物の種別も付記されたと考えてよい(cf. APEL n°229, 230, 231)。後期では明らかに作物の種別ごとに地積数が集計される。まず小単位の地区での地積調査報告書が作成され(APEL n°. 265)(13)、これが村さらには県の税務局に提出されて、県内の各村落ごとの地積調査報告書に総括される。第26表はその一例の断片である。この報告書はさらに上級官庁に提出され(cf. APEL n°. 170)、おそらく中央官庁で県単位の地積報告書にまとめられた(cf. APEL n°. 266)。なお村落ごとの地積調査報告書のうちには、村内の耕地をハラージュ地 al-arḍ al-ḫarāǧīya と非ハラージュ地、すなわち私領地(ḍiyāʿ)とに分け、それぞれの播種地なり菜園なり、うまごやし畑なりの地積数を集計しているものがある一方(cf. APEL n°. 269)、私領地ばかりの地積調査報告書もあったりする(cf. APW n°. 35)。これはヒジュラ暦三世紀ごろより私領地の発展に伴って、土地をハラージュ地と私領地とに分ける法制上の習慣が生まれたことを示している。(14)

第26表　某県諸村地積調査報告書断片 3(9)世紀 (APEL n° 268)

村落名				地積数 faddān
Maḥallat al-A〔　〕m 村				15□□3/8
小麦播種地	1379	大麦播種地	53	
豆類 〃	35	ぶどう園	22	
うまごやし	68 1/2	えんどう豆	2	
〔　〕地	30			
ぶどう園	26 1/16	ぶどう苗畑	2	
荒蕪地	7/8			
Naṭwā(?)村				681
麦類播種地	631 7/12			
〔 〕 〃	36			
〔　〕地	13			
ぶどう園	3 1/4	ぶどう苗畑	1/4	
野菜園	1 5/12			
?				
〔　〕村				□□27y/x
⋮				

ところで、さきに「地租は原則として土地測量制にもとづく」と述べたが、資料にはこのような地積測量によらないで、一定の現金額を課税される場合が出てくる。それは「耕作請負」ともいうべきもので、「納税請負制」と同じ《qabāla》の語で呼ばれるが、内容はまったく異なる。この耕作請負は、税務行政のうえでは土地測量(misāḥa)に対立するものとして扱われる。たとえば二九四年度の Dimnūh, Tadǧāǧa, Usṭurādah およびこれら付属の小村に関する税収実績明細書 APH n° 12/a では、文頭に

「地積測量(misāḥa)・耕作請負(qabālāt)・人頭税(ǧawālī)・放牧税(marāʿī)・Dimnūh における全棗椰子園の収穫物税・果樹園の収穫物税・その他の全税種をもとに徴収されたるもの」

という文句があって、次に各項の内訳が記されているが、文書全体から判断すると、これらの税項目は実際的には上記のように分類される。そして納税者には、これらすべての税金に付随して、あたかも付加税のごとく保証手数料(ṣarf)が加算されている。この分類表における「地積測量」や「耕作請負」はむろん税種ではなく、地租の徴収方法の違いを示したものである。そのうえこれによると、耕作請負は小麦などの一般農産物の耕地を対象としていることがわかる。

- 税金 māl
  - 地租 ḫarāǧ
    - 地積測量 misāḥa
    - 耕作請負 qabālāt
  - 諸税 abwāb al-māl
    - 人頭税 ǧawālī
    - 放牧税 marāʿī
    - 棗椰子税 naḫl
    - 果樹税 ǧanna
    - その他

地積測量と耕作請負の差異は、借地契約文書を見ると一層明らかとなる。一般に kirāʾ 文書と呼ばれるものでは、当面の借地面積数とそこに課せられる地租の金額が明示される。要するに地積測量にもとづいているわけである。これに対して耕作請負文書では、一定の土地の耕作がその土地の面積数の規定なしに請負われ、文書の頭尾に《qabāla bi-lā misāḥa》すなわち「地積規定なしの耕作請負」という語句が、地租の金額とともに明記されている。この点を除けば、これら両種の借地契約文書に、条件の違いはほとんどない[15]。この耕作請負契約は税務局に登録されるが、これによって税務局で作成される土地台帳にも、当面の土地が「地積規定なしの耕作請負」によるものであることが記入される[16]。

このような耕作請負に準ずるものとして、やはり地積数の表示がなく、水車(sāqiya)を単位に請負う場合があり、《sāqiya bi-lā misāḥa》と呼ばれている。これは、ある水車が灌漑できる不特定面積の土地を、一定税額を納めることを条件に借用し、その旨税務局にも登録するのである。PERF n° 984(=EPER n° 4)はそのような登録証書(kitāb siǧill)の一例で、Yoḥannes b. Isḥāq が所有する水車三機を 'Uṯmān b. Sa'īd ほか三名の者が、地積数の表示もなく、作物の種類も問わず、ただしかるべき割賦期ごとに計五ディーナールの地租を支払うことを条件に借り受け、以上の旨を税務局に登録している。そして文書の頭尾の見出しには、「Yoḥannes b. Isḥāq の水車三機。地積規定なく、彼らの好む作物を播種する」と明記されている。この文書は三三九(九五〇／五一)年度のためのものであるが、ヒジュラ暦四世紀に属すパピルス文書には、おそらくこうした内容を持つと思われる水車名が散見される(APEL n° 280, 299, 376; APW n° 9)。目下のところ、四世紀以前については未見である。

実はこのような水車の設置は、このころよりファーティマ朝時代にかけて発展したらしく、マクリーズィーには非常に興味深い報告がなされている。すなわち、al-Ma'mūn b. al-Baṭā'iḥī の宰相時代(五一五―五一九／一一二一―一一二五年)に、上エジプトで総合的な地積調査が行なわれ、その結果、水車所有者の地所の地積数も明らかにされた。水車の所有者は多数にのぼっていたが、総じて一水車の領する地積数は三六〇フェッダーンにも及んでおり、たとえば Esnā 市では、それは棗椰子園・ぶどう園・砂糖きび畑を含み、しかもその地租はわずか一〇ディーナールで、こうしたことがこの地方の慣例であったという(Ḫiṭaṭ, I, 84–85)。なるほど、エジプトのように天水農業の不可能な地方では、土地はいくら所有していても、灌水が出来なければ、それは価値を持たない。しかしながらこの水車の場合は、水車の灌水能力があまりにも過小評価されていたようである。しかもこのようなことが、当時すでに慣例化していたというのである。ここにはもはや、従来の土地測量制の原則は見られない。

この点はさきの耕作請負でも同様である。私見の及ぶところ、耕作請負の出るもっとも古い文書は、ヒジュラ暦二七三(八八六)年ごろのおそらく地租割当査定簿とみなされる APEL n° 271 で、ヒジュラ暦四世紀の文書になるとかなり増える。[17] このように、耕作請負にしろ水車登記にしろ、地積数とは無関係に税額を決定するという方法が、なぜアッバース朝の後期に至って急速に増加し、いわば土地測量制の一部崩壊となったのであろうか。この原因を史料のうえで探すとすれば、それはとりあえず地積測量における不正行為に求められよう。しかもこの不正行為は、国家の側からも納税民の側からもなされているのである。

　土地測量制では、単位面積当たりの税率を基準に税額を決定する以上、国家は一定面積の土地から少しでも多くの地積数を算定し、税の増収を計ろうとする。キンディーの伝えるように、ヒジュラ暦一八六(八〇二)年のハウフ地方における抗租叛乱は、このような意図にもとづき、測量吏が長さの短い尺度を用いて測量した結果起こったものであった[18]。また税務官吏の不正行為に対する訴願状断片 ABPH n°7 では、五フェッダーンの土地が六・五フェッダーンに評価されている。一方納税民の側では、自己の所有地の地積数をできるだけ低く見積らせることによって、税額を軽減しようとする。それには測量吏を欺いたり、高官と結託して、測量吏に過小評価させたり(cf. APEL n°288)、種々の手段を講じたであろう。またヒジュラ暦三世紀半ば、納税請負制が発達してくるころには、測地に用いる長さの単位 qaṣaba に長短二つの種類があったらしく、納税請負人は旱魃の年でも当局との契約通りの税額を徴収する必要から、短い方の qaṣaba 尺で測量していたようで、しかもこれは、Aḥmad b. Ṭūlūn が二五九／六〇(八七三)年ごろに禁止するまで、当局によって黙認されていた(Sīra Ṭūlūn, 74–75; cf. Ḫiṭaṭ, II, 266–67)。こうした不正行為の慢性化は、やがて土地測量制の有効性を失わせ、土地測量制以外の方法の導入の因となったと考えられるのである。

　少し横道に逸れたが、記述をふたたび徴税手順の説明に戻すことにする。測量担当官吏たちの作成した土地台帳が、上級官庁によって承認されると、次にこの土地台帳をもとに地租の割当査定簿が作成される。この地租割当査定簿の作成ならびに各納税者に対する課税額の決定について、重要な役割を果したと思われるのは、《dalīl》と呼ばれる役人である。たとえばヒジュラ暦三(九)世紀の税務官吏不正行為に対する訴願状 ABPH n°7 では、肩書は不明だが Abū l-ʿUlaym という税務官吏と dalīl の Yazīd とが五フェッダーンの土地を六・五フェッダーンに評価し、したがって従来は二四ディーナールであった地租が二九ディーナールに増額されることになったという。またおそらく地租割当査定簿の最初の部分とみなされる APEL nº 267（三／九世紀）では、冒頭に dalīl の名前も明記されており、次のようになっている。

慈愛あまねき神の御名において

〔　　〕年度の地租のための Ṭaḥā 県に関して〔徴税官〕Aṣbaġ b. ʻAbd al-ʻAzīz の提出せる報告。

当該地の dalīl たちは Ibrāhīm b. Sila と彼の助手たちである。

Manlāfe（？）の土地

建築師 Ibrāhīm	小麦	77	70
Maymūn b. Mihrān, 通称 Ḥarb b. al-ʻUmarī	小麦	77 1/2	83 1/8
警吏 Isrā'īl	小麦	64	〔 〕5
Ḥanš の mawlā, Abū Marzūq	小麦	26	〔 〕1/2
法家 Farağ の2人の息子 Ḥumayn と Muḥammad	小麦	58 1/2	〔 〕8
Aḥmad b. ʻAlī al-〔　　〕ī	小麦	63 1/2	〔 〕
Mūsā b. ʻAbs, 通称 Isḥāq al-Saftī		32	〔 〕5

播種

この文書中の「当該地の dalīl たちは某々である」という文句は PER Inv. Ar. Pap. 4493 でも見られるので（cf. APEL, IV, p. 254）、彼らが複数で業務に携わっていたことは明らかである。また上級官庁から下級官庁に発せられた召喚状 APEL nº 178（三／九世紀）では、Aḥmad b. ʻAbī ほか dalīl たちを早急に伺候させるよう命令が出されており、彼らの職務の重要性が傍証される。

アラビア語の dalīl は通常「案内人」を意味するが、これらの断片的な資料からすると、税務に携わる《dalīl》は「指図人」とでも訳すべきであろう。実はイブン＝マンマーティーの税務官吏のリストのうちには、dalīl も見え、その職掌は qundāq とか qānūn とか呼ばれる地積台帳や登録証書 siğillāt の作成で、そこに土地の種別や作物の種類・税額・耕作者名などを記入し、これらの正確さを保証する署名を書くとされている。[19] アッバース朝期の dalīl もこれとほぼ同様の職務を担当したに違いなく、したがって、地租割当査定簿として紹介した上記の APEL n° 267 の報告書も、実際は dalīl の Ibrāhīm b. Sila が作成したものとみなしてよかろう。[20] ただファーティマ朝末期、もしくはアイユーブ朝時代の dalīl は、おそらく政府官吏に属すのであろうが、アッバース朝期のそれも同様の身分を有していたかどうかは疑問である。それは、Ṭaqenis 村納税者名簿 APEL n° 245(三／九世紀)中に、dalīl の肩書を持つ者が納税者の一人として登場していたり、二四九年度の al-Ušmūnayn 県灌漑工事特別賦課割当簿 APEL n° 237 中、やはり納税者の一人として《Sīfa 村の dalīl, Isma'īl》というのがあったりするからで、これらの事例からすると、「指図人」はまだかなり在地性の強い地方吏であったと考えられるのである。

地租割当査定簿が作成されると、これが税務局に登録される。PERF n° 633 はこうした地租割当登録者名簿の断片と思われる。[21] カリフ＝ラシードの時代に属す私書簡 APRL n° I/5[22] には、文中に次のような文句が記されている。

> 我々のもとにおける農民たちは、下エジプトにおいてすでに播種に手をつけており、諸県の徴税官たち（'ummāl al-kuwar）は彼らのために登録を行なっている(tusağğilū)。

ここで「播種」とあるのは、むろん小麦や大麦の播種のことで、これは概してコプト暦の hatōr 月から kīhak 月、すなわち一一月から一二月にかけて行なわれるから、アッバース朝初期では、税務局における登録は播種を確認したうえでなされたようである。そしてこれと同時に、税務局に登録されている耕作者もしくは納税者には、義務となっている税額やその納付の条件を知らせる意味で、登録証書 kitāb siğill が交付される。PERF n° 967, 971, 984; APEL n° 83 などはこの登録証書の典型である。[23] もっともアッバース朝初期では、siğill の語はあまり用いられず、単に kitāb(文書)とのみ呼ばれた。この登録の時期や登録証書の書式については、時代によって多少の変遷が認められる。

文書のうち、日付の判明するものを見ると、確かにアッバース朝初期では、PERF n° 612(八月一九日—九月一六日)を例外として、登録時期は麦類の播種後に置かれている。たとえば一七八年度のための文書 APEL n° 77 では、同年 ramaḍān 月六日、すなわち kīhak 月八日＝一二月四日の日付が、また一八二年度の文書 APRL n° IX/6 では同年 ḏū l-qa'da 月、すなわち kīhak 月一八日—tūbe 月一七日＝一二月一四日—一月一二日の日付が記されている。ヒジュラ暦三世紀に入ると少し早くなって、PERF n° 759 は二三八年 hatōr 月一三日＝八五二年一一月九日の日付を持ち、二五三年度の登録証書 APEL n° 81/82 では、同年 šawwāl 月、すなわち bābe 月六日—hatōr 月四日＝一〇月四日—一一月一日の日付がある。ところが四世紀の登録証書では、PERF n° 955 が三二六年 ḏu l-qa'da 月、すなわち tōt 月二日～bābe 月一日＝八月三〇日—九月二九日、APEL n° 84/85 が三四八年 rağab 月、すなわち tōt 月九日～bābe 月八日＝九月七日—一〇月六日の日付となっている。

これらの資料からすると、アッバース朝前期では、概して麦類の播種直後の一一、一二月に登録され、後期、少なくとも四世紀では、ナイル河の洪水が起こって、土地の灌水状況の判明する tōt 月、すなわちほぼ九月に登録されたことがわかる。イブン＝マンマーティーやマクリーズィーによると、土地の登録や割当査定簿(qawānīn)・登録証書(siğillāt)の作成は tōt 月に行なわれるとあり(Mammātī, 235–37; Ḫiṭaṭ, I, 270)、これは、アッバース朝後期に定められた tōt 月という登録時期が、その後慣例化したことを物語っている。

一方登録証書の書式については、ここではその詳細な検討を省略するが、ただ注目しておかねばならないのは証書の発行者である。比較的初期の時代では、県の徴税官('āmil)の名のもとに交付されていたのが(PERF n° 612, 621, 625, 626, 638; APEL n° 77; APRL n° IX/6)、三世紀のものではそうした例は少なく(APEL n° 78, 79)、地主と思われる人物が発行者になっている場合が多い(APEL n°. 80, 144; PERF n°. 759, 835; APW n°. 4)。しかもこのような場合では、地主は同様主旨の証書をもう一通書いて、税務局に提出する必要がある。ところが四世紀、イフシード朝時代のものになると、amīr の肩書を持つ州知事、もしくはこれに類する人物が交付している(PERF n°. 955, 967, 971, 984; APEL n°. 83)。三世紀の地主を発行者とする証書は、当時の私領地の発展と関連があるように思われる。

耕作を開始するに当たって、手もとに種子の備蓄がない農民は、当局から必要量を借り受け、収穫のさいにこれを返納しなければならない。このような種子は taqwiya(複数形 taqāwī)と呼ばれる。ヒジュラ暦四(一〇)世紀後半の地理学者で旅行家のムカッダスィーは、アッバース朝末期からファーティマ朝初期にかけての税制について語ったあるエジプト人の言葉を伝えているが、そのなかで「農民のうちには政府から種子(taqwiya)を借りる者がいるが、その場合にはその借りた量に従って、土地の貸料(kirā al-arḍ)は増加し、〔その農民の負担となる〕」といわれている。[24] ここで「土地の貸料」というのは、実際的には政府に納める税金のことを指している。したがってこのムカッダスィーの記事は、耕作播種に先立って種子の支給を受けているのであれば、通常の地租のほかに、支給を受けた種子に相当する額を返納しなければならないことを指している。そのさい農民は、おそらく若干の増加分を請求されたであろう。

イブン＝マンマーティーやマクリーズィーによると、当局による種子の支給は、土地の登録と同じ tōt 月になされるという(Mammāti, 237, 235(1); Ḫiṭaṭ, I, 270)。[25] マフズーミーはこのような種子の支給が習慣化していることを伝えているが(Maḫzūmi, 98a)、『イブン＝トゥールーン伝』によると、トゥールーン朝初期、ヒジュラ暦二六〇年代の話として、農民に対する毎年の種子の支給およびその返納のことが触れられているので(Sīra Ṭūlūn, 192)、少なくともアッバース朝後期には、これが一般的な制度となっていたことが認められる。[26] ただ返納にさいして、それが現物の穀物でなされたか、それとも現金に換算されてなされたかは、この当時では不明である。

以上は麦類を中心とした地租の課税業務の過程を述べたのであるが、このように、課税対象に対する調査、税務局

第27表 Ṭīmūh-Bawīṭ 村家畜頭数調査報告書断片 3(9)世紀 (APEL n° 262)

所有者名	牧夫名	雄羊頭数
Theodor Job	自　身	45
Nōhe Apollo	Sisinna	48
〃	Maqāre	540
〃	〃	38
〃	〃	875
〃	Helis	30
:		
:		
:		
Ǧirǧe Baḥāš	自　身	285
H〔　　〕	自　身	52
Petresoro Bqām	自　身	290
〃		48
警吏 Ǧirǧe		21
:		
:		

第28表 al-Ušmūnayn 県諸村家畜頭数調査報告書断片 3(9)世紀 (APEL n° 263)

村落名	羊頭数	剰余頭数
Dalǧa	6,299	1,209
Ṭahrūḥ	2,351	726
Hafwā	281	200
Ṭīmūh-Bawīṭ	2,168	31,000
Abīyūh	25	〔　〕326
Mašūl-Sansīlā	245	1,〔　〕
	〔　　〕	〔　　〕
al-Raqwā	1,067	
:		
:		
:		
総　計	19,397	546

〔註〕 剰余頭数の意味不明.

における登録、納税者に対する登録証書の交付という一連の業務は、地租以外の税、たとえば家畜税——実際的には放牧税(marāʿī)もしくは牧場税(murūǧ)の名で呼ばれる——についても行なわれている。APEL n° 261, n° 262/63 は家畜頭数調査報告書の例で、これらによると、まず各村落における家畜の所有者と牧夫、家畜の種類と頭数の調査が行なわれ、その村の集計がなされる。ついで、各村落から持ち寄られた報告書をもとに、おそらく県単位での家畜頭数の集計がなされる(第27・28表参照)。こうして調査結果が税務局に登録され、納税者に税額を記載した登録証書(cf. APEL n° 88)が交付されるわけであるが、ただ場合によっては家畜頭数の調査をすることなく、一定額を税として納めるという契約がなされることがある。これはちょうど地租の場合の《bi-lā misāḥa》に通ずるもので、《illā iḥṣā'》もしくは《bi-lā iḥṣā'》すなわち「頭数調査をすることなく」という語句で表現される。[27] したがって、登録証書でもそのことは明記される。二六二(八七五/七六)年に書かれたAPEL n° 88は、そうした頭数記載なしの家畜税に関する登録証書(siğill)の一例で、税額は$1\,^{5}/_{24}$ディーナールとなっている。[28]

三　徴税業務

農民に課せられた税金は、ウマイヤ朝期同様、太陽暦のコプト暦にもとづく分割納によって税務局に支払われる。第二章で述べたように、ウマイヤ朝期では、支払時期はまず年二回の割賦期(καταβολή)に分かれ、これはさらに、最高四回の小割賦期(ἐξάγιον)に分けられていた。ただ徴税の実情からいえば、納税はかならずしも定期的に行なわれず、時代によっては非常に遅れたこともあれば、ほぼ正常な時期に戻されたこともあった。アッバース朝期の分割納も、ウマイヤ朝期のそれと原則的には同じであるが、違った面もかなり見られる。割賦期を意味するアラビア語はnağm(複数形 anğum または nuğūm)と呼ばれ、またときには ṭabl(複数形 ṭubūl)も用いられる。これら二つの語に意味上の差異はほとんど認められない。

アッバース朝期を通じて分割納が行なわれたことは、これらの単語が納税に関連するパピルス文書に一貫して現われることから明らかである。しかし、その具体的な内容になると、少なくともアッバース朝前期については不明な点も多い。カリフ－ラシード時代、ヒジュラ暦一七六年、'Umar b. Mihrān がエジプト総督に就任したときの話に、分割納税制のことが触れられている。それによると、当時第一・第二の二回の割賦期(nağm)の徴税は容易にできたが、第三回目の割賦期の納税は遅れたという。[29]これは割賦期という言葉に、ウマイヤ朝期におけるような区別がなく、また第一・第二回の上半期の徴税に対して、第三割賦期以後の徴税が困難であったこと、したがって割賦は原則として年四回に分かれていたことなどを示している。しかしながら、第一割賦期が一体いつ始まるのか、他の割賦期は何月ごろに当たるのかということは、これでは不明である。第一割賦期はまた一年の徴税開始期でもあるが、この点に関連し、一五六年 šawwāl 月（七七三年八／九月）の日付のある地租受領証 PAL n° 16 の文中には、税の受取人の村長は、翌一五七年 baremhāt 月（七七四年二／三月）まで、納税者に税金を何ら請求する権利はない、ということが記されている。それでこの文書によると、当時の徴税開始期は baremhāt 月に置かれていたことになる。

分割納制についてもっとも詳しい情報を提供しているのは、ヒジュラ暦四（一〇）世紀半ばの地理学者で旅行家のイブン＝ハウカル Ibn Ḥawqal で、彼は古代以来の習慣として、エジプトの徴税がナイル河の増水と密接な関係にあることを述べ、コプト暦の各月の農業事情と徴税業務について触れている。彼によると、徴税開始期（iftitāḥ）はナイルの水が引いたあと、胡麻・胡瓜・棉以外のほとんどの主要作物の播種が終ったのちの第五月 ṭūbe 月に置かれるとし、以下次のように述べている。(30)

(1) ṭūbe 月に地租の徴収開始と納税請負人（mutaqabbil）の税計算（muḥāsaba）とによって、人々は契約のあるなしにかかわりなく（al-maḥlūl wa-l-maʿqūd）(31)、彼らが手中にしている〔土地の〕すべてについて、登録証書（siğillāt）〔記載税額〕の $1/8$ を請求される。

(2) amšīr 月には登録証書〔記載〕の地租の $1/4$ を完納するように徴収される。

(3) baremhāt 月に、人々は第二の $1/4$ を請求され、地租の $1/8$ が徴収される。砂糖きび、その同類のものを播種する。

(4) barmūde 月には諸徴税区の住民に対する土地測量（misāḥa）が行なわれる。人々は登録証書にしたがって、地租の $1/2$ を完納するよう請求される。早生の（badrī）麦類を収穫する。

(5) bašans 月に土地測量〔にもとづく税額〕の決定がある。人々は土地測量に伴う諸種の税金、すなわち保証手数料（ṣarf）、貨幣取扱料（ğahbada）、および放牧・うまごやし・亜麻の各税金を当該地方の慣例にしたがって請求されるとともに、契約（ʿuqūd）や土地測量によって決定された額のうちの $1/4$ を完納するよう徴税される。すべての人々が〔麦類の〕収穫に携わる。

(6)　ba'ūne 月には土地測量以後の、残額ではあるが〔上半期と〕同額でない地租の $^{1}/_{2}$ を完納するよう徴税される。

(7)　abib 月に〔残額の〕地租の $^{3}/_{4}$ の完納が求められる。……

(8)　mesori 月には地租の支払を完了する。……(Ḥawqal, I, 136–37; cf. Ḫiṭaṭ, I, 271–73)

この引用文中の(1)から(8)はほぼ一月から八月に当たることを示す。イブン＝ハウカルは、分割納の割合についてや誤解を招きそうな書き方をしているが、これは彼が原資料をそのまま引用したためらしく、別のところで次のような説明を加えている(32)。

この額を前述のような方法で、まず $^{1}/_{8}$ を支払い、第二回目に計 $^{1}/_{4}$ になるように納め、ついで第三回目の $^{1}/_{8}$ を請求される。こうして barmūde 月に地租の $^{1}/_{2}$ を完納すると、その後の納税と請求はやはり割賦期(nuǧūm)ごとに行なわれるが、それは彼らが賦課規約(mu'āmala)のうえで利益をうるように当を得たものであって、彼らに苛酷な納税を強いたり、困窮に陥れたりせず、耕作地全体を荒廃させてしまうような圧制はない。これはイスラムの方法によるのでなく、古代エジプトの諸王が目ざした仕方であって、耕作者たちは、米〔についての税〕を小麦や大麦で支払ってよいし、小麦や大麦〔についての税〕を砂糖きびや亜麻で支払ってもよいのである(Ḥawqal, I, 163–64)。

実はイブン＝ハウカルは、アッバース朝後期以後一般的となった納税請負制(qabāla)――これについては次節で説明する――を前提にして、こうした税制に関する記述を行なっているのであるが、分割納の原則は通常の徴税の場合でも変りない。

この両者の記述によると、単純な一定割合による分割納でなかったことがわかる。第一月の tōt 月に土地の登録、登録証書の交付が行なわれることはすでに述べたが、納税総額の基礎はこのとき登録された税額に拠っている。すなわち納税民は作物の豊凶に関係なく、登録税額の $^{1}/_{2}$ を tūbe(tybi)月から barmūde(pharmuthi)月までの上半期に納税する。徴税方法としては、納税総額の $^{1}/_{4}$ を単位としてこれを二ヵ月ごとに締めくくり、実際的には毎月総額の $^{1}/_{8}$

を納税するのである。こうして barmūde 月に登録税額の $^1/_2$ が納められると、同時に地積規定による土地では土地測量が行なわれる。この「土地測量」というのは、登録された耕地およびその面積数についての実際の作付状況の確認、作物の種類、出来高の調査を指すものと思われる。

barmūde 月に土地測量を行なうというのは、麦類の収穫以前に調査することを意味する。現存の地積調査報告書の類いで、日付の判明するものはほとんどなく、APEL nº. 265（本節註（13）参照）がほぼ唯一の例外であるが、これでは二六二年 ša'bān 月二〇日（八七六年五月一九日）の日付があり、コプト暦では bašans 月二四日となる。これは麦類の収穫以前という点では非常に近い。しかしながら、課税にさいして土地の種別を考慮するということであれば、土地測量はナイルの洪水が引いたあと、あまり日の経たないうちにすることが望ましい。確かにファーティマ朝後期では、ナイルの洪水が引き、種々の播種がなされた直後に、一団の測量担当官吏が首都から各地に派遣され、土地測量が行なわれている（Ḫiṭaṭ, I, 86, 405）[33]。アッバース朝期においても、播種期になんらかの地積調査が行なわれたに違いないが、詳しいことは不明である。いずれにせよ、主として麦類の作柄を考慮した土地測量にもとづき、改めてその土地にかかる税額が bašans 月に決定される。またこのような土地測量によらないで、契約によって税額が自動的に決まる場合もある。この契約というのは、おそらく耕作請負（qabāla）契約や水車登録・分益小作（muzāra'a）契約を意味すると考えられる。こうした税額は bašans（pachon）月以後の下半期に支払われるが、この下半期の税額がいわゆる「残額」（bāqī' 複数形 bawāqī）と呼ばれるもので（cf. Ḫiṭaṭ, I, 83, 86）、平年作であれば、登録税額のほぼ $^1/_2$ に当たるわけである。なお bašans 月には、正規の地租以外の手数料やその他の雑税が徴収されたが、手数料については後述する。

分割納に関連して、ここで興味深い地租受領証があげられる。その一つは、同一条件のもとに同一人物によって支払われた二九五年度の地租の受領証二通 APRL nº. III/1–2 で、それでは上半期に属す baremhāt 月と barmūde 月に各々同一額（$^1/_2+^1/_3+^1/_8$ ディーナール）を払い、しかも、いずれも保証手数料（ṣarf）を含まないことが明記されている。

また他の例は、やはり同一条件のもとに同一人物によって支払われた二九八年度の地租の受領証三通 APRL n° III/4–6で、ただし税年度とのずれで、実際には二九九年に支払われたものである。この三通にはコプト月の記載がなく、イスラム暦で šaʻbān 月（三月二三日—四月二〇日）とあるのが一通、ramaḍān 月（四月二一日—五月二〇日）とあるのが二通で、いずれも日数は記されていない。しかし ramaḍān 月のもの二通のうち一通では、手数料と考えられる一ダーニク（$^1/_6$ ディルハム）を除いて、šaʻbān 月のものと同額の $^1/_2+^1/_3+^1/_8$ ディーナールが支払われ、他は $^1/_3+^1/_8$ ディーナール＋5ダーニクが支払われている。したがって šaʻbān 月のものは baremhāt 月に支払われ、ramaḍān 月のものは barmūde 月と bašans 月に支払われたことになる。こうして bašans 月から mesori 月までの四ヵ月間は、ṭūbe 月から barmūde 月までの四ヵ月間とは異なった算定基準をもとに、分割納によって各々徴税されたのである。もっともこれはあくまで原則で、ときには mesori 月を過ぎて支払われることもあったようである（cf. APEL n° 181）。

このような各割賦期における徴税の責任者は、むろん税務長官から派遣された県（kūra）の徴税官（ʻāmil）である。したがって納税者が支払う税金の受取人も、通常はこの徴税官であるが、ただ実際的にはその代官（ḫalīfa）の立会のもとに、貨幣取扱吏が領収し、納税者には貨幣取扱吏の書く受領証が渡される。この貨幣取扱吏は《qusṭāl》または《ǧahbaḏ》と呼ばれ、一般にコプト人のキリスト教徒が多い。qusṭāl はアフロディトのギリシア語文書の ζυγοστάτης に対応するもので（P. Lond. n° 1412）、ウマイヤ朝期では《ǧusṭāl》とも呼ばれている（APEL n° 149）。これはエジプトだけで用いられる表現である。ǧahbaḏ はペルシア語起源の言葉で、アッバース朝では一般的に用いられ、エジプトでは次第に qusṭāl に取って替った。

受領証にはほぼ一定した書式があり、納税者名・当該徴税区名・税額・貨幣取扱吏名・徴税官名・税年度・実年月・受領証書記名その他が書かれる。例として PERF n° 725＝EPER n° 8 をあげると、次のような文章になっている。

phamenoth（baremhāt）月一六日火曜日

慈愛あまねき神の御名において

Yūsuf b. al-Layṯ は彼の義務となっている〔al-Ušmūnayn〕市に関する地租の残額 1/4 ディーナールを〔国庫の〕収入として、信徒の長《カリフ》の mawlā にして〔税務長官の〕Saʿīd b. ʿAbd al-Raḥmān の、al-Ušmūnayn・低 Anṣinā と Qūs〔両県の〕税務に係わる徴税官 ʿAbd Allāh b. Ḫalaf の代官 Ṣāliḥ b. al-Walīd の面前で、貨幣取扱吏 Isḥāq b. Simʿūn に対し、二三年度の税のために支払った。

Isḥāq b. Simʿūn

ここで「国庫の収入として」とある部分は、「国庫の標準貨幣とその重量で」(miṯqāl bayt al-māl wa-waznihi: cf. APRL nº III/11)とか単に「標準貨幣(miṯqāl)で」とか書かれることが多いが、これは納税者が支払った種々の現金を、貨幣取扱吏が吟味し、すべてを金貨単位の標準貨幣に換算して領収したことを意味する。納税者としてはなるべく粗悪な貨幣で支払おうとするからで、換算は標準貨幣単位と重量単位の二本立てになっていた。このことは、二三七年度の年号のあるおそらく al-Ušmūnayn 県の税務局の収税計算書断片 PERF nº 761(cf. A. Grohmman: From the World of Arabic Papyri, pp. 136–37)でも明らかで、次のようになっている。

……………………

国庫の現金

〔　〕121＋107＋341＋405　dīnār

miṯqāl で　912

→その重さで　974

総督 ʿAnbasa b. Isḥāq の徴税官 al-ʿAlā b. Ṣāʿid の面前で

これによると、両単位には数値に差があり、しかも重量単位に対する標準貨幣単位の比率は約九三・六パーセントに当たることになる。地租受領証には、こうして標準貨幣による数値のみが記されるにすぎないが、実は税金の領収には、会計上きわめて複雑な操作がなされているのである。

そこでまず注目に値するのは、受領証のうちに「ṣarf(保証手数料)なしに」とか「ṣarf も ḫasr(損失金)も uğra(賃金)もなしに」とか明記されたものがかなりあることである(APEL n° 189; APRL n° III/1, III/2, III/8; PERF n° 866＝EPER n° 11; PERF n° 888, 905)。これは ṣarf その他が別の時期に、すなわちイブン＝ハウカルによるとすれば、bašans 月に徴収されていることを示しているはずである。ṣarf は通常両替もしくは両替料を意味する。したがって、納税者が銀貨や銅貨で支払った税金を標準金貨に換算するさいの手数料と考えられないこともないが、ṣarf に触れている種々の

第29表　Kufūr–Qūṣ–Maysāra 三県私領地収税計算書(PER Inv. Ar. Pap. 5999r)

県　名	税種別	基本税額	ṣarf	残　額	小　計	人頭税	放牧税	棗椰子税	牧場税	漁網税	オリーブ税	浴場税
Kufūr	地　租	1266 13/24	114 1/24	1152 1/2								
	諸　税			880 1/12								
	牧場				625 11/12	333 5/24	232 17/24	60				
	菜園				254 1/6		97 23/24		148 5/24			
	牧場税の ṣarf			231 7/12								
	計			2264 1/6	880 1/12							
Qūṣ	地　租	872 1/24	78 5/12	793 5/8								
	諸　税			255 11/12								
	牧場				163 5/6	110 1/6	32 7/12	21 1/12				
	菜園				92 1/12		70	9 7/12		12 1/2		
	牧場税の ṣarf			60 7/12								
	計			1110 1/8	255 11/12							

Maysāra	地　租	$206\frac{5}{6}$	$18\frac{5}{8}$	$188\frac{5}{24}$								
	諸　税			$644\frac{1}{12}$								
	牧場				$589\frac{23}{24}$	$571\frac{23}{24}$						18
	菜園				$54\frac{1}{8}$			15	$27\frac{1}{8}$		12	
	牧場税のṣarf			$182\frac{21}{24}$								
	計			$1015\frac{1}{6}$	$644\frac{1}{12}$							
総　計	地　租	$2345\frac{5}{12}$	$211\frac{1}{12}$	$2134\frac{1}{8}$								
	諸　税			$1780\frac{1}{12}$								
	牧場				$1379\frac{17}{24}$							
	菜園				$400\frac{3}{8}$							
	牧場税のṣarf			$475\frac{1}{24}$								
	計			$4389\frac{11}{24}$	$1780\frac{1}{12}$							

税務簿を見ると、その徴収の仕方は雑多で、一定の方式があったとは思えない。たとえば APH nº 12 では ṣarf の率が示されており、それは一ディーナールに対し $1\frac{1}{2}$ カラット($\frac{1}{16}$ ディーナール=六・二五パーセント)で、農民(muzāriʿūn)から徴収されるという。APRL nº XII/11 では $325\frac{1}{2}+\frac{1}{8}$ ディーナールの地租に対して二〇ディーナールの ṣarf(約六・一四パーセント)、APEL nº 283 では $48\frac{1}{8}$ ディーナールの地租に対し、$12\frac{1}{6}+\frac{1}{48}$ ディーナールの場合(約二五・二一パーセント)と、$40\frac{1}{8}$ ディーナールの地租に対し、わずか $\frac{1}{8}+\frac{1}{12}+\frac{1}{48}$ ディーナールの場合(約一・〇九パーセント)がある。P. Cair. B. É. Inv. 785 では四一九ディーナールに対し、$13\frac{1}{2}$ ディーナールの ṣarf(約三・二二パーセント)が徴収されている。

また三ヵ県私領地収税計算書 PER Inv. Ar. Pap. 5999r では、地租の基本税額一〇〇〇ディーナールに対し、九〇ディーナール、すなわち九パーセントの ṣarf が農民から徴収されると述べられているが、この計算書では、確かに約

九パーセントの ṣarf が徴収され、それが基本税額から控除されて、国庫に納付されている。ところが地租以外の人頭税や放牧税などについては処理方法がまったく異なっている。すなわち、人頭税・放牧税・棗椰子税、もしくは人頭税と浴場税を一括して牧場税（murūǧ）とし、これに一定比率を乗じて ṣarf を算出し、しかもこれを控除するのではなく逆に加算して国庫に納付しているのである。そのうえこの場合の ṣarf の比率は、三県でそれぞれ異なり、Kufūr 県では三八パーセント、Qūṣ 県では三七パーセント、Maysāra 県では三一パーセントとなっている。表にすると第29表のようになる。これらの資料によると、《ṣarf》の徴収基準はイブン＝ハウカルが述べているように、地方の慣例によって決められていることは明らかであり、《ṣarf》を両替に伴う手数料と考えることはできない。実は《ṣarf》の意味については学界でも定説はないが、ここでは C. Leyerer の説、すなわち当該地方の貨幣取扱吏が国庫に対し、一定の税金を保証するための手数料であるというのを採っておきたい。(34)

納税者から手数料として徴収されるのは、保証手数料（ṣarf）だけではない。税務局では納税者から税金を徴収すると、各納税者についての収税記録を一つの台帳に作成する。さきの第29表にした三県私領地収税計算書の裏面 PER Inv. Ar. Pap. 5999ᵛ はそうした納税者収税台帳の一例で、これによると保証手数料のほかに、控除（waḍā'i'）という意味不明の手数料や受領証手数料（barā'a）が徴収されているのである。そこでこれを表にして明示したいが、数値がディーナール単位とカラット（qīrāṭ）単位で非常に小さな分数値になっていて煩雑なので、すべてカラット単位（一ディーナール＝二四カラット）に換算・修正することにし、また数値の大半が不明な納税者については一部省略した。第30表がそれである。

この収税台帳の納税者はすべてキリスト教徒で、イスラム教徒はいない。各項の数値については、多少の例外を除き、概して次のように説明できる。まず第一項の実質支払額（wariq）は、納税者が銀貨なり銅貨で支払った税の全額を金貨単位、それもおそらく miṯqāl 単位に換算したものと思われる。これには控除額（waḍā'i'）・保証手数料（ṣarf）・

受領証手数料(barā'a)が含まれており、これらの諸手数料を差引いたものが残額(baqiya)となる。ただし実際には三種の手数料を引いても残額の数値にはならず、さらに納税者の欄に記入されている二種の分数値を差引かねばならない。この二種の数値が何を意味するかは不明であるが、おそらく未納分を示しているのであろう。この残額というのは、その数値が地租(ḫarāğ)・人頭税(ğāliya)・放牧税(marā'ī)・牧場税(murūğ)の合計と一致しているところから明らかなように、各納税者の支払う正規税の総額を指している。手数料の徴収の仕方についていえば、控除額・保証手数料・受領証手数料の比率は概して8：10：1の割合になっており、しかも保証手数料は実質支払額の約一〇パーセントに当たっている。ところがこのような手数料の項目なり比率なりは普遍的なものではなかったようで、Tebtynis(ファイユーム付近)発見の三〇八年度Šadmūh私領地日々収納台帳P. Cair. B. É. Inv. nº 1400[35]では、断片?(qiṭa')・保証手数料(ṣarf)・控除額(waḍā'i')の項目が並び、8：7：3の比率で、各納税者から徴収されている。

こうして、P. Cair. B. É. Inv. nº 1400では《rūznāmağ》と呼ばれている納税者日々収納台帳が作成されると、税務局ではこの記録をもとに、さらに日々の収税結果の集計台帳(daftar)を作成する。APEL nº 285はそうした収税台帳の断片と考えられ、担当の貨幣取扱吏の名前も見える。[36]地方の税務局におけるその後の手順についてはあまり明確でないが、おそらく各担当の貨幣取扱吏が作成したこの収税台帳を収集して、徴税区全体の集計を行なう。税務局で作成されたことが明記されている三〇一年度の第五回支払期(daf'a)の集計報告書APEL nº 279は、そうした計算書の一例であろう。そしてこのような計算書をもとにして、当該割賦期における収税計算書が作成されるのである。APEL nº 278, nº 280/81はまさにこれに当たる。たとえばAPEL nº 278は、As[　]q村とal-Badramūn村からなる一徴税区の税金の集計報告書であって、しかも数回の支払期からなる割賦期abīb月のためのものであることが冒頭に記され、ついで担当の各貨幣取扱吏の収納した額が内訳として記載されている。APEL nº 281も同様の集計報告書であるが、冒頭の部分のみの断片で、そこにはamšīr月の割賦期のためのものであることがやはり記されている。

第30表　納税者収税台帳(単位 qīrāṭ)　(PER Inv. Ar Pap. 5999ᵛ)

納税者名			実質支払額 wariq	控除額 waḍā'iʿ	保証手数料 ṣarf	受領手数料 barā'a	残額 baqiya	地租 ḫarāğ	人頭税 ğāliya	放牧税 marāʿī	牧場税 murūğ
Isaak Thomas	1/12	1/4	15 1/3	1 1/3	1 2/3	1/6	〔11〕1/3	—	?	?	—
Šabīb Siya	1/6	1/4	23 1/2	2	2 1/2	1/4	18 1/3	?	?	?	—
Papnūte Apollo	1/6	1/4	23	2	2 1/2	1/4	17 5/6	—	17 5/6	—	—
Halimios Damūne	1/6	1/4	16	1 1/3	1 2/3	〔1/6〕	12 5/12	—	12 5/12	—	—
Job Pelōte と Chael Petre	1/6	?	13 1/4	1	1	〔1/4〕	10 1/2	—	10 1/2	—	—
Ḥafāra Apollo	1/12	1/12	6 5/12	1/2	2/3	1/12	5	—	5	—	—
Apaheu と Ḥafāra	1/12	7/12?	4 5/6	5/12	1/2	?	3 2/3	2	1 2/3	—	—
Pamun Amone	1/3	7/12?	38 1/2	2 1/4	4	1/3	31	—	31 {7 / 24}	—	—
Pilatos Dorothe	1/6	1/4	23 1/3	2	2 1/2	1/4	18 1/6	—	18 1/6	—	—
Theodor Baqūf	1/6	1/4	17 2/3	1 1/6	1 2/3?	1/6?	14	—	14	—	—
Job Johannes	1/6	1/4	22 1/2	〔2〕	2〔1/2〕	1/4	17 1/3	—	17 1/3	—	—
Pamun Lucas 執事	1/3	〔1/2〕	45 2/3	3	5	1/2	36 1/3	27 1/3	9 {4 1/2 / 4 1/2}	—	—
Pelōte と Pqām	1/6	1/4	22 1/2	1 1/2	2 1/2	1/4	17 5/6	—	17 5/6	—	—
Patermute Chael	1/12	1/6	7 7/12	2/3	5/6	1/12	6 1/12	4 7/12	1 1/2	—	—
執事 Apa Kyros	1/6	1/4	22	1 1/2	2 1/2	1/4	17 1/3	12 1/3	5	—	—
Ğōš〔　〕Silvane		1/12	5 1/2	〔1/4〕	7/12	1/3	4 1/4	—	4 1/4	—	—
Theodor Fasīle	1/12	1/6	7 1/4	?	?	1/12	5 1/2	—	5 1/2	—	—
Chael David と Theodor	1/6	〔1/6〕	16 1/6	1 1/3	1 2/3	1/6	12 2/3	—	1 1/3	11 1/3	—
Mina Chael と Pqām Chael	1/3	1/2	21	?	?	1/2	35 2/3	—	35 2/3	—	—
執事 Pilatos	1/3		5 5/6	1/2	5/6	1/12	4 1/2	—	4 1/2	—	—
Merqūre Pamun	1/6	1/4	23	1 1/2	2 1/2	1/4	18 1/3	—	18 1/3	—	—

執事 Johannes Job	1/48		18 1/2	1 1/6	1 11/12	1/4	15	—	15	—	—
Šabīb Silvane	1/12		15 5/6	1 1/3	1 1/12	1/6	12 1/3	—	12 1/3	—	—
Apahōr の徴税											
Abīğe Ẓalmā	1/6	1/4	23	1 1/2	〔1〕1/2	1/4	18 1/2	—	18 1/2	—	—
Pqām Silvane	5/6		47 1/3	3	5	〔1/2〕	38	—	38 {24 14}	—	—
Markos Apollo Būle	1/6	1/4	22	?	2 7/12	?	?	—	?	—	—
警吏 Apollo 他	1/2		46	3	?	?	?	—	16 5/6	?	?
Job Pamun と Babā	?	?	?	?	?	?	?	?	?	?	?
Sāqiyat Aslide											
Isaak Chael	1/6	1/4	22 2/3	2	2 1/2	?	17 1/2	—	17 1/2	—	—
警吏 Apollo Chael	1/3		6 1/3	1/2	2/3	〔1/12〕	4 11/12	—	4 11/12	—	—
同上 Šanūda Apollo			2 2/3	1/4	1/4	?	?	?	?	?	?
Sā〔　〕Silvane		5/12	22 1/2	2 1/2	2 1/2	?	?	?	?	?	?
Severos		5/12	23	2 1/2	2 1/2	?	?	?	?	?	?
Al〔　〕Samāda			179?	1	1	?	?	?	?	?	?

税務局においては、このような収税台帳や集計報告書の作成とともに、実際に徴集されてきた現金の税金を、県の徴税官の立会いのもとに確認し、そのための計算書も作成しなければならない。さきに紹介した al-Ušmūnayn 県の税務局の収税計算書断片 PERF n° 761 は、こうした意味の計算書であろう。そしてこの計算書の原本もしくはコピーを付して、税金が中央の国庫に送達されたものと思われる。なお国庫への送金については、かならずしも現金ばかりとは限らず、手形(suftağa)による方法も用いられたとみなされる。それは、すでに当該割賦期のための収税計算書の段階において、税金が現金('ayn)と手形(safātiğ)とに区分けされていることからもいえる(APEL n° 278)。確かに、たとえば Edfū にある私領地の経営代理人から主人へあてられた私書簡 ABPH n° 1(三世紀末)によると、税金は手形

でも支払われているのである。すなわちこの私領地の場合、地租六〇ディーナールのうち、三〇ディーナールを手形で支払うと述べられている。三世紀初の私書簡 ABPH n°2 でも、やはり手形による税の徴収のことが触れられている。また貨幣取扱吏が、税金の処置に関連して、手形を発行した形跡もある(APEL n° 199)(37)。

（1） Cf. A. Grohmann: Studien zur historischen Geographie und Verwaltung des frühmittelalterlichen Ägypten, (Wien, 1959), pp. 25–26; APEL, III, p. 143; Taġrībirdī, III, 146.

（2） この私書簡は日付の部分が欠落しているために年代が不明で、A. Grohmann はヒジュラ暦一(八)世紀に比定しているが、これは誤りである。文中に、⑴ al-'Irāqānī の語があるのでアッバース朝初期、とくにカリフ－ハーディーからラシードの時代であること、⑵下エジプトの州知事になった Ḥuway b. Ḥuway は、キンディーによると、一七七－一九四年のあいだで、アラブ貴族の一人に数えられていること、⑶その息子の Aḥmad が一八九年にエジプトの警察長官に任命されていること、⑷ Ḥuway の州知事就任期日の ramaḍān 月三日には、すでに下エジプトでは播種が始まっているとあるが、小麦や大麦の播種は概してコプト暦の hatōr 月から kihak 月にかけて行なわれるから、⑴～⑶を考慮してその年代を推定するとヒジュラ暦一八〇(七九六)年ごろとなる。Cf. Kindī, 142, 154, 389, 398; al-Ǧahšiyārī: Kitāb al-Wuzarā' wa-l-kuttāb, (al-Qāhira, 1938), 168, 177; A. Grohmann: From the World of Arabie Papyri, pp. 171–72. なおヒジュラ暦一九九年、簒奪総督 al-Muṭṭalib b. 'Abd Allāh は、Asfal al-Arḍ の知事と Tinnīs の知事を任命・派遣しているが、これは内乱時のことで、一般的ケースのうちに入れることはできない(Kindī, 156)。

（3） Ibn Ḫurdāḏbih: Kitāb al-Masālik wa-l-mamālik, p. 82. なおムカッダスィーはエジプトを al-Ǧifār, al-Ḥawf, al-Rīf, Iskandarīya, Maqadūnīya, al-Ṣa'īd それにオアシスの七つの地域に区分している(Muqaddasī, 193)。

（4） キンディーでは、ここは Asfal al-Arḍ となっているが、実際的には Baṭn al-Rīf を指すと思われる。

（5） このような事情は、各県に含まれる村落数の多寡とも関係があるようである。すなわち、県によってはわずか数カ村しかないのもあれば、百数十カ村に及ぶものもあるほど、県の規模が千差万別で、これらを同等の一つの徴税単位として扱うわけにはいかなかったのであろう。なおイフシード朝時代、税務長官 Boqṭor の報告書によると、エジプトの村落数は上エジプトが九五六、下エジプトが一四三九、計二三九五カ村であったという。Cf. Ḫiṭaṭ, I, 72–73; Ibn Duqmāq: al-Intiṣār bi-wāsiṭat 'iqd al-amṣār, IV–V, (al-Qāhira, 1893), V, 43; Maḫzūmī, 46b–47a.

(6) なお二三三年 tōt 月(八四七年九月)の日付を持つ地租受領証 APEL n° 181 では、Qūṣ は al-Ušmūnayn や低 Anṣinā とともに二県に数えられ、その二県で一徴税区を構成している。Cf. PERF n° 725=EPER n° 8.

(7) たとえば納税請負残額に関する計算書 P. Mil. R. Univ. I, n° 7 によると、デルタ地帯に属す Samadūn, Šamamā, Šanawayh, Baršūb, Qalatā, Būrayǧ の六ヵ村が ʿAbd al-Raḥmān b. Hilāl という人物によって請負われ、一徴税区を形成している。

(8) この文書は、徴税における村長の役割を示したものとして、きわめて重要な価値を持つものなので、以下全文を紹介する。

「慈愛あまねき神の御名において。Maymūn b. Rāšid 宛市場価格で四ディーナールの受領証。彼はこれを al-Bahnasā 県に属す Ṭuḥ〔村〕の人々から選ばれた〔村長〕Šanūda に支払った。これは Maymūn が Biktoros (Faqṭor) と Biktoros の二人の息子 Homīse と Zikrī のために、彼に保証したディーナールである。まさに Maymūn は、彼らの村長(māzūt) Šanūda に、一五六年度のハラージュとして四ディーナールを支払った。したがって、Šanūda には一五七年 baremhāt 月まで、Maymūn や Biktoros およびその二人の息子たちに対し、多くも少なくも〔何ら〕請求する権利はない。Saʿīd b. Yaʿqūb al-Tuǧībī, Sālim b. Sulaymān al-Asadī および Yasār b. Wāqid al-ʿAbdī このことを証言す。油商(?) Piheu および Hāšim b. Ṣāliḥ al-Qurašī これを書して証言す。彼の証言の署名は一五六年 šawwāl 月になされた」。

この文中、村長が村民の選挙によって選ばれていたことを示す部分は、とくに注目に価する。

(9) 第一部第二章第4節一〇四頁参照。

(10) アッバース朝でもいわば直轄州のイラクでは、カリフ-マンスールの治世末、マフディーの初、一五八／五九(七七五)年に土地測量制から産額比率制(muqāsama)に改革され、小麦や大麦は現物で徴収されることになったが、エジプトはこの改革の対象とならなかった。本書付論第三章四二五頁参照。

(11) APW n° 30 はファーティマ朝時代に属す文書であるが、ファーティマ朝時代ではむしろ māsiḥ がよく用いられたようである。APW n° 48; Ḫiṭaṭ, I, 405; Mammātī, 305; Maḫzūmī, 99b.

(12) Mammātī, 305; Maḫzūmī, 99b; cf. C. Cahen, Contribution à l'étude des impôts dans l'Égypte médiévale, pp. 267–68.

(13) APEL n° 265 は地積調査報告書の頭書の部分のみであるが、内容は次のようになっている。

「慈愛あまねき神の御名において。二六二年度の地租のためになされた〔　〕地に属す Ṭalfar(?) の測量から得られた結果。……〔　〕土地でのこの測量は播種地 $251\ ^{31}/_{48}$ フェッダーン、油菜畑 $2\ ^{35}/_{48}$ フェッダーン、クローバー $1\ ^{1}/_{32}+\alpha$ フェッダーン、ぶどう園 $^{19}/_{48}$ フェッダーン。二六二年 šaʿbān 月二〇日。休閑地 $^{37}/_{48}$ フェッダーン。慈愛あまねき神の御名において。

……」

(14) 詳しくは第二部第一章第2節参照。

(15) 第二部第二章第4節参照。

(16) たとえば APEL n° 270(三／九世紀)では左記の表のような内容が見られる。

納　税　者　名	地　租 dīnār
〔　　　　〕 Isḥāq b. Ḥamdān al-Bādisī の手になる堅固なる(?)耕作請負．東方は……地積規定なしの耕作請負．増加分 4 faddān は運河北岸にある al-Ǧabbār の耕作請負地に，また同じく増加分の 1 faddān はこの土地に属していたものである．	20
（中　　略）	
Sīsinne b. Psai 昨年も彼の手にあった Būrā(?)として知られる耕作請負地で，地積規定なしの耕作請負．	$10^{2}/_{3}$
Telefos b. Papostolos 新運河に沿う休閑地の境界について，その南方は〔　　〕ʿAbd al-Ǧabbār として知られる耕作請負地．その北方は昨年も Qāsim〔　　〕の手にあった耕作請負地．東方はこの休閑地と南方の Quzmān の耕作請負地とのあいだに挾まれた運河，西方は新運河である．地積規定なしの耕作請負．	8
農務管理人 Quzmān 昨年も彼の手にあった土地で，地積規定なしの耕作請負．……いかなる監督者も穀物検量官も……強制もない．…………	?

(17) ファーティマ朝からアイユーブ朝にかけての税制を伝えていると思われるマフズーミーでは、土地測量制(misāḥa)に当たるものは mufādana と呼ばれ、耕作請負(qabāla)はこれに対立するものとして位置づけられている(Maḫzūmī, 98a–98b)。

(18) Kindī, 140. 本章第1節一八二頁参照。

(19) Mammātī, 305; cf. Maḫzūmī, 97a–99a; C. Cahen: Contribution à l'étude des impôts……, p. 261.

(20) エジプトでは古くから、耕地をいくつかに種別する習慣があり、それぞれ名称が付けられている。ただこの区分は土地そのものによるのではなく、洪水による冠水状況や前年度の作物の種類などによって決まる。したがって、その土地の種別は年々変るわけである。イブン＝マンマーティーやマクリーズィーによると、たとえば野菜類や瓜類を収穫したあとの土地は、bāq と呼ばれ、小麦や大麦、または亜麻を栽培することが望まれる。この bāq にもし小麦・大麦を播種し、収穫したあとは、その土地は barūbiya と呼ばれ、休耕地にすることが望まれる。しかし bāq に亜麻を栽培した場合は、そのあとの土地は baqmaha と呼ばれ、野菜類や瓜類の栽培が望まれる。また非洪水地は širāqī、塩分を含んだ土地は sibāḫ と称される。このような土地の種別は、エジプトの農業がナイルの水に依存しているとともに、輪作を旨としていることから生ずる。少なくともファーティマ朝後期以後では、指図人がこの土地の種別を土地台帳や割当査定簿に記入したことは間違いない。しかしアッバース朝期では、指図人は割当査定簿を作成するさい、この土地の種別も当然考慮したであろうが、帳簿に記入したような形跡はない。せいぜい作物名だけである。私見の及ぶところ、アッバース朝期のパピルス文書でこれらの土地の種別名が現われるのは、わずかに「休耕地」を意味する salā'iḥ があるだけである（APEL n° 86/87：ただし同文書では salā'iḥ）。Cf. Mammātī, 201–04; Maḫzūmī, 30a; Ḫiṭaṭ, I, 100–01; Qalqašandī, III, 446–48; C. Cahen, Contribution à l'étude des impôts dans l'Égypte médiévale, pp. 258–61.

(21)　PERF n° 633 には「Taršūb において登録されたる者(man tusağğal)の名前」という語句がある。Cf. A. Grohmann: Einführung und Chrestomathie zur arabischen Papyruskunde, (Praha, 1954), p. 125, note (2).

(22)　この文書の年代については本節註(2)参照。

(23)　たとえば PERF n° 967=EPER n° 2 は断片であるが、次のような内容が書かれている。

かくして余は汝にこの登録証書を送付した。汝にはこれを遂行する義務がある。よって神の祝福と加護のもとに播種せよ。

六フェッダーンを一五ディーナールで

慈愛あまねき神の御名において

これはカリフの mawlā(家臣)にして知事(amīr) Abū l-Muẓaffar al-Ḥasan b. Ṭuġǧ——神が延命を垂れ給わんことを——よりの登録証書(kitāb siğill)である。彼はこれを Muḥammad b. Rabī'a と代理人〔　〕b. 'Abd al-Wāriṯ のために書いた。げに汝らは、ハラージュ地に属す良質の黒い土地六フェッダーンを、三□□年度のために……標準貨幣の一五ディーナールで、余が汝らに貸すよう余に請い願った。……

このあとの部分は他の文書から類推すると、割賦期ごとの地租の支払いを条件とした請願の承認・播種、すなわち耕作開始の命令・登録額以上の収穫は耕作者に帰せられるが、それ以下の収穫に終っても地租の支払い義務はあることなどが書かれ、署名・末尾の見出しが続くはずである。

(24) al-Muqaddasī: Aḥsan al-taqāsīm fī maʿrifat al-aqālīm, (Descriptio Imperii Moslemici, ed. M. J. de Goeje, Lugduni Batavorum, 1906), p. 212. 以前発表した拙稿「アッバース朝時代エジプトにおける土地の貸借契約について」四四頁および「アッバース朝時代エジプトにおける税の請負制度について」二三頁では、いま「貸料」(kirā)と訳したKRYを文字通りkarī＝貸主と読み、その上で前者の論文の註(22)において、ムカッダスィーの文章からいえば、むしろKRYはkirāʾ＝貸地料の書き誤りと解釈した方がより適切であることを示唆しておいた。しかしその後パピルス文書(P. Mil. R. Univ. I, n°5)でもKRYを貸料kirāの意味に使っている例のあることがわかったので、ここで改めて「貸料」の意味に訂正しておきたい。

(25) イブン＝マンマーティーのM. Meyerhof氏旧蔵写本によると、支給される種子の量は一フェッダーンにつき、うまごやし・菜種は各$^1/_3$アルデブ、小麦は$^2/_3$アルデブ、大麦は$^1/_3$アルデブ、そら豆は一アルデブ、エジプト豆・からすえんどう豆・レンズ豆は各$^1/_8$アルデブ、亜麻は一アルデブであるという。Cf. Mammātī, p. 235, note(1).

(26) A. Grohmannによると、taqwiyaは日々収税台帳P. Michaelides n°4やある私領地のための三〇八年度の日々収納簿にも見えるという。Cf. A. Grohmann: New Discoveries in Arabic Papyri, An Arabic Tax-Account Book, Bulletin de l'Institut d'Égypte, 32(1951), p. 166.

(27) APEL, II, p. 72, note(2)によると、ベルリン博物館所蔵文書P. Berol. 15099にはqabāla bi-lā misāḥa wa-marǧ bi-lā iḥṣā (地積規定なしの耕作請負ならびに頭数調査なしの牧場税)という語句が記されているという。

(28) この文書の文面は以下のようになっている。

「これはStephan b. Mar[　]īのための登録証書(siǧill)で、(al-Ušmūnayn)県における[彼の]家畜について、この文書に記載されている年度のための[税として]、これを頭数調査(iḥṣā)をしたり、何らかの負担や義務を課することなく、1＋$^1/_6$＋$^1/_{24}$ディーナールを登録する。これは実際の日付では二六二年に帰せられる二六一[税]年に書かれた。」

(29) Ǧahšiyārī, 220; Ṭabarī, III, 628; Ibn al-Aṯīr: al-Kāmil fī l-taʾrīḫ, (Bayrūt, 1965–67), VI, 127; Taġrībirdī, II, 80–81.

(30) コプト暦は太陽暦で、一年はtōt(thoth), bābe(paophi), hatōr(hathyr), kīhak(choiak), ṭūbe(tybi), amšīr(mecheir), baramhāt(phamenoth), barmūde(pharmuthi), bašans(pachon), baʾūne(payni), abīb(epiphi), mesori(mesore)の一二カ月と五

日もしくは六日の余り日 al-nasīʾ とからなり、tōt 月一日は八月二九日で、これらの月は順次ほぼ九月から八月までに相当する。ナイルの増水が起こるのは tōt 月で、翌 bābe 月初旬に最高水位に達する。水が引くと、うまごやし・亜麻・雑穀類が播種されるが、麦類は hatōr 月を中心に播種され、遅蒔のものでも kīhak 月には終了する。もっとも、のちになると麦の播種期が早くなり、bābe 月には始まっている。Cf. Ḥawqal, I, 136–37; Mammātī, 235–58; Ḫiṭaṭ, I, 101, 270–73; al-Qalqašandī: al-Ṣubḥ al-aʿšā,(14 vols., al-Qāhira, 1963), II, 383–89.

(31) maḥlūl と maʿqūd というのは、ここでは実際的には misāḥa と qabāla、すなわち地積測量によって税額を決める場合と、そうした地積数によらずに、耕作請負という契約によって1定税額を決める場合とのことを指す。この両者の対比については、すでに本節で述べた通りである。C. Cahen 氏は Contribution à l'étude des impôts……, p. 265 (2) で、これをのちの munāǧaza と mušāṭara との対比に当て、maḥlūl は munāǧaza に相当するのではないかと推定しているが、これは疑問である。

(32) なおマクリーズィーもこの原資料に拠ったと思われるが、コプト暦に関するところで、上記のイブン＝ハウカルの記述とほぼ同文の内容を各月の説明のなかに挿入している。

(33) Cf. C. Cahen: Contribution à l'étude des impôts……, p. 261.

(34) Cf. C. Leyerer: Die Verrechnung und Verwaltung von Steuern im islamischen Ägypten, Zeitschrift der Deutschen Morgenländischen Gesellschaft, Bd. 103, Wiesbaden, 1953, pp. 44–46.

(35) この文書のテキストそのものについては未刊であるが、その内容については、A. Grohmann の下記の論文ならびに C. Leyerer の前掲論文に紹介されている。A. Grohmann: New Discoveries in Arabic Papyri, An Arabic Tax-Account Book, BIE, 32 (1951).

(36) この収税台帳はヒジュラ暦二／三(八／九)世紀のものといわれているが、内容は次のようになっている。

[　]税務局における諸種税金領収台帳

慈愛あまねき神の御名において　　正

……………………

貨幣取扱吏 Epimak	数 [ ]	領収	[ ]	[ ]	[ ]	年?
	dīnār	dīnār	dīnār	dīnār	miṯqāl	dīnār
mechier 月 15 日，日曜日	—	$233^{41}/_{48}$	?	?	?	?

dinār　―　〔　〕$^{1}/_{24}$

（37）　文書の性格は不明だが、徴税官の俸給などの項目のみえる税務関係の計算書 APH n°8 でも、現金（'ayn）と手形（safātiğ）の区分がなされている。

4　税制の展開と納税請負制の発展

一　税制の展開

本章第1節の「抗租運動史」はともかく、これまで、もっぱらアッバース朝期の税制そのものの解明に視点を定めて述べてきたが、それでも、年代によってはこの税制にかなりの差異のあることが判明した。そこでその成果を踏まえて、ここで改めて税制を時代の流れとともにとらえ、その変容を跡づけてみたいと思うのである。

アッバース朝成立後二年にわたる混乱期を経て、租税体制はウマイヤ朝期のそれに戻されたが、ウマイヤ朝末期の税体系そのものにはまだ未確定な面が少なくなかった。このような状態に対して、決定的な方向づけ――それはウマイヤ朝中期以来発展してきたものに違いなかったが――を与えたのは、初代カリフ-サッファーフの人頭税免除令である。これによって人頭税と土地税の区別は明確となり、人頭税ジズヤと地租ハラージュを二本の柱とするイスラム法的税制の原則が確立した。すなわち、改宗者は、人頭税を免除されるうえに、これまでのように住居や土地を棄てる必要はなく、ただ従前通りの土地税＝地租を支払えばよくなった。その代わり征服地に属す土地については、ファイ理論を根拠として、その保有者の宗教・民族に係りなく、それ相当の地租を支払うという、属地主義による課税方針がさらに徹底化されることになった。

しかしながら、このような体制の確立とはいっても、それはあくまで原則についてであって、実際の税務行政のうえでは、そうした原則の具体化がかならずしも円滑に進んだわけではなかったのである。それは人頭税にしろ地租にしろ、税率の基準というものがまだ明確でなかったし、とりわけ地租については、実際の徴収に当たって、幾多の困難な問題が横たわっていたからである。

たとえばその一つに、ナイル河の洪水状況と徴税額との関係があげられる。ウマル一世の先例を根拠として、イスラム法による地租の課税方針とされているのは、「耕作されていようがいまいが、播種されていようがいまいが、水の達するかぎり一定の税率を課す」ということにある。[1] ここでは、灌漑状況によって耕作や播種が大きく左右されること、さらには収穫高がそれによって大きく変動することについて、なんらの考慮もなされていない。エジプトの農業はナイルの洪水に依存しているが、その流水量は毎年一定であるとは限らない。それでエジプトでは、古来ナイルの洪水時の水位を勘案して、徴税額を決定する習慣があった。ところがこのような課税方針が推進されつつあったウマイヤ朝後期においては、そうした習慣は無視されている。すなわちカリフ－ヒシャームの治世中、ナイルの水位が上らないで旱魃となってしまったにもかかわらず、通常と変りない税額を課した結果、住民が非常な重税にあえいだといわれている(Sawīrus, PO, V, 97–98)。この方針は当然アッバース朝においても継承され、Abū 'Awn 'Abd al-Malik の総督時代(在位一三七—一四一年)では、ナイルの水位がたとえ一四腕尺(dirā')以下でも、つねに一六腕尺のときの徴税額を課していたといわれる(Sawīrus, PO, V, 193–94)。

このような方針が改められたのはカリフ－ラシード時代のようである。マフズーミーによると、税務長官 Maḥfūẓ b. Sulaymān(在位一八七—一九一年)は「ナイルの水位が一六腕尺に達すればエジプトの徴税額は満額となるが、一七腕尺になればそれは一〇万ディーナール増額され、さらに一八腕尺になれば、逆に一〇万ディーナール減額される」と言ったと伝えられている(Maḥzūmī, 47a–b; cf. Mammātī, 76)。したがってこの当時、ナイルの標準水位を一六腕尺とし、これより増減があれば、それに応じて徴税額も調整することが定められたと考えられる。カリフ－マームーン時代について、もしナイルの水位が一七腕尺と一〇指に達すれば、エジプトの徴税額は四二五万七〇〇〇ディーナールとなったという報告(Ḥawqal, I, 136; cf. Ḫiṭaṭ, I, 99)もあるので、この改革がラシード時代になされたことはほぼ間違いない。これは時期的に考えれば、アッバース朝初期における一連の抗租運動、とりわけ一八六年の叛乱の直後のことであり、抗租運動との連関性が重視される。実はイスラム帝国としての新たな課税方針を実行するに当たって、アッバース朝初期、とくにカリフ－マンスールやマフディー時代は重要な時期であると同時に、こうした試行錯誤も、多かれ少なかれ繰り返されているのである。

まずマンスール時代、エジプトでも直轄州のイラクや他の地域と並んで、(2)大がかりな税務調査が、コプト人に対してもアラブに対してもなされ、それにもとづいて新たな課税額が決定された形跡がある。ハウフ地方のアラブに対する税務調査が、一五二―一五六年のあいだに行なわれたことはすでに述べたが(本章第1節一八〇頁)、しかしマンスールがシリアにおいて行なった措置も考慮すると、(3)このときはまだアラブに対する十分の一税という特権を認め、重い地租を課さなかったようである。だがコプト人に対しては、従来より苛酷な税額を課したに違いなく、マンスール時代に起こった彼らの叛乱はこのことを物語っている。また、「地租ハラージュ」という言葉も、このころマンスールのこのような税務政策の一環として、エジプトに導入されたのである。

マンスールのあとを継いだカリフ－マフディーの仕事は、マンスールが定めた税務体制の方向をさらに徹底化し、確立することであった。マフディーの施政の推進役を勤めたのは、イスラムで最初に『租税の書』Kitāb al-Ḫarāǧ を書いた宰相 Abū 'Ubayd Allāh Mu'āwiya(一七〇／七八六年没)である。(4)彼の著書は現存していないが、おそらく政務執行者として、かなり体系的な租税政策を持っていたと考えられる。彼は着任早々、一五九(七七六)年ごろに、マンスールが手をつけてそのままになっていたサワード(イラク)の税制改革を実行し、これまでの現金納による土地測量制を、現物納による産額比率制(muqāsama)に改めている。(5)また中央に、税務行政を監督する監査庁(dīwān al-azimma)が創設されたのも、彼の宰相時代のことである。(6)それに彼は、マンスールの治世末期にエジプトの税務長官をしていた Muḥammad b. Saʿīd を自己のブレーンの一人に迎え、エジプトの税務事情にも通じていた。数年して宰相の地位を去ったが、それでも、財政に関するカリフの忠告者であることには変りなかったようである。マクリーズィーによると、一六七(七八三／八四)年マフディーはエジプトに初めて店舗税を導入している(Ḫiṭaṭ, I, 103)。これはおそらく、コプトの都市民の改宗に伴う税収減を補うために、創設されたものであろう。

こうした税制強化の一環としてなされたマフディーの政策のうち、とくに注目しなければならないのは、次の二点であろう。その第一は、コプト人に対する徴税強化のために、税務行政における村長(māzūt)の権限を縮小して、村落共同体による自主的な徴税方式を廃し、その代わり、政府の派遣する県の徴税官(ʿāmil)およびその代官による直接支配に転換したことである。これは納税民やその保有地状況の税務局への登録・政府官吏による徴税が、この当時より始まったことからわかる。

第二はアラブ－ムスリムの土地保有者に対するもので、征服地を保有していながら、いまだに特権的な税負担を享受していたアラブに対し、属地主義の原則にもとづく地租ハラージュを課すことであった。しかし、その結果は最初から思わしくなかった。それはまず、一六七―一六九年における上エジプトでのアラブの叛乱となって現われた。ついでマフディーは、すでにマンスール時代、北イラクにおいてアラブに対しても厳しい税務行政を行なった Mūsā b. Muṣʿab を、エジプトの総督兼税務長官として派遣した。そこで一六八年に、総督は税務調査を行なって、一フェッダーン当たりの税額を二倍にしたのであるが、今度はデルタ地帯のアラブが叛乱を起こし、総督は殺されてしまったのである。

この Mūsā b. Muṣʿab のアラブに対する課税額でも、なおコプト人の土地保有者と比べて有利であったのか、カリフ－ラシード時代に入っても、新たな税務調査と増税、これに対するデルタ地帯のアラブの叛乱という現象が繰返されている。すなわち、一七八年、総督 Isḥāq b. Sulaymān のとき、一八六年、総督 al-Layṯ b. al-Faḍl のとき、さらに一九一年、総督 al-Ḥusayn b. Ǧamil のときである。いずれもアラブは、政府側にかなりの損害を与えることができたが、結局は鎮圧され、政府が課した税額の支払いを認めるに至っている。こうして、少なくともラシードの治世中には、地租に関するアラブームスリムとコプト人との平等は確立されたものと思われる。それはまったく権力による確立であったといえよう。しかしアラブ自身は、イスラムの名のもとになされたこのアッバース朝体制にはあくまで反対であり、不満はいつまでも残ったのである。

一方、アラブのこのような抵抗に対して、このころコプト人も、納税遅延など消極的な形ではあるが抗租運動を繰り返し、それは慢性化の様相を見せていた。こうした情勢のなかで、一八六年ごろ、アラブ征服期以来引き継がれてきた地租の現金と現物の二本立てによる徴収が廃止され、現金納制に一本化された。すなわち改革以前では、ファイユーム地方を例にとれば、一フェッダーン当たり一ディーナールと小麦 $^1/_2$ アルデブ、大麦 $^1/_6$ アルデブの税率であったのが、$2〜2\,^1/_2$ ディーナールとなったのである。この改革の理由は当時の穀物価格の変動に求められるであろう。

ウマイヤ朝中期、小麦の価格は一二―一三アルデブが一ディーナールであった。当時のアフロディト文書によると、課税額の現金と穀物租との比率は、概して一ディーナール対小麦一アルデブであり、この穀物租は現金による代納も可能であったから、たとえば P. Lond. nº 1335 や PAF nº 10 の例では、この課税額は $1\,^1/_{13}$ ディーナールとなる。この価格はウマイヤ朝後期でもさほど変化はなく、セベロスによると、一一三年ごろ小麦一四アルデブが一ディーナールであったという(Sawīrus, PO, V, 99)。ところがその後価格上昇のあとが見られ、一ディーナール当たり一〇アルデブとなっている(P. Oxon. Bodl. MS. Arab. e 71ᵛ; CPR II, nº 10, 11)。さらにアッバース朝初期、二世紀半ばごろでは、大麦が一ディーナール当たり一〇―一五アルデブという報告があり(PAL nº 12–13)、これは小麦に換算すると $5〜7\,^1/_2$ アルデブとなる。穀物租の廃止がなされる直前ごろになると、小麦はきわめて高くなり、一アルデブと $2\,^1/_2$ ワイバ($1\,^5/_{12}$ アルデブ)が一ディーナールとなっている(APRL nº I/5)。また同じ時代に属すと考えられる文書で、$1\,^2/_3$ アルデブという報告もある(APRL n° VI/20)。

ウマイヤ朝末期からアッバース朝初期にかけての穀物価格の高騰は、この時代における長年の内乱や抗租叛乱によって、農業生産量が著しく低下したことに大きな原因があろう。ただ秩序がかなり回復された三世紀前半でも、なお穀物価格の高騰がそれほど収まらなかったことを思うと、アッバース朝初期における貨幣価値の下落も考慮されねばならないであろう。それはこの当時、イスラム帝国では金銀の生産量が上昇し、それに伴って貨幣流通量もかなり豊富であったからである。[7]

地租の現金と現物の二本立て徴収を廃止し、現金納制一本に改めたことは、こうした当時の社会情勢からくるものと思われるが、それにしても、小麦$^{1}/_{2}$アルデブと大麦$^{1}/_{6}$アルデブ相当量の穀物を1～1$^{1}/_{2}$ディーナールに換算したことは、実質的にはかなりの増税になる。これは当時の穀価を考慮すると、二倍から三倍以上、税率全体についていうならば、一・四倍から一・八倍以上の増税になるのである。このような増税が何をもたらすかは明らかで、カリフ＝ラシード時代のその後とマームーン時代に至るあいだの、アラブ人やコプト人による抗租運動や内乱はこれをよく物語っている。

マームーン時代の徴税がいかに苛酷なものであったかは、各時代のエジプトの税収額を比較してもわかる。すなわち、マームーン時代のそれは四二五万七〇〇〇ディーナールに達したといわれている(Ḥawqal, I, 136; Ḫiṭaṭ, I, 81)。これに対し、ウマイヤ朝でもとくに税収の多かった ʿUbayd Allāh b. al-Ḥabḥāb の税務長官時代(在位一〇五―一一六年)では、二七二万三八三七ディーナールであったとされる。[8] アッバース朝期では、ラシード時代の総督 Mūsā b. ʿĪsā(在位一七一―一七二、一七五―一七六、一七九―一八〇年)が二一八万ディーナールを徴収したとされ、またジャフシャーリーによると、同じくラシード時代、エジプトの支出に当てられる Tinnīs, Dimyāṭ, al-Ušmūn の徴税額を除くと、一九二万ディーナールであったという。[9] クダーマによると、三世紀前半については二五〇万ディーナールとなっている。[10]

報告されている。(11)

三世紀後半、イブン＝トゥールーンの治世は、エジプトが極度に繁栄を誇った時代で、そのころの税額は四三〇万ディーナール、息子の Ḫumārawayh のときは四〇〇万ディーナールとされている。これがイフシード朝時代になると、税収総額は三二七万ディーナール、総督の私有となっている私領地の税収を除くと二〇〇万ディーナールであるといわれ、ファーティマ朝初期、三五八年では三二〇万ディーナール、翌三五九年では三四〇万ディーナールであったと報告されている。(11)

このようにして、ヒジュラ暦二世紀末から三世紀初頭にかけての苛酷な徴税と、これに対する納税民の激烈な抗租叛乱を通じて生まれた変化として、注目すべき点がいくつかある。その第一は、アラブの度重なる叛乱の過程から生まれたものであるが、租税の徴収を政府派遣の税務官吏によらずに、「請負」という一種の契約にもとづいて行なう形態が発生したことである。史書によって知りうるかぎりでは、これは一八七年に、Maḥfūẓ b. Sulaymān という者がエジプト全土の徴税をカリフに対して請負った《ḍamān》が最初であるが、その後一九四年には総督とハウフのアラブとのあいだで徴税契約が成立、また二〇七年には、カリフの使節とそれぞれの地方を支配している実力者とのあいだで、徴税請負(ḍamān)の契約が結ばれた。これらの徴税請負は、まだいわば高次元の段階でのことであり、しかも暫定的な措置にすぎなかったのであるが、こうして始まった「請負」はやがては末端の地方実力者に対する徴税権の譲渡にまで波及し、いわゆる納税請負制(qabāla)の展開となって顕在化するのである。

第二は、納税に関するコプト人の不正行為の増大で、二一七年のカリフ＝マームーンによる鎮圧以後、武力による抵抗を放棄したコプト人は、自己に課せられる税額をできるだけ少なくするために、あらゆる手段、とりわけ保有地の地積数を過小評価させることによって、過重な税負担から逃れようとした。このような、いわば不正土地測量の端緒を開いたのは、一八六年の政府自身による不正測量であったが、これは土地測量制の意義そのものを失わせるものであり、やがては土地測量を行なわず、したがって地積数を明示せずに、一定税額を支払う耕作請負(qabāla bi-la misāḥa)の発生をもたらしたのである。

第三は、単位面積フェッダーン当たりの地租の税率の低下に関するもので、これまで2～2½ディーナールであったのが、1～1½ディーナールに下げられるとともに、従来は各納税者に対して画一的であった税率が、きわめて多様なものとなったことである。この税率の多様性は、単に三世紀以後急速に発展した特権階級の所有する私領地(diyā')と、一般のハラージュ地とのあいだの差異というのではなくて、微小な徴税区内でも見られる点を考慮すると(第24表参照)、おそらくは、作物の種類とか土地の種別とかによって税率を変えるということから起こったのであろう。このような課税観念は、やがて二四八年におけるイブン＝ムダッビルの税制改革となって、ほぼ体系化されるのである。

イブン＝ムダッビルの税制改革の内容については、すでに本章第2節で述べた通りであるが、実は彼はエジプトでの改革を行なう以前に、やはり各地で税制改革を行なっているのである。すなわちカリフ－ムタワッキル(在位二三二―二四七／八四七―八六一年)の治世中、二三六年ごろ、中央の税務庁長官となり、部下をサワード(イラク)の各徴税区の徴税官に派遣して、莫大な税収をあげ、さらにイブン＝ムダッビル自身は税務庁や私領地庁など七つの官庁を統轄した。二三七年に、アラビア半島のヤマーマとバフライン州の税額をも改定していることを考えると、このときは単にサワードのみにとどまらず、各州の税制についても改革を試みているようである。ついで二四〇年、宰相 'Ubayd Allāh b. Ḫāqānの制肘を受けて一時投獄されたが、すぐそのあと、二四〇年か二四一年にシリアとヨルダンの税務長官となり、税務調査を行なって新たな税額を課している。(12)

イブン＝ムダッビルが、エジプト以外の諸州でどのような税制改革を行なったのか、その詳しい内容については資料が不足しているので明らかにしがたい。しかしシリアやヨルダンの場合でも、それは非常に苛酷な徴税であったといわれているので、おそらくはエジプトにおけるように、現実に即応したかなり合理的な改革であったとみなされる(Sawīrus, II, 24)。

こうしたイブン＝ムダッビルの税制改革をも含めて、さきに指摘した三世紀前半における三つの変革に共通していえることは、それまでのイスラム法本来の租税体制、すなわち人頭税と地租を二本の柱とし、地租については属地主義と土地測量制にもとづいて課税、徴収に当たっては政府から派遣する県の徴税官を最高責任者とするという体制が、もはや現実には通用しなくなったということである。そして従来のこうした体制からの変革のうちで、もっとも重要な意義を持つのは、第一の点で触れた納税請負制の発展であろう。これはヒジュラ暦三世紀半ば以後、ファーティマ朝期に至るまで、エジプトの租税体制全体を規制する制度となるものだからである。そこで次に、この納税請負制について述べたい。

二　納税請負制

エジプトにおける租税の請負制度には、納税請負(qabāla)と徴税請負(ḍamān)とがあり、普通この両者を通じて全般的に請負制度を指すときは、前者の納税請負で代表させている。この両者の差異は、徴税請負の方がどちらかといえば、州や数県などの広範囲な地域、高次元の段階の徴税を請負うのに対し、納税請負は地方の有力者が、出身地の小区域の納税を請負うのである。しかし、このような差異もファーティマ朝期ではあまりなく、両者はほとんど共通して用いられている。

この納税請負なり徴税請負なりをまとめて論述している史料としては、マクリーズィーの『エジプト地誌』al-Ḫiṭaṭの記事がほぼ唯一のものである。マクリーズィーのこの著書には、随所に彼が打ちたてたエジプト史に関する理論がみられるが、ここに取り上げる一節、すなわち「イスラムがコプト人のあいだに広がり、アラブ族が村々に定着してのちのエジプトの土地の納税請負制(qabālāt)およびそれからal-Nāṣirの最新の検地(rawk)までに起こったこと」[13] (Ḫiṭaṭ, I, 81-87)に関する節もその一つである。彼はまず、アラブがナイルのデルタ地帯に定着し、農耕を生計の手段として選び、コプト人の大衆が次第にイスラムに改宗するようになってのち、エジプトでは納税請負制が行なわれるようになったとして、ついでその概略を述べている(Ḫiṭaṭ, I, 81–82)。そこで、納税請負制の成立およびその発展についてはのちに改めて述べるとして、まずこの制度そのものの内容を紹介したい。

納税請負制の最大の特色は、首府のフスタートで税務長官(mutawallī al-ḫarāǧ)の臨席のもとに、納税権入札のための競が行なわれたことである。マクリーズィーはその模様を次のように伝えている。

諸々の土地の納税請負がなされる時期になると、エジプトの税務長官がフスタートのアムル ʿAmr b. al-ʿĀṣ モスクに臨席し、村々や町々から人々が参集する。すると呼手がそれぞれの地域(bilād)について、〔請負〕契約の同意額(ṣafqāt)を次々と呼び上げ、税務長官の前にいる税務書記たちが、競の済んだ kūra(県)の〔課税〕額と、人々のうちから納税請負権を落札した人の同意額を書きこむ。納税請負人(mutaqabbil)たちは旱魃や水害その他の理由で、四年の期限で当該地域(bilād)を請負った(Ḫiṭaṭ, I, 82)。

首府におけるこのような競は《nidāʾ》といわれている[14]。この競が入札者たちに対し平等に行なわれたかどうか疑わしい。ときには税務長官が特定の入札者に特権を付与して、落札させることがあったようである。マクリーズィー所収 Ibn Zūlāq(三八七／九九七年没)の《Aḫbār al-Madārāʾīyīn》によると、税務長官 Abū Bakr Muḥammad b. ʿAlī al-Madarāʾī[15] は競にさいし、ある私領地の納税権を委ねてくれるよう頼んだ Wahb b. Ismāʿīl という者との協同(širka)請負という内々の条件で、入札業務の進行中その私領地の納税権をこの人物に委ねるよう命じている(Ḫiṭaṭ, I, 82)。入札者の出身層は官吏・地主・軍人・アラブ人やコプト人らの地方豪族からなっており、むろん専門の納税請負人もいたと考えられる[16]。なかには《カリフの mawlā》の肩書を持つ高官もいた(APEL n° 79; APW n° 14)。

すでに前節で述べたように、エジプトの税務行政は太陽暦のコプト暦をもとにして執行されたが、競を開く時期については、当面のマクリーズィーの記述では明確にされていない。ただファーティマ朝初、まだアッバース朝に引き続いて納税請負制を行なっていた三六三年では、muḥarram 月一四日、コプト暦の bābe 月一八日(一〇月一五日)に開かれている。[17] bābe 月というのは、その月の八日ごろにナイルの水位が最高に達するときで、この日が過ぎると、ほぼ土地の灌漑状態が判明する。三六三年当時は特殊な政治情勢下にあり、この競が bābe 月の当日開かれたのも、特異な場合であったと考えられないこともないが、後述するように、納税請負人は農民の耕作播種をも監督する義務があるので、競は遅くともナイルの洪水が引いて、播種が始まるまでになされねばならない。この限りにおいて、この競は適切な時期になされているといえる。

マクリーズィーによれば、競は順次 kūra(県)ごとに行なわれたようであるが、請負の単位となる地区については《bilād》とのみあって、やや漠然としている。単数形の balad もしくは balda は、いわば地方共同体を意味する語で、古くからの慣例によって、この共同体が最小の地方行政単位として用いられていた。この地方共同体は、実際的には qarya, kafr, minya, šubrā などの村落に相当し、これらを《balad》と総称したのである。しかもそのうちには私領地も含ませていた。[18] すなわちある村の全体もしくは一部が私領地となり、その私領地の名前で納税請負される場合もあったわけである。[19] したがって、私領地がエジプト全土で広範囲に広がっていたファーティマ朝初期については、《bilād》の代わりに私領地(ḍiyāʿ)で、請負に出される地区全体を代表させている。マクリーズィー所収 Ibn Zūlāq の《Sīrat al-Muʿizz li-Dīn Allāh》によると、さきにも少し触れた三六三年の場合について、「私領地(ḍiyāʿ)およびあらゆる税種(sāʾir wuǧūh al-amwāl)に関する競」という記述になっているのである(本節註(17)参照)。なお「私領地」と「あらゆる税種」とを並列させるのは一見奇妙であるが、これは当時の用語法では前者は《māl al-ḍiyāʿ》として、主要作物である麦類播種地の地租(ḫarāǧ)を指し、後者は人頭税・放牧税・棗椰子税その他を指しているわけである。[20]

パピルス文書によると、やはり私領地の場合と並んで、一カ村から数カ村に及ぶ地域が一括して請負われていたことがわかる。たとえば、上エジプト某県内諸村収税報告書断片 APG nº 4 では、Marǧ al-Ḥalibī 村が Ismaʿīl b. ʿĪsā al-Muhallabī という人物の納税請負(qabāla)となっており、さらに村名は不明だが、Abū l-ʿAǧfā Aḥmad b. Muḥammad という人物が二カ村以上を請負っている。またミラノ大学所蔵の納税請負残額に関する計算書(ǧarīdat baqīya) P. Mil. R. Univ. I, nº 7(二―三／八―九世紀)では、六カ村が ʿAbd al-Raḥmān b. Hilāl という人物の納税請負とされている。これらの村は、アイユーブ朝やマムルーク朝時代の村落名簿にもその名を見せるが、ちなみに Ibn al-Ǧayʿān によってマムルーク朝時代の地籍調査による各村落の耕地面積を示すと、第31表の通りとなる。(21) アッバース朝期とマムルーク朝時代とでは、行政区画の方法が異なり、下エジプトでいえば、約三三あった kūra(県)が、マムルーク朝時代では約一〇の iqlīm もしくは ʿamal(省)に置き換えられている。したがって、これら六カ村が同一 kūra に所属するかどうかは明確でない。しかし Ibn al-Ǧayʿān のリストでは、Būrayǧ 村以外はすべてデルタ地帯中心部の Minūfīya 省に属し、地理的にも近接している。Būrayǧ 村は北隣の Ġarbīya 省に属しており、距離的にも他の五カ村と少し離れているが、同一人物がなんらかの理由で、離れた地域をも同時に請負ったとすることはむろん可能である。(22)

第31表 納税請負残額計算書(P. Mil. R. Univ. I, nº 7(2-3 世紀))

村　名	耕地面積 (faddān)	al-Ǧayʿān	Mammātī
Samadūn	2587	p. 106	p. 148
Šamamā	770	107	156
Šanawayh	1439	107	156
Baršūb	523	103	115
Qalatā	1494	108	169
Būrayǧ	2207	74	113

借地契約文書 APEL nº 79 に《baqṭ 地と maqbūḍ 地》(本章第2節参照)の納税請負人として登場する Muḥammad b. ʿĪsā は、APEL nº 184 や PERF nº 786 では県の徴税官として現われるので、かなり広範囲の地域を請負ったと推定できる。しかし、いずれにせよこのような qabāla 契約によって、一県もしくはそれ以上の地域を請負っている例は見当たらない。このような場合には、むしろ《ḍamān》(徴税請負)と呼ばれたようである。いま述べた APG nº 4 の場合だと、二カ村以上を納税請負していた Abū l-ʿAǧfā Aḥmad b. Muḥammad は、Aḥmad b. Yūsuf al-Hāšimī による徴税請負(ḍamān)の一部を下請しているわけで、Abū l-ʿAǧfā には

al-Hāšimī の代理人(wakīl)という肩書が付与されている。この点からすると、al-Hāšimī はかなり広範囲な地域を徴税請負しているものと思われる。また三〇四年 ramaḍān 月二五日(九一七年三月二二日)の日付を持つ ABPH n° 11 の私書簡は、Abū l-Qāsim b. Yaškur という人物が、上エジプト全体を徴税請負したことに触れている。ファーティマ朝初期では、三六三年 šaʻbān 月半ば(九七四年五月一一日)に Muḥammad b. al-Qāḍī Abī l-Ṭāhir Muḥammad b. Aḥmad が、エジプト全土のワクフ地(al-aḥbās)を、しかるべき人々に当該額を支払い、残額は国庫に納入することを条件に、年額一五〇万ディルハムで徴税請負している(Ḫiṭaṭ, II, 295)。また、やはり同時代に、ʻAlī b. ʻUmar b. al-ʻAddās が Būṣīr 県全体を徴税請負している(Ḫiṭaṭ, II, 31)。こうした徴税請負人は mutaḍammin もしくは ḍāmin と呼ばれた(Ḫiṭaṭ, I, 82-83, 86; II, 5; Ittiʻāẓ al-ḥunafā', 197)。

これら納税請負人や徴税請負人が扱う税種は、通常の地租(ḫarāǧ)のほか、棗椰子税・砂糖きび税・ぶどう園税などの農業税や人頭税(ǧawālī)・放牧税(marāʻī)もあって、首府から派遣される県の徴税官ないしはその下で働く徴税吏の場合と変りない[23]。要するにそれは、徴税官吏の行なう徴税業務の権利を、納税請負人は「請負」によって取得しているにすぎないからである。

ところが、ナイルの流量は毎年一定と限らず、したがって実際に徴収できる税額も一定でない。そこでその平均を取る意味で、原則的に四年の契約期限を設け、その間旱魃や水害による不作の年があっても、納税請負人は彼が同意した規定通りの税額を政府に納入する義務を負った。この点は契約書にも明記されたようである(cf. APEL n° 87)。毎年一定額を国庫に納入するという点で、通常の徴税官の場合とは根本的に異なっていたのである。ただ三〇四年の日付のある ABPH n° 11 の徴税請負では、契約期限は三〇五年から三一〇年までの六年間であるから、徴税請負の方はかならずしも原則通りではなかったらしい。この場合の徴税請負は上エジプト全域を管轄とするので、請負の競が行なわれたとは考えられないが、それでも当該の徴税請負人は、すでに請負っていた Abū Aḥmad という人物の新たな競争相手として現われ、逆に落札してしまったために、政府とのあいだで契約の変更がなされている。

なおこの文書で興味深いのは、契約の締結と同時に前請負人が政府(sulṭān)宛の手形(safātiğ : suftağa の複数形)を振り出していたことである。むろん契約の変更がなされたために、文書日付の三〇四年 ramaḍān 月二五日には、すでに手形は振出人に返却されているが、この手形というのは、一種の約束手形であって、税金が徴収され、それが約束の期限に政府に送られてくると、現金化されるのである。当面の文書ではやや漠然としているが、記載の《sulṭān に属する手形》とは、アッバース朝の中央政府にその手形が送られることを意味する。中央政府では、もし一時的に収支の均衡が取れず、現金を必要とするさいには、これら各地から到着した手形を担保に、商人たちから短期の借入れを行なっていたのである(24)。

さて、このようにして首府で契約が結ばれてのち、その請負業務の執行についてマクリーズィーは次のように記している。

> このことが済むと、土地を納税請負した者や徴税請負した者は、各々当該の徴税区(nāḥiya)へ出かけ、その地区の耕作播種(zirāʿa)、灌漑土手(ğusūr : ğisr の複数形)の整備、その他あらゆる徴税業務を一族の者や協賛者たちとともに担当し、割賦(aqsāṭ : qisṭ の複数形)の時期ごとに義務の税額(ḫarāğ)を〔フスタートへ〕送金する(Ḫiṭaṭ, I, 82)。

徴税業務は、むろん納税請負人自身だけでは執行不可能なわけであるが、これによると、一族や郎党たちと担当したことがわかる。これらの協力者たちは、通常の官吏たちとはまったく異なるわけで、納税請負人の地方豪族もしくは土着有力者としての性格が、ここに見られるのである。この点はパピルス文書によっても知ることができる。すなわち、二九一年度のための地租受領証 PERF nº 867＝EPER nº 12 では、Isrūbaq 村(25)が「ʿAbd Allāh b. Muḥammad al-Yamāmī と彼の仲間たち(aṣḥāb)の納税請負」になっているというように記されているのである。

こうして納税請負人は請負地に赴くと、いわば身内の者たちとただちに業務に取りかかったわけであるが、そのさい請負人は自己の権利として、担当地区の一部を下請に出すことも可能であった。APEL nº 86/87 や同じく nº 145 はこの納税請負下請の契約文書である。下請契約は担当地区内の村(もしくは県)における競によって成立する。このような村での競は《dilāla》と呼ばれている。後者の文書は二七一年から二七三年までの三年の期限で、年額四五ディーナール、計一三五ディーナールで契約されている。

前者の nº 86/87 文書では、Muzāḥim b. Isḥāq という al-Ušmūnayn 県の徴税吏[26]が、三一二年から三一五年までの四年期限で納税請負したものの一部を、さらに低 Ušmūn 地区の一村、Nawāye 村における競(dilāla)で、その村の住民のコプト人 Antanās b. Sisinna という者が、三一四年から三一五年にかけての二年契約で下請している。ただ落札したときの名義が Ǧirge Quzmān という別人になっているのは、競のさいの何か複雑な事情を物語るようである。下請人は耕作播種・納税など税務局(dīwān al-ḫarāǧ)で定められた諸条件についての全責任を負う。この文書で注意すべきことは、「これは彼(Antanās)や彼以前では彼の先祖の財産(milk)であるが、Muzāḥim b. Isḥāq の納税請負となっていて、彼(Muzāḥim)がこれを下請に出すことは彼の権利となっている」(nº 86, l. 11–12; nº 87, l. 9–10)という記載である。最初の代名詞は下請した土地そのものを指すのではなく、文書全体の内容からその土地の借地権を意味すると考えられ、これが代々 Antanās 家に世襲されていることを示しているのである。しかも、この下請契約によって初めて Antanās はその土地の占有権と耕作権を獲得することができた(ḥāzahā li-nafsihi wa-zaraʿahā)。そして、この土地の実際の耕作には彼自身が当たってもよいが、希望者があればその旨を税務局に登録して、代理耕作させることができ、契約書にもこの条件が明記されている。この下請のねらいは、納税権を得ることよりもむしろ借地権を得て、土地を経営し、それによって得られる利益にあるとみなされるが、いずれにしてもこの文書は、所有権・借地権・納税権が複雑に交錯するエジプトの土地制度を端的に示している。

納税権を下請した土地をさらに農民に又貸して耕作させることは、APEL n° 145 の文書も同じで、文書の保存状態が悪いために記載はないが、やはりその旨が税務局に登録される。この納税請負下請人と直接耕作者とのあいだの契約は、《kirā'》として知られる借地契約、および同じ《qabāla》の語が用いられる耕作請負契約に類する。これらの諸契約については第二部第二章で述べるが、いずれも当該契約が税務局に登録され、登録証書(siǧill)が耕作者に交付されている。

前記のマクリーズィーの記述では明記されていないが、直接耕作者との契約は何も下請人に限ったことではなく、納税請負人の義務でもあって、耕作者は《muzāri'ūn》と総称された(Sīra Ṭūlūn, 74; cf. Ḫiṭaṭ, II, 266)。ヒジュラ暦四世紀の地理学者イブン＝ハウカルは、同時代のエジプトの税制について次のように述べている。

> エジプトの徴税方法についていえば、それは納税請負制で、各フェッダーン当たりについての一定の貢納額(muqāṭa'a)が決められ、これをもとにして、耕作者たち(akara)はどの地区でも、土地測量(misāḥa)とフェッダーン数を基礎に、ある特定額の納入を記載した告知書(manāšīr)や契約書(waṯā'iq)を与えられる(Ḥawqal, I, 163)。

ここで「告知書や契約書を与えられる」とは、登録証書の交付を意味するようであるが、その証書に記載されている契約の種類・規模については様々なケースがあった。APEL n° 79 の納税請負人が貸手となっている kirā'(借地契約)文書はその一例とみなされる。いずれにしても、最終的にはどの土地は誰が管理し、税を支払うかが確定され、税務局の帳簿に記入されたのである。この点は、通常の徴税官による税務管理の場合となんら変るところはなかった。

このような土地の登録や登録証書の作成が、アッバース朝の後期では概して tōt 月に行なわれたことは、すでに前節で述べた通りである。また登録証書の交付と時期を同じくして、耕作に先立ち手もとに種子の備蓄がない農民には、当局からその必要量が支給されたことも前節で触れたが、納税請負人も種子を要する農民にはそれを支給しなければならなかった。納税請負残額に関する計算書 P. Mil. R. Univ. I, n° 7 には種子代の項が設けられている。マクリーズィーの述べる「納税請負人が耕作播種を担当する」ということのうちには、この種子の支給も重要な仕事になっているようである。

次に納税請負人の仕事として「灌漑土手の整備」があげられる。灌漑土手と訳した《ǧisr》(複数形 ǧusūr)は、エジプト独特の灌漑法である basin system の basin を形作る周囲の土手のことである。この土手は運河に沿って細長い碁盤の目のように配置されており、ナイルが増水期に入ると、水が導入されて土手に囲まれた部分、すなわち basin (アラビア語で ḥawḍ) が一種の溜池状になる。ついでその土手の一部が開かれて、水は隣接の下流の basin に流れこむ。したがってナイルが増水する前に、この灌漑土手を整備しておかねばならない。マクリーズィーは前記引用文に引き続いて、

請負人は当該地域に属する納税請負額や徴税請負額のうちから、灌漑土手の盛土(ʿimāra)や灌漑溝(turaʿ : turʿa の複数形)の堰止め、運河(ḫulǧ : ḫalīǧ の複数形)の掘鑿に支出した額を、税務局(dīwān al-ḫarāǧ)で定められた特別公課[27](ḍarāʾib : ḍarība の複数形)として自己のために算定する(Ḫiṭaṭ, I, 82)。

と述べている。「自己のために算定する」とは差し引くことを意味する。灌漑工事に要する費用は、地方経費として請負総額より控除されたのである。

灌漑施設のうち、灌漑土手は毎年整備しなければならない点で業務上もっとも重要なものであるが、イブン＝マンマーティーやマクリーズィーなどでは、これは行政上二つに区分されている。すなわち村落共同体やムクターなどが管理する小規模のものと、政府の管轄となっている大規模なものとがあって、前者は《al-ǧusūr al-baladīya》、後者は《al-ǧusūr al-sulṭānīya》と呼ばれている(Mammātī, 232–33 ; Ḫiṭaṭ, I, 101 ; Qalqašandī, III, 444–46)。灌漑土手のこのような区分がいつごろ生まれたかについて確証はないが、少なくとも、ファーティマ朝時代をさらに溯ることはありえないようである。それはとくに後者の灌漑土手について、マクリーズィーが次のように述べているからである。

政府管轄の灌漑土手は、一般的公共利益のためのものであって、ナイルの水がいらなくなるまで、諸地域すべてにわたりナイルの水を維持するものである。この灌漑土手には、Šarqīya 省や Ġarbīya 省の諸徴税区に対して課せられる〔特別〕税(rusūm)がある。昔〔すなわちアッバース朝・ファーティマ朝期〕では、この土手はそれぞれの地方の税金でまかなわれ、当該地区の納税請負人がその業務を管轄し、そのために彼らが引き受けた納税請負金のうちから、その土手の費用を支出するということが考慮されたのであった。ところがその後、これらいずれの省でも、当該地区の〔特別〕税(rasm)として、〔政府の〕税務庁の収税吏の手でその税金が徴収され、当該の土手に〔必要額が〕支出され、余剰の残額は国庫に納入されることになった。……(Ḫiṭaṭ, I, 101)。

このマクリーズィーの記述のうち、アッバース朝やファーティマ朝期について言及している部分以外は、イブン＝マンマーティーの同様記事をもとに書かれている(Mammātī, 232)。ここで、Šarqīya 省や Ġarbīya 省において課せられる特別税というのは、《muqarrar al-ǧusūr》(灌漑土手税)を指しており、アイユーブ朝時代では、これら二省と Ǧazīrat Quwaysinā 省の三省で徴収されたという(Mammātī, 342–43; Ḫiṭaṭ, I, 110)。これはマムルーク朝時代と行政区画が異なるだけで、場所的にはほぼ同一である。これらの三省はデルタ地帯の中央部と東部を占めるが、実は主要な灌漑土手の大半はここに集中しているのである(cf. Mammātī, 206–20; Maḫzūmī, 48b)。(28)

行政区画のうえで、県(kūra)制が廃止されて、省(iqlīm または ʿamal)制が採用されたのは、ファーティマ朝カリフームスタンセル(在位四二七—四八七／一〇三六—一〇九四年)の治世末期、遅くとも四八三年までと見なされる(Maḫzūmī, 46a; Ḫiṭaṭ, I, 100, 382)。しかしながら後述するように、納税請負制そのものは、ファーティマ朝のかなり末期まで行なわれているので、納税請負人が灌漑施設の整備に責任を負うという体制は、ファーティマ朝期においても、ほぼ一貫して維持されたものと考えられる。いずれにせよ、のちに「政府管轄の灌漑土手」と呼ばれたものも含めて、このような納税請負人による灌漑施設の管理制度は、アイユーブ朝では廃止されて政府事業になったのである。廃止の最大の原因は、納税請負人が灌漑経費を故意に大きく見積って請負総額から控除し、実際的には必要経費の余剰額を私消してしまうために、一方では国庫納入額の減少を招き、また一方では、見積られた額の割には灌漑施設が整備されていない、という弊害を生んだことにあると思われる[29]。

なおウマイヤ朝期では、これら灌漑工事は県内の労働賦役によって行なわれており、これには県の長官(πάγαρχος)が当たっていた。しかも当該県内で労働力を自給できない場合は、隣接県に応援を求めた。賦役は割賦納税期のあいまに行なわれ、したがって他県へ賦役に送られた場合、納税期には返された(PGAA, pp. 63–70)。この賦役はむろん無報酬であったから、灌漑経費が算定されるアッバース朝期の納税請負制は、この点ではかなり改善のあとが見られる制度といえる。しかしながら、灌漑工事の設備費はともかく、労働力に対してどれほどの予算が計上されたかは甚だ疑問視される。

さて、納税請負業務でもっとも重要な税の徴収と国庫への送金は、前記のマクリーズィーの記載のように、契約のさいに定められた割賦額(qisṭ)とその時期によっていたが、これは農民の納税が分割払いでなされるためである。この分割納税制そのものについては、すでに前節において詳しく述べたので、ここでは省略するが、納税請負に出された地域で耕作し、その土地の地租を支払う者、すなわち《納税請負の民 ahl al-qabāla》(P. Mil. Univ. I, n°. 7)も同じく分割納の原則にしたがって納税したのである。ただこの場合、地租受領証には、支払われた税金が「某々の qabāla となっている土地の一部」にかかるものである旨記され、その納税者が当該納税請負人の管轄下にあることを示している(APW n°. 14; APRL n°. III/8; APEL n°. 185; n°. 196; PERF n°. 866=EPER n°. 11, PERF n°. 867=EPER n°. 12)。この点は人頭税受領証(PER Inv. Ar. Pap. 8347, 7850=MPER II/III pp. 162, 164)や放牧税受領証(APEL n°. 196)についても同じである。

ここで注意しなければならないのは、税の受取人はかならずしも納税請負人ではなかったことである。前節で説明したように、通常、税の受取人は税務長官から派遣された県の徴税官('āmil)で、実際的にはその代官(ḥalīfa)の立会のもとに、貨幣取扱吏(qusṭāl または ǧahbad)が領収する。したがって、もし当該請負人がかなりの地域を請負って、県の徴税官に相当する権限を与えられた場合は、みずから税の受取人となることができた。地租受領証 APW n° 14 はその一例を示す。これは二六一年度のためのもので、地租支払人はコプト人、納税請負人はカリフの mawlā の肩書を持つ Abū Muḥammad Ḥakīm、受取人はこの Abū Muḥammad の代理人(wakīl) Yūnus b. al-Muwaffaq、領収係はコプト人の貨幣取扱吏(qusṭāl) Stephan b. Boqṭor となっている。

しかし納税請負人の権限が村落規模にとどまるものであれば、税の受取人は県の徴税官の名義となった。APEL n° 196 や PERF n° 867＝EPER n° 12 はその例である。前者は二六二年 ṭūbe 月一日(八七五年一二月二七日)の日付を持つ放牧税(ḫarāǧ al-marāʿī)受領証で、支払人は牧夫の Zayd、納税請負人は Muḥammad b. al-Faḍl、受取人は Abū l-Qāsim b. al-Qāsim の徴税官の代官(ḫalīfa)、領収係は貨幣取扱吏 ʿAlī b. Sulaymān である。後者は二九一年度のための地租受領証で、支払人は二名、うち一人は明らかにコプト人、他の一名もおそらくコプト人、納税請負人は ʿAbd Allāh b. Muḥammad al-Yamānī とその同僚たち、受取人はカリフの mawlā の肩書を持つおそらく徴税官の Iskandar の代官、領収係はコプト人の貨幣取扱吏 Šanūda となっている。なお納税民が地租を支払いえないときは、そのために納税請負人から借金することもあったようである(APEL n° 100)。

村落規模の納税請負人と県の徴税官との関係が明確でないので、徴収された税金の処理方法については詳らかにしがたい。ただ受取人が県の徴税官であっても、自己の請負地域の税金に関して、かなりの権限を持っていたことは推察できる。マクリーズィーは

> 毎年徴税額の一部が、徴税請負人や納税請負人の手もとに滞納される。これは税額のうちから滞納されるものであるため、残額(bawāqī：bāqī の複数形)と呼ばれている。政府は時にはこの残額をきびしく請求するが、時には大目に見る(Ḫiṭaṭ, I, 82)。

と記している。前節において、納税の割賦期は tūbe 月から barmūde 月までの上半期と bašans 月から mesori 月までの下半期とに分かれ、下半期に支払われる税額は「残額」と呼ばれることを述べた。このマクリーズィーの記述の意味するところは、上半期に徴収された税額、すなわち税務局に登録された徴税総額の半分は、当該請負人の割賦期ごとに確実に政府へ送金されたが、産高基準による下半期の税額の処理権は請負人に属していた、ということである。おそらくこの下半期の税額から、灌漑工事等の当該地方経費がまかなわれ、その残額は国庫に納付する義務があった。しかし、もし政府の監督が不十分であると、請負人たちはこれを自己の収益(faḍl)として私消したのである。

しかしながら、納税請負人のこのような意図はともかくとして、納税請負人が徴税業務に失敗したり、業務半ばに死亡したりして、契約納税額を国庫へ送金できないこともしばしばあった。そのような場合、当局は契約違反として納税請負人の私有財産を没収したが、ただその没収を行政権力が独断で行なうことができなかった点注目に価する。すなわち、総督イブン＝トゥールーン Aḥmad b. Ṭūlūn(在位二五四―二七〇年)の治世中の逸話によると、ある納税請負人(村落規模か)が負債額を残して死亡したので、県の徴税官はそれを補うために、裁判官がその納税請負人の邸宅の強制売却命令を出すよう、総督に上申した。そこで総督はエジプトの裁判官 Bakkār b. Qutayba(在位二四六―二七〇年)にこの旨の決裁を指示したところ、裁判官はその請負人の負債税額の証明・当該物件の邸宅が彼の私有財産であることの証明ならびに債権者、すなわち総督の誓約を要求し、これらがそれぞれ確定されたのちに、売却の裁決を行なっている('Asqalānī, 146)。政府当局者といえども、法的にはあくまで債権者であるにすぎず、納税請負人の債務者に対し、債権者としての権利を行使するには、司法による裁判手続を踏まねばならなかったのである。ここにイスラム法シャリーアの厳然とした存在を認めることができる。

しかも負債者である納税請負人の財産が、その目的がどうであれ、すでに宗教財産に遺贈されているものであれば、当局はこれを没収することはできなかった。これには同じ裁判官 Bakkār b. Qutayba に関する次のような二つの逸話を挙げることができる。その一つは、負債を残したまま死亡したある納税請負人には、宗教財産(ḥubus)に遺贈した邸宅があり、県の徴税官が総督イブン＝トゥールーンを通じて、その宗教財産の売却を裁判官 Bakkār b. Qutayba に求めたところ、裁判官は宗教財産であることを理由に、これを拒否したというものである(ʿAsqalānī, 146)。また一つは、請負った村の徴税に失敗して、莫大な未納額を負ってしまったある納税請負人の話で、彼にはその未納残金を支払うに足る高価な所有地があったにもかかわらず、その土地を宗教財産(ḥubus)として自分の子供に残し、みずからはその村から逃亡してしまった。この事件の報告を受けたイブン＝トゥールーンが、この宗教財産の取消を Bakkār b. Qutayba に諮問したところ、裁判官は否定したという(Sīra Ṭūlūn, 179)。

いずれにせよ、納税請負人はおそらく毎年末と契約期限の終了時に、自己の請負業務の結果を計算書(ǧarīda)にまとめ、これを村落規模の納税請負人であればその上級の県の税務局へ、県規模の徴税請負人であればフスタートの中央官庁へ、それぞれ提出したものと思われる。さきにも触れたミラノ大学所蔵文書 P. Mil. R. Univ. I, n° 7 は、そうした計算書の一種と考えられる。

こうして契約期限の請負業務が終了するわけであるが、さらにマクリーズィーは前記に続いて次のように述べている。

> こうして三〇年間が過ぎると、年度を変え、諸地域全体を検地し(rāka)、新たな税務調査(taʿdīl)を行なう。そして当該地域の徴税請負人〔の請負とは関係〕なしに、増額可能なところでは〔課税額を〕増額し、軽減すべきところでは減額する(Ḫiṭaṭ, I, 82)。

この記述は三〇年周期で、請負額の基礎となる基本課税額が実情に即したものであるかどうか、大がかりな土地測量を始めとして各種の税務調査を行ない、必要あればこれに修正を加えたことを示している。ここで「年度を変える」とあるのは、三〇年経つと、ヒジュラ暦年とコプト暦による税年とのあいだに約一年のずれが生じるので、税年の年号を一年飛ばして、イスラム暦年に合わすことを意味するようである。

三　納税請負制の発展

ところで、以上述べてきたような制度を持つ納税請負制は、一体いつごろ成立し、どのような推移をたどったのであろうか。まず成立時期について、マクリーズィーはとくにこれを明記せず、ただ「イブン＝トゥールーンが Yaškur の丘に大モスクを建てるまでは、納税請負の競はフスタートにあるアムル 'Amr b. al-'Āṣ のモスクで行なわれた」とのみ述べている (Ḫiṭaṭ, I, 82)。このイブン＝トゥールーンの大モスクの建設は、二六五年もしくは二六六年に完成したといわれているので (Kindī, 219; Ḫiṭaṭ, II, 266)、納税請負制はすでにこの年代以前に慣例化していることは間違いない。また二五九／六〇年ごろのイブン＝トゥールーンの改革で、納税請負制に触れている史料があり (Sīra Ṭūlūn, 74–75; Ḫiṭaṭ, II, 266–67)、この年代はさらに数年溯ることができる。しかし史書では、納税請負制の成立年代をこれ以上溯ることはできない。

納税請負制に触れていて、しかも年代の明記されているパピルス文書のうち、もっとも古いものは、私見の及ぶところ、二六一年 tūbe 月三〇日(八七五年一月二五日)の日付のある地租受領証 APEL nº 185、同じ二六一年度のための地租受領証 APW nº 14、二六二年 ṭūbe 月一日(八七五年一二月二七日)の日付のある放牧税受領証 APEL nº 196 などである。この最後の放牧税受領証記載の納税請負人 Muḥammad b. Faḍl は、筆者未見であるが、二五九年の日付のあるベルリン博物館所蔵文書 BAU nº 6 にも出る (cf. APEL, III, p. 174)。また直接年代の記載はないが、借地契約文書 APEL nº 79 に登場する納税請負人で、カリフの mawlā の肩書を持つ Muḥammad b. 'Īsā は、二四九(八六三／六四)年度のための地租受領証 APEL nº 184 では、県の徴税官として見えており、さらに官庁書記の練習帳断片 PERF nº 786 では、総督 Yazīd b. 'Abd Allāh(在位二四二―二五三年)や総督 Muzāḥim b. Ḫāqān(在位二五三―二五四年)とともに名を列ねている。したがって、彼が納税請負人として現われる APEL n°79 は、三世紀半ばに属す文書と推定できる。年代がかなり明確にできる文書で、納税請負制に触れているものとしては、おそらくこの文書がもっとも古いであろう。

こうして、史書によってもパピルス文書によっても、納税請負制の起源は、三世紀半ばをあまり溯って求めることはできないが、実はこの当時の税制史の流れを見ると、これより少し前の二四〇年代、とくに総督 Yazīd b. ʻAbd Allāh の在位(二四二—二五三年)中に、重要な改革がいくつかなされていることに気づく。まず第一は、二四二(八五六)年ごろにおける《muḫtār》の選出で、これは県内の各徴税区(nāḥiya)ごとに置かれ、県の徴税官とともに、徴税区内の各納税者に対する課税額の査定を担当した、在地性の強い税務吏であった[30]。次は二四七年フスタートに近いローダ島でのナイル水位計の新建設とその測定官をキリスト教徒からイスラム教徒へ変えたことで(Kindī, 203; Eutychius, II, 63; Ḫiṭaṭ, I, 58)、エジプトの徴税額の決定に関連するものとして、無視できない事件である。第三は、二四八年におけるイブン＝ムダッビルの税制改革で、これについてはすでに詳しく述べた[31]。

こうした一連の改革は、二四〇年代が租税体制の再編期に当たっていることを示している。とりわけ二四二年から二四七年までのあいだは、これまでになく安定した時期であった。セベロスの『総主教史』によると、総督 Yazīd b. ʻAbd Allāh、税務長官 Sulaymān b. Wahb(在位二四一—二四七年)、裁判官 al-Ḥāriṯ b. Miskīn(在位二三七—二四五年)の、軍事・税政・司法の三長官がいずれも公正な人物で、あらゆる人に善政を行なったので、人々はこれまで経験した苦難と飢餓を忘れたほどであったという(Sawīrus, II, 10–11)。ついでながら、al-Ḥāriṯ b. Miskīn の後任の Bakkār b. Qutayba も、立派な裁判官として知られている。セベロスの『総主教史』を通読するかぎり、彼らに対するこのような讃辞は、長年の内乱からの秩序回復の努力が、この時代に相当なされたことを想定しなければ理解できない。また総督 Yazīd b. ʻAbd Allāh の前任者 ʻAnbasa b. Isḥāq(在位二三八—二四二年)も、セベロスではカリフ＝ムタワッキルのキリスト教徒迫害令を実行した人物として評判は悪いが、やはり公正な徴税を行なわせたことで知られている(Kindī, 200)。

ところがこれらの安定した時代以前、一連の抗租叛乱が一応収まった直後の二二〇―三〇年代では、なお強圧的徴税の名残りが強く、パピルス文書にその様子をうかがうことができる。すなわち、地方の徴税責任者宛指令状の断片と考えられる APEL nº 170(三世紀前半)には、次のようなことが記されている。

彼ら(納税民)はまだ三日間の猶予期間を持っている。彼らがもしこの税金を持ってくればよし、そうでなければ、一人当たり毎日一〇回笞打ち、一ディーナールの罰金を科せ。Aḥmad b. ʿAbd Allāh と Ḏakar b. Yaḥyā と〔　　〕b. ʿAbd Allāh が misāḥa(土地測量)の報告を始めたならば……。

この文書に記載されている人名のうち、前二者は、二二四年 mesori 月二七日(八三九年八月二〇日)の日付のある人頭税納税者台帳 PERF nº 726 や二二五年 abib 月一六日(八四〇年七月一〇日)の日付のある地租受領証 PERF nº 737 に、税務長官 Saʿīd b. ʿAbd al-Raḥmān の al-Ušmūnayn 県における徴税官として、いずれも連名で登場しているので、ここに引用した文書も、ほぼ同年代に属すとみなしてよい[32]。この文書は納税遅延者に対して体刑や罰金刑が課せられていたことを示しているが、ここに象徴されているように、この時代はまだ通常の徴税官による強制的な徴税が一般的だったのである。これからは、イブン＝ハウカルが納税請負制に関連して述べている言葉、すなわち、

……それ(分割納による徴税)は彼ら(納税民)が賦課規約のうえで当を得たものであって、彼らに苛酷な納税を強いたり、困窮に陥れたりせず、耕作地全体を荒廃させてしまうような圧制はない(Ḥawqal, I, 163)。

という言葉を連想することは到底不可能である。したがってこのような理由から、納税請負制の成立は二四〇年代と見なして間違いなかろう。史書などに成立時期が明記されていないのは、この制度の性格から考えて、最初はフスタートの大モスクで、公開による大々的な請負の競が行なわれるということがなく、納税請負人の申出による税務長官との個人的な契約が結ばれる程度で、それも通常の税務官吏による徴税に較べれば、ごくわずかの比率を占めるにすぎなかったためであろう。

しかしこうして始まった納税請負制は、たちまち全国的規模で行なわれるようになり、次第に制度としての形式を整え、二五〇年代には、早くもこの制度固有の弊害が生じるに至った。すなわち『イブン＝トゥールーン伝』によると、二五九―六〇(八七三)年ごろ、イブン＝トゥールーンは納税請負人の耕作民に対する契約破棄を禁止したが、それは旱魃の年などの場合、高級軍人出身や地主出身の納税請負人が、自己の損失を免れるために、私領地の耕作民に対する小作契約を一方的に破棄し、その結果村民の負担が苛酷なものとなっていることが指摘されたからである(Sīra Ṭūlūn, 74–75; cf. Ḫiṭaṭ, II, 266–67; Kindī, 216–17)。この記述は、おそらく村落規模の私領地(ḍiyā')の地主が、地主としての権力を一層発揮するために、自己の私領地の徴税を請負う、要するに納税請負人になる傾向があったことと、徴税官に代わる納税請負人としての権力によって、小作人たちを圧迫する傾向のあったことを示している。こうしてイブン＝トゥールーンは、耕作民を保護する意味で、納税請負人による一方的な契約破棄を禁止したのである。

その後トゥールーン朝時代のエジプトは、非常に繁栄したことで知られているが、その原因は政治の安定や灌漑施設の整備のほか、イブン＝ムダッビルによる税制改革や納税請負制の一般化にも求めることができよう。この時代納税請負制がいかに重要な要素になったかは、二九二(九〇五)年、トゥールーン朝が一たんアッバース朝の軍隊に滅ぼされた直後、トゥールーン朝の残党が勢力を盛り返し、七カ月余り主権を回復したときの事件に見ることができる。すなわちトゥールーン朝滅亡後、エジプトの総督には 'Īsā al-Nūšarī、税務長官には al-Ḥusayn b. Aḥmad al-Māḏarā'ī が着任したが、同年 ša'bān 月に、トゥールーン朝の指揮官であった Muḥammad al-Ḫalīǧī が叛乱、トゥールーン朝の復興を唱え、三カ月後にはフスタートに迫った。そこで総督と税務長官はフスタートを撤退、アレクサンドリアに向かうことにしたが、そのさい税務長官は、税務諸官庁から各私領地、すなわち諸村の徴税の基礎資料となる文書をすべて持ち出すとともに、納税請負人の一団をも連れて行くことにした。それは、叛乱者が納税請負人を捕えて徴税の知識を得るとともに、彼らから税金を要求するのを防ぐためであった。それでも叛乱者はフスタートを占領後、残った納税請負人を見つけ出して、苛酷な条件を課すとともに、一カ月後にはアレクサンドリアを攻撃して、かくまわれていた納税請負人や書記官たちを取り戻し、フスタートに連れ帰っている。[33] 要するに主権者たちのあいだで、納税請負人の争奪戦が行なわれているわけで、彼らが税務行政において不可欠の要素となっていたことがわかる。

ヒジュラ暦四世紀に入ると、納税請負制による徴税の比率は、通常の徴税官によるそれを凌駕し、徴税といえば、納税請負制を指すに至った。すでに紹介したイブン＝ハウカルの「エジプトの徴税方法についていえば、それは納税請負制で、……」(Ḥawqal, I, 163, cf. 137)という記述は、このことを端的に物語っている。

しかも四世紀前半では、エジプト全体もしくは半ばの徴税をバグダードの中央政府に対して請負うという、いわゆる徴税請負(ḍamān)がなされる場合があり、ここに租税の請負制の二重構造を認めることができるのである。前者のエジプト全体の場合であれば、その徴税請負人はエジプトの税務長官の権限を得ることになる。史料で知られるかぎりでは、三〇六年 dū l-qa'da 月(九一九年四／五月)にバグダードの宮廷で、al-Ḥusayn b. Aḥmad al-Māḍarā'ī がエジプト・シリアの徴税請負契約を結び、翌年 ṣafar 月(九一九年七月)にエジプトに着任、三一一年までその任に就いている。[34] また三〇四(九一七)年の日付のある私書簡 ABPH n° 11 によると、Abū l-Qāsim b. Yaškur という者が、三〇五年から三一〇年の六年間にわたって、上エジプトの徴税を請負っている。実はこの当時アッバース朝では、各地の徴税を請負人に委ねることが多く、al-Ḥusayn al-Māḍarā'ī による徴税請負も、その一例にすぎなかったのである。[35]

その後イフシード朝からファーティマ朝初期にかけては、納税請負制は変りなく行なわれ(cf. Ḫiṭaṭ, II, 26; PER Inv. Ar. Pap. 8347, 7850=MPER, II/III, pp. 162, 164)、競はイブン＝トゥールーンの大モスクで開かれている。しかし、イフシード朝末期からファーティマ朝初期にかけては、政治的混乱から、納税請負人たちは国庫への送金義務を多分に怠っていたようである。Ibn Zūlāq の《Sīrat al-Mu'izz li-Dīn Allāh Ma'add》によると、次のようなことがいわれている。

カリフ－ムイッズ(在位三四一－三六五／九五二－九七五年)が北アフリカからエジプトに到着した翌年、三六三年 muḥarram 月に、あらゆる政務が宰相 Ya'qūb b. Killis と Uslūǧ b. al-Ḥasan に委ねられたが、同時にすべての徴税官や納税請負人たちが免職され、改めて納税請負の競が、イブン＝トゥールーン－モスクにある総督官庁において、宰相と Uslūǧ の臨席のもとに開かれた。そのとき競のために参集した人々が、地主や納税請負人・徴税官らにかかっている税金の残額の支払いを要求したので、二人はこの問題について審問し、マザーリム裁判において検討することにした。そこで人々は、互いにこれまでの内情をあばき合い、きそって競を行なったので、各地の納税請負額が増加したという[36]。

こうしてイフシード朝末期の納税請負制の混乱は、ファーティマ朝初代宰相 Ya'qūb b. Killis らの努力によってふたたび秩序立てられたが、実はこの宰相は、エジプトにおけるファーティマ朝体制、とりわけ内政面での事実上の建設者だったのである。しかしながら繁栄を誇ったファーティマ朝も、カリフ－ムスタンセルの治世後半になると、トルコ奴隷の親衛隊と黒人軍隊との闘争や四五七年から七年間にわたる飢饉と疫病の流行などによって、国内はまったくの無政府状態となり、これまでの制度や組織は崩壊の危機に瀕した。そこでカリフは、四六六(一〇七三)年、シリアの将軍 Badr al-Ǧamālī をエジプトに招き、最高軍司令官(amīr al-ǧuyūš)兼宰相に任ずるとともに、国内の秩序の再建に当たらせた。これはファーティマ朝における武断政治の開始を意味するものであったが、Badr al-Ǧamālī はよくカリフの要望にこたえ、四八七(一〇九四)年に没するまで国内の安定に努力し、ファーティマ朝後期の繁栄の基礎を築いた[37]。彼の再建策の具体的な内容についてはあまりよくわからないが、行政区画の整備などかなり思い切った改革を断行したようである。彼の功績の一つとして、農民に三年間土地を自由に耕させ、その結果彼らの生活状態が改善されたということが言われている(Ḫiṭaṭ, I, 382)。おそらくこのような措置に関連して、税務行政についても彼の時代に改革がなされたものと思われる。

それは、その後のカリフ－アーミル(在位四九五—五二五／一一〇一—一一三〇年)やハーフィズ(在位五二五—五四四／一一三〇一一一四九年）の時代の税務行政について述べられている内容が、これまでのそれとはかなり相違しているからである。すなわちマクリーズィーによると、これらの時代では、徴税に次のような手順が踏まれている。

(1)　ナイル河の洪水が引き、各地で播種が行なわれたあと、任命を受けた高級軍人が、多くはキリスト教徒のコプト人からなる税務関係の諸官吏たちとともに、首都から担当の各徴税地区へ派遣される。

(2)　測地官（māsiḥ）を含む彼らは、休耕地もしくは非灌漑地となる可能性のある土地を除いて、灌漑の行なわれた土地の面積を正確に測量し、その結果を賦課台帳（mukallafāt）にするが、それには播種された作物の種類ごとに、耕地面積フェッダーン数と課税率（qaṭāʾiʿ: qaṭīʿa の複数形）が書き込まれる。

(3)　この賦課台帳は、担当官吏たちが署名したあと、首都の当該官庁へ提出される。

(4)　コプト暦で四カ月が過ぎると、勇猛で知られる軍人が、担当地区の徴税代表者に任命され、その補佐として、土地測量のさいに出かけた者とは別の書記官たちとともに、各徴税区へ赴く。

(5)　この一団の徴税諸官吏たちは、当該地方に赴くと、村落ごとに農地の所有者たちを召集し、賦課台帳が証明するところにしたがって、彼らに義務づけられている地租の税額の三分の一を徴収する。支払いを拒否する場合には、笞で打たれることがある。[38]

(6)　こうして徴収された税額の三分の一は、首都へ送金され、軍隊の必要経費に当てられる。

(7)　納税民からの徴税は毎年割賦（qisṭ）によって行なわれるが、「残額」（bawāqī）はすべて徴税請負人や納税請負人の側に残される。当時エジプトの諸村落は、現金や現物の穀物や諸種の作物で請負われたからである（以上 Ḫiṭaṭ, I, 86, 405–06）。

ここで述べられているファーティマ朝後期の納税請負制と、アッバース朝後期やファーティマ朝前期のそれとの詳細な比較は煩瑣になるので省略するが、それでもいくつかの主要な相違点は特記しておかねばならない。

ファーティマ朝後期の納税請負制の特色は、まず中央集権的要素が多分に見られることと、第二に、その反面国庫送金額が、以前の二分の一に比して三分の一に減少していること、第三に、軍人が担当地区の徴税の最高責任者となっていることである。まず第一の中央集権的特色についていえば、従来の納税請負制では、各納税民に対する税額の決定には、納税請負人の恣意的な権力の介入を招きやすかったが、新しい納税請負制では、基本税額の決定はすべて政府官吏によって行なわれ、納税請負人が干渉する余地はない。そのうえ基本税額の少なくとも三分の一の徴収は、政府官吏の手で行なわれ、やはり納税請負人は干渉できない。しかも課税業務に携わる官吏と徴税業務に携わる官吏とは区別され、同一官吏が双方の業務に携わることによって起こる不正行為を防止している。これは中央政府の統制力が、納税請負制のなかできわめて有効に行使されているものといわねばならない。しかしながら、この中央集権体制も徴税額の点でいえば、限定的なものにすぎなかったことも確かである。

それは第二の特色に触れることであるが、従来の納税請負制では、請負人は基本税額すなわち契約額の二分の一を国庫に送金し、残りの二分の一は灌漑等の経費を差し引いたあと、余剰額があれば国庫に送金する。しかし、実際的には余剰額は請負人によって私消されるのがつねで、国庫へ送金されることは少ない。ところがファーティマ朝後期では、国庫へ送金される基本額が二分の一から三分の一に減少しているわけで、これはおそらく、ファーティマ朝前期において、納税請負人たちの専横によって、国庫への送金が滞りがちだったことに由来するのであろう。残りの三分の二については、原則として従来と同じ取り扱いがなされるはずであるが、納税請負人たちは、余剰額の国庫への送金をほとんど顧慮しなかったようである (cf. Ḥiṭaṭ, I, 83)。

第三についていえば、従来では軍人出身者が納税請負人になることはあっても、軍人が直接税務行政に従事することはなかった。県の徴税官をはじめ、税務官吏はすべて文官であり、彼らは、原則として文官によって占められる税務長官の管轄下に置かれていた。これに対してファーティマ朝後期では、軍人がこれまでの県の徴税官に当たる地位に就いたわけで、これは武断政治の一端を物語ると同時に、軍人に対するイクター地の組織的な譲渡という、アイユーブ朝以後の軍事イクター制の前駆的現象を示しているといわねばならない。

こうしてファーティマ朝期の納税請負制は、その半ばにかなりの変革がなされたが、それでも実施の実情は、かならずしも円滑なものではなかったようである。マクリーズィー所収 Mūsā b. al-Ma'mūn al-Baṭā'iḥī 著《Ta'rīḫ》の五一五(一一二一/二二)年の条によると、この年宰相 al-Ma'mūn al-Baṭā'iḥī(在位五一五—五一九年)が国家の予算表の作成を命じたところ、徴税請負人や収税官の側に残されている納税契約額の未納残額が、長年の累積によって莫大な額に昇っていることが明らかになったので、宰相は五一〇年末までの滞納額を免除することにしたとして、そのことを保証する布告証書の内容が引用されている(Ḫiṭaṭ, I, 83)。ファーティマ朝自身は、これ以後さらに半世紀間命運を保つわけであるが、この当時すでに納税請負制は、この布告証書の文句を借りれば、「責任を果たさずいつまでも怠慢を続ける徴税請負人」がいる一方、「中央の税務官庁からの請求のために没落する徴税官」がいるような混乱状態に陥っており、やがてはこれが、ファーティマ朝の財政破綻の主要な原因となるのである。

しかしながら、ファーティマ朝期、とくにその後期において、納税請負制にこうした混乱状態がみられ、また同時に軍人に対するイクター地の譲渡がすでに始まっているとはいえ(cf. Ḫiṭaṭ, I, 83)、ファーティマ朝の国家体制の原則は、あくまで初期イスラム体制に属し、アイユーブ朝以後の軍事イクター体制とはまったく異なるものであることは忘れてならない。ここでいう「初期イスラム体制」とは、ウマル一世によって創始されたディーワーン体制、すなわち国家の行政機関が農民から租税を徴収し、それを軍隊に分配するという体制を指すが、さきに述べた政府官吏による基本税額の三分の一の徴収は、まさに軍隊の必要経費のためになされたのである。この点マクリーズィーは次のように述べている。

「……前述の賦課台帳に証明されているところに従って基本税額の三分の一を徴収し、〔それが首都にもたらされると、」それは軍隊に費やされる。当時では今日（マムルーク朝時代）におけるような軍人に対するイクターはなかったのである」(Ḫiṭaṭ, I, 405, cf. 86)。

（1）嶋田襄平「ウマル一世のサワード租税制度」『中央大学文学部紀要』二一号参照。
（2）Ǧahšiyārī, 134; Ibn ʻAsākir: al-Taʼrīḫ al-kabīr, (7 vols., Dimašq, 1329–51H), I, 184; C. Cahen: Fiscalité, propriété, antagonismes sociaux en Haute-Mésopotamie au temps des premiers ʻAbbāsides d'après Denys de Tell-Mahré, (Arabica, I, 1954), p. 138.
（3）シリアでは、一四〇―一四一年の税務調査のあとでも、アラブが原住民から購買などの手段で獲得した土地についても、古くからのカティーア地同様、十分の一税のみを課すことにし、地租ハラージュは課さなかったという。Cf. Ibn ʻAsākir, I, 184.
（4）Cf. A. Ben Shemesh: Taxation in Islam, I, Yaḥya ben Ādam's Kitāb al-Kharāj, (Leiden, 1958), pp. 3–4; D. Sourdel: Le vizirat ʻabbāside, (2 vols., Damas, 1959–60), pp. 93–116.
（5）Balāḏurī, 333; al-Māwardī: al-Aḥkām al-sulṭānīya, (al-Qāhira, 1966), 176; Abū Yaʻlā al-Farrāʼ: al-Aḥkām al-sulṭānīya, (al-Qāhira, 1938), 169–70; Ibn al-Ṭiqṭaqā: al-Faḫrī, (al-Qāhira, 1339H), 131. 本書〔付論〕第3節四一五頁参照。
（6）Ǧahšiyārī, 146; Ṭabarī, III, 493.
（7）この時代の穀物価格、およびその上昇の理由については、E. Ashtor: Histoire des prix et des salaires dans l'Orient médiéval, (Paris, 1969), pp. 77–81 参照。
（8）この額はイブン＝ホルダーズビフに記載されているものであるが、イブン＝ルスタに二七〇万八三七ディーナール、マクリーズィーに一七〇万八三七ディーナールとあるのは、いずれも筆写のさいの脱落や誤写によるものと考えられる。Ibn Ḫurdāḏbih: Kitāb al-Masālik wa-l-mamālik, p. 83; Ibn Rusta: Kitāb al-Aʻlāq al-nafīsa, ed. M. J. de Goeje, BGA, VII, (Leiden, 1892), 118; Ḫiṭaṭ, I, 99.
（9）Ibn Ḫurdāḏbih, 83; Ibn Rusta, 118; Ibn al-Faqīh: Kitāb al-Buldān, ed. M. J. de Goeje, BGA, V, (Leiden, 1885), 76; Ǧahšiyārī, 287.
（10）Qudāma b. Ǧaʻfar: Kitāb al-Ḫarāǧ, BGA, VI, p. 248; cf. Muqaddasī, BGA, III, 212.

(11)　Sīra Ṭūlūn, 349–50; Ḫiṭaṭ, I, 82, 99; Ḫiṭaṭ, ed. Wiet, II, 67; Sawīrus, II, 224.

(12)　Ya'qūbī, II, 596, 599; Ibn 'Asākir: al-Ta'rīḫ al-kabīr, II, 59–60; Ibn Ḫurdāḏbih, 77, note(o); Qudāma, BGA, VI, 249; Sawīrus, II, 24.

(13)　マムルーク朝スルタン al-Malik al-Nāṣir Muḥammad b. Qalāwūn によって七一五(一三一五)年に行なわれた検地で、これについては、佐藤次高「マムルーク朝におけるイクター制の展開」『史学雑誌』第七八編第一号七—一一二頁、同「イスラム封建制度論」『岩波講座世界歴史』八、三八三—三八八頁参照。

(14)　Ḫiṭaṭ, I, 82; II, 5, 269; al-Maqrīzī: Itti'āẓ al-ḥunafā' bi-aḫbār al-a'immat al-Fāṭimīyīn al-ḫulafā',(al-Qāhira, 1948), 197; Ibn Muyassar: Aḫbār Miṣr, ed. H. Massé,(le Caire, 1919), 45.

(15)　三〇二—三〇五年、三一八—三二三年、三三五—三四五年のそれぞれに税務長官。Cf. 'Arīb b. Sa'd: Ṣilat ta'rīḫ al-Ṭabarī,(Leiden, 1897), 44, 65–66, 150; Kindī, 269, 281–83, 285, 294, 485, 486; Taġrībirdī, II, 318.

(16)　Sīra Ṭūlūn, 75; Ḫiṭaṭ, I, 82, 85; II, 5–6; Taġrībirdī, III, 150; APEL n° 86/87; APG n° 4. 人名によってとくにコプト人の納税請負人と判明する文書としては、APEL n° 100; APW n° 85 がある。

(17)　Ḫiṭaṭ, I, 82; II, 5, 269; Maqrīzī: Itti'āẓ al-ḥunafā', 196; Ibn Muyassar: Aḫbār Miṣr, 45. これらの出典はいずれも Ibn Zūlāq: Sīrat al-Mu'izz li-Dīn Allāh.

(18)　Cf. Sīra Ṭūlūn, 179; Mammātī, 84; Ibn al-Ǧay'ān: Tuḥfat al-sanīya bi-asmā' al-bilād al-Miṣrīya,(al-Qāhira, 1898), 2–3.

(19)　Sīra Ṭūlūn, 161–64; Ḫiṭaṭ, II, 26; APG n° 4; P. Mil. R. Univ. I, n° 10.

(20)　APG n° 4. 本章第2節二二八—二二九頁参照。

(21)　Būrayǧ 村は Ibn Duqmāq: al-Intiṣār bi-wāsiṭat 'iqd al-amṣār, IV–V,(al-Qāhira, 1893), V, 115 にも記載されていて、地積数も同じである。

(22)　現在の行政区画でいえば、Būrayǧ 村以外の五カ村はいずれも Minūfīya 省の Ašmūn 郡(markaz)内に位置し、Būrayǧ 村は Ġarbīya 省の Ṭanṭā 郡内にある。Cf. Muḥammad Ramzī: al-Qāmūs al-ǧuġrāfī li-l-bilād al-Miṣrīya,(al-Qāhira, 1954–58), II/2, pp. 97, 159, 161, 163–65.

(23)　APG n° 4; APEL n° 196; PER Inv. Ar. Pap. 8347＝MPER II/III, p. 162, PER Inv. Ar. Pap. 7850＝ibid., p. 164.

(24)　Cf. al-Tanūḫī: Nišwār al-muḥāḍara wa-aḫbār al-muḏākara, Vol. VIII,(Dimašq, 1930), 26; Hilāl al-Ṣābi': Kitāb Tuḥfat al-umarā' fī ta'rīḫ al-wuzarā', ed. H. F. Amedroz, (Leiden, 1904), 81, 188. なおこの制度については本書〔付論〕第3節参照。

(25) この村名はおそらく Bahnasāwīya 省の Išrūbah 村の誤りであろう。Cf. Mammātī, 104; Ibn al-Ǧay'ān, 160; Ibn Duqmāq, V, 3.

(26) Mammātī, 197; Ibn al-Ǧay'ān, 183; Ibn Duqmāq, V, 22.

(27) 灌漑工事に要する費用を特別公課(ḍarība)と呼んだことは、ミラノ大学所蔵文書 P. Mil. R. Univ. I, n° 10(三／九世紀)によっても明らかで、文中に「彼らの納税請負額およびその納税請負人(mutaqabbil)が納税請負した私領地の開発('imāra)のもとで(dūna ?)の彼らの特別公課(ḍarā'ib)の額について」という文句がある。

(28) ナイル河の流域を灌漑するには、概して上エジプトでは灌漑溝(tur'a)が用いられ、下エジプトでは灌漑土手が用いられるという(Ḫiṭaṭ, I, 56)。

(29) ヒジュラ暦三一二—三一四年に、エジプト・シリアの徴税業務に対する監察官(mušārif)として派遣された元宰相の 'Alī b. 'Īsā は、灌漑土手に対する経費の見積りが、きわめて法外な額であることを指摘し、これによって中央政府は毎年六万ディーナールの損失を蒙っている、と述べている(Hilāl al-Sābi': Kitāb Tuḥfat al-umarā' fī ta'rīḫ al-wuzarā', 319–20)。

(30) 本章第3節二四一—二四二頁参照。

(31) 本章第2節**五**項・第4節**一**項参照。

(32) なお Ḍakar b. Yaḥyā は二三五年の日付のある P. Strassbg. Arab. Inv. n° 80 にも、総督兼税務長官 Isḥāq b. Yaḥyā(在位二三五—二三七年)の徴税官として登場する(cf. APEL, III, p. 104)。

(33) Taġrībirdī, III, 147–50; cf. Kindī, 258–59; Ṭabarī, III, 2253–55; Ḫiṭaṭ, I, 357. なおこの叛乱指導者の名前には諸本で異説がある。

(34) Miskawayh: Taǧārib al-umam, (7 vols., London, 1920–21), I, 107; Hilāl al-Ṣābi': Kitāb Tuḥfat al-umarā', 44, 113, 290; 'Arīb b. Sa'd: Ṣilat ta'rīḫ al-Ṭabarī, 75.

(35) アッバース朝の中央政府における徴税請負制(ḍamān)については、本書〔付論〕第2節参照。

(36) Ḫiṭaṭ, I, 82; II, 5–6, 269; al-Maqrīzī: Itti'āẓ al-ḥunafā', 196–98; Ibn Muyassar: Aḫbār Miṣr, 45.

(37) Ḫiṭaṭ, I, 380–82; Ibn al-Qalānisī: Ḏayl ta'rīḫ Dimašq, ed. H. F. Amedroz, (Leiden, 1908), 84; Taġrībirdī, V, 4, 20, 22–23; Ibn al-Sayrafī: al-Išārat ilā man nāl al-wizāra, (al-Qāhira, 1924), 51–56; Ibn Muyassar, 22–23; cf. Encyclopaedia of

Islam, new ed. "Fāṭimids", "Badr al-Djamālī".

(38) たとえばカリフ－ハーフィズ時代に起こった事件では、ある船頭がキリスト教徒の測地官の不正行為によって、一フェッダーン当たり四ディーナールの課税率で、架空の土地二〇フェッダーンを所有していると登記され、したがって八〇ディーナールを義務づけられ、その結果徴税期になって税額八〇ディーナールの$1/3$、すなわち二六ディーナールと$2/3$の納税を請求されている。この事件では、その船頭はむろんそのような土地は所有していないと主張したが、賦課台帳に記入されているとして聞き入れられず、笞打たれたので、やむをえず自己の資産を売ってその額を支払った。そしてそのあとでカリフに訴願し、その結果真相が究明されている (Ḫiṭaṭ, I, 405–06)。

5　結　語

以上アッバース朝期エジプトの税制について、一部はファーティマ朝期の場合にも触れながら、それぞれの観点から論じてきた。そこで改めて、アッバース朝における税制史の流れに重点を置きながら、これらの諸論を総括してみたい。

ウマイヤ朝中期以来進行していたイスラム法的税制への、租税体制としての体系化の流れは、アッバース朝の成立によって止まることはなく、むしろ初代カリフ－サッファーフの人頭税免除令によって徹底化され、このとき、イスラム法的税制の、少なくとも理論的原則は確立された。すなわちイスラム法的税制とは、属地主義による地租ハラージュと、一種の宗教税ともいうべき人頭税ジズヤとを二本の柱とするもので、具体的には次の三項目を骨子とする。

(1)　非ムスリムは人頭税を支払い、土地を保有している場合にはさらに地租をも支払う。

(2)　改宗者は人頭税を免除されるが、自己の保有する土地については、従前通り地租を支払い、土地や住居を離れる必要はない。

(3)　エジプトのような征服地に属す土地の保有者は、自己の宗教・民族に係りなく、それ相当の地租を支払うべきで、従来免税もしくは十分の一税の支払いという特権を享受していたアラブ－ムスリムの土地所有者も、原則としてこの規定に従わねばならない。

ところがこのような原則が、税務行政の実際面においても確立するのは、これよりのち、カリフ－マンスールからマフディーを経て、カリフ－ラシード時代にかけてで、この間コプト人やウマイヤ朝中期以来農村地帯に定住化していたアラブ人、とくに後者の激しい抵抗に遭遇した。

イスラム法的税制が確立されるに当たって、マンスール時代になされた重要な政策は、(1) 大がかりな税務調査と(2)

税務関係の用語法の統一化である。次のマフディー時代の政策では、(1)徴税機構の再編、すなわち、村長を中心とした村落共同体による自主的徴税から、政府派遣の県の徴税官およびその代官による直接的徴税への改革、(2)アラブームスリムの土地保有者に対する地租ハラージュの課税の徹底化、が挙げられる。なおこの時代に店舗税が導入されたことも注目に価する。ラシード時代では、(1)地租に関するアラブームスリムとコプト人との平等の確立、(2)穀物価格の高騰に伴う国家の損失を軽減するために、地租の現金と現物との二本立て徴収を廃して、完全な現金納制に改めるとともに、現金の税率を現物の穀物の時価以上に引き上げて、実質的な増税を計ったこと、が挙げられるが、さらに(3)徴税額決定にさいしてのナイル河水位の考慮という、エジプト固有の慣習を復興し、イスラム法による徴税の非現実的な面を修正したことも忘れてはならない。

こうした一連の改革のあとを承けて、カリフーマームーン時代に、アッバース朝期のうちでももっとも厳しい徴税が行なわれ、これに対してコプト農民も地主化したアラブ人も、大々的な抗租叛乱を起こした。当局によるこの苛酷な徴税は、エジプト在住の法学者が見ても、「法」の限度を逸脱したものであったが、叛乱は中央政府の権力の前に潰えた。このマームーン時代のも含めて、アッバース朝前期に数多の抗租叛乱が起こったのは、単に単位面積当たりの課税率が高額であったというだけでなく、地積数のみを重視して、作物の種類やエジプト固有の輪作農業の慣習を無視した課税方針に矛盾があったからである。

アッバース朝前期における「イスラム法的税制」のこのような矛盾は、ヒジュラ暦二四〇年代に至って解決の気運が見られた。その解決方法の根底にあるのは、次のような思想である。

(1)　土地測量制という枠に拘泥しない。

(2)　土着の固有性を尊重する。

(3)　地租と人頭税を対立的かつ基本的税目とするこれまでの税体系を放棄し、課税の対象範囲を広げる。

(4)　地租の課税対象を土地そのものに求めるのではなく、栽培されている作物に求め、したがって作物の種類によって税率も変える。

このような考え方で打ち出された具体的な政策は、まず(1)の点で言えば「耕作請負制」の容認で、これは地積測量によって単位面積当たり一定の税額を課すという従来の方法に拠らず、納税民が契約によって、一定額の税金を支払うことを条件に、耕作することを請負うのである。

(2)に関しては二つの政策が挙げられる。その一つは、二四二年における各徴税区ごとの「査定人(muhtār)」の選出で、各納税者に対する課税にさいして、在地住民の意向を反映させた。もう一つは納税請負制の採用で、これは一定条件のもとに、請負を申し出た在地有力者に対して、当該地方の徴税権ならびに基本税額の二分の一の処理権を譲渡するものである。この二つの政策のうち、より重要なのはむろん後者の方である。(3)・(4)は主としてイブン＝ムダッビルの税制改革に関連するもので、彼は放牧税や魚網税など、これまでにない税種を設定するとともに、作物の種類を考慮した新たな租税体系を再編した。

ヒジュラ暦三世紀後半、トゥールーン朝時代のエジプトの繁栄は、単に政治の安定や灌漑設備の充実ばかりでなく、納税請負制の一般化やイブン＝ムダッビルが創設した新しい租税体制によってももたらされたものである。このトゥールーン朝時代に、すでに納税請負制は、エジプトの税務行政にとって不可欠の要素となり、四世紀に入ると、「エジプトの徴税方法といえば、それは納税請負制を指す」というほどになった。これによってアッバース朝前期の「イスラム法的租税体制」は、単に課税面についてばかりでなく、徴税面、すなわち徴税は政府から派遣する県の徴税官を最高責任者として、その代官たちが当たる、という体制についても消滅同然となったのである。

そののち納税請負制は、イフシード朝を経てファーティマ朝においてもそのまま継承された。ただファーティマ朝半ば、宰相に軍人を迎えて武断政治が始まるころに、納税請負制はかなりの変革を蒙り、軍人が一部これに干与することになったが、納税請負制の本質そのものは損われることなく、末期に至るまで保持された。もっとも、この間納税請負人は、しばしば半自立的な土着勢力となって、請負った国庫送金の義務を怠ることが多く、政府にとっては、きわめて効率の悪い徴税制度となっていたのである。

しかしながら、それでもファーティマ朝の国家体制の原則が、ウマル一世以来受け継がれてきた初期イスラム体制に属し、アイユーブ朝以後の軍事イクター体制とは相違したものであることには変りない。イスラム期エジプト史の流れのなかで、ファーティマ朝からアイユーブ朝にかけての国家・社会体制の変革を、時代を区分するものとしてもっとも早く指摘したのは、おそらくマムルーク朝時代の歴史家マクリーズィーであろう。彼はこれを、現代流に言うならば、(1)財政制度、(2)土地制度、(3)国家の基本的な人的関係、の三つの観点から論じているのである。この点に関するマクリーズィーの論述そのものは、別に系統的になされているわけではないが、彼が各所に述べているところを綜合すると、そのことが判明する。

まず(1)の財政制度について、マクリーズィーは次のように述べている。

「カリフーウマル一世以来、ウマイヤ朝やアッバース朝やファーティマ朝のカリフたちの習慣は、《ḫarāǧ》の税金を徴収し、それを《al-dīwān》から総督や官吏や兵士たちに、彼らの身分の上下と人数の多寡に応じて分配した。イスラムの初期では、これは《ʿaṭāʾ》と呼ばれた。この政務はこの状態でずっと続いたが、やがて興った非アラブ人の諸王朝は、この制度を変え、土地を軍人にイクターとして分与してしまった。……」(Ḫiṭaṭ, I, 95)。

ここで述べられているのは、ウマル一世が創始したディーワーン体制、すなわち国家の行政機関(dīwān)が農民から租税を徴収し、それを俸給(ʿaṭāʾ)という形で軍隊に分配するという体制が、ファーティマ朝時代まで維持された、ということである。本書の第一部は、もっぱらこのディーワーン体制のうちの租税の徴収面に焦点を当て、その存在形態と変容の過程を明らかにしてきたわけである。

(2)の土地制度の観点からは次のように述べられている。

「ウマイヤ朝のカリフたちやアッバース朝のカリフたちが、土地をエジプトの地から譲渡したのはわずかの寵臣のみで、それは今日(マムルーク朝)のような状態とは異なっていた。すなわちエジプトの土地の税金から軍隊の俸給とすべての費用がまかなわれ、その余剰額が国庫に送られた。そして〔カティーアとして〕譲渡された土地は、それぞれ譲渡された人の手にあった。〔アイユーブ朝の〕サラディンの治世以後、今日に到るまでの時代については、エジプトの土地はすべてスルターンやアミールや軍人にイクターされることになった」(Ḫiṭaṭ, I, 97)。

ここでマクリーズィーは、「土地の譲渡」という点では、マムルーク朝などのイクター――いわゆる軍事イクター――と類似の概念を持つと考えられるカティーア(qaṭīʻa)の存在を、ウマイヤ朝やアッバース朝の時代について認めながらも、その存在の規模はきわめて小さく、カティーアは決して国家の基本的な土地所有形態ではなかったこと、しかもその形態内容はイクターとは異なることを指摘したうえで、軍事イクター制がアイユーブ朝以後、国家の基本的土地所有形態となったと述べているのである。彼はアイユーブ朝以前のそれについて、明確な概念規定を行なっているわけではないが、土地制度のうえで、アイユーブ朝以後新しい時代が始まったことを断言している。

(3)の人的関係に関しては次のように述べている。

「エジプトのファーティマ朝やそれ以前のエジプト総督の治める諸王朝では、今日のトルコ系王朝の軍隊におけるようなイクターは、この国の軍人に与えられなかった。各地方〔の徴税〕は周知の納税請負制にもとづき、高官(amīr)や軍人や有力者たちのうちの希望者によって請負われており、アラブ人やコプト人その他の村民たちは、今日の農業について言われているような異常な事態は知らなかった。すなわち以前、村に住む耕作民(muzāriʻ)は固定農民(fallāḥ qarār　土地に固定された農民)と呼ばれていたが、やがて当該地区をイクターとして与えられた者に属す農奴(ʻabd qinn)となった。以前の耕作民は決して売られたり、解放されたりすることを望むということはありえなかったが、いまや彼は終身の農奴(qinn)となり、彼の子孫も同じ身分になった。以前の耕作民は、すでに述べたように、請負った土地の耕作を希望し、彼にかかる税を国庫に納付したのである」(Ḫiṭaṭ, I, 85)。

この文中「固定農民」と訳した《fallāḥ qarār》や農奴の《'abd qinn》、それもとくに後者が、当時一般的に行なわれていた呼称なのか、それともマクリーズィーがそれぞれの時代の農民を規定するうえでつくった造語なのか明確でない。少なくとも《fallāḥ qarār》については、アラブの征服当初に関する伝承、「アラブ当局はコプト農民に対し、土地は彼らの手にそのままとどめ(aqarra)、その代わり彼らに貢租を課した」という一般的な伝承から生まれたものであろう[(1)](cf. Balāḏurī, I, 250, 252 ; Ḥakam, 82, 84)。いずれにせよ、マクリーズィーはここではっきりと、国家の基本的な人的関係がアイユーブ朝を境にして変化したことを述べているのである。すなわちアイユーブ朝以前では、国家の基本的な人的関係は国家と農民との関係であったが、以後それは軍人によって占められるイクター保有者と農奴との関係に移行し、しかも以前の農民は多分に自由民的要素を持っていたが、以後の農民はイクター保有者に隷属する不自由民であり、その身分は世襲されると論じているのである。

初期イスラム時代のコプト農民たちは、当局の政策の変動によって、あるときは土地に縛りつけられ、あるときは制限付で移動の自由が認められ、またある場合によっては土地から離れることが要求された。しかし、アラブ征服期からファーティマ朝期までほぼ一貫して言えることは、彼らがなんらかの法的規制によって土地に結びつけられ、国家の行政機関によって管理され、国家に対し税を支払ったということである。国家に対し税を支払うというのは、とくにヒジュラ暦三世紀以後発達した私領地(ḍiyā')の場合の農民ですら例外ではない。またアッバース朝後期以後発達した納税請負制のもとでは、徴税は国家の行政機関たる徴税官吏によってなされるわけではなく、私的な請負人たちによってなされる。しかしながらこれらの納税請負人たちは、国家との相互契約によって、徴税官吏の代理を果たしているにすぎず、本質的には国家の行政機関と変りない。いずれにせよ、初期イスラム時代における国家の基本的な人的関係が、国家と農民との関係であったと規定することは間違いのないところである。

ここであまり敷衍することをしなかった初期イスラム時代におけるエジプトの土地所有形態については、本書第二部で詳しく述べるはずである。ただ、次のことだけは付言しておきたい。それは、西アジア社会のうちでも少なくともエジプトに関するかぎり、初期イスラム体制から軍事イクター制への変革が、ファーティマ朝後期にその過渡的現象を認めることができるとはいえ、アイユーブ朝をもって始まること、さらには、軍事イクター制の時代が土地制度を中心にして語られるのに対し、初期イスラム時代は財政制度が中心になって語られるということである。

（1）　マムルーク朝の歴史家ヌワイリー al-Nuwayrī（七三二／一三三二年没）の著書には、マムルーク朝時代の農民に関して、類似の表現《al-fallāḥūn al-qarārīya》が用いられている。しかし意味は《fallāḥ qarār》と少し違い、いわば自己の本籍地の村に住んで耕作している農民を指すようで、入作農民（al-muzāriʿūn al-ṭawārī）と対比される。Cf. al-Nuwayrī: Nihāyat al-arab fī funūn al-adab, 18 vols., (al-Qāhira, 1954), VIII, 248, 249. 佐藤次高「十二―十四世紀のエジプト農村社会と農民」『東洋文化研究所紀要』第五九号（一九七三年）、四〇、四二頁参照。

第二部　土地制度史編

第一章　土地所有形態とその展開

はじめに

初期イスラム時代、すなわち、イスラムの成立からアッバース朝国家が崩壊する一〇世紀半ばまでの西アジアの土地制度に関して、現在のところ、まだ本格的な研究がなされたといえるような状態にないようである。それは地域や時代の変化を無視したものであったり、いわゆるイスラム法上の土地制度論の段階をあまり出ていないものであったり、また部分的に論じられたものにすぎなかったりして、そこに、系統的かつ体系的な土地制度論を見ようと期待することはとうてい無理である。(1) 現在の研究段階がこのような状態にあるわけは、一つには方法論上の問題と、また一つには資料上の制約とが原因しているといえるであろう。しかし後者でいえば、実際はわれわれの手にしている資料も十分に生かされていないのが実状である。また前者に関連していえば、この時代の土地制度を論ずるに当たっての前提条件として、次のようなことが指摘されねばならないであろう。

その第一は、土地制度をアラブ当局側の観点から眺めるということである。周知のように、初期イスラムの大帝国はアラブ－ムスリム軍の大征服によって成立したものである。しかもアラブは、最初土地に対する認識に乏しく、征服の過程や支配権の強化の過程において、問題の起こるたびごとに解決策を講じてきた。要するにアラブ当局は、土地に対して終始一貫した態度を取ってきたわけではなく、したがって固定的な土地所有形態といったものを予想しても意味をなさないということである。それよりもむしろ、アラブ当局が取ってきた政策のプロセスを把握することとこそ意味があるように思われる。

第二は、ササン朝なりビザンツなり、それぞれ異なった性格を持つイスラム以前の土地制度を、アラブ当局はどのようにして継承し、あるいは継承しなかったか、あるいはまたいかなる形態に変容したかという点であって、これには当然農民側の反応の仕方もあわせ考慮されねばならない。

次に第三は、アラブ帝国内の地域差による土地制度の違いを、アラブ当局は統一化しようとする意図を持っていたかどうかという点である。これはさらに進めていえば、土地制度のどこまでを統一化し、どの部分を地方的特色として温存したかということである。実はこの点を考慮しなければ、いわゆる「イスラムの土地制度」なるものは導き出すことはできない。

以上のような諸点を踏まえたうえでの土地制度史の研究ということで、ここではエジプトの場合を取りあげたい。それは、筆者が土地制度と不可分の関係にある当時のエジプトの税制について、ここしばらく研究を続けてきたという事情にもよるが、むしろ資料の点で、エジプトが他の地域に較べて豊富であるというにすぎない。この点は、いま述べた第三の前提条件に関連して重要な示唆をもたらすものと考えられるのである。なおこれから取りあげる問題の性質上、資料などの点について、本書の第一部と一部重複するところがあるが、論旨を明確にするために、あえてそのまま掲載することにした。

1　アラブ征服期からウマイヤ朝中期にかけて

一　アラブの軍事都市集住化政策

さて、アラブ－ムスリム軍の大征服からウマル二世（在位九九－一〇一／七一七－七二〇年）に至るまでの主要な土地問題として、全般的に——その実はイラクを中心とするものであるが——いわれているところを綜合すると次のようになる(2)。

一、征服が始まった当初、アラブ戦士たちは、征服地の土地および農民を動産と同じように戦利品ファイとみなして、その五分の四を彼らのあいだで分配したこと。

二、ヒジュラ暦二〇(六四〇)年カリフ・ウマル一世(在位一三—二三/六三四—六四四年)が従来の方針を変更して、征服軍による土地の分配を中止し、土地は原住民の手にそのままとどめて、その代わりにほぼ前代通りの租税を徴収し、その一部をアラブ戦士たちに支給するという政策を打ち出したこと。

三、すでに分配されていた土地の回収は、ウマル一世自身によるものも考えられるが、実際的には、ウマイヤ朝のムアーウィヤ一世(在位四一—六〇/六六一—六八〇年)による強力な回収があった。ただし、この回収地がカリフの私有地に組み入れられたのか、それとも国有地に入れられたのかについては不明な点がある。

四、第三と同様、第二のウマル一世の決定に関連するもので、原住民が租税を納めている土地——のちに「ハラージュ地」と称される——のアラブ・ムスリムによる所有の禁止。

五、やはりウマル一世の決定により、もとのササン朝の王領地や政府高官らの私有地、および征服のさい所有者が逃亡または死亡してしまった無主地を没収してサワーフィー(ṣawāfī)を形成し、カリフはこの土地の一部をカティーア(qaṭīʻa)として功臣などに譲渡したこと。

六、ウマル二世による国家的土地所有理論の成立——実際は単なる発生——で、これは改宗ムスリムの所有地に対する租税徴収を正当化しようとするもの。ただし、この理論が完成するのはアッバース朝になってからである。

ここでまず考えられるのは、以上のような諸点が果たしてエジプトの場合にも当てはまるかどうかということである。そこでムスリム側の史書や被征服民のキリスト教徒側の史書などによってこれを検討してみると、エジプト征服はちょうどウマル一世の政策転換、すなわちヒジュラ暦二〇年前後に行なわれており[3]、したがってまず第一の点では、征服軍のあいだに土地分配の要求はあったが、分配は認められなかったことが伝えられている(Ḥakam, 64–72, 82–84, 87–88)[4]。事実、年代的にはもっとも近い史料で、しかも被征服民の側から書かれているヨハネスの年代記では、アラブ軍が動産を戦利品として分配したことは見えても、土地については語られていない(John, 182, 183)[5]。

要するにエジプトでは、第二点のウマル一世の政策転換以後の方針が当初から守られたわけで、原住民による土地保有そのものは、征服のさいに結ばれた征服軍とエジプトの各共同体とのあいだの和約によって保証された[6]。したがって当然、第三の既分配地の回収はエジプトでは問題になっていない。アラブはもっぱらフスタートやアレクサンドリアのような軍事都市(miṣr)に住み、農村地帯に住むことはほとんどなかった。マムルーク朝時代の歴史家マクリーズィーはその著書のなかで、次のようなことを述べている。すなわちエジプト征服の当時、マホメットの教友たちや次の世代の人々はフスタートやアレクサンドリアに定住し、農村地帯 al-Rīf に住むことはほとんどなく、エジプト全土の村々は南も北もコプト人やローマ人で満たされていた。エジプトの諸村にイスラム教徒が広がるようになったのは、ヒジュラ暦一世紀後のことである(Ḫiṭaṭ, II, 259, 261)。

これはアラブ当局による征服地の統治政策の一つ、すなわち、ムスリム戦士としてのアラブ遊牧民を軍事都市に集中居住させることによって政府の統制下に置くと同時に、彼らを原住民から隔離し、原住民の安全を保障するという政策[7]がエジプトでも強力に推進されたことを物語っている。事実アラブ戦士たちが農村地帯へ出かけることができるのは、春に軍馬を放牧するときだけであった。

『エジプト征服史』を書いたイブン＝アブドゥル＝ハカムはこのことをかなり詳しく伝えている。彼によると、征服軍の将軍で初代総督のアムル 'Amr b. al-'Āṣ はフスタートに居住しているアラブ軍に対し、春に農村地帯に出かけて軍馬を放牧し、夏近くなれば戻ってフスタートでまた生活することを許可した。そのさい、むろん原住民であるコプト人とは紛争を起こさないよう命じた。それ以後春になると、アラブの各部族に農村地帯へ出かけるよう通達が出された。彼らが出かけた主な村々はマヌーフ Manūf、ディスバンディス Disbandis(いずれもデルタ南部)、アフナース Ahnās(中エジプト)、タハー Ṭaḥā(上エジプト)であるという。そしてアラブの各部族が放牧に出かけた付近の町や村の名前を列記していて、それはほぼエジプト全土にわたっている(Ḥakam, 139–143; cf. Ḫiṭaṭ, II, 260–261)(8)。

　ここに記されている部族名および町村名に多少の異同の可能性はあろうが、毎春彼らが農村地帯へ放牧に出かけるということはかなり習慣化したものと思われる。イブン＝アブドゥル＝ハカムは「これらの諸部族のうち、時として春になっても農村地帯へ出かけないものもあったが、このようなことを知らないものは誰もなく、大部分の部族はすでに述べたような地方へ出かけた」と述べている。もっとも、この習慣が一体いつごろまで続いたかは不明で、なかには長く続かなかった部族もあるようである。

　こうして征服軍当局者によるアラブ軍の統制はかなりきびしいものであったが、イブン＝アブドゥル＝ハカムには、これと平行してウマル一世が、アラブ軍隊に対して農耕の禁止を命じたことが伝えられている。それは ʿAbd Allāh b. Hubayra→Bakr b. ʿAmr→Ḥaywa b. Šurayḥ→Ibn Wahb→ʿAbd al-Malik b. Maslama の伝承系譜によるもので、内容はカリフ＝ウマルが伝令官に「軍隊の総督たちのところへ出かけて、総督が臣下に対し、彼らの俸給(ʿaṭāʾ)は安定し、家族の現物給付(rizq)は滞ることなく支給されているから、農耕をしたり(zaraʿa)、農地を小作させたり(zāraʿa)しないよう命令するように」と命じた、というものである(Ḥakam, 162; cf. Ḫiṭaṭ, II, 259)。ʿAbd Allāh b. Hubayra は伝承家で、生没年はヒジュラ暦四〇—一二六年(9)、Bakr b. ʿAmr は生没年は不明だが、カリフ＝マンスール(在位一三六—一五八／七五四—七七五年)時代にフスタートのモスクの導師をした人物(10)。Ḥaywa b. Šurayḥ の没年は一五八年で、有名な法理論家(11)。Ibn Wahb は有名な学者で伝承家、生没年は一二五—一九七年である(12)。この伝承系譜にはさほど問題はないように思われる。

この伝承にも現われているように、ウマル一世が創設したディーワーン制度の主旨からいっても、アラブの農地への定着化の禁止は当然の結果で、それは単に農耕の禁止にとどまらず、小作させることを目的とした農地所有の禁止をも含むものであった[13]。この点はさきに掲げた第四の事項にまったく一致する。しかもこの禁止は、他の地域ではかなり早くから破られたようであるが、エジプトでは割合忠実に守られたらしく、このことはあとで述べるパピルス文書などによっても判明するのである。

そこで、アラブによる土地所有の問題とも関連する第五のサワーフィーの形成についてであるが、この点 D. C. Dennett は、ビザンツ時代の帝領地や税吏不入の私領地は、ウマル一世がイラクについて行なったと同じように没収され、のち封土はこの土地から与えられた、と述べている（七三頁）。しかし彼はこれについてなんらの根拠も示しておらず、ただ C. H. Becker の行なった類推をそのまま踏襲しているにすぎない。実は史書によるかぎり、これらの土地を没収してサワーフィーとしたという資料は見当たらないのである[14]。それならば、前代の帝領地や貴族の私領地はどうなったか、という疑問が起こるが、これについては別の面からの考察を要する。

ムスリム史料では、エジプトにおけるサワーフィー形成の事実は見当たらないが、カリフが功臣に土地を《イクターした aqṭaʿa》という記事はきわめてわずかながら存在する。たとえば、ウマル一世は Ibn Sandal という者に一〇〇フェッダーンの土地をイクターし、ウマル一世としては、この Ibn Sandal 以外の誰にも、エジプトの土地をイクターしなかったとされている。なおこの土地は、のち Ibn Sandal の相続人たちから総督 ʿAbd al-ʿAzīz b. Marwān（在位六五—八六／六八五—七〇五年）の息子の al-Aṣbaġ が買ったという[15]。しかもこのことを伝えているイブン＝アブドゥル＝ハカムは「エジプトにはこれより古く、またきわだった qaṭīʿa はない」という重要な言葉をつけ加えている（Ḥakam, 137; cf. Ḫiṭaṭ, I, 96）。

また総督 'Uqba b. 'Āmir(在位四四―四七／六六五―六六七年)がムアーウィヤ一世に約五六フェッダーン相当の土地の譲渡を求めたところ、カリフはこれを許したという伝承がある(Ḥakam, 85–86; cf. Ḫiṭaṭ, I, 208, 294)[16]。もっとも、ここでいう「譲渡」には qaṭī'a の派生語は用いられていない。いずれにせよ、このように土地の一部を譲渡するというのは、エジプトの場合きわめて特殊な例であったようで、やはりイブン＝アブドゥル＝ハカムには次のような話も伝わっている。

ムアーウィヤ一世が〔息子の〕ヤズィード Yazīd(のちのウマイヤ朝第二代カリフ)に al-Fayyūm の村々のうちの一村を譲渡した(aqṭa'a)ところ、人々はこれを重くみて論議した。このことがムアーウィヤの耳に入ると、彼は人々の言葉に嫌気をさして、この村を al-ḫarāǧ に戻し、ムスリム〔全体〕に属するもののごとくにした(Ḥakam, 101)。

《al-ḫarāǧ に戻す》というのは、のちに「ハラージュ地」という概念ができるが、そのハラージュ地に組み入れられたということで、ムスリム全体、すなわち国家の所有に返されたわけである。ファイユーム地方は、エジプトではもっとも早く征服された地域で、ムアーウィヤ一世が譲渡しようとした土地は、もともとカリフの自由にできないアラブ‐ムスリムのための国有地であったものと思われる。

こうした事例からしても、エジプトでは農地のカティーア――都市における居住区としてのカティーアは多く存在する――はきわめてまれであることは明らかであり、したがって、原住民からの購買によるにしろ、カティーアによるにしろ、土地所有者としてのアラブの存在は、無視して差しつかえない。すると、少なくともムスリム史料によるかぎり、エジプトの土地のほとんど全土は、さきほどの第二点の通りに、原住民にそのまま保有することを許し、アラブ政府は彼らから租税を徴収することで満足したことになる。

二　原住農民による土地保有

それでは、この原住民にそのまま保有することを認めた土地というのは、いかなる形態のもとに置かれていたであろうか。次に検討を要する問題である。幸いこの点についてきわめて重要な示唆を与えてくれる伝承がイブン＝アブドゥル＝ハカムに記載されている(Ḥakam, 152–53; cf. Ḫiṭaṭ, I, 77)。それは征服事業が一段落したとき、総督のアムルは、コプト人たちがビザンツの徴税方式にしたがって自主的に徴収することを認めたとして、その徴税法を説明しており、征服期の税制を知るうえで貴重な資料となったものである。この伝承については、第一部第一章ですでに詳しく紹介したので[17]、ここでは土地所有に関連する部分のみを概略的に記すことにする。

(1) 各村の負担すべき納税額について、村長・書記・村民代表者からなる村会議と、村の上級官庁である県の担当者と諸村の代表者とからなる合同会議とによって、各村の割当額が決まると、村当局はこの割当額と、村民および耕地に現金税として法的に課せられる村の税額とが一致するよう調整し、この額を細分して、各村民に負担させる。

(2) ただし土地のうち、教会・公衆浴場・舟の費用に充てられている土地は、非課税地として除外し、その地積数(単位フェッダーン)を総面積数より差し引く。またムスリム軍の款待・政府役人の滞在費のための土地もその面積を差し引く。

(3) 村内の非農民にそれぞれの負担能力に応じて割り当てたのち、残額の現金税を地積数に応じて農民に割り当てる。ただし割当は耕作能力に応じて耕作希望者に対して行なわれる。

(4) 耕作する能力のない者の土地は、その人に代わって、その割当税額を負担する能力があり、またそうした割当の増加を希望する者に割り当てる。もし苦情が出れば、その希望者の人数に応じて割り当てる。その方法は、一ディーナール二四カラットの割りで土地を分割し、税額を割り当てる。

この伝承の内容からすれば、土地の所有について二つの解釈が可能である。すなわちその第一は、土地は村落共同体の共有地であり、その内部は農民が占有権を持っている土地と、教会や公衆浴場・政府役人の接待費等、いわば公費を捻出するための公有地とに分けられる、とする場合である。村落共同体の共有地という概念が出てくるのは、単に村落共同体の存在そのものによってではなく、納税責任を共同体が全体として負うという点から出てくる。したがって自己の占有地を耕作する能力がなく、割当税額を負担できない農民は、共同体から占有権を奪われ、他の希望者に与えられるわけである。

第二の解釈は、教会・公衆浴場等のための公有地、もしくは村有地を除いて、土地の大部分は農民の保有地であるとする場合である。そこでは当然農民による保有地面積の違いが存在する。土地を保有していても、これを耕作し、その税を負担する能力のない者については、村落共同体が、同時に納税共同体として、行政上の責任においてその者の土地の耕作権を他の希望者に割り当て管理する。この二つの解釈のうち、いずれがより妥当であるかは、この資料では、農民の占有もしくは耕作権の世襲の問題が明らかでないので、判定できない。しかしいずれにしても、村落共同体という枠組が、農民にとってかなり支配的であったことは間違いないところである。

ところで、当面の土地所有問題に限らず、他の分野についても、ムスリム史料の不足を補う一連の資料が存在する。上エジプトで大量に発見されたパピルス文書がそれで、とりわけ、現在のアッスュートの南にあったアフロディトAphrodito(Kōm Išqaw)からの文書はわれわれに鮮明なイメージを与える。このアフロディト文書の大半は、時代的にはやや下ってウマイヤ朝中期に属し、言語の上ではギリシア語、アラビア語、コプト語の各文書があるが、数量的にはギリシア語文書が圧倒的に多い。いまわれわれが取りあげている村落共同体内の土地保有関係では、*μερισμός* と呼ばれる村の現金税割当査定簿がもっとも参考になる。この帳簿についてはすでに第一部第二章において詳しく紹介した

第Ⅰ表　第 3 indiction 年度第 5 区現金税割当査定簿 704/05 年＝85/86 H 年(P. Lond. n° 1420)

納　税　者　名	地　所　名	土地税 sol.	穀物租 art.	土地税 sol.	人頭税 sol.	計 sol.	穀物租 art.
Mēnas Apollōs	Belekau			1/2	3	3 1/2	1/2
Kaumas Antheria	Sarseltōh			2 1/2	2 1/2	5	3
Psoios Andreas	Pkathakē	1	1	1 1/6	1 1/2	2 2/3	1 1/3
	Pkarou	1/6	1/3				
	Ammōniu	8 1/2	10				
Horsenuphios Hermaōs	Pankul 他	1 1/2	1 1/2	10 1/2	4	14 1/2	12 1/2
	Piah Alau	1/2	1				
	Piah Boōn	1/2	1/2				
Abraham Theodosios	Piah Kam	1	1 1/2	2 1/2	4 1/2	7	3
	Hagiu Biktōr	1	1				
Bethanias Pkaloos	Pkarou			1/3	0	1/3	1/3
Taam, Johannes Th〔　〕liaie と Eudoxia	Pkarou と Belekau			2 1/3	0	2 1/3	2 1/3
Biktōr Gerontios	Samachērē と Tagapē			2/3	0	2/3	2/3
Georgios Taam	Tsament			1 1/3	2	3 1/3	1 1/2
Johannes Abraham	Abba Enōch			1	3	4	0
Zacharias Senuthios	Kōmētu			3	1/2	3 1/2	0
	Tagapē と Samachērē	2/3	2/3				
	Samachērē, Biktōr の代	1/2	1/2				
	Taprama, Klaudios の代	1	1				
	Hagias Marias	1 1/3	2 2/3				
Horuonchios Onnophrios	Tapubis, Theodosios の代	2 1/2	2 1/2	14 2/3	4	18 2/3	14 1/3
	Piah David	1 1/2	1				
	Bēsnatēt	2	2				
	H. Mari., Leontios の代	2 1/3	1 2/3				
	ibid., Andreas 司祭の代	2 1/3	2 2/3				
	Hyiu Pson	1/2	5/6				
Enōch Phoibammōn 司祭	Abba Enōch			2 1/3	2/3	3	2 1/3

司祭 Herakleios の子供たち	Sarseltōh			2	3	5	3
Theodōros Athanasios	Tleuei			1 1/2	1	2 1/2	1 1/2
Kolluthos Dioskoros 司祭	Trapetei	1/2	0	2 1/2	0	2 1/2	3
	Hyiu Charis	2	3				
Theodōros Taam	Keratas			2	1	3	2 1/3
Kauro Phoibammōn	Abba Enōch			1/2	0	1/2	1/3
Kyrillos〔Ezekiēl〕の妻	Zminos			1/2	0	1/2	1/2
Apollōs Kolluthos 司祭	Hagiu Pinutiōnos			2 1/3	0	2 1/3	2 1/2
	Pool	1 2/3	1 2/3				
Musaios Phoibammōn 司祭	Sanlente	1 1/2	1 1/2	4	0	4	4
	Abilu	5/6	5/6				
Makarios Apa Tēr とその兄弟	Hagiu Phoibammōnos			2	2	4	3
Makarios Tsekruj の妻	Tsekruj			1	0	1	1
Musaios Gerontios	Tagapē と Samachēre			2/3	0	2/3	2/3
Senuthios Theodosios	ibid.			2/3	0	2/3	2/3
Romanos Petros	Samachēre			3	2	5	6
	Patanube	4	4				
Pekysios Hermaōs と Johannes	〔　　〕, Theodosios の代	1	1	6	2 1/2	8 1/2	6
	Pate	1	1				
	Phib Pham	1	1/2				
	Keratas	3	?				
Pwōnesh Ġamul とその子	Phib Pham, Andreas の代	1	?	5 5/6	4	9 5/6	8 1/2
	Hagiu Enōch	1/3	?				
	Hyiu Pson	1/2	1				
Pkore Pakos	Selsil			5	2 1/2	7 1/2	7
Joseph 司祭	〔Hagiu Pinutiōnos〕			1	0	1	2
Pachymis Chryse	Kalamotre			3	2	5	3
Severos Psacho	Belekau			1 1/3	1	2 1/3	1 1/2
Psuke Tsōne Kui	Tchoiras			2	2	4	0

第 II 表 第 2 indiction 年度第 3 区現金税割当査定簿 703/04 年＝84/85H 年(P. Lond. n° 1421)

納税者名	地所名	土地税 sol.	穀物租 art.	土地税 sol.	人頭税 sol.	維持費 sol.	計 sol.	穀物租 art.
Apollōs Zēnobios	Neu Ktēmatos	1	0	2	0	$^{1}/_{3}$	$2\,^{1}/_{3}$	1
	Abaktu	1	1					
Apa Kyros Samuēl	Psusire	$2\,^{2}/_{3}$	3	$12\,^{2}/_{3}$	0	2	$14\,^{2}/_{3}$	$14\,^{3}/_{4}$
	Pkelēch	$1\,^{2}/_{3}$	0					
	Abba Jakob	$^{5}/_{6}$	1					
	Mylōnarchu	$^{1}/_{2}$	$^{7}/_{12}$					
	Plein	?	$5\,^{1}/_{2}$					
	Neu Ktēmatos	1	0					
	Pauōs Psyru	?	$4\,^{1}/_{2}$					
Pebō Herakleios	Pagathon	$1^{2}/_{3}$	0	$3\,^{1}/_{3}$	1	$2\,^{2}/_{3}$	7	$9\,^{1}/_{2}$
	Pasodōru	$1\,^{2}/_{3}$	0					
	ibid., Georgios の代	0	$9\,^{1}/_{2}$					
〔 〕 Panube	Talita			$3\,^{1}/_{3}$	0	0	$3\,^{1}/_{3}$	4〔 〕
〔 〕 Psennōr	Psennōr			1	0	0	1	0
〔 〕	〔 〕	2	?	3	0	0	3	?
	Neu Ktēmatos	1	?					
〔 〕	〔 〕	?	7	$10\,^{1}/_{2}$	0	?	〔$10\,^{1}/_{2}$ 以上〕	〔$11\,^{3}/_{4}$ 以上〕
	Kakui	1	1					
	〔 〕	?	?					
	Pakis	$^{1}/_{2}$	$1\,^{3}/_{4}$					
	〔 〕	?	?					
	Zygu	2	2					
Andreas 〔 〕	Sineloole	1	1	3	0	0	3	5
	Bēs Sēm	2	4					
Biktōr Ptēros	Saumou	$2\,^{1}/_{3}$	0	$5\,^{1}/_{2}$	1	$1\,^{2}/_{3}$	$8\,^{1}/_{6}$	$3\,^{1}/_{3}$
	Tsuu	$^{2}/_{3}$	$3\,^{1}/_{3}$					

納税者名	地所名	土地税 sol.	穀物租 art.	土地税 sol.	人頭税 sol.	維持費 sol.	計 sol.	穀物租 art.
	Pso〔　　〕rus	1	0					
	Noēliu	1 1/2	0					
Pekysios Isaak	Samakullei			3	0	0	3	?
Panychate の妻	Hierakinos			2/3	0	0	2/3	?
Paulos Dukai の妻	Phanuthe			1/2	0	0	1/2	?
Johannes Hermaōs	Noēliu			2	1	0	3	?
Enōch Phib の妻と他	Pham			3	0	0	3	3
Epiphanios Patermuthios	Kerebin Amma Theklas	1 1	1 1/2 1 1/2	2	1	2	5	3
Maria〔　　〕	Sasu			1/2	0	0	1/2	?
〔　　〕b	Puamhmu			4	1	1	6	?
〔　　〕	Sasu			1/2	0	0	1/2	?
〔　　〕Johannes	Patkaleele			1	0	0	1	?
〔　　〕	〔　　〕 Neu Ktēmatos	1/2 1/2	1 1	1	1	2	4	2

ので(七四―九一頁)、ここでは当面の問題に限って簡単に触れておきたいが、ただ論旨の都合上、現金税割当査定簿の例として、第一部で第1表・第3表として出したものの最初の部分のみを、それぞれ第Ⅰ表・第Ⅱ表として表記した。[18]

これらの表の第一欄は納税者名で、第二欄の地所名は各納税者が所有している土地の所在場所を示しており、納税者によってはそれが一ヵ所だけであったり、数ヵ所に及んでいたりする。これらの土地は τόπος または γήδιον (piece of land) と呼ばれる。二重罫線の右欄は、各納税者の所有地にかかる土地税と納税者本人にかかる人頭税、それに第Ⅱ表であれば付加税としての維持費[19]がそれぞれ記され、次にそれらの合計が現金税として記入される。最後の欄は所有地にかかる現物の穀物租の割当額である。二重罫線の左欄は、複数の地所を所有している者についての、各地所ご

第 III 表　704 年度 712 年度第 5 区現金税割当額対照(P. Lond. n° 1420 & 1424)

納税者名	地所名	土地税 sol.		土地税 sol.		人頭税 sol.		計 sol.		穀物租 art.	
Kaumas Antheria→彼の妻	Sarseltōh			2 1/2	3	2 1/2	〔0〕	5	〔3〕	3	?
Psoios Andreas	Pkathakē	1	1	1 1/6	1 1/6	1 1/2	0	2 2/3	1 1/6	1 1/3	2 1/3
	Pkarou	1/6	1/6								
Horsenuphios Hermaōs→ Ouersenuphios Antōnios	Ammōniu	8 1/2	8	10 1/2	9	4	2	14 1/2	11	12 1/2	18
	Pankul	1 1/2	1								
	Piah Alau	1/2	—								
Abraham Theodosios→ Theodosios Abraham とその兄弟	Piah Boōn	1/2	1	2 1/2	2 1/2	4 1/2	4	7	6 1/2	3	5
	Piah Kam	1	1/2								
	Hagiu Biktōr	1	1								
Biktōr Gerontios	Samachēre と Tagapē			2/3	2/3	0	1	2/3	1 2/3	2/3	?
Kyrillos Ezekēl の妻	Zminos			1/2	1/2	0	〔0〕	1/2	〔1/2〕	1/2	?
Musaios Phoibammōn 司祭	Pool	1 2/3	—	4		0		4		4	
	Sanlente	1 1/2	—								
	Abilu	5/6	—								
	Hagiu Pinutiōnos				1 1/2		0		1 1/2		?
Makarios Apa Tēr とその兄弟	Hagiu Phoibammōnos			2	2	2	1	4	3	4	?
Makarios Tsekruj の妻	Tsekruj			1	2/3	0	0	1	2/3	1	?
Romanos Petros	Samachēre			3	2	2	0	5	2	6	?
Pekysios Hermaōs と Johannes	Patanube	4	4	6	6	2 1/2	3	8 1/2	9	6	12
	〔　　〕, Theodosios の代	1	—								
	Pate	1	2								
Pwōnesh Ġamul と子供たち	Phib Pham	1	1	5 5/6	6 1/3	4	4	9 5/6	10 1/3	8 1/2	12 2/3
	Keratas	3	3								
	Phib Pham, Andreas の代	1	1								
	Hagiu Enōch	1/3	1/3								
	Hyiu Pson	1/2	1								
司祭 Joseph→彼の妻 Staphoria	Hagiu Pinutiōnos			1	1	0	〔0〕	1	〔1〕	2	?
Pesate Horuonchios とその兄弟→Basileios Horuonchios	Sasnoeit			2 1/3	2	1	?	3 1/3	?	3	?

〔註〕 各項左側数字が 704 年度，右側数字が 712 年度の額である．

との土地税と穀物租の内訳である。いまここで、《これらの地所を所有している》と述べたが、そのようなことがこの割当査定簿に書かれているわけではない。ただ別の文書（P. Lond. n°1338, 1339）に、この割当査定簿のもとになる村落登録簿（*κατάγραφου*）の作成に関連し、その記載事項の一つとして、「各人が土地において所有しているもの」というのが指示されており、それで土地が、一般的に農民によって保有されていたことがわかるのである。

これらの納税者のうち第Ⅱ表第三区村の村長 Apa Kyros Samuēl や村の有力者または村吏である第Ⅰ表の Pwōnesh Ġamul などは、[20]所有している地所数も、そこに課せられている土地税も比較的多いところから、村の中では富裕な地主層を形成していたのであろう。このような有力者が所有している地所のうちには、さらに地所名のあとに人物名が記されている場合がある。たとえば第Ⅰ表の Horuonchios Onnophrios はそうした地所を多く所有しているが、これはその人物が何らかの理由で村に不在しているかあるいは彼の保護下に入ったために、そうした人物に代わって土地の占有権を保持し、納税していることを示している。名前が記されている限り、保有権は不在者または被護者のために保留されていたのであろうが、年月が経つと、当然占有する有力者に移管されたものと思われる。

土地の保有者は老若男女にかかわりなく、女性や未成年者でも納税者として登録される。「某々の妻」とあるのは、亡夫に代わって、その妻が納税者となった場合である。戸主が死んで子供たちが共同で農地を相続した場合は、その子供たち全体で納税責任を負う。またそのような兄弟のうちの一人が代表者となる場合もある。[21]このような農民の保有地の世襲については、年代の異なる割当査定簿を比較対校すれば明確となる。第Ⅲ表がその一例で、これは第三indiction 年度（七〇四／〇五年）の第五区の割当査定簿である P. Lond. n°1420 と第一一 indiction 年度（七一二／一三年）の同じ第五区の割当査定簿である P. Lond. n°1424 とを対校したものである。もっとも n°1424 の文書の保存状態が悪いので、両文書の納税者名と地所名の確認できるもののみ列記した。これによると、七〇四年から七一二年の八年間に、変化なく同じ人物が同じ地所を耕している場合もあれば、世代が変わった場合もある。世襲のケースとしては、

第 IV 表　第 1 indiction 年度第 2 区税務簿 732/33 年＝114/15 H 年(P. Lond. n° 1427)

A. 納 税 者 名	人 数	人頭率	人頭税 sol.	地積数 aro.	土地税 sol.	維持費 sol.	計 sol.	控除額 sol.	納税額 sol.	穀物租 art.
〔　　〕	—	—	—	—	—	—	—	—	—	—
〔　　〕	1	1	3	8	2	0	5	$^1/_3$	$4\,^2/_3$	9
Hermaōs Pkui	1	1	3	28	$7\,^1/_2$	0	$10\,^1/_2$	$^1/_2$	10	15
〔　　〕	1	1	3	20	6	0	9	$^1/_2$	$8\,^1/_2$	0
Musaios Epiphanios	—	—	0	2	$^1/_2$	0	$^1/_2$	0	$^1/_2$	1
合　計	9	$8\,^1/_3$	25	133	$34\,^1/_3$	0	$59\,^1/_3$	$3\,^1/_6$	$56\,^1/_6$	60

B. 納 税 者 名	人 数	人頭率	人頭税 sol.	地積数 aro.	土地税 sol.	維持費 sol.	計 sol.	控除額 sol.	納税額 sol.	穀物租 art.
〔　　〕	—	—	—	—	—	—	—	—	—	—
Theodosios Philotheos	—	—	0	16	4	0	4	0	4	4
Isak Tanna と Tirēne	—	—	0	4	1	0	1	0	1	2
Psoios と Taurinos	—	—	0	4	1	0	1	0	1	2
Kyriakos Petros	1	1	3	8	2	0	5	$^1/_2$	$4\,^1/_2$	2
Senuthios と Theodōros	—	—	0	4	1	0	1	0	1	0
Apa Tēr と Onnophrios	—	—	0	4	$^2/_3$	0	$^2/_3$	0	$^2/_3$	0
合　計	4	$3\,^2/_3$	11	146	$37\,^5/_6$	0	$48\,^5/_6$	$1\,^1/_2$	$47\,^1/_3$	54

台 帳 番 号	人 数	人頭率	人頭税 sol.	地積数 aro.	土地税 sol.	維持費 sol.	計 sol.	控除額 sol.	納税額 sol.	穀物租 art.
A	9	$8\,^1/_3$	25	133	$34\,^1/_3$	0	$59\,^1/_3$	$3\,^1/_6$	$56\,^1/_6$	60
B	4	$3\,^2/_3$	11	146	$37\,^5/_6$	0	$48\,^5/_6$	$1\,^1/_2$	$47\,^1/_3$	54
C	18	$15\,^1/_{12}$	$45\,^1/_2$	0	0	0	$45\,^1/_2$	$1\,^{17}/_{24}$	$43\,^{19}/_{24}$	$21\,^1/_2$
D	10	9	$27\,^1/_3$	0	0	0	$27\,^1/_3$	〔0〕	$27\,^1/_3$	0
総　計	41	$36\,^1/_{12}$	$108\,^5/_6$	279	$72\,^1/_6$	0	181	$6\,^3/_8$	$174\,^5/_8$	$135\,^1/_2$

妻に相続された場合(上から一人目と下から二人目)と息子やその兄弟たちに相続された場合(上から四人目)、あるいは兄から弟に相続された場合(下から一人目)がある。また第Ⅲ表以外の例をあげると、第Ⅱ表一四人目の「Enōch Phib の妻と他」とあるのは、戸主の Enōch Phib が死んで、その妻と子供たちが納税者になったのであるが、P. Lond. n° 1422 l. 37 によると、四年後には戸主の子の Johannes と Job が納税者になっている。これらの事例からすれば、農民の保有地世襲権は確立していたと見て差しつかえないであろう。

さて、これらの割当査定簿では農民の保有する土地が一体どれほどの面積を有するのか明確でないが、実は帳簿のうちには面積数を記載しているものがある。第Ⅳ表はその一例で、場所は第二区村、年代は第一 indiction 年度(七三二/三三年＝ヒジュラ暦一一四/一五年)である。したがって年代的にはやや下がる。この税務簿の第三欄左側の単位アルーラ(aroura)で記されている数字が、各納税者の所有している地積数である。しかし、この帳簿では地所名が記載されていないので、このままでは比較にならないが、割当査定簿のなかに、第Ⅳ表に現われる納税者と同一の人物がいないかどうか探すと、台帳番号Bの Theodosios Philotheos が P. Lond. n° 1420, l. 250 に出てくる。地所名は Abba Pkyliu で左記のようになっている。

土地税	人頭税	計	穀物租
$4\,^2/_8$	0	$4\,^2/_8$	$4\,^2/_8$

両者のあいだには、土地税と穀物租とにごくわずかの変化が認められるだけなので、第Ⅳ表に原則的に見られる単位面積当たりの税額は P. Lond. n° 1420 の割当査定簿でも変りないものと思われる。すると、たとえば土地税一ソリドゥスを支払っている納税者はほぼ四アルーラの土地を所有していることになる。いずれにしても農民の保有面積はそれほど大きなものではない。村落共同体内の農民は村長や一部の有力者を除けば、概して自作農としての小土地所有者であったと考えられる。

第V表　第15 indiction(716/98 H)年度納税簿(P. Lond. n° 1419)より

納税代表者名	基準税額	穀物租	土地税	epik.(付加税)	計(納税額)
Jakōb Enōch 他	15 : 13 1/2	52 5/12	39 : 16 1/8	5 : 19 1/8	45 : 11 1/4
地所名	同上内訳	同上内訳	担当納税者名		
Banan	: 18	2 1/3	Philotheos が全額		
Abba Biktōros	: 6 1/2	3/4	同　上		
Chersampel と Treuei	: 2 3/4	1/3	同　上		
Pshark	: 4	5/8	同　上		
Thanasia	: 5 7/12	1	Jakōb の子供たち		
Pabaktēs	: 23 1/2	3 2/3	Philotheos		
Pchichitos	2 : 8 1/2	5	Jakōb が 1/2, Pesoos と Paulos が 1/2		
Pkatakē	1 : 1 1/2	4	Thaumastē(女)が全額		
Bēsnatet	: 8 1/8	1	Patkoore		
Pnas	1 : 22 1/2	7 1/12	Sabinos の子		
Piah Arsenup	: 16	2 2/3	David Porphanos		
同　上	1 : 8	6	Makare		
Pōbet と Treuei	1 : 19	6 1/3	Jakōb の子		
Belekau	: 8	1 1/4	同　上		
Tant[　]le	: 4 5/8	2/3	Philotheos が全額		
Pkalou	: 2 7/16	1/3	Jakōb の子		
Ke[　]	: 22 1/2	2 1/8	Philotheos		
Piah Mēlh	: 16 1/2	2 1/2	同　上		
Psanboi[　]	: 6 1/2	1	同　上		
Euēthiu, Treuei, Phēne と Marsabōu	1 : 47/48	3 3/4	Senuthios Marsabōu		
Abba Surutos の私領地	?	3 1/6	Philotheos		
	(中	略)			

Papnuthios と Theophilē		3 : 8	12	8 : 17	1 : $6\frac{1}{2}$	9 : $23\frac{1}{2}$
Diskur		1 : $1\frac{3}{4}$	$4\frac{1}{6}$	Papnuthios が $\frac{1}{2}$, Theophilē が $\frac{1}{2}$		
Ptolēme		: $10\frac{1}{2}$	$1\frac{1}{2}$	Makarios		
Teiae		: $8\frac{1}{2}$	$1\frac{1}{4}$	Papnuthios		
Panychatu		: 14	2	Herakleios が $\frac{1}{2}$, Theophilē が $\frac{1}{2}$		
Rhyparia		: $2\frac{11}{12}$	$\frac{1}{2}$	Biktōr		
Chalkopratu		: 4	$\frac{5}{8}$	Makarios		
Diskur		: 4	$\frac{2}{3}$	Biktōr		
Patuel		: $3\frac{1}{2}$	$\frac{1}{2}$	同　上		
Piah Kelboole		: $6\frac{7}{8}$	$1\frac{1}{16}$	同　上		
不在者地所名	旧　納　税　者　名					
Teiae	Dukai	?	$\frac{19}{24}$			
Piahhō	同上妻	: $9\frac{3}{4}$	1			
Teiae	Papo	: $4\frac{3}{8}$	$\frac{5}{8}$			
Panychatu	Lukanos	: $3\frac{3}{4}$	$\frac{2}{3}$			
同　上	Abba Hermaōtos 修道院	: $3\frac{1}{4}$	$\frac{1}{2}$			
Teiae	Abba Surutos の私領地			1 : 9		
Panychatu	Mēnas	: $5\frac{1}{2}$	$\frac{5}{6}$	Theophilē		
Teiae	Papo	: $4\frac{3}{8}$	$\frac{5}{8}$			
Teiae	Abba Surutos の私領地			1 : 14		
Ptēros 司祭他		2 : $11\frac{1}{4}$	$9\frac{1}{48}$	6 : 7	: 22	7 : 5
		（後	略）			

〔註〕 金額の単位は solidus : karat で，1 solidus=24 karat である.

これらの小土地所有者としての農民が相互にいかなる組織を持っていたかを知るには、第一五 indiction 年度(七一六/一七年=ヒジュラ暦九七/九八年)のアフロディト全県の納税簿 P. Lond. n°. 1419 が参考になる。この帳簿は保存状態がやや悪いが、千数百行に及ぶ長大なもので、第V表はその内容例として抜萃したものである。この帳簿では、割当査定簿の場合と異なり、納税者名のあとに書かれている地所名は、すべてその納税者の保有地であるというわけではない。たとえば Jakōb Enōch の場合、土地はそれぞれ右の欄に書かれている人物の保有地であって、したがって税も保有者自身が支払う。要するに農民たちは、相互に納税責任を連帯的に負う小さなグループを構成しており、Jakōb Enōch はそのグループの代表者にすぎない。またこうした納税代表者は第V表の後半の Papnuthios と Theophilē の場合のように、保有者のいなくなった土地をも管理する義務を負わされていた。

三　教会領・修道院領など

以上村落共同体内における農民の土地保有情況を検討してきたが、結論的に言えば、少なくとも征服期からウマイヤ朝中期までは、このような村落共同体がかなり安定した社会的基本単位をなしていたと見なすことができる。もっとも、イブン=アブドゥル=ハカムに伝えられた資料に見える征服期の村落共同体とウマイヤ朝中期の村落共同体とがまったく同じ構造を有していたかどうかについては疑問が残る。たとえば、イブン=アブドゥル=ハカムに見えていた村の公有地、すなわち利益を教会・政府役人接待費等の公費に充てる土地の存在、あるいはその共同耕作のような例は、ウマイヤ朝中期のパピルス文書では見当たらない。また征服期における村落内での共同体的規制、その実は村の支配者層による強制であろうが、そうした規制もウマイヤ朝中期に至るまでにかなりの変容を蒙ったものと推測される。すなわち、総督 Qurra b. Šarīk(在位九〇—九六/七〇九—七一四年)からアフロディト県の長官 Basilios への書簡のうちには、村民に対する村長の圧制をその村民が総督に訴え、総督がその事件を究明するよう県の長官に指示しているものがある(P. Heid. III, n° 11; PAF n° 2; P. Abbott n° 3)[22]。これはコプト農民がやはりコプト人の県の長官を飛び越えて、直接アラブ当局に訴願でき、それによって村当局の強制が押さえられたことを意味する。このような訴願がどこまで制度化されていたかは不明であるが、アラブ当局による権力の浸透の一端として、従来のコプト人の村落共同体のあり方に何らかの変化が起こったであろうことは想定できる。

しかしいずれにせよ、さきの割当査定簿に見られるように、地主としてであれ、耕作者としてであれ、村落にはアラブ人はまったく存在せず、村落共同体が、ウマイヤ朝中期においてもなおコプト人、それも未改宗のキリスト教徒のみで占められていたことは、改めて注目しておかねばならない。

エジプト征服当初におけるアラブ中央政府の統治方針、すなわち、土地は原住農民にそのまま保有させ、アラブには征服軍の戦士として、原住民から収納した租税を ʿaṭāʾ(現金給与)と rizq(現物給与)の形で与えるという原則は、少くとも Qurra b. Šarik の時代までは一貫して守られており、そのことはまたパピルス文書によって証明できる。すなわち、総督 Qurra から Basilios へ発せられたギリシア語とアラビア語による納税督促状や納税命令書には、現金税 ǧizya(δημόσια)の徴収が、アラブ軍隊(ǧund)であるムハージルーン[23](Μωαγαρίται : muhāǧirūn の音写)やその家族の ʿaṭāʾ(ῥογά)のためであり、穀物租 ḍarība(ἐμβολή)は同じく彼らの rizq(ῥουζικόν : rizq の音写)のためであることが、再三にわたって強調されているのである(P. Heid. III, n° 1; APEL n° 148; PAF n° 10; P. Lond. n° 1335, 1349, 1357, 1394, 1404, 1407; cf. P. Lond. n° 1433, 1434)[24]。

ところでエジプトは、いままで述べてきたような農民による小保有地ばかりで占められていたわけではない。ビザンツ時代末期には、教会領・修道院領も含めて、各種の私領地が存在していたが、被征服民の側から書かれた文献として貴重なセベロスの『総主教史』によると、そうした前代の教会領や修道院領は、アラブ時代になってもそのまま存続したことがわかる(Sawīrus, PO, V, 6, 48–49, 51, 58)。ただ修道院領はともかく、教会領はアラブ当局との最初の約束

第 VI 表　第 15 indiction (716/ 98 H) 年度納税簿 (P. Lond. n° 1419) より教会関係

納税教会名	代表者名	地所名(旧納税者名)	基準税額	穀物租	土地税	付加税	計(納税額)
Hermeios	執事		6 : 20	?	17 : 17	2 : 14	20 : 7
Notinēs	Mēnas と Zacharias 司祭		7 :	〔 〕1/2	15 : 18 1/2	2 : 7 2/3	18 : 2 1/6
	Psibanōbet の anal.			20	: 1 3/4		
Apostolos	Andreas 司祭		4 : 〔〕1/2	7	5 : 3 1/2	: 18	5 : 21 1/2
Theodokos	執事		2 : 8		7 : 〔 〕	1 : 2 1/4	?
聖 Maria(市内)	?		3 : 10	13 7/12	?	?	10 : 13 1/2 ?
		Amma Marias	2 : 〔 〕	8 5/16			
		Petre Tapēu	: 10	3 1/4			
		Piah Ethamtei	?	2 1/48	Philotheos Pane		
	Psibanōbet の anal.				: 2 37/48 Philotheos Pane の妻		
		Tepōt (Psiba. の妻)	?	1/4			
		Posah(同上)	?	1 3/4			
		Bēs(同上)	?	1 5/24			
		Hyiōn Taōr	?	4 1/4			
聖 Pinutiōnos	執事		〔 〕 : 8	12	8 : 10 1/2	?	
	Megistē 大工						
	Enōch の代?	Mazei					
		Pshonte					
Archangelos	David 司祭		3 : 3/4	12(小麦) 1 1/2(大麦)	8 : 19 3/4	1 : 7	10 : 2 3/4
	Psibanōbet の anal.				: 3 1/2		
聖 Johannes	Theodosios 司祭		2 : 9	9	6 : 2	: 21 1/4	6 : 23 1/4
		Tepōt	〔 〕 : 19 1/2	7	Theodosios 司祭		
		Piēne	〔 〕 : 7 1/4	1	Johannes Patġoime		
		Pshonte	〔 〕 : 6 1/4	1	Senuthios 司祭		
聖 Markos			?	8 1/8	5 : 22 1/2	: 21	6 : 19 1/2
?			?	3/8	: 7	: 1	: 8

納税教会名	代表者名	地所名(旧納税者名)	基準税額	穀物租	土地税	付加税	計(納税額)
?	執事		: $13\,^{3}/_{4}$	?	?	?	?
?	執事		1 : 12	?	?	?	?
聖 Biktōr Psintōros			2 : $16\,^{1}/_{2}$	?	?	?	?
?			1 : $23\,^{3}/_{4}$	?	?	?	?
Abba Psempnuthios 修道院	Psyre		5 : $12\,^{1}/_{2}$	11	13 : $2\,^{3}/_{4}$	1 : $22\,^{1}/_{8}$	15 : $1\,^{3}/_{8}$
Abba Charisios 修道院		Plamou	: $21\,^{1}/_{2}$	$3\,^{7}/_{48}$	2 : $6\,^{1}/_{2}$	: $7\,^{3}/_{4}$	2 : $14\,^{1}/_{4}$

にもかかわらず、土地税を徴収されている。[25] こうした教会領や修道院領の存在はパピルス文書によっても確かめることができる。第Ⅵ表がそれで、これは第Ⅴ表と同じ第一五 indiction 年度(七一六／ヒジュラ暦九八年)の納税簿 P. Lond. n° 1419 からの抜萃である。この納税簿は納税者名がアルファベット順に配列されているわけであるが、教会(ἐκκλησία)はその語頭の epsilon の項に列記されている。教会所有地の地所名は記載されている場合とそうでない場合とがあるが、いずれにせよその教会の司祭もしくは執事が責任者となって税を納める。また地所がいくつかに分かれている教会では、司祭その他、その保有権を持つ者がいた。たとえば聖 Johannes 教会の場合がそうである。

第Ⅵ表の下の二つは修道院で、やはり修道院(μοναστήριον)の mȳ の項に列記されている。修道院は税法上二つの種類に分けられ、教会と同じように正規の税を納めるものと、免税されているものとがあった。なぜそのように分類されているのか理由は不明である。数の上では正規税を免除されている修道院の方がはるかに多い。次の第Ⅶ表は免除されている方のリストで、やはり同じ納税簿からの抜萃である。ちょうどこのころ、ウマイヤ朝中期ごろより、アラブ当局による税務行政の強化が次第に進行し、これまで免税特権を得ていた修道院でも、納税義務を負わされるよ

第 VII 表　第 15 indiction (716/98 H) 年度納税簿
(P. Lond. n° 1419) より修道院関係

修　道　院　名		土地税	穀物租
地　所　名	担当納税者名	同上内訳	同上内訳
聖 Maria (丘)　修　道　院		114 sol.	12 art.
Piah Puhol	($^{1}/_{2}$) Elias 修道院長	6：16	$^{3}/_{4}$
Piah Puhol	($^{1}/_{4}$) Bafeu	3：8	$^{3}/_{8}$
Piah Puhol	($^{1}/_{4}$) 洗張屋	3：8	$^{3}/_{8}$
Psai	($^{2}/_{3}$) 建築屋	8：6 $^{3}/_{4}$	1
同　上	($^{1}/_{3}$) Abraham と Psote	4：3 $^{3}/_{8}$	$^{1}/_{2}$
Phaineshoos	Hermaōs と Frēm	7：8	1
Peloole	修道院長	4：8	
Charisme		13：9	1 $^{1}/_{2}$
Abba Gabriēl		5：15	
Prēmrēs	Kolluthos Boēthos	1：4	1
同　上	金物屋	57	7
Barbaru　修　道　院		110：8 sol.	46 art.
Piah David	Enōch	15：18	7
Pmartēs	Theodosios	7：3 $^{1}/_{2}$	3 $^{3}/_{4}$
Pshonte	Philotheos	17：6	9 $^{1}/_{2}$
Arsenophinikos	共同保有者	13：19 $^{1}/_{8}$	6 $^{3}/_{4}$
Pmanbkrre		11：6	—
Sarutsei	Theodosios	12：9	6
Psibanobet		7：17 $^{3}/_{4}$	$^{3}/_{4}$
Kepha	Kōnstantinos と その兄弟	4：10 $^{7}/_{8}$	3
Arsenophinikos	同　上	14	6 $^{1}/_{2}$
Thanaēp		6：13 $^{3}/_{4}$	2 $^{3}/_{4}$
(中　略)			
Tarou　修　道　院		?	?
emphyteusis による保有者たちを通じて			
Neu Ktēmatos	Pasodōros の息子たち	?	?
Phamai	Zēnobios の子供たち	?	?
Niah Chers	Zacharias と Pa〔　　〕	?	?
Hyiōn Kolluthos	Eulotta の息子たち	?	?

修道院名		土地税	穀物租
地所名	担当納税者名	同上内訳	同上内訳
Hagiu Phoibammōn	Maxei の共同保有者たち	?	?
Borra Ktēmatos Tpastōtre		?	?
別の Neu Ktēmatos	Zēnobios の息子たち	?	?
Hellōtos Phoi	Andreas 官吏		
Tsemau	医者 Phoibammōn の子供たち	?	?
Elaiurgu	Markos と Phne	?	?
修道院長を通じて，自作分？		?	?
(後略)			

うになった(第一部第二章参照)。歴史的にはこのあとすぐにウマル二世によって、教会領・修道院領の土地税免除の勅令が出されたが、二年後カリフ－ヤズィード二世(在位一〇一－一〇五／七二〇－七二四年)はウマルの勅令を廃止している(Sawirus, PO, V, 71-72)。

この第Ⅶ表を見ると、修道院領はきわめて特殊な所有関係にあったことがわかる。最初の聖 Maria 修道院では、七ヵ所の地所を所有し、そのうちの Piah Puhol の二分の一は修道院長 Elias が責任者となって耕作・納税し、その地所の残りの二分の一は、二人の一般人がそれぞれ全体の四分の一ずつを小作・納税していたことが示されている。ここに書かれている洗張屋や建築屋、金物屋が何を意味するか明確でない。修道院長としては他に Peloole という地所も保有している。納税者が空欄の場合は、恐らく修道院自体が、要するに修道僧たちが共同で耕作・納税するのであろう。あとの Psai, Phaineshoos, Prēmrēs はそれぞれ一般人が、修道院との小作契約によって保有している土地と思われる。正規税が免税であったのは、収益が修道院の維持に充てられるためである。このように修道院の土地が、修道院自体の保有する土地と、一般人との何らかの契約による借地とに分かれていたことは、三番目の Tarou 修道院の場合に一層明らかとなる。すなわちこの修道院では所有地は一般人の入植による永代借地契約(emphyteusis)の

第 VIII 表　第 15 indiction(716/98 H)年度納税簿(P. Lond. n° 1419)より無主地(adespota ktēmata)関係

地　所　名	代 理 納 税 者 名	基準税額	穀 物 租	土 地 税	付 加 税	計(納税額)
Ermugene		3 : 21 $^1/_4$	11 $^5/_6$	9 : 22 $^3/_4$	1 : 11	11 : 9 $^3/_4$
	Jeremias Pkna		7 $^5/_6$	6 : 15	: 23 $^3/_8$	7 : 14 $^3/_8$
	Biktōr Ptauas		3 $^{11}/_{12}$	3 : 7 $^3/_4$	: 11 $^5/_8$	3 : 19 $^3/_8$
Ji〔　　〕ēt	Georgios Patjō Sabinos の息子たちが $^1/_2$, Georgios Patjō が $^1/_2$〔を負担〕	1 : 12	5 $^1/_3$	3 : 21	: 13 $^3/_4$	4 : 12 $^1/_4$
		(中	略)			
Dukai	Hermaōs と Philēmōn	1 : 8	5 $^1/_{12}$	3 : 10	: 12	3 : 22
	Philēmōn と Hermaōs	: 20				
	Abraham	: 4				
	Christophoros	: 4				
	Pebō	: 4				
Saratōkei	陶器組合	1 : 13 $^1/_4$	5 $^{11}/_{12}$			
Kaspitu		1 : 6	$^2/_3$	3 : 7 $^1/_4$	: 11 $^1/_2$	3 : 18 $^3/_4$
Thelhellei		: 14 $^1/_2$	2 $^1/_4$	1 : 13	: 7 $^1/_2$	1 : 20 $^1/_2$
Jakōb Apollōnos		2	6	5 : 2 $^1/_2$	: 17 $^3/_4$	5 : 20 $^1/_4$
Thelhellei	陶器組合	1 : 4	3 $^1/_{24}$	2 : 11	: 8 $^3/_4$	2 : 19 $^3/_4$
Laban	Hermaōs の子と Makarios	: 1 $^3/_8$	5 $^1/_2$	5 : 5	: 18 $^1/_4$	5 : 23 $^1/_4$
Thersōpnam		1 : 14 $^1/_2$	5 $^3/_4$	4 : 2 $^1/_4$	: 14 $^1/_4$	4 : 16 $^1/_2$
Lamporse		1 : 12	5	3 : 19	: 13 $^1/_4$	4 : 8 $^1/_4$
		(中	略)			
Oasitōn 修道院		4 : 10 $^1/_2$	16	11 : 10 $^3/_4$	1 : 16 $^1/_4$	13 : 3
	うち官吏 Andreas による 2 カ所の土地の納税分として 5 sol. したがって残りは 8 : 3					
khōrēmata による Oasitōn	Pile〔　　〕の子	?	4	3 : 10 $^1/_2$		3 : 10 $^1/_2$
		(後	略)			

第IX表　第15 indiction(716/98 H)年度納税簿(P. Lond. n°1419)より官吏(dioikētēs) Andreasの土地保有情況

行	納税代表者名	Andreas 保有地所名	基準税額	穀物租
84	〔　　〕Abraham	Kapoo je	：$1\frac{1}{2}$	$\frac{1}{4}$
89	〔　　〕Hermaōtos	Gratianu	?	?
116	〔　　〕ōmauōt	Parash	：$9\frac{3}{8}$	$1\frac{1}{8}$
491	?	?	?	?
612	?	Parash	：$11\frac{1}{2}$	2
735	Johannes Apollōs	Piah Selselsir	1：3	5
739		Pdiakone	1：$21\frac{1}{2}$	7
756	Joseph Talotei	Piah Sacho と Erikone	1：12	$5\frac{1}{12}$
815	〔　　〕poros	Abba Makarios と Psemre	：$2\frac{3}{4}$	$\frac{1}{3}$
904	Mariam Athanasios 同左の夫，不在者 Stefanos の代	Patuoore	：$9\frac{5}{8}$	$1\frac{5}{12}$
1210	Johannes Kornēlios	Niah Tōbias	：$4\frac{1}{2}$	1
1213	同上組内不在者 Kallinikos の子の代	Phēt	：$6\frac{1}{2}$	1
1257	Oasitōn 修道院に吸収されし無主地2カ所		5	
1308	Tarou 修道院	Hellōtos Phoi	?	?
1315	〔　　〕修道院	Niah Esou	3：9	

土地と、修道院長が責任者となって管理する土地とからなっていたわけである。

次に征服のさい、地主が逃亡、もしくは死亡したことによって無主地となった土地について検討することにする。ヨハネスの年代記によると、征服戦争のあいだに多くの高官たちが逃亡したことが伝えられており(John, 180–82, 184)、当然彼らの土地も放棄されたものと思われる。無主地となった理由は明確でないが、同じく第一五 indiction 年度の納税簿 P. Lond. n° 1419 に「無主地 adespota ktēmata」という項目がある。第VIII表はその一部を抽出したものである。この表からすれば、無主地は恐らく国家に没収されて国有地、すなわちイスラム共同体全体の土地となり、それが希望者に貸借されたものと思われる。したがってその土地税は、借地人が支払うわけである。

ところでビザンツ時代に多くいた大土地所有者の私領地は、村落共同体の土地がほとんどそのまま保有を認められたことからしても、すべて無主地または没収地となったとは考えられない。上エジプトの Thebaid

州の州知事や中エジプトの Arcadia 州の州知事、あるいは県の長官などの高官の地位が、ウマイヤ朝の末近くまでローマ人やコプト人に与えられている点からすれば、[26] 彼らの私領地も恐らくそのまま保有することを認められていたと見なされる。アフロディト文書でこのことを確かめるのはきわめて困難であるが、アフロディトからまだ南の、現在のエドフから出土したパピルス文書では、大土地所有者としての κτήτορες の言葉が見える。PGAA n° 76 の文書がそれで、これは各納税者の人頭税の課税率を記したものであるが、一般の農民が主として六分の一の人頭率[27]を登録されているのに、大地主の Sōtērichos Aristobulos とその兄弟はそれぞれ六倍の一に登録されている。また PGAA n° 42 によると、この地方、すなわち Apollōnos Anō 県の長官 Papas は私領地の地主で、農民をも所有していた形跡がある。したがって少なくとも上エジプトには、まだこうした大土地所有者が存在したことは確かである。

アフロディト文書でも、アラビア語の私領地 day'a に相当するギリシア語 οὐσία は各所に散見される。οὐσία はそのままアラビア語の wasīya(複数形 awāsī)に転訛されて、セベロスの『総主教史』などでは、教会領を示す意味で用いられている。アフロディト文書でもっとも多く出る οὐσία は、第V表にも現われる「Abba Surutos の私領地」で、これは名前から類推して、もとは修道院の私領地か、それとも主教の私領地かと推定される。しかし、Abba Surutos はこの P. Lond. n° 1419 の帳簿のどこにも納税代表者として登場しないので、当時では四散してしまったものと思われる。

アフロディト文書で、高官の大土地所有に近いものを探すとすれば、県の官吏 Andreas の場合であろう。彼は同じく第一五 indiction 年度の納税簿にたびたび登場し(第Ⅷ表下から六行目参照)、各地に土地を保有していたことがわかる。そこで彼に関連する部分のみを綜合すると第Ⅸ表のようになる。これほどの人物であれば、当然納税代表者のなかに名前が載るはずであるが、この文書による限り見当たらない。文書の保存状態が悪い点も考慮しておかねばならないが、Andreas がアフロディト県以外の他県の官吏である可能性もある。ただし、彼の支払う税額からすれば、Andreas は大土地所有者というほどのことはなく、小さな土地を各地に保有していたにすぎない。

2　ウマイヤ朝中期からアッバース朝期について

一　アラブ人の入植

以上ウマイヤ朝中期までのエジプトにおける土地保有形態をまとめてみると、土地の大部分は村落共同体を基盤に置くコプト農民の保有地からなり、これ以外には教会領や修道院領、それにわずかな私有地がビザンツ時代から引き続き存在したということになる。

ところがヒジュラ暦一〇〇(七一八)年ウマル二世の勅令以後、ウマイヤ朝当局の統治政策の転換から、従来の土地保有形態も、アッバース朝初期に至るまでに大きく変容を蒙ることになった。これは、アラブ帝国の持つ内的矛盾がウマイヤ朝中期に至ってようやく表面化し、アラブによる異民族支配という、これまでの統治原理をそのままの形で続行することが、もはや不可能となったことに端を発している。この矛盾がもっとも尖鋭化したのは税務行政で、それは従来の支配体制が、原住民の大量改宗やイスラム教徒による土地購買を何ら予定していなかったからである。この問題は帝国全般に起こっていたにもかかわらず、最初その解決策はそれぞれの地方の総督の手腕に委ねられていたために、混乱は深まるばかりであった。ウマル二世はこうした状態を解決するために、税制と土地制度の基礎となる新しい概念、すなわち、征服地は神がムスリム全体、言いかえれば国家に与えた戦利品ファイであるという理論を導入した(28)。

もっとも、ウマル二世がこの理論をもとに打ち出した政策は、新改宗者からの土地没収とファイに属する耕地の売買の禁止というきわめて観念的なものであったので、完全に失敗に終り、次のカリフ＝ヤズィード二世はこれを廃棄して旧に復してしまった(29)。しかしウマル二世のファイ理論そのものは損われることなく、その後カリフ＝ヒシャーム

（在位一〇五—一二五／七二四—七四三年）の全般的な税制改革を経て、アッバース朝初期に国家的土地所有の理論となって完成するのである。[30] それは、地主としての国家に対して、小作料に当たる租税を支払いさえすればよいということで、イスラム教徒による土地所有の公的承認への道を開くものであった。この間の推移は、実際の税務行政のうえでも、程度の差こそあれ全国的規模で進行しており、エジプトもその例外ではなかったが、この点についてはすでに第一部で論じたので、ここでは土地所有に関連する部分のみ触れておきたい。

ウマイヤ朝中期からアッバース朝初期にかけての一連の税制改革のあいだに起こった注目すべき事柄は、戸口や地積などの税務調査や州知事などの地方高官のアラブ化を通じての、アラブ当局による権力の内的浸透と、エジプト農村地帯へのアラブ人の入植である。とりわけ後者は、従来のコプト村落共同体を基盤とするエジプトの農村社会を根底からゆさぶるものであった。アラブ人の入植のきっかけとなったのは、カリフ＝ヒシャームの指令を受けて、エジプトの税制改革に精力的に当たってきた税務長官 'Ubayd Allāh b. al-Ḥabḥāb によるカイス Qays 族の招致である。キンディーやイブン＝アブドゥル＝ハカムによると、'Ubayd Allāh はヒジュラ暦一〇九（七二七）年、カリフ＝ヒシャームに進言し、カイス族をデルタ地帯東部 Bilbays 付近に入植させ、彼らのアラブ＝ムスリムとしての登録をエジプトの dīwān に振り替えた。その数三〇〇〇人[31]で、Naṣr, Āmir, Hawāzin, Sulaym の各支族から一〇〇戸ずつ、計四〇〇戸を入植させ、農耕を命じ、十分の一税（'ushr）としての ṣadaqa を課した。また彼らはこの農耕のほか、穀物を al-Qulzum（スエズ）に輸送する仕事をして非常な利益を得た。カイス族はその後新たな入植も加えて増加を続け、やがてヒシャームが死んだとき（七四三年）には一五〇〇戸、ウマイヤ朝最後のカリフ＝マルワーン二世が死んだとき（七五〇年）には三〇〇〇戸が Bilbays にいたという（Kindī, 76–77; Ḥakam, 143）。

こうして、ウマル一世以来採られてきたアラブの軍事都市への集住化政策は完全に放棄され、土地保有者としてのアラブの存在は事実上承認されることになった。ただデルタ東部に入植したアラブが、どのような形態のもとに農耕に従事したかは不明である。入植のさいの条件として、これまでの租税(ḫarāǧ)を損うことがないこと、この付近には原住民があまり住んでいないことが挙げられているので、最初はコプト人の村落共同体の内部に入るということはなかったものと思われる。しかしその後のアラブ人の増加は、付近のコプト人の村落形態に何らかの影響を与えたであろうことは想像に難くない。[32]

このようなアラブの入植は、その後エジプトの各地で進行したようである。たとえばマクリーズィーは、上エジプトの al-Ušmūnayn への、とくにウマイヤ家一族の入植を伝えている。彼によると、al-Ušmūnayn の土地には Ǧaʻfar b. Abī Ṭālib の多くの氏族が、Maslama b. ʻAbd al-Malik b. Marwān の一族郎党や ʻAbd al-Malik b. Marwān の mawlā を父祖に持つ ʻAskar 家――彼ら自身ではウマイヤ家出身であると主張している――とともに入植し、また Ušmūn の近くの Dalǧa 村には Ḫālid b. Yazīd b. Muʻāwiya b. Abī Sufyān の一族郎党が入植した、という(Ḫiṭaṭ, I, 239)。Ǧaʻfar はカリフ－アリーの兄で、ヒジュラ暦八年の Muʼuta 遠征で戦死した人物である。したがってこの一族はハーシム家に属しているが、他はウマイヤ系統ばかりである。Maslama はカリフ－アブドゥル＝マリクの子で、アラブ軍の総指揮官として各地の征服事業に活躍したが、エジプトには定住していない。没年はヒジュラ暦一二一年である。Ḫālid はカリフ－ヤズィード一世の子で、没年は九〇年である。これらの人物のいかなる子孫が入植したのかは不明であるが、この入植の時期はカイス族の入植後まもなくのことと思われる。またマクリーズィーは、Ušmūn に近い Anṣinā の町についても、部族名は記していないが、やはりアラブの入植があったことを伝えている(Ḫiṭaṭ, I, 204)。Anṣinā はエジプトの Thebaid 州の州政府所在地として重要な町で、この地方への入植も同様の時期に行なわれたものであろう。[33]

上エジプトにおけるウマイヤ家一族ほか、アラブの入植についてきわめて貴重な情報を提供するパピルス文書がある。APEL n° 167 の文書がそれで、これは Aḫmīm と Ṭahṭā の両県において、徴税官 ʻAmr b. ʻAttās とその徴税吏たちが不当な課税を行なったという訴願があったために、県の長官兼公庫長の Yazīd b. ʻAbd Allāh が全県の町村長や地方の有力者を召集し、審判の結果、徴税官たちに不正はなかったということで、町村長たちが、その旨と今後こうした苦情の訴願があった場合には科料の連帯責任を負うという宣誓を県の長官あてに行なっているものである。文書の保存が完全でないので、不明な部分があるが、年代はヒジュラ暦一三七—一四〇(七五四—七五七)年で、アッバース朝の成立直後に当たっており、コプト語とギリシア語・アラビア語で書かれている。みずから宣誓をしている町村長や主教たちは六八名、うち二名のアラブ人、ʻAbd Allāh の二人の息子を除いてはすべてコプト人である。なおこの部分はコプト語で書かれているが、その点からこの二名のアラブ人を改宗コプト人とする可能性もなくはない。しかしこれらのコプト人の町村長名は、次のギリシア語の部分で記載されているのに、この二名のアラブ人は記載されていないので、やはりアラブ人であることは間違いない。

最後のアラビア語の部分は、主教や町村長たちの宣誓に対してこの地方に定住していたアラブ人が、アラブ当局側の証人として証言しているもので、二名のウマイヤ家出身者のほか、Wāʼil, Ḫuzāʻa, al-Layṯ, Ṣadif, Ḫawlān の各部族出身者の名前が列記されている。この文書によると、ウマル二世の、村長はイスラム教徒でなければならないという勅令にもかかわらず(Kindi, 69; Taġrībirdi, I, 238)、アッバース朝の初期でも、少なくとも上エジプトではまだ村長の大半はキリスト教徒のコプト人によって占められ、アラブ人村長はきわめてまれであった。しかし、これら証言者として登場するアラブは、恐らくこの地方の有力地主としての地盤をすでに築きつつあった者たちであろう。これについては上エジプトの南端、アスワーンへのアラブの入植に関するマクリーズィーの記述が傍証となる。

マスウーディーによると、Aswān の町は Qaḥṭān, Nizār b. Rabīʻa, Muḍar などの諸部族からなるアラブ人、それに Qurayš 族の人々が住んでいる。彼らの多くは al-Ḥiǧāz から移住して来た者である。この地方は棗椰子がよく繁り、地味豊かである。……(中略)……また Aswān に住んでいる者はヌビア国内にも多くの私領地(diyāʻ)を持っていて、ヌビア王に租税を支払っている。これらの私領地はイスラム初期、ウマイヤ朝やアッバース朝の時代にヌビア人から買ったものである。……(Ḫiṭaṭ, I, 197–198)。

アラビア半島からアスワーンに移住したアラブは[34]、単にこの地方の農地を獲得しただけでなく、国境を越えてヌビアの農地も獲得していたわけで、ヌビアの私領地についてはその後ヌビア側とのあいだに紛争が起こったらしく、カリフ－マームーンが農民暴動鎮圧のためにエジプトに来たとき（ヒジュラ暦二一七／八三二年）、ヌビア王が紛争の解決を訴えている。いずれにせよ、ウマイヤ朝からアッバース朝にかけてのアラブ地主の発生は、アスワーンに限らず、全国的な規模で起こった現象であった。

二　アラブ人による土地保有

現存のパピルス文書を見ると、納税者名簿のような文書でも、ほぼアッバース朝の成立を境に、使用言語はギリシア語もしくはコプト語からアラビア語に移行するが、それとともに注目に価するのは、ギリシア語文書ではコプト人ばかりで占められていた地租納税者が、アラビア語の文書になると、コプト人に混じってアラブ名を持つ者が登場することである[35]。このアラブ名がアラブ人なのか、それとも改宗コプト人なのかの判定は困難であるが、なかにはきわめてまれながら APEL n° 219 の al-Faḍl b. al-ʿAbbās al-ʿAbbāsī や APEL n° 222 の Ibrāhīm b.〔　　〕al-Ḥuwayrī, 同じく n° 245 の ʿAlī b. al-Ḥusayn al-Imām のように、はっきりアラブとわかる者もある。しかし、アッバース朝時代、エジプトではまだそれほど改宗者が出ていなかったことと、コプト名の父を持つアラブ名はほとんど見当たらないこと、改宗コプト人とアラブ人との同一視の観念はまだエジプトの農村部まで浸透していないことなどを考えると、アラブ名の納税者もしくは地主は、ほぼアラブ人と見なしてよかろう。第Ⅹ表・第Ⅺ表はこうした帳簿の例として出したもので、それぞれある地区の地租割当査定簿の断片である。

第X表 Samawā 村地租割当査定簿(8-9 世紀：APEL n° 223)

納 税 者 名	播 種 地 faddān	税 額 dīnār
Šanūda, Huğayr 出身, Badermūde のぶどう園主	4 1/8	3 1/24
Maqāre Abaqīre	2 23/48	2 23/48
黒人 Maymūn	7 3/8	7 3/8
漁師 Apollo	〔 〕	〔 〕1/4
al-Sawda Malak	7 7/48	7 7/48
Ḥirāš, Ğarīr の mawlā, 通称 Dawās	3 1/4	3 1/4
Marōn, Asmarūs の子	26 1/3	26 1/3
Mūsā b. Qurra	29 39/48	〔29 39/48〕
Basinna Aṣmak	23/48	〔23/48〕
Muḥammad b. al-Aṣbaġ, 通称 ʻAlī	32 45/48	〔32 45/48〕
Mīnā Qomā, 通称 Mīla	2 1/48	〔2 1/48〕
Šanūda Balūte	2 3/48	〔2 3/48〕
Isaac Nastos	2/3〔 〕	〔 〕
警吏 Chael, Ḫiyār のもとに同居の通称 Chael Damūne	1 1/12〔 〕	〔 〕
Bilatōs Batās	13/24〔 〕	〔 〕
〔 〕ūre	5/48〔 〕	〔 〕
Boqṭor〔 〕	〔 〕	〔 〕

〔註〕 12名のコプト人に混じって，アラブ人2名，ギリシア人(Marōn) 1名，黒人ムスリム1名，それにアラブ人の mawlā となっている改宗コプト人？1名がいる．これらのうち，2名のアラブ人とギリシア人の地積は他のコプト人たちの地積に比して圧倒的に多い．

さて、これらアッバース朝初期の税務簿によるかぎり、エジプトで土地保有者となったアラブは、少なくとも税制上では、土着のコプト人土地保有者とのあいだに差別はなく、同様の地租を課せられている。この点は灌漑工事等のための特別賦課についても同じであった(第XI表)。これはウマル二世のファイ理論より展開してきた課税の属地主義が確立し、保有者は自己の宗教にかかわりなく、地租を納めねばならなかったことを意味する。この点に関連して、カリフ・ラシード(在位一七〇―一九三/七八六―八〇九年)時代に属する重要な文書 PERF n° 624 が残っている。[36] これは総督 'Abd Allāh b. al-Musayyab(在位一七六―一七七/七九三―七九四年)の Ehnās・al-Bahnasā 両県の徴税官 Sufyān b. Qurʻa より Ehnās 県に住む「イスラム教徒ならびにズィンマ(ḏimma)の民すべて」にあてられた書簡で、文中に次のようなことが書かれている。

総督 'Abd Allāh b. al-Musayyab は余と汝

第 XI 表　地租割当査定簿(3 H/9 世紀：APEL n° 222)

納税者名	播種地 faddān	税額 dīnār	納税者名	播種地 faddān	税額 dīnār
Ibrahīm Hermūh とその母	16	84	Isma'īl b. Mūsā	〔 〕	〔 〕
Isḥāq Buṭrus Psote	1	4	Stephen 〔 〕	7	2 1/6
Ibšāye Mūsā Pilatos	1	4	Ibrahīm b. 〔 〕 al-Ḥuwayrī	2/3	〔 〕2/3
Abanā 〔 〕 Qalīk	1	4	Stephen とその弟 Abū Qosta	〔 〕1/2	〔 〕7
Ibrahīm Basil Postolos	1 1/4	4 1/2	Abīme Demōsī	3/4	〔 〕5
Antanās, Buṭrus al-Farūḥ	1 1/4	5	Abū Abīme Papostolos とその弟 Abū Masyllos	1	〔 〕
Homīse の 2 人の息子	1/2	2 1/4	Isḥāq b. Ğiriğ	3/4	〔 〕
Apa Būle, Alōt の子	1 3/4	7	Abū Yoḥannes Abahōr	8 3/4	〔 〕
Epime (Abīme) とその子	1 41/96	2/3	Andūne, Damīya の子	3/4	〔 〕
小計	25 1/10	118 3/4	小計	〔 〕5 3/4	〔 〕
〔 〕	〔 〕	13	Merqūre, Dahna の弟	〔 〕1/4	9
〔 〕	〔 〕	3 1/2	A〔 〕s Bafsāne	〔 〕	1/6
〔 〕 Balīṭ	1 2/3	5 1/4	Ablīde Būlos Niqīṭa	7	31
〔 〕āl	1	4	Boqṭor Antanās Ibšāde	3/4	3 1/6
〔 〕とその弟 Buṭrus	3/4	3	Babā Boqṭor, Babā Pqām の子	1/2〔 〕	2 1/4
〔 〕 al-〔 〕	1/2	2 1/4	Boqṭor Ğirğe 乾酪商	2/3	3
〔 〕 Faṭāne	1 1/4	4 11/18	Boqṭor 〔 〕, Alhōr の弟	1〔 〕	3 1/2
〔 〕 Būlos 〔 〕	1 1/2	6	Boqṭor Quzmān Bqām	5/6	3
小計	10 5/6	41 5/8	小計	13 5/6	58

〔註〕 各納税者について，「昨年も彼の手にあったところの〔土地〕」という備考が付記されている．

第XII表 249 H/863年度 al-Ušmūnayn 県灌漑工事特別賦課割当簿（APEL n° 237）

納税者名	割当査定額 dīnār
'Abd al-Raḥīm〔b.　〕, Anṣinā 出身	1
Yaḥyā b. al-Ḥasan al-Qāsim b. Naṣr } Anṣinā 出身	1
〔　　〕, Anṣinā 出身	2/3
'Abbās b. al-Walīd A〔　　〕	3
Sisinna〔　　〕, al-〔　　〕出身	1/3
Ḥassān, 私領地出身	1 1/4
Balbos, Anṣinā 出身	1
Mūsā b.〔　　〕,〔Ušmūn〕市出身	1
Zikrī b. Šabīb	1
Remiye, Abū Ğirğe 出身	2 1/3
Aḥmad b.〔　　〕,〔Ušmūn〕市出身	5
Isma'īl, Sīfa の指図人	1
Isḥāq al-Azraq, al-Miniya 出身	3
Sīfa の一農夫（muzāri'）	6
Sawīros b. Mōne,〔Ušmūn〕市出身	1
Asbāṭ b. al-Ḫardal, Ansinā 出身	4
al-Faǧǧāl	1
農務管理人 Merqūre,〔Ušmūn〕市出身	1
Darrāǧ, Qalandiyūn 出身	1
教父 Aḥmad, Qalandiyūn 出身	2
農務管理人 Yoḥannes, Sirrayn 出身	7
Abū Muṣlih, Azhar b. Siwār の残額のため	4
Homīse, Abū Ğirğe 出身	1/6
Almās b. Šabīb	2
249年度灌漑工事のために徴収せる額	50 1/6
Maqṭūl の一農夫, 警吏 Ğirğe を通じて Bšōde の住民の al-Fatḥ, Sulaymān b. Banā	13
Zikrī, Hūr 出身	1
（後　　略）	

らに書簡を送り、そのなかで総督はエジプトおよび（すなわち）〔ムスリム全体の〕ファイ（afyā'）としてあるところの土地の租税（ǧizāya）ならびに……に関し、カリフのもとで決定された額を我らに命じている。……

エジプトがファイの土地であることを理由に、ズィンマの民であるコプト人はむろんのこと、イスラム教徒にも納税義務のあることが布告されているわけで、少なくともラシードの時代までは、国家的土地所有の理論が有効性を持っていたことがわかる。この点についてはさきに述べたように、ウマル二世前以における徴税の根拠が、アラブ軍とその家族の 'aṭā' と rizq とに求められていたのとまったく事情を異にしている。

しかしながら、この国家的土地所有の理論において、土地の究極の所有権は国家に属し、土地を耕作もしくは保有している者は、単にその占有権もしくは用益権を保持しているにすぎないといっても、勅令に反して耕地の売買が公然と行なわれるようになると、こうした理論はしだいに空文化せざるをえない。更にこの理論は、いま述べたパピルス文書に見られるように、単に租税徴収の論拠を示すにとどまって、実際的な土地所有権には何らの拘束力も持たなかったようである。

アラブ－ムスリムたちが、エジプトにおいていかなる形態のもとに土地を所有していたかについて、まず第一に想定されるのは、一般のコプト農民と同様、小規模の土地を保有して、自作農となる場合である。Miqrān 村（ファイユーム県）納税者名簿 APEL n° 233（九世紀後半）の Muḥammad b. Yūsuf, Yaḥyā b. Yaʿqūb らは他のコプト人たちと同じように納税額も少ないことから、この種の形態に入れることができるであろう。しかしより一般的には、第X表の Mūsā b. Qurra や Muḥammad b. al-Aṣbaǧ、第XIII表の Muḥammad b. Ḥusayn や Muḥammad b. Zufar のように、他のコプト人に比して広大な地積を有し、したがって多額の地租を支払っている者が多く見られる。

第XIII表　地租 ḫarāǧ 割当査定簿（3 H/9世紀：APEL n° 220）

納　税　者　名	地　積 faddān	税　額 dīnār
Muḥammad b. Abd ʿAllāh Aqūs	11	11
Abū Qerī Sane	2	$1\frac{5}{6}$
Saqōre b. Zikrī b. Harūn	13	12
水運搬人のため	1	1
Balāme Theodor	—	40
Muḥammad b. Ḥusayn b. Sulaymān	—	20
Muḥammad b. Zufar	—	20
al-Ḥasan b. Bukayr	—	8
Muḥammad b. Ibrahīm	〔　〕	〔6〕

〔註〕 最初の Muḥammad はおそらく改宗コプト人.

これらのアラブ人は、おそらく地租などの租税負担の重圧に耐えられなくなったコプト人の農民から、購買などの手段によって土地を獲得し、有力地主として次第に土着化していったものと思われる。こうした地主たち、いわば土豪地主は、コプト人の有力地主も含めて、自己の保有地をすべてみずからの手で耕作できるはずはなく、保有地の一部もしくは大半を小作させるのがつねであった。ヒジュ

ラ暦一六九年 ṣafar 月（七八五年八／九月）の日付のある muzāraʻa 契約と呼ばれる一種の借地契約文書 P. Loth n° 1 は、この種の小作の模様を物語っている。この文書については次章で詳しく紹介するので、ここではその要点のみ述べると、借地人はその土地の灌漑・世話・管理・播種・収穫などのあらゆる労働の義務を負うことはむろんであるが、kirāʼ 型借地契約の場合と異なり、地租（ḫarāǧ）や特別公課（nawāʼib）を支払う義務はなく、また配分率は不明だが、借地料は折半による現物納であるなどの条件が明記されている。[37]

このような土豪地主と分益小作人との関係に触れている文書は他にもある。その一つは地方の税務局で作成される地租受領台帳で、ヒジュラ暦二七一（八八五）年に当たる二七〇税年度のファイユーム県に関する文書 APEL n° 234-235 が例として挙げられる。この税務簿には、地租の割賦支払期の日々——この文書では第二回支払期として mecheir（amšīr）月の五日と六日（一月三〇日—三一日）の日付が記載されている——ごとに、誰から地租をいくら受領したかが記帳されているわけであるが、そのなかに

al-Rabīʻ b.〔　　〕の手によって割当額三五ディーナールをみずからのために $31\,^5/_6$ ディーナール、Bahīb, Mōne.
司祭 Biǧ のために $^{11}/_{12}$ ディーナールを[38]

という項がある。これはアラブ人が自己の所有地の地租のほかに、コプト人に代わって、各コプト人の名義になっている土地の地租をも支払っていることを意味する。同種文書 APEL n° 239 では Ǧibrīl b. Muḥammad という者が、一四人のコプト人に代わって地租を支払っている（cf. APEL n° 241, 242; APW n° 21）。実際に納税者に交付された地租受領証のうちでも、このような両者の関係を認めることのできるものがある。二三三年 thot 月一三日（八四七年九月一〇日）の日付を持つ APEL n° 181 がそれで、内容は次のような文章になっている。

thot 月一三日　丁数番号五　重量ディーナール $3\,^1/_2+{}^1/_3+{}^1/_{12}$

慈愛あまねき神の御名において

〔　　b.〕al-Muwaffaq は彼の手によって数人のために、〔Ušmūn〕市に関する地租のうち彼の義務となっている $3\frac{1}{2}+\frac{1}{3}+\frac{1}{12}$ 重量ディーナールを、〔税務長官〕al-Walid b. Yaḥyā 並びに Aḥmad b. Ḫalid——神の加護あらんことを——の al-Ušmūnayn, 低 Anṣinā, Qūṣ の諸県の租税を担当する徴税官 Ḫulayq〔b.　　〕と al-Ḥusayn b. Aḥmad の面前で、貨幣取扱吏 Menas に一三三年度の租税として支払った。

そのうち自身のためには $1\frac{1}{24}+\frac{1}{48}$

ʿAbd al-Ṣamad b. al-Fayḍ のためには $2\frac{1}{2}+\frac{1}{8}+\frac{1}{48}$

（後　略）

この地租受領証では、たまたま納税者自身よりも、被代納者の保有地税額の方が大きく、したがって両者のあいだにそれほどの身分差はなかったと思われる。

いずれにしてもこの種の土地所有形態は、ウマイヤ朝中期の割当査定簿（第Ⅰ・Ⅱ表）に見られた Horuonchios Onnophrios ほか、不在者もしくは被護者の土地を占有する村の有力地主の場合と酷似しており、下限はどこまで降ることができるか判然としないが、少なくともアッバース朝のサーマッラー遷都時代（八三三―九二年）まで、ビザンツ時代から引き続き存続したエジプト固有の一土地制度とみなすことができよう。

また諸種のパピルス文書によると、いま述べたような上下の関係でなく、対等の立場で、一定の土地を共同保有している場合がある。このような共同保有は《širka 協業》と呼ばれるが、土地の規模はそれほど大きくなく、共同保有者たちは一種の共同自作農ともみなすべき存在である。共同保有者の人数は少なく、二、三名で、数名を上回るものはないようである。地租を支払う場合は、各自が分担額を持ち寄り、代表者の名のもとに納める。このような代表者は amīn と呼ばれた（APEL nº. 235）。私見の及ぶところ、širka による所有形態がもっとも古く現われる文書は、ヒジュラ暦二三六（八五一）年ごろのある私書簡で、$5\frac{1}{6}$ フェッダーンの土地（buqʿa）を二名が širka の形で共同保有し、その土地を《arḍ al-širka》(協業の土地)と呼んでいる(APEL n° 288)。APW n° 12(三/九世紀)は、このような širka にしている土地の地租受領証で、納税額は $1\,{}^{1}/_{2}+{}^{1}/_{3}+{}^{1}/_{12}$ ディーナールとなっている。また地租割当査定簿もしくは受領台帳と考えられる APW n° 26 では、アラブ人と思われる〔Ḥā〕riṯ b. al-Ḥaǧǧāǧ とコプト人 Peǧoš b.〔　〕ri との二名の共同保有者からなる širka の土地三フェッダーンをフェッダーン当たりの税率 $1\,{}^{1}/_{2}$ ディーナールで、$4\,{}^{1}/_{2}$ ディーナールの地租を納めている。このような共同保有形態はファーティマ朝時代の文書でも散見される(APW n° 36, 39, 40)。

三　アッバース朝期における私領地の発展

さて、いままで述べたアラブ人の土地所有は、その地積が一家族で自作できないにしてもそれほど大規模なものでなく、また地租(ḫarāǧ)もコプト人と同様に支払い、しかもその土地に住んで、所有地の経営に直接携わるという、きわめて在地性の強いものであった。ところがヒジュラ暦三世紀初頭ごろ、ほぼサーマッラー遷都時代に入ってから、土地制度に急激な変化が起こってきた。それは史書やパピルス文書に、アッバース朝権力の代表者もしくはこれに類する人物の私領地 ḍiyāʿ(ḍayʿa の複数形)に関する資料が多く見られるようになることである。その典型的なものは《ḍiyāʿ al-amīr》、《ḍayʿat al-amīr》、《arḍ al-amīr》などとして現われる私領地で(APEL n° 113, 171, 184; APRL n° III/9, III/11; APG n° 18)、これらの amīr はエジプトの総督もしくは税務長官を指している。しかし同じ《amīr》の肩書を持つ者でも、そのあとに所有者の名前の明記されているものがある。たとえば、《ḍiyāʿ al-amīr al-Fatḥ mawlā Amīr al-Muʾminīn》(PERF n° 764)、《ḍiyāʿ al-Ṣalāḥ Amāǧūr》(PERF n° 793)などがある。al-Fatḥ はカリフ=ムタワッキル(在位二三二—二四七/八四七—八六一年)の寵臣のトルコ人 al-Fatḥ b. Ḫāqān のことで、ヒジュラ暦二四二—二四七年にエジプトの税務長官をしており、この文書の日付二四二年 mecheir 月一日(八五七年一月二六日)と一致する。彼がエジプトで私領地を持っていたことは APEL n° 171 によっても知ることができ、とくにこの文書によると、al-Ušmūnayn 県にある Qalandūn 村が彼の私領地の一部になっている。

al-Ṣalāḥ Amāǧūr はエジプトの総督もしくは税務長官になったという記録はないが、この文書日付の二年後、ヒジュラ暦二五五年ごろに、ダマスクスの ʿāmil として現われるトルコ将軍である(Yaʿqūbī, II, 618)。キンディーによると、エジプトの総督兼税務長官になったのはごく短期間のみで、むしろカリフーラシードの親衛隊長やカリフーマームーンに忠実な将軍として、アッバース朝の宮廷で活躍した Harṯama b. Aʿyan もエジプトに私領地を所有していた(Kindī, 136, 148–49)。またエジプトに着任したわけでもないのに、エジプトに私領地を持っているアッバース朝の権臣や一族がいる。たとえばカリフームタワッキルのトルコ将軍 Waṣīf[39](PERF nº 785)やカリフームスタイーン(在位二四八—二五一／八六二—八六六年)の即位に暗躍したトルコ将軍 Mūsā b. Buġā(Sīra Ṭūlūn, 88; Ḫiṭaṭ, I, 208)、カリフームタワッキルの母后や子供、カリフームンタセルの子供、それにカリフームクタディル(在位二九五—三二〇／九〇八—九三二年)の母后などである(PERF nº 759, 793; APRL nº II/1)[40]。これらのほか、所有者の人名は記されているのであるが、それが一体どんな地位にある人物なのかはっきりしない私領地の例も、文書にはきわめて多く存在する[41]。

これらの私領地の地主は、たとえエジプトに住んでいる場合であっても、私領地の経営には直接携わらず、代理人(wakīl)を使っている点から考えて、不在地主とみなしてよかろう(cf. APEL nº 171, 289, 292; ABPH nº 1)。この不在地主による私領地の所有には、さきの土豪地主による土地所有と違って、いくつかの特徴が認められる。その第一は地積規模がきわめて大きいことで、一村を越えるものがかなりある。たとえば、APEL nº 184 の「総督の私領地(ḍiyāʿ)のうち、S[　　]r と呼ばれる村(qarya)」とか APRL nº III/11 の「総督の私領地のうち Ibšāda〔村〕と Maqṭūl〔村〕」とか、同じく nº III/9 の「総督の私領地の県(kūra)に属する一村」などの表現はいずれもこのことを示している。またQalandūn という村が al-Fatḥ b. Ḫāqān の私領地の一部だったことはすでに述べた(APEL nº 171)。

第二の特徴は、この種の私領地の発生が、単なる購買によるのではなくて、「譲渡」のような政治権力の側からの何らかの措置によっている点である。たとえば、首都で勢力のあったトルコ将軍 Mūsā b. Buġā(二六四年没)はカリフから譲渡を受けて、エジプトに私領地を所有し、Aḥmad al-Madā'inī をその管理人にしていた(Sīra Ṭūlūn, 88)。このことはすでに取りあげた諸例の所有者の階層をみてもうなずかれるのであるが、所有者は単にそうした高級官僚層や宮廷一族に限らなかったという点で、マクリーズィーに伝えられている一つの逸話が参考になる。それはごく簡略に述べると、カリフ＝マームーンが農民暴動を鎮圧したあと、デルタ地帯を視察したさいに、ある村でコプト人の老女村長がカリフの一行を呼び止め、自宅で歓待した。そこでカリフはその謝礼として多くの私領地を譲渡し(aqṭa'a)、しかもそのうちの二〇〇フェッダーンを地租の免税地にしたというのである(Ḫiṭaṭ, I, 81)。またキンディーによると、ヒジュラ暦二四七年にカリフ＝ムンタセル(在位二四七―二四八／八六一―八六二年)は、アリー派(シーア派)の者に私領地(ḍay'a)を委ねることを禁じている(Kindī, 204; Ḫiṭaṭ, II, 339)。この禁令は、裏をかえせば、私領地の譲渡が理由はともかくかなりの人々に対して行なわれたことを意味している。

すべての私領地がこのような政治的譲渡によったのかどうかは不明であるが、ヒジュラ暦三(九)世紀の税務簿によると、私領地は全国的な規模で広がっており、そのうえ税務行政のうえでも、一般の農民が保有する土地、すなわちハラージュ地と、私領地との区別が生まれている。たとえば各村落地積調査報告書の断片である APEL n° 269(三／九世紀)では

……………… ………………

うちうまごやし　57 $^1/_8$＋$^1/_{12}$＋$^1/_{48}$ faddān 休閑地 $^1/_{12}$ faddān

'Al[　]Jyūb 村　328 $^2/_3$ faddān

うちハラージュ地(al-arḍ al-ḫarāǧīya)　230 $^1/_{48}$ faddān

うち播種地　220 $^2/_3$＋$^1/_8$ faddān

菜園	〔　〕$^{1}/_{8}$ faddān
……………	……………

となっていて、この村がハラージュ地と非ハラージュ地、すなわち ḍiyāʿ 地とに分かれていたことを示している。同様の区別は前述のファイユーム県の地租受領台帳 APEL nº 234(二七〇年度)でも認めることができる。

また、これらは一村のなかにハラージュ地と私領地とが存在する例であるが、APEL nº 314(三／九世紀)の文書中の《al-qurā al-ḫarāǧīyāt》(ハラージュ地諸村)という表現にみられるように、ハラージュ地ばかりで占められている村もある一方、私領地ばかりで占められている村もあった。県もしくは州の官庁(dīwān)に提出された al-Ušmūnayn 県の諸村家畜頭数調査報告書 APEL nº 261(三／九世紀)はこの点について興味深い資料を提供している。すなわち、家畜はハラージュ地(ḫarāǧīya)に属する土地にいるものと、私領地に属す土地にいるものとに大きく分けられ、しかも両者それぞれに所属する村名が記されている。それを見ると、同じ村の名がハラージュ地と私領地の両者に出ることはないので、これらの村は恐らくハラージュ地か私領地かのいずれかに属していたと考えられる。[42]

このようなエジプト全土における私領地の拡大と、税務行政上でのハラージュ地と私領地との区分の存在は、実はエジプトに限ったことでなく、当時のアッバース朝帝国全体に起っていた現象であって、したがってこれは、アッバース朝国家の税制史の観点からも究めねばならない問題なのであるが、この点についてはのちの機会に検討することにしたい。いずれにせよこうした段階では、ファイ理論にもとづくアッバース朝の国家的土地所有の理論が、土地制度のうえで何らの有効性も持たなかったことは言うまでもない。

次に私領地の第三の、しかもきわめて重要な特徴は、学界で通常いわれていることと異なって、国家に納める私領地の地租はハラージュとして、地主ではなく直接耕作者である小作人(muzāriʿ)が支払うという事実である。通説では、私領地(ḍiyāʿ)はハラージュ地に対立する土地としての十分の一税地に属し、したがってその所有者は十分の一税

(ʿušr)を国家に納めればよい。私領地の農耕そのものは、農民に小作させるが、小作人が所有者に折半の地代を納める場合には、十分の一税はこの地代の五分の一に当たる、と以上のようにいわれている。(43) ところがパピルス文書を見ると事情はまったく異なる。APEL n° 184; APRL n° III/9, III/11; APEL n° 182 はいずれも地租受領証で、前三者はとくに総督の私領地に属す村の農民が支払った地租(ḫarāǧ)の受領証である。すなわち APEL n° 184 では

ʿĪsā b. Aḥmad は総督の私領地に属する S〔　　〕r と呼ばれる村の ḫarāǧ のうち、彼にかかる $1/2+1/3+1/8$ 重量ディーナールを二四九年度の税として、Abū l-Faḍl ʿUbayd Allāh b. al-Muʿalla の徴税官で信徒の長の mawlā, Muḥammad b. ʿĪsā の代官の前で、貨幣取扱吏〔　　〕b. Apaheu に支払った。

となっている。同様に APRL n° III/9 では、Muḥammad b. Rifāʿ という者が、総督の私領地に属すある村で耕している土地の ḫarāǧ $99\ 1/2+1/8$ ディーナールを支払っており、n° III/11 では Kaṭīr という者が同じく Ibšāda 村と Maquṭūl 村の ḫarāǧ のうち、$1\ 1/2+1/8$ ディーナールを支払っている。年代はヒジュラ暦二五〇年度である。また APEL n° 182 では、Abū Muḥammad なる者の私領地 S〔　　〕ah 村を耕している二人のコプト人 Meṭokos と Markos が、地租として $1/2+1/3+1/48$ ディーナールを支払っている。受領日付は二四一年 mesori 月二六日(八五五年八月一九日)である。

私領地の地租は地主が支払うのでなく、小作人が支払うことは、私領地の管理人や代理耕作者から地主に送られた私書簡によっても確かめることができる。まずある私領地の管理人より地主への報告書 APEL n° 289(三/九世紀)では、文中に Šaraf と ʿAnṭar b. Ibrāhīm al-Daġsī の所有になる私領地のうち、Epip Deesi というコプト人が、自己にかかる ḫarāǧ を貨幣取扱吏の Heu に支払ったことをクーファ出身の Aḥmad b. al-Ḥusayn が証言した旨書かれている。またある私領地の代理耕作者から地主にあてられた私書簡 APEL n° 292(三/九世紀)によると、代理人はみずからの采配で耕作し、地租(ḫarāǧ)を支払ったうえに、さらに借地料としての地主の取り分(現物)を地主の館に送らねばならなかったことが明記されている。このような小作人の立場は非常に苦しかったものと見え、代理耕作をし、現

金の地租を支払い、現物の地代を地主に納めたあと、一体どれほどの自己の取り分が残るであろうかと訴え、小作地として二フェッダーンのみを委されるのであれば、引き受けにくいので、この土地の売却の決心をして欲しいと地主に懇願している。

やはり一農夫から地主にあてられた私書簡 APEL n° 293（四／一〇世紀）では、その農夫が、地主のある土地二フェッダーンをこれまでここを耕していた Waṣif という者に代わって小麦を播種したが、Waṣif がその地租の三ディーナールを支払うことができないと書記に訴えたので、もしよければ、この土地を Waṣif からその農夫の名義に、遅くとも収穫期までに移転して欲しいと懇請している。名義の移転とは当該地方の税務局における登録(sigill)を意味し、これまでは Waṣif の名義になっていた(tawqīʿ)が、これが新たな小作人の名義に登録替えされるわけである。

ここで思い起こされるのは、アッバース朝時代における一連の kirāʾ 型借地契約文書のうち、貸借関係が私的な地主と小作人とのあいだで結ばれている契約文書である。私領地の一部を借地契約している文書 APW n° 4 はその典型的なものであるが[44]、これらの契約文書では、貸借される土地の地租は借地人にかかり、借地人はこれをしかるべき割賦支払期ごとに税務局に支払わねばならないことが明記されていた。また地租受領証のなかに、「某は彼の義務となっている地租(ḫarāǧ)、すなわち某々に代わって耕した[土地]の地租〇〇ディーナールを支払った」という書式を持つ一連の受領証があるが、これは代理耕作者が委託者の所有地を借地し、その結果借地人の賦課となった地租を納めたことを示している。しかもそれらの代理耕作者にはコプト人もしくは改宗コプト人とみなされる者が多く、一方委託者にはアラブ人が多い点からすると、これらの土地は、委託者の私領地の一部を形成していたものとみなされるのである[45]。

こうした三つの特徴を持つこれら私領地は、売買(cf. APEL n° 234, n° 292)、相続(cf. APW n° 4)[46]、共有(cf. APEL n° 289; APW n° 4)が可能であったという点で、完全に私有権が成立しており、したがって私領地は私有財産を意味する

milk で呼ばれることもあった。そのような例として地租受領証 APEL n° 192(三一二年度)では《Abū l-Yumn の私有地 milk》に属する小村を耕す Apa Mire と Simīya の二人のコプト人が当該の地租を支払っている。なおギリシア語の私領地 *οὐσία* の流れをくむ awsiya もパピルス文書に散見されるが、これも制度的には diyāʿ の範疇に属する土地である。

3　結　語

以上、アラブ征服期から、アッバース朝期に至るエジプトの土地制度を検討してきたが、次のように総括することができるであろう。まずアラブ征服期からウマイヤ朝中期までは、アラブ帝国における統治方針として、アラブ軍に農村地帯における居住や農地の所有を認めず、主要な軍事都市に居住させ、土地は前代に引き続き、原住民が保有するままにした。したがって土地の大部分は、村落共同体を基盤に置くコプト農民の保有地からなり、その農民の身分は自作農であった。これ以外には教会領や修道院領、それにコプト人やローマ人の有力者が所有するわずかの私領地が存在していた。

ところがヒジュラ暦二世紀に入ると、原住民の保有地をムスリム全体のための不可分の土地として、法制的に固定化しようとしたウマル二世の努力にもかかわらず、従来の統治方針は放棄のやむなきに至り、アラブ人の農村地帯への定住化が始まった。農村地帯に入植したアラブは、概して購買などの手段によってかなりの土地を所有するようになり、地方の有力地主として土着化して行き、コプト農民のうちには、このようなアラブ地主の分益小作人(muzāriʿ)となって、その保護下に入る者もあった。こうした間に、第一部第三章第1節で述べたごとく、ウマイヤ朝末期からアッバース朝にかけて、コプト農民の大規模な抗租運動が上・下エジプトに起こり、ときにはアラブの地主層までもがこれに参加した。この抗租運動は一〇〇年以上にわたって断続的に発生したが、これはアラブの農村地帯への定住化と相俟って、従来のコプト人村落共同体の再編を促すことになった。

このようなエジプトの農村社会の変容をさらに徹底化したのは、新たな貴族層ともいうべきアラブ人やトルコ人の高級官僚や土着の富裕階級による広大な私領地(ḍiyāʿ)の所有であって、ほぼヒジュラ暦三世紀初頭ごろより急激に進行し始めた現象である。この私領地の地主たちは、これまでのアラブ地主と異なり、当初は自己の土地との結びつきの希薄な不在地主であったが、その所有権が相続などによって子孫に引き継がれるにつれ、直接自己の私領地に住まなくとも、近隣の都市などに住んで、次第に土着性を強めていった。実は、このころよりエジプトにおいて納税請負制(qabāla)が行なわれるようになるが[47]、豪族化した私領地の有力地主たちは、納税請負人(mutaqabbil)として徴税権をも掌握するようになり、自己の勢力範囲にある地方の支配権を強化するのである(cf. APEL n°. 289)。なお私領地となった村や土地の農民たちは、たとえ小作農であるにしても、自己の占有地の地租をみずから政府に納めるということで、身分的にはまだ自由な存在であった。アイユーブ朝以後、イクター制が成立すると、小作人たちはイクター保有者の農奴(qinn)に転落してしまうが(Ḫiṭaṭ, I, 85)、この点アッバース朝下の農民とはまったく事情を異にしている。いずれにせよエジプトの農村社会は、征服当初の単純な構造から、アッバース朝時代の複雑に重層化した構造へと展開しているのである。

(1)　初期イスラム時代の土地制度について、直接的あるいは間接的に触れているものとして、近年では次のようなものがある。
ʿA. ʿA. Dūrī, Ta'rīḫ al-ʿIrāq al-iqtiṣādī fī l-qarn al-rābiʿ al-hiǧrī, (Baghdad, 1948), Chapter II.
F. Løkkegaard, Islamic Taxation in the Classic Period, with Special Reference to Circumstances in Iraq, (Copenhagen. 1950), Chapter I-III.
D. C. Dennett, Conversion and the Poll Tax in Early Islam, Harvard Univ. Press, Cambridge, 1950.
A. K. S. Lambton, Landlord and Peasant in Persia, (London, 1953), Part I, Chapter I-II.
C. Cahen, L'évolution de l'iqṭāʿ du IXe au XIIIe siècle, (Annales, Économies-Sociétés-Civilisations, 1953, pp. 26–52).

A. K. S. Lambton, Reflections on the iqṭāʻ, (Arabic and Islamic studies in Honor of H. A. R. Gibb, ed. G. Makdisi, Leiden, 1965, pp. 358–376).
佐藤圭四郎「アッバース朝中期の土地所有形態——クム年代記を中心として——」『文化』第二九巻三号、昭和四十年。

嶋田襄平「イスラム国家の成立」第二章四節（岩波講座『世界歴史』8、六二—六八頁）。

（2）前掲 C. Cahen ならびに嶋田氏の論文参照。

（3）本書第一部序論四頁参照。

（4）Cf. Balāḏurī, I, 251–52. 第一部序論一三、一四—一五頁および同第一章二九頁参照。

（5）第一部第一章五九頁註（43）参照。

（6）第一部第一章参照。

（7）前掲嶋田論文五八—五九頁参照。

（8）この伝承は Abū Qabīl（128H 年没）→ʻAbd al-Raḥmān b. Šurayḥ（167H 年没）→ʻAbd Allāh b. Ṣāliḥ（223H 年没）の系譜と Yazīd b. Abī Ḥabīb→Ibn Luhayʻa→Ibn Wahb→Aḥmad b. ʻAmr および al-Layṯ b. Saʻd→ʻAbd al-Malik b. Maslama の系譜によって伝えられている。最初の伝承系譜の Abī Qabīl, ʻAbd al-Raḥmān b. Šurayḥ については、Ibn Saʻd, VII, 512, 516; Ḏahabī, V, 35, 95–96; Taġrībirdī, I, 308; Suyūṭī, I, 281, 298, 300 参照。これらの系譜のうえでは、さほど問題はないように考えられる。当時のアラブ軍はほぼ部族もしくは氏族単位で構成され、その各部隊ごとに指定地の町村名が以下のように列記されている。

ʻAmr b. al-ʻĀṣ 家 ⎫
ʻAbd Allāh b. Saʻd 家 ⎭——Manf, Wasīm
Huḏayl 族——Banā, Būṣīr
ʻAdwān 族——Būṣīr, Manūf, Disbandis, Atrīb
Balī 族——Manf, Ṭurābiya
Fahm 族——Atrīb, ʻAyn Šams, Manūf
Mahra 族——Tatā, Tumay
al-Ṣadif 族——al-Fayyūm

Tuğīb 族——Tumayy, Basṭa, Wasīm
Laḫm 族——al-Fayyūm, Ṭurābiya, Qurbayṭ
Ǧuḏām 族——Ṭurābiya, Qurbayṭ
Ḥaḍramawt 族——Babā, ʿAyn Šams, Atrīb
Murād 族——Manf, al-Fayyūm
Ḥimyar 族——Būṣīr, Ahnās の村々
Ḫawlān 族——Ahnās の村々、al-Bahnasā, al-Qays
Waʿla 家——Būṣīr の Safṭ
Abraha 家——Manf
Ġifār 族・Aslam 族 }
Ǧuḏām 系 Wāʾil 族・Saʿd 族 } ——Basṭa, Qurbayṭ, Ṭurābiya
Yasār b. Ḍinna 族——Atrīb
al-Maʿāfir 族——Atrīb, Saḫā, Manūf
Tuğīb 族・Murād 族の1部——al-Yadqūn
Ġifār 族・Layṯ 族——Atrīb でも過ごす
Mudliğ 族——Ḫiribtā
Ḥušayn 族と Laḫm および Ǧuḏām 族の1部——Ṣān, Iblīl, Ṭurābiya——ただし長続きせず

(9) Ibn Saʿd, VII, 512; Ḏahabī, V, 30, 98; Suyūṭī, I, 269.
(10) Ḏahabī, V, 231; Suyūṭī, I, 265.
(11) Ibn Saʿd, VII, 515; Ḏahabī, VI, 163, 175–77; Suyūṭī, I, 279, 300.
(12) Ibn Saʿd, VII, 518; Taġrībirdī, II, 155; Suyūṭī, I, 302, 303.
(13) なおイブン＝アブドゥル＝ハカムは Šarīk b. ʿAbd al-Raḥmān al-Murādī→Ibn Wahb の系譜で、Šarīk b. Sumayy al-Quṭayfī なる者が俸給の少額を理由に、総督の許可なく、この禁令を犯して農耕を行なったために、総督のもとに召喚され、ついでカリフ＝ウマルのもとに赴いて、その罪を認めた、という話を伝えている(Ḥakam, 162; cf. Ḫiṭaṭ, II, 259–260)。

(14) とくにサワーフィーの拡大に努めたといわれるムアーウィヤ一世でも、その対象地域はサワードのほか、シリア・ジャズィーラ・イエーメンであったという(Yaʿqūbī, II, 278)。前掲嶋田論文六三頁参照。ただしアッバース朝初、ウマイヤ家の私有地であったものが、没収されてアッバース家のサワーフィーに加えられたという例はある。それは、フスタートにあるアムルのモスクやバビロン城塞に沿っていたナイル河の流れが、総督 ʿAbd al-ʿAzīz b. Marwān のときに移動したために、一定の土地が生じ、宮殿などが建てられ、カリフ－ヒシャーム以後はカリフの私有地となっていたものである(Ḫiṭaṭ, I, 343)。

(15) このことがあって、この土地は以後 Munyat al-Aṣbaġ 村と呼ばれるようになった。場所はカイロの北郊に当たる。

(16) 第一部第一章三四頁参照。

(17) 第一部第一章四七―五二頁参照。

(18) これらの表の表題にある《indiction》、および第Ⅱ表の年代については、第一部第二章の註(23)(24)参照。

(19) 維持費については第一部第二章九一―九三頁、および同章註(30)(31)(34)(52)参照。

(20) これらの人物に関しては、第一部第二章七五頁参照。

(21) また例としてあげた第Ⅰ・第Ⅱ表では見えないが、納税者の項には「某々の共同保有者たち」というのがあり、零細な農民が集まって共同耕作したことがわかるが、この点に関しては、第一部第二章九一頁参照のこと。Cf. P. Lond. p. 225, note 1285.

(22) P. Heid. III, n° 11 は村長の Mīnā (Menas) が、権利なく不当に何ディーナールかを取り立てたという訴えが村民からあったので、この訴えが真実で証拠があるならば、その両者を召喚して、村民の権利を回復させ、人民を圧制するな、というもの。日付はヒジュラ暦九一年 dū l-qaʿda 月(七一〇年九月)。PAF n° 2 は農民の Dāwud (David) という者から、村長が権利なく不当に彼の家財その他を差押さえたという訴えがあったので、この書簡が着き次第両者を召喚して、訴えが真実であるならば、Dāwud の権利を回復させ、人民を圧制せず、そのような村長は農民の家々から厳しく追い出せというもの。日付はヒジュラ暦九〇年 ramaḍān 月(七〇八年七／八月)。これらの命令書の書式はほとんど同じで、それはこうした訴願がよくあり、その処理法も慣例化していたことを意味する。また村長以外の村民、おそらくは村の有力者による不当行為の訴願を扱った命令書もある(APEL n° 154, 155; PAF n° 1)。

(23) アラブ戦士ムカーティラが「ムハージルーン」とも呼ばれたことについては、前掲嶋田論文五九頁参照。

(24) 住民にかかる租税はまた「カリフ Amīr al-Muʾminīn の権利である」という表現もされている(P. Heid. III, n° 1; P. Lond.

n° 1349, 1380)。

(25) アレクサンドリアの和約(John, 193–94, CXX, 17–22)の一条件であった教会不可侵は、総督アムルの在任中忠実に守られ、教会の財産からは何も取られなかったが(John, 200, CXX, 3)、その後かなり早くから課税対象となっていた。

(26) Cf. Sawīrus, PO, V, 52; PGAA, pp. 3–5; P. Lond. p. xxxvii.

(27) 人頭税は各人に一定額が課せられるのでなく、貧富によって差があり、その差は一定の比率、すなわち人頭率で表わされる。そして実際の人頭税の金額は、しかるべき額にその人頭率を乗じて決められる。人頭率の決定は各地方で異なっているようである。第Ⅳ表参照。

(28) ウマル二世の改革については第一部第二章第7節税制の展開(一)、前掲嶋田論文第三章二節ウマル二世の改革とその結果、嶋田襄平「ウマル二世の租税政策とその遺産」『中央大学文学部紀要』第五五号(昭和四四年三月)参照。

(29) Sawīrus, PO, V, 72–73; Kindī, 70; Ya'qūbī, II, 372; Ibn 'Abd al-Rabbih (ed. A. Amīn, etc.) : al-'Iqd al-farīd, (7 vols., al-Qāhira, 1940–53), IV, 441–42. 前掲嶋田「ウマル二世の租税政策」一〇五頁。

(30) 嶋田氏は研究対象をウマイヤ朝に限定されているためか、国家的土地所有の理論の完成をアッバース朝初期とされながらも、その具体的な時期を明示されていないが、これは実際の税務行政のうえでは、すでに初代カリフのサッファーフ(在位七五〇—七五四年)のときに確立したものと思われる。セベロスの『総主教史』によると、サッファーフはイスラムに改宗して、礼拝の勤めを行なう者すべてに人頭税(ǧizya)を免除するようにという勅令を帝国全土に出したので、租税の重荷から、多くの富者や貧者がキリスト教を否定して、カリフに従った、と伝えられている。このような命令を出したのは彼が初めてではないが、イスラム教徒になった農民ないしは地主はこれまで通り土地税を支払うが、人頭税は免除されるという徴税理念が、納税者側においても徹底化したのはこのときで、ここに国家的土地所有の観念も確立し、のち法理論家たちによってこれがイスラム法として合法化されるのである(Sawīrus, PO, V, 189)。

(31) イブン＝アブドゥル＝ハカムは三〇〇〇人でなく、五〇〇〇人であるという。セベロスによると、入植のほぼ一〇年後ごろについて、Bilbays から al-Qulzm までのアラブ族は三万人にのぼると伝えられている(Sawīrus, PO, V, 101)。

(32) このカイス族はエジプトの dīwān に登録されることによって、引き続き 'aṭā' と rizq を受けたはずであるが、先住のアラブ人とのあいだに差別待遇があったらしく、フスタートのアラブ当局と対立することが多く、アッバース家の挙兵にさいしても、いち早く黒旗を翻し、ウマイヤ家に叛いている(Kindī, 95)。

(33) Anṣinā へのアラブの入植については、ヒジュラ暦二四九年の年号のある al-Ušmūnayn 地方の灌漑工事特別賦課割当簿 APEL n°. 237 も参考になる。これには Anṣinā 出身の多くのアラブ人名が記載されている。第XII表参照。

(34) アスワーンにはカリフ－ウマル一世の子孫も移住しており、この地方の有力者となっていた(Kindī, 214; Ḫiṭaṭ, II, 339)。

(35) コプト人とアラブ名の地租納税者もしくは地主が入り混じって列記されている税務帳簿は多い。コプト人とアラブ名の比率は文書によってまちまちで、ごくわずかのアラブ名に対し、大半がコプト人で占められている場合やその逆の場合、あるいはあい半ばしている場合などがある。文書記載上の特徴としてはアラブ名では「某々の子」という意味で、bin が付されているのに、コプト名では bin を付さないことが多い。これはギリシア語文書の名残りである。なお、地積数もしくは税額の僅少さから、直接耕作者に関する帳簿と考えられる文書では、コプト人のみで占められているか、あるいはわずかのアラブ名が混っている場合が圧倒的に多い。Cf. APEL n°. 215–220, 222–232, 246; APW n°. 27. ただし最後のものは、時代が下って一〇世紀ごろに当たり、列記されているアラブ名の大半は改宗コプト人とみなされるが、断言はできない。

al-Ušmūnayn 県諸村家畜頭数調査報告書断片

類別：村名	羊頭数	仔羊頭数	剰余頭数
ḫarāǧ 地所属	5,675	768	
Mansafī	3,008	650	
大 Rasīmūh	200	26	
〔　　〕	1,400	175	
Balsūra	134	18	
近隣 ḍiyāʻ 地所属	〔 〕,140	2,467	18
Manharī	1,201	123	?
Abyūha	530	4〔 〕	1〔 〕
Halmūh	351	41	?
Abū Panis	2,685	320	?
Pesla	1,569	?	?
T〔　　〕	?	?	?
〔　　〕	?	?	?
総　計	23,788	3,336	18

(36) Cf. A. Grohmann: From the World of Arabic Papyri, (Cairo, 1952), pp. 132–34.

(37) この muzāraʻa 契約では、貸主はローマ人もしくはコプト人、借地人はアラブ人の mawlā となっている改宗コプト人である。なお muzāraʻa 契約や kirāʼ 型借地契約については第二部第二章参照。

(38) al-Rabīʻ の支払額は自己のためのものと三人のコプト人に代わって支払った額の全額で $32\frac{3}{4}$ ディーナールとなり、$2\frac{1}{4}$ ディーナールの未払額が残っているように見えるが、そうではなく、これは単なる貨幣上の問題で、額面では三五ディーナール支払っていても、不良貨幣が

代理耕作者による地租受領証

文書番号	代理耕作者名	地主名	年度
APEL nº 186	Fīb	（我々）	269
APEL nº 188	不明	Muḥammad b. Sulaymān の相続人たち	278
APEL nº 189	Yoḥannes b. Atanās Silaheu b. Yoḥannes	Marwān b. Aḥmad	287
APEL nº 190	〔　〕b. ʿUmar b. Muhāğir	ʿAbd al-Raḥmān b. Hayāṭil	293
APRL nº III/1	Muḥammad b. Abī l-Ašhal	al-Lahūn b. ʿAbd Allāh	295
APRL nº III/2	同上	同上	295
APEL nº 193	Aḥmad b. Hawāya Amāya	Yazdād b. Aḥmad	311

あったりするので、実質額に換算され、それが$32\frac{3}{4}$ディーナールとなるのである。

(39) Cf. Mitteilungen aus der Sammlung der Papyrus Erzherzog Rainer, I, (Wien, 1886/87), p. 108.

(40) Cf. APG, p. 67, note 9.

(41) Cf. APEL nº 144, 182, 289; ABPH nº 1, 5, 6, 8; APW nº 4. これらのほか、所有者の不明な私領地に触れている文書はいくらもある。

(42) この調査結果の部分のみを表にして示すと前頁のようになる。なお表中の数字については文書の判読が困難なため、多少の異同があるかもしれない。

(43) C. Cahen: L'évolution de l'iqṭāʿ, p. 27; Encyclopaedia of Islam, new ed. Vol. II, art. "ḍayʿa" by. C. Cahen.

(44) 第二部第二章三七二—三七三頁。

(45) 代理耕作者によって支払われた地租の受領証の例を示すと、上記の表のようになる。

(46) 裁判官史に関連し、代々相続されるもののたとえとして私領地(ḍiyāʿ)が用いられている(Ḫiṭaṭ, II, 333)。

(47) 納税請負制については第一部第三章第4節参照。

第二章　土地の貸借契約について

1　借地契約の類型

アラビア語のパピルス文書のうちには、初期イスラム時代のエジプトにおける財政および経済史に関して、史書ではうかがうことのできないような貴重な資料が含まれている。その一つは一群の土地貸借契約文書であり、ついで税の請負契約に関する文書がある。しかもこの両者の文書類は相互に関連性を持っている。これらの文書は主としてパピルス学者のA. Grohmannのすぐれた解読によって、その存在が知られているのであるが、文書内容の解釈についてはかなり疑問点も多い。そこで本章では、とくに土地の貸借文書を改めて類別再検討し、これらが税制史に関する重要な示唆を含んでいることを述べたい。

アラブ＝ムスリム軍によるエジプト征服(六四一年)からファーティマ朝の勃興(九六九年)までの間、アラビア語で書かれた借地契約文書として発見されているのは、すべてアッバース朝に入って(七五〇年)以後のものばかりである。しかし、これは何も土地の貸借行為がそれ以前には存在しなかったというわけではない。イブン＝アブドゥル＝ハカム Ibn ʻAbd al-Ḥakam には借地行為の合法性を論じた記事があるが(Ḥakam, 154)、これは恐らくウマイヤ朝後期からアッバース朝初期について述べたものとみなされる(後述)。また事実、上エジプトの Apollonopolis(現在の Edfū)で発見されたギリシア語の借地契約文書は、七〇八年九月一八日(ヒジュラ暦八九年)の日付を持っていて、これはウマイヤ朝中期に当たる。(1) したがって契約の内容はともかくとして、貸借行為そのものはイスラム時代になってからも、ビ

ザンツ時代に引き続いて行なわれたことが予想される。(2)

このように、アッバース朝以前についてアラビア語の借地契約文書が発見されていないのは、実は無理からぬことである。エジプトの首府のフスタート al-Fusṭāṭ の役所ですら、アラビア語が公用語になったのはヒジュラ暦八七(七〇五/〇六)年であり(Kindī, 58–59; cf. Ḫiṭaṭ, I, 98; Ḥakam, 122)、その後においても地方などに通達される文書はギリシア語を併用しているし(例 PAF n°. 8, 9, 10; APEL n°. 160, 161)、アッバース朝に入ってからでも、ある地方で告示を行なうのに、アラビア語・ギリシア語・コプト語の三つを併記している場合がある(APEL n°. 167)。そのうえ、いわゆるパピルス文書の発見地が、後世にまでコプト色を強く残した上エジプトにほぼ限られているという事情も、アッバース朝以前ではアラビア語の借地契約文書が発見されていない理由の一端となっている。

さて、アッバース朝からファーティマ朝勃興まで約二百年余りのあいだの借地契約文書およびその関連文書として知られているものは五〇点近くあり、その大半は「貸す」という動詞に akrā が用いられている kirā' 文書である。ただ残念ながらその全部が刊行されているわけでなく、一部しか見られないが、一応の見当はつけることができる。そこでまず kirā' 文書を取り上げるとして、その具体的内容を検討する前にとりあえず見本例を紹介したい。

例一　PERF n°. 626(一七九年 ramaḍān 月—dū l-qa'da 月/七九五年一一月二〇日—七九六年二月一四日)(3)

faddān を	dīnār	小麦 ardeb	大麦 ardeb(4) で
20	20	10	3 1/8

慈愛あまねき神の御名において

Hawǧa. Hawǧa の住民の Bakr b. Maḥmūd のため〔　　〕汝の土地の余りよ〔り……〕

これは総督 Yaḥyā b. Mūsā——神の加護あらんことを——の al-Fayyūm 県(kūra)およびその全徴税区の租税(ḫarāǧ)を担当する徴税官('āmil)'Uṯmān b. Yazīd より、Hawǧa の住民 Bakr b. Maḥmūd への文書である。げに余は汝がみずから引き受けることを申し出たHawǧaの土地のうちの汝の土地の余り、すなわち良質の土地二〇フェッダーンを、一フェッダーンにつき一ディーナールの計算による完全重量の二〇ディーナールで、これを国庫(bayt al-māl)の収入として汝に貸す。汝はこれを一七九年度の地租(ḫarāǧ)に関するムスリム〔政府〕の割賦期(ṭubūl)のうち、汝に定められた割賦月ごとに(munaǧǧimatan)支払わねばならない。……

類似文書例—PERF n° 638^r(一八〇／七九六年、al-Fayyūm, 五〇フェッダーン)

この文書は日付などが書かれているはずの最後の部分が欠けているが、総督 Yaḥyā b. Mūsā というのは、一七九年ramaḍān 月に総督に任命された父の Mūsā b. ʿĪsā に代わって、一足先きに着任し(同月三日)、父が到着したḏū l-qaʿda月まで約三ヵ月間、総督代理をした人物である(Kindī, 137; Taġrībirdī, II, 98)。したがって、この文書の日付は西暦では七九五年一一月下旬から七九六年二月半ばまでとなる。場所はal-Fayyūm県で、貸主は総督から派遣されているその県の徴税官、借地人は同県内の一住民である。貸与される土地の「汝の土地の余り」(fuḍūl arḍika)は具体的に何を意味するのか不明である。いずれにしても、貸主はその土地二〇フェッダーンを二〇ディーナールで、率にしてフェッダーン当たり一ディーナールで貸す。この二〇ディーナールはbayt al-mālの収入となるもので、借地人はこれを分割払いで支払うのである。またこれらの現金のほかに、現物付加租として一〇アルデブ(ardeb: irdabb)の小麦と$3\frac{1}{3}$アルデブの大麦を納めねばならないが、類似文書PERF n° 638^rでは、これは《ḍarība》と呼ばれ、その率の「フェッダーン当たり$\frac{1}{2}$アルデブ小麦、$\frac{1}{6}$アルデブ大麦」という語句が記載されている。

例二　APRL n° IX/6(一八二年ḏū l-qaʿda月／七九八年一二月一四日—七九九年一月一二日)

慈愛あまねき神の御名において

これは信徒の長《カリフ》の mawlā(家臣)にして総督 al-Layṯ b. al-Faḍl——神の守護あらんことを——の低 Ušmūn 県における徴税官 Abū Yazdād〔　〕より al-Ḥusayn b. Anas への文書である。げに余は汝が耕作するよう前払い(salaf)

という条件で、七フェッダーン〔の土地〕を七ディーナールで汝に貸す。一八一年度については、その年度の地租を一八二年度の地租とともに総督——神の加護あらんことを——の定める割賦(tawzīʻ)〔払い〕の時期に従って払わねばならない。また低 Uśmūn 県のすべての住民に課せられている例に倣って、汝は一八二年度の現物付加租(ḍarība)を支払う義務がある。神が思し召すならば。

一八二年 ḏū l-qaʻda 月書す。

faddān　dīnār
7　7

類似文書例——APEL n° 77(一七八年 ramaḍān 月六日／七九四年一二月四日、場所不明、$12\frac{1}{2}$ フェッダーン)。PERF n° 612(一六二年 ḏū l-ḥiǧǧa 月／七七九年八月一九日—九月一六日、al-Fayyūm, 七フェッダーン)

総督 al-Layṯ b. al-Faḍl は一八二年 šawwāl 月五日／七九八年一一月一九日に着任しており(Kindī, 139; Taġrībirdī, II, 113)、この文書はその翌月に書かれたもの。場所は低 Uśmūn 県で、貸主はその県の徴税官、借地人はこの土地の一住民と思われる。耕作するに当たっての条件は前払いで、七フェッダーンの土地が七ディーナールで貸される。そして未払いとなっている一八一年度の地租は、一八二年度の地租とともに割賦期ごとに納め、そのうえ、一八二年度の現物付加租をもこの地方の慣例に従って支払う義務があるというものである。

例三　APW n° 4(二四六／八六〇—六一年)

慈愛あまねき神の御名において

これは ʻAbd al-ʻAzīz b. ʻAbd al-Ġaffār al-Kuraydī および Muḥammad b. Abī Yaʻqūb al-Bazzāz より、この町の住民の仕立屋 Hāšim b. Sulaymān への文書である。げにお前は、al-Salqoṣ 以来(?)Terā(?)b. Sia の土地として知られている土地、すなわち ʻAbd al-ʻAzīz b. ʻAbd al-Ġaffār al-Kuraydī と al-Muṭalla の相続人および Muḥammad

b. Ya'qūb の相続人の私領地(ḍay'a)より二フェッダーンを、お前がその土地で藍ならびに砂糖きび以外でお前の好む作物を耕作し、お前の地租を政府の定める割賦期ごとに払うことを条件に、一フェッダーン当たり$1\frac{1}{8}$ディーナールの計算で、二四六年度の地租のために国庫の貨幣およびその重量による$2\frac{1}{2}+\frac{1}{6}$ディーナールで我々がお前に貸すよう請い願った。そこで我々はお前に対しこれを承諾し、これらの二フェッダーンをこれらの$2\frac{1}{2}+\frac{1}{6}$ディーナールでお前に貸す。よって耕作せよ。もしお前が予定より以上の収穫を得たならば、それはお前の契約登録(siğill)額の計算によって〔お前のものとなる〕。もしお前が不耕地にしてしまったところでも、その地租はお前にかかる。神の祝福と加護をもって耕作せよ。我々がお前のために登録したものを完遂することはお前の任務である。以上について神は証人となり、証人としては神のみで十分である。

一フェッダーン当たり$1\frac{1}{8}$ディーナールの計算で

二フェッダーンを$2\frac{1}{2}+\frac{1}{6}$ディーナールで

これは数人の共有にしている私領地の地主から一小作人に対する契約文書で、条件としては、藍・砂糖きび以外の好きな作物を栽培し、地租を割賦納税期ごとに支払い、フェッダーン当たり$1\frac{1}{8}$ディーナールの計算で、二四六年度の地租のために、国が鋳造した貨幣で二フェッダーンを$2\frac{1}{2}+\frac{1}{6}$ディーナールで貸す。そして余分に収穫があれば、その分は借地人のものになるが、耕作を怠って収穫が少なくても地租は支払わねばならないというものである。この場合の類似文書は多い。

例四　APEL n° 83(三四八／九五九—六〇年)

〔　〕//〔　〕

慈愛あまねき神の御名において

これは Šabīb b. Isṭurheu のために書かれた Abū l-Nağm Badr al-Aw〔……〕の〔貸地契約〕登録証書(kitāb siğill)

である。げにお前は、この地方に属する Sāqiyat Qalūde の土地より良質の黒い土地三フェッダーンを、この土地の慣例である最上の両替手数料(ṣarf)でいついかなる時でも計算されうる三ディーナールで、私がお前のために貸地登録するよう請い願った。そこでお前の地租を政府の定める割賦払いの時期ごとにお前が支払うことを条件として、私はお前に対してこれを承諾す。よって神の祝福と加護をもって耕作せよ。もしお前が予定より以上の収穫を得たならば、それはお前の契約登録通りに計算される。もしお前がそれを不耕地にしてしまっても、その地租はお前にかかる。これは三四八年度の地租のためのものである。

お前は公に登記した土地で faddān を dīnār で

義務あるものを耕作す　　　３　　　３

これは地主と思われる人物より一小作人宛の借地契約登録証書(kitāb siǧill)で、三フェッダーンの土地を両替手数料の分の良い三ディーナールで貸し、地租は定められた割賦納税期に支払うというものである。

その他の文書は、大同小異でほぼこれらの見本例のいずれかに当てはめることができる。そこで大体の書式内容と契約手順を説明しておきたい。

まず、これらの借地契約文書はみな貸主の側から書かれたものばかりで、逆の場合は知られていない。契約手順は、借地希望者が貸主に対して借地を請願することから始まる。これは例三や例四に類する文書では「げにお前は……というとを私に請い願った」という文句となって現われている。しかし、比較的古い年代の例一や例二に類する文書では、このような一定した請願の語句は記されず、いきなり「……を汝に貸す」となっている。これらの文書はいずれも貸主が政府派遣の県の徴税官で、いわば公文書なのであるが、同じく貸主が県の徴税官もしくはこれに類する人物の場合であっても、年代の遅いヒジュラ暦三―四世紀の文書ではこの請願のきまり文句が記されており(APEL n°. 78, 79; PERF n°. 967＝EPER n°. 2)、書式の形式化の一端を見ることができる。

借地請願者はかならずしも一名とは限らず、二名以上で共同請願する場合もあった(APEL n° 80; APW n° 5; PERF n° 967=EPER n° 2)。この借地請願者が実際にその土地を耕作するか否かは別問題であって、借地面積が一—数フェッダーンの場合はともかく、数十フェッダーンに及ぶ場合はとうていみずから耕作するとは考えられない。借り受けた土地を何らかの形式でさらに又貸しするか、あるいは大量に農業労働者を傭って耕作させるかしなければならない。いずれにしても、契約条件の範囲内での義務を貸主に対して履行すればよいわけである。貸主としては、まず例一、例二のような県の徴税官(PERF n° 610, 612, 621, 625, 626, 638r; APEL n° 78)や首府の総督(PERF n° 967=EPER n° 2)のほか、納税請負人(mutaqabbil)があげられる(APEL n° 79)。この最後の文書の納税請負人 Muḥammad b. ʿĪsā は、ある地租受領書に県の徴税官としても登場する人物で(APEL n° 184)、出身は官吏であるが、納税請負人になった例である(5)。このような公的な立場の人物以外の貸主はほぼ地主に相当すると考えられる。例三はとくにこれが明示されている場合で、しかも当該の土地は数人の共有地であり、文書のうえではそのうちの二名が貸主となっている。

こうして願い出がなされると、一定の条件が決められ、そのうえで貸主はこの請願を受諾する。例三や例四に類する文書で「そこで私はお前に対してこれを承諾す」とあるのがそれである。貸主が当局である文書では、この文句は年代の古いものでは記されず、後のものには明記されているが、これは請願語句の場合と同じである。普通はこの受諾語句のあとに「よって神の祝福と加護をもって耕作せよ」という文句がくる。「貸す」という動詞 akrā および名詞 kirāʾ は、家屋や厩舎などの貸借にも用いられる一般的な語である(APEL n° 89; Ḥakam, 104, 117, 131)。しかし土地の kirāʾ 契約で特徴的なことは、後に説明する耕作請負の qabāla 契約と異なり、かならず土地の面積数が明示されていることである。これに対し qabāla 文書では「地積数の無規定による」(bi-lā misāḥa) と表記される。

契約の主な内容として次のような条件があげられる。

(1) フェッダーン当たりいくらという計算による土地全体についての金額の明示。

(2)　栽培作物についての選択権の有無、借地人に選択権がない場合の小麦とか亜麻とか一定の作物の指定。

(3)　借地人はその土地にかかる ḫarāǧ(地租)を土地の耕耘や作物の豊凶に関係なく、政府の定めた割賦納税期ごとに支払うという地租負担の明記。

(1)の金額については「完全重量の○○ディーナール」「標準重量の○○ディーナール」「完全な miṯqāl の○○ディーナール」などのほか、普通には「国庫の貨幣およびその重量による○○ディーナール」という語句の制限規定が付く。これは表示の金額が現金であることを示しているが、制限の目的は、むろん借地人が額面のみの不完全重量の悪貨で支払おうとするのを防ぐことにある。(2)の作物については全然触れていない文書も多い。また APEL n°. 81/82 のように、小麦と亜麻の二種の作物を指定することもある。しかもこの場合は両者の作物の各フェッダーン当たりの金額が規定され、その額は亜麻の方が高い。(3)の条件は借地人に無理にでも土地全体を耕作させることを意図したのであるが、これはその土地が当該年の土地測量のさい、税務局に耕地として登録されたためであって、[6] 最初から休閑地(muʻaṭṭala)と指定されれば免税であった(cf. PERF n°. 621)。契約期間を規定した例はまれで、ベルリンのコレクションのうち、一年としたものと二年としたものとが一点ずつあるにすぎない(P. Berol. 15099, 9188; cf. APEL, II, p. 34)。無規定なわけは、通常前年度に引き続いて借りるという同じ土地についての一年ごとの契約更新が行なわれたためと考えられる(cf. APEL n°. 144, 222, 270)。

こうして契約が結ばれると、貸主は借地人に対して文書を書く。契約によってはさらにもう一通これとほぼ同文の契約登録証書(kitāb siǧill)(例四)を書き、時にはこれに第三者の証言も加える(APEL n°. 82)。ただしこの siǧill ということが現われるのは、Schott-Reinhardt のコレクションのうち二一一年のものが最初である(PSR n°. 243)。そして表書のところに内容を簡単に記した「誰それへの登録証書(siǧill)である」と書いて(APEL n°. 88)、当該地方の税務局へ提出する。すると税務局では、その人名、土地の面積、金額を帳簿に記す。したがってこのような帳簿の断片も残っている(PERF n° 633; PER Inv. Ar. Pap. 8648; APEL n° 222, 223, 226, 227; APW n° 25, 26)。登録証書の作成は、原則としてコプト暦の第一月の tōt 月(ほぼ九月に相当)に行なわれたが、[7] 文書でも日付の判明するものによると、遅くとも翌月の bābe 月までには登録されている(APEL n° 82, 85, 88)。しかし、まだ siğill の語句が現われない年代の古い例一、例二に類する文書では、契約の日付は PERF n° 612 を除いて比較的遅く、コプト暦の第四月 kihak 月に当たっている(APEL n° 77; APRL n° IX/6; PERF n° 626)。概して以上のような手続きが踏まれている。

2　契約文書の分類

ところでこれらの文書をとくに集めて研究した論文はなく、A. Grohmann がエジプトの National Library 所蔵の借地契約文書に関連してわずかばかり解説し、合わせて他のコレクションの文書番号を列記しているのがほぼ唯一のものである。彼はその解説のなかで、これらの文書に記されている金額をすべて借地料とし、その納入方法は現物との混合によるわずかの例を除き、現金納であって、またその支払期は明記されていないが、政府に納める地租と同じ時期に払ったのであろうとしている(APEL, II, pp. 32-35)。これは前にも少し触れたウマイヤ朝中期の借地契約文書の場合と根本的に異なる。この借地契約では、文書は借地人の側から書かれ、借地人は労働力、すなわち耕牛などの家畜と農夫を自己負担とし、種子は地主との折半負担として耕作し、収穫物の穀物および藁は借地人と地主との五分で折半することなどが取り決められている。租税(公課)に関する規定はない。なおこの文書は前半の部分が欠けているので、対象となっている土地の面積、所在については不明である。[8]

また発見されている限りではわずかに一点だけであるが、このギリシア語の借地契約文書によく似た muzāra'a 契約と呼ばれているアラビア語で書かれた一種の借地契約文書 P. Loth n° 1 がある。欠損箇所のため難解な部分があるが、次のような文面になっている。

慈愛あまねき神の御名において

……〔al-Fayyūm〕市の住民 Farmān b. Tamūs は Tanhdrūya(?)にある彼の土地を、その全域を契約(mušāraṭa)にもとづいて耕すという条件で、Yaḥyā b. Hilāl の mawlā Nāfiʿ に委ねる。すなわち、Nāfiʿ にはその土地にかかる地租(ḫarāǧ)や特別公課(nawā'ib)[9]を多くも少なくも支払う義務はない。……Farmān には……それを折半すること(šaṭr)と〔集められた(?)〕麦打場の〔穀物の〕堆積を処置する(?)権利がある。Nāfiʿ にはその土地の灌漑・世話・管理・播種・収穫などあらゆる労働の義務があるが、地租や特別公課を支払う義務はない。以上の条件のもとに、Farmān は〔彼の土地を〕Nāfiʿ に委ね、両者はともにこのことに同意する。……一六九年。Ḥammād b. Yūsuf al-Fārisī このことを証言す。Saʿīd 証言を自書す。同年 ṣafar 月に……。[10]

一六九年の ṣafar 月は mesori 月二〇日から tōt 月一三日に当たるので、この契約は tōt 月上旬に結ばれたと推定されるが、これは kirāʾ の場合の契約時期と一致する。この文書は、形式的には恐らく仲人と思われる第三者が貸借双方の契約を証言するという形で書かれており、また《貸す akrā》という動詞の代わりに《委ねる dafaʿa》という動詞が用いられているが、意味内容は同じである。条件の上での特色は、kirāʾ による借地契約と異なり、借地人は地租などの公課の支払義務をなんら負わないことである。また借地料は折半による現物納となっている。

A. Grohmann の主張をそのまま受け入れると、これら二つの文書の契約内容はこれまで紹介した kirāʾ 文書の場合とまったく異なることになる。このような両者の契約の差異が果たして存在していたのであろうか。これらを異質のタイプとして片づけてしまってよいものであろうか。これはやはり A. Grohmann の主張を再検討してみる必要がある。

そこでその一つの手段として、文書を種々の要素によって分類するのが問題の核心をつかむ近道と考えられる。その方法の第一は、ただ形式的に kitāb(文書)であるか siǧill(登録証書)であるかによって分類することである。siǧill

であれば、その借地契約が税務局に押えられていることを意味し、税制面において一つの重要な示唆を与えることになる。しかし、もっとも望ましいのは、貸借の両者がどのような立場の人物であるかによって分類することで、主な種別としては、(1)当局と中間的請負人、(2)中間的請負人と小作人、(3)当局と小作人、(4)地主と小作人があげられる。当局には、首府の総督もしくは税務長官から派遣された県の徴税官、またこの徴税官に準ずる納税請負人が含まれる。(2)の中間的請負人については、当局なり私領地の領主などから、納税を主眼に請負った土地をさらに耕作者に転貸する場合が考えられる。

siǧill であるか否かという点も考慮しながら、この分類によってまず取り上げられるのは、例一、例二のような貸主が県(kūra)の徴税官で、またそのために J. Karabacek や A. Grohmann がその土地を国有地とみなしている一連の kirāʾ 文書である。例一の二〇フェッダーンや同類似文書 PERF n°. 638^r の五〇フェッダーンという面積は、相当な広さであって、エジプトのような農業ではむろん一家族では耕作できない。したがって、この借地人はその土地をみずから耕作するのではなく、中間的な請負人と考えられる。もし国有地だとすれば、国有地を借地契約して納める借地料は、そのまま国家への税金となるのが原則である。ところでこれら二つの文書では、借地料と考えられている表示の金額を《bayt al-māl(国庫)の収入として、これを割賦納税期ごとに支払う》となっており、すると借地人は二重に税を支払うという奇妙な結果になる。問題点の一つは、ここで《当該年度の ḫarāǧ に関する割賦納税期》と訳した傍点の部分の前置詞 maʿa の解釈にある。A. Grohmann は普通の意味の《とともに》を採用して、国庫に支払われる文書記載の金額のほかに ḫarāǧ を支払うと解釈しているわけである。しかし前置詞 maʿa をこのように使っているのは三点(PERF n°. 626, 638^r; APEL n°. 77)のみで、同じく類似文書の PERF n°. 612 では《当該年度の ḫarāǧ に関する》という語句がなく、《これを》の部分が《ḫarāǧ を》に置き換えられて、《この ḫarāǧ を割賦納税期ごとに支払う》となっている。《ḫarāǧ》というのはどうも表示の金額そのものを指すようである。このことは類似文書 PERF n°. 621(cf. APEL II, p.

70)をみれば一層明確となる。この契約では、貸与される土地は四〇フェッダーンであるが、そのうちの休閑地(mu'aṭṭala)の一〇フェッダーンは ḫarāǧ を免ぜられるという理由で、表記の金額は三〇ディーナールとなっている。また年代の遅い文書では、通常《割賦納税期のさいに ḫarāǧ を支払う》という意味で、傍点の部分にこの前置詞 ma'a を用いている。前記三点の文書の前置詞 ma'a は《とともに》の意味ではないようである。《とともに》とした場合の不自然さを解消するには、この bayt al-māl を県の地方公庫とみなし、別納の ḫarāǧ は首府のフスタートの国庫に支払われると解釈するしかないが、しかしこれは他の文書との関連上不可能であろう。

また例一や例二に類する文書では、表記の現金のほかに、《ḍarība》と呼ばれる現物付加租をもその収穫時に支払うよう規定されている。ḍarība は Aphrodito 発見の総督 Qurra b. Šarīk による村落への支払命令書などにみえる ḍarībat al-ṭa'ām と同じもので、ギリシア語系統の言葉では ἐμβολή と呼ばれている(APEL n° 160; PAF n° 10, 16; P. Heid. III, n° 5, a, c, e, g, k, l)。支払命令書では、現金税の ǧizya 〇〇ディーナールに対して、現物租の ḍarība 小麦〇〇アルデブとして現われる。すでに述べたように、PERF n° 626, 638r では、この ḍarība のフェッダーン当たりの率は小麦が$^{1}/_{2}$アルデブ、大麦が$^{1}/_{6}$アルデブである。したがってフェッダーン当たりの賦課率は、1ディーナール＋$^{1}/_{2}$アルデブ小麦＋$^{1}/_{6}$アルデブ大麦となる。

ところで、すでに本書の第一部において触れた通り、ウマイヤ朝中期のアフロディト文書では、現金による土地税一ソリドゥス(ディーナール)に対して、概して一アルデブの現物租が課せられていたし、またイブン＝アブドゥル＝ハカムが征服直後のエジプトの税制として伝える伝承では、現金税のほかに現物租として、フェッダーン当たり小麦$^{1}/_{2}$アルデブと大麦二ワイバ($^{1}/_{3}$アルデブ)が課せられるとあった[11]。とくにこのハカムのいうフェッダーン当たりの率は借地契約文書のそれと比較すると、大麦が少しばかり異なるだけでほぼ一致する。要するに、A. Grohmann が借地料とみなしている文書記載の金額が ḫarāǧ すなわち地租そのものであることはこれで確定的である。APRL n° IX/6

PERF n° 612 では現物付加租の率が明示されず、地方の慣例によるとあるから、現物付加租の額は地方でまちまちであり、イブン＝アブドゥル＝ハカムの伝承にみえる現物付加租の率は、一つの基準を示したものと考えられる。

　さて、このように現物付加租の支払が規定されている文書は、発見されている限りでは APRL n° IX/6 の一八二年を最後にまったくみられなくなる。またこの年以前では、kirāʾ 文書で貸借関係が地主と小作人に相当するものは知られていず、ただ前に述べた muzāraʿa 契約文書が一点あるにすぎない。ところが一九〇年以後になると、これまでのような徴税官を貸主とする文書は少なくなり、逆に地主・小作人間の文書が急激に増えている。一八二年から一九〇年までの間に、何か税制上の改革が行なわれたことが予想される。これは史書側の資料によっても傍証することができる。すなわち、その伝えるところを綜合すると、これまできわめて短命であった前任の総督たちに代わって、一八二年 šawwāl 月に総督兼税務長官の地位に着任した al-Layṯ b. al-Faḍl は、まずキリスト教徒の聖職者を優遇して評判を得る一方、税務を整え、租税を全額徴収することに努めた。そして租税の徴収、財政収支の決済、軍隊の俸給の分配等に関する報告をするために、一八三年 ramaḍān 月、一八五年 ramaḍān 月にバグダードのカリフ＝ラシードのもとへ出かけている。ところが、さらに増収を計画した彼は測量吏(massāḥ)に内命し、qaṣaba 単位の長さを短くして播種地を測量させ、名目上の耕地面積数の増大を計った。これに対してデルタ地帯のアラブ系の農民が総督のもとに苦情を持ちこんだが、聞き入れられず、ついに叛乱を起こした。総督は軍隊を派遣して鎮圧に当たらせたが、成功せず、農民の租税不払い運動は続いた。そこでやむなく、総督は翌一八七年初にカリフのもとへ出かけ、軍隊を派遣してもらう以外にデルタの農民から徴税できない旨を訴えた。しかしカリフはこれを認めず、ちょうどこのことを聞いて、武力を用いずにエジプトの徴税を請負うことを申し出た Maḥfūẓ b. Sulaymān という者に徴税権を委ね、同時に総督 al-Layṯ b. al-Faḍl を免職してしまった。[12]

　したがって、この抗租運動の前後に税制改革が行なわれたとみなすことができよう。こうして一九〇年以後の文書では、いずれも現物付加租の規定がないのであるが、貸主が当局である場合には地積数も従来通り多く、フェッダーン当たりの税率も一ディーナールに満たないのに対し、地主と小作人間の kirā' 文書では地積数は少なく、フェッダーン当たりの現金額が高くなっている。要するに、当局を貸主とするこれら kirā' 契約文書は、一つの独自なタイプをなしていることがわかる。それで、このうち現物付加租の規定のある一八二年以前のものをI型 kirā' 契約、一九〇年以後の規定のないものをII型 kirā' 契約と名づけたい。

3　借地料か地租か

さて文書のうちで、貸主の名が単なる個人名であらわれる場合には、一応この貸主を地主もしくは地主に類する者とみなしてきたが、以下もそのような意味で地主という言葉を用いる。そこで、このような地主と小作人の間の貸借契約の検討に移るが、まずI型 kirā' 契約の場合と同様、この文書記載の現金額が果たして借地料であるか否かが当然問題となる。これらの文書では、借地人はほぼ直接耕作者に当たるので、この疑問には同時に現金納による小作料の可能性如何の問題も含まれている。ところでヒジュラ暦三世紀以後の文書の書式は非常によく整っているのであるが、当面の金額が借地料であるか、あるいは税額を意味するかという点についてはまったくどちらにでも解釈できるような書き方になっている。ところが、PERF n°. 835 (cf. APEL, II, p. 97) の契約は二フェッダーンを国庫の標準重量による新造貨幣 $2\,{}^{2}/_{3}$ ディーナールで結ばれたが、その文書の末尾は、

faddān　2　dīnār　$2\,{}^{2}/_{3}$

国庫の収入としてまたその重さで

となっている。これは明らかに表示の金額が国庫に納められる地租 (ḫarāǧ) であることを示している。前に契約内容に関連して述べた(3)の《借地人はその土地にかかる ḫarāǧ (地租) を土地の耕耘や作物の豊凶に関係なく、政府の定め

た割賦納税期ごとに支払う》という条件の ḫarāǧ とは、表示の現金額そのものを指すのであって、これを借地料として、それと別に地租を納めるのではないのである。このように解釈すると、文書の現金額表記もうなずけるように思われる。文書の書式上、借地料とも地租とも解釈できるような書き方になっているのは、ごく常識として、その現金額を地租と規定していたためであって、この点については別に配慮する必要もなかったからだと考えられる。

借地人が税を払うという点については、普通このような場合、借地人は地主に対して借地料を支払うが、政府に納める税は地主が払うと考えられがちである。ところがイブン＝アブドゥル＝ハカムに次のような重視すべき法意見が述べられている。

　コプト人が彼らの土地を貸す(akrā)ということについては、彼らに課せられている租税(ǧizya)を損うようなことがないならば、その貸借(kirāʾ)は合法である。もし租税(ǧizya)を損うようであれば、その土地は貸主に返却されるであろう。もし租税(ǧizya)を払ってもまだ余り(利益 faḍl)があるならば、我々はその借地を借地人にとって合法であるとみなす(Ḥakam, 154; Ḫiṭaṭ, I, 77)。

この法意見は、ウマイヤ朝カリフ－ワリード二世(在位一二五—一二六年)の時代にメディナの裁判官を勤め、のちアッバース朝第一代カリフ－サッファーフに招かれてクーファ al-Kūfa の裁判官となり、さらに引き続いてカリフ－マンスールの時代にバグダードの裁判官を勤めた法理論家 Yaḥyā b. Saʿīd(ヒジュラ暦一四三年没)[13]が、エジプトの伝承蒐集家で法の権威者 al-Layṯ b. Saʿd(ヒジュラ暦九四—一七五年)[14]へ書き送ったものの一つである。これは、恐らく al-Layṯ b. Saʿd がエジプトの借地に関する法意見を Yaḥyā b. Saʿīd に求めたときの回答であろう。この法意見はイスラム政府の立場を如実に物語っているが、それはともかくとして、ここに、地主が負担するはずの租税は借地に出した場合、借地人の負担となるという原則が認められる。要するに租税は土地占有者にかかるのである。

これを事実として証明するものに、一連の注目すべき地租受領書がある。その文中にはすべて「某は彼の義務となっている地租(ḫarāǧ)、すなわち某々に代わって('alā)耕した〔土地〕の地租〇〇ディーナールを支払った」とある。しかもこの代理耕作者にはコプト人が多く、委託者にはアラブ人が多い(APEL n° 186, 188, 189, 190, 191, 193; APRL n° III/1, III/2)。これは明らかに委託者の所有地を代理耕作者が借地し、その結果借地人の賦課となった地租を政府に支払ったことを示している。この地租はむろん現金納である。このように小作人(muzāri')が租税を支払うことは、その後イクター(iqṭā')制が発展して、小作人がイクター保有者(muqṭa')の農奴に転落して行くアイユーブ朝まで続くのである(cf. Ḫiṭaṭ, I, 85)。[15]

さて、文書表示の金額が借地料であるか否かを検討するもう一つの方法は、このフェッダーン当たりの金額が一体収穫高の何割に当たるかという操作をすることである。しかし、資料のきわめて少ない初期イスラム時代についてこれを行なうことは、非常に困難な作業であるといわねばならない。そこで一つの試みとして、以下のような方法を述べたい。

まずこの問題は、主要作物の小麦を例にとった場合、そのフェッダーン当たりの収量、すなわち何アルデブ穫れるかということと、アルデブ当たりの小麦の値段はいくらかという二点に分解できる。また小麦の栽培は半期であるから、後の半期は別の作物を植えることになる。するとこれらの根底になる度量衡、すなわち、金貨単位のディーナール、面積のフェッダーン、桝目量のアルデブの問題が浮かび上がる。これらの単位のうち、アッバース朝時代で大体信用のおけるのはディーナール単位のみである。当時のディーナール金貨は平均直径約二センチ、重さ四・二五グラム、純度二一カラット以上の良質なものであるが、これもファーティマ朝末期以後怪しくなってくる。[16]

次にフェッダーンについては、古いところではファーティマ朝時代一〇世紀末、日本の単位に直して約六・四反強ということがわかっているにすぎない。現在は約四・二五反で、とくに近代に入って急激に小さくなっている。[17] この現象は次のように説明することができる。単位面積当たりいくらという基準で徴税している場合、もし政府が一定の土地面積から以前より多く徴税しようとするには、この単位面積を小さくすればよいわけである。[18] これはむろん安易な増税方法であるが、事実こういうことはたびたび行なわれたのであって、前にも触れたヒジュラ暦一八六年のデルタ地帯での農民の抗租叛乱は、まさにこのような不正測量が原因で起こったのである。

一方アルデブについていえば、ファーティマ朝末期より税の現金納制が大きく崩れ、穀物については一部現物納制に改められた。すなわち、上エジプトにおける小麦の税額はフェッダーン当たり三アルデブとなり、アイユーブ朝では、ヒジュラ暦五七二年の土地測量の際に二・五アルデブと決められた(Mammātī, 259; Ḫiṭaṭ, I, 101)。斗量単位の場合は面積と逆で、少しずつ大きくすればより多く徴税することができるわけであるが、一アルデブは概算して一〇世紀末から一四世紀までは変化なく、それ以後近代に入るまでに約五斗から一石になっている。[19]

そこで、現代の単位数を基準にするとして、フェッダーン当たりアルデブ数の現代の数値と、大体のことがわかる一〇世紀末の数値との対比を求めると、約現代三に対して一〇となる。これは現代の単位での三アルデブは、一〇世紀の単位に直すと一〇アルデブであることを意味する。現在、エジプトのフェッダーン当たり平均収量は約七アルデブであるが、これは一〇世紀の単位に直すと二三・三アルデブ強となる。もしかりに、一〇世紀ごろでも現代と同じ生産力があったとすると、その当時の単位でフェッダーン当たり二三・三アルデブ強の収穫があることになる。むろんそんなことはなく、収量はそれ以下と考えられる。そこでアイユーブ朝の宰相イブン＝マンマーティー Ibn Mammātī (六〇六/一二〇九年没)および彼に拠ったと思われるマクリーズィーを参照すると、小麦は地味の差によってフェッダーン当たり二から二〇アルデブの収穫があるという(Mammātī, 259; Ḫiṭaṭ, I, 101)。この二〇アルデブという数字は、今述べたような予備知識があれば十分納得できる。もっとも、収穫高としてはどうも差が開きすぎるが、しかし、三もしくは二・五アルデブの税穀を徴収するのであるから、平均してほぼ一五アルデブの収量があったと推定できよう。

ただこれらのフェッダーンやアルデブ数は公定の場合について述べたのであって、厳密に検討するには、このよな年代の差のほかに地方差も考慮しなければならない。小麦の値段に関しては、史書の伝えるところは旱魃で騰貴したときの価格かあるいはその逆で、参考になる程度である。しかしパピルス文書によると、ヒジュラ暦三世紀の小麦[20]の価格はディーナールにつき$1\frac{1}{3}$アルデブから三アルデブを上下し(APRL n° I/5, VI/20, VIII/7, VIII/13; APW n° 71)、APEL n° 377(二八八年 amšīr 月一七日)の文書では、良質のもので$1\frac{1}{3}$アルデブ、粗悪なもので$2\frac{1}{3}$アルデブがそれぞれ一ディーナールとなっている。

一方、文書記載のフェッダーン当たりの金額は、ヒジュラ暦三世紀前半では$2\sim2\frac{1}{2}$ディーナールで、後半ではほぼ$1\frac{1}{2}$ディーナールとなっている。するとこの金額を借地料と取ると、その収穫高に対する割合はかなり低いとみなければならない。これはやはり税額そのものを指すようである。イブン＝ハウカル Ibn Ḥawqal 所収 Abū Ḥāzim ʿAbd al-Ḥamīd(ヒジュラ暦二九二年没)[21]およびマクリーズィーによると、カリフ－マームーン(在位一九八—二一八年)らの時代におけるフェッダーン当たりの課税額は二ディーナールであったという(Ḥawqal, I, 136; Ḥiṭaṭ, I, 99)。これはむろん一律に二ディーナールを課したというのではなく平均値であり、三世紀前半の文書の税額と一致する。トゥールーン時代(ヒジュラ暦二五四—二九二年)では、土地を整備し、灌漑工事を盛んにしたため、豊作で物価は非常に安く、小麦は五アルデブが一ディーナールであったといわれている(Ḥiṭaṭ, I, 99, 331)。したがって文書の税額$1\frac{1}{2}$ディーナールはそれ以前より低くはなっているが、農民の実際の負担は変らなかったと思われる。またファーティマ朝が支配権を確立するのはヒジュラ暦三五八(九六九)年であるが、その翌年、それまでフェッダーン当たり三・五ディーナールを上下する額であった税率を七ディーナールにして徴税したといわれているから(Ḥawqal, I, 163)、フェッダーン当たり$1\frac{1}{2}\sim2\frac{1}{2}$ディーナールの金額を借地料と解釈するのは、その割合からいって無理であることがわかろう。

さて、こうして文書に表示されている現金額が税額であったとすると、実際の借地料はどのように支払われたのであろうか。残念ながらこれら借地契約文書の上でこれを知ることは不可能である。しかし、他の種類の文書によって、借地料が現物で地主に支払われたことが判明する。それはある私領地の代理耕作者から地主にあてられた私書簡 APEL n°. 292(三／九世紀)で、これには代理人がみずからの采配で耕作し、地租(ḫarāǧ)を支払ったうえに、地主の取り分を地主の館に運ばねばならなかったことが記されている。もっとも、これでは借地料の比率は不明である。いずれにせよ借地料が現物納で納められたことは、前に述べた muzāraʿa 契約と相通じる。

4　耕作請負契約

上記のように、貸借関係が地主と小作人の間の kirāʾ 契約は、I型・II型 kirāʾ 契約とはかなり趣きを異にしていることが明らかとなった。そこでこれをIII型 kirāʾ 契約と名づけたい。ところでこのIII型 kirāʾ 文書にきわめて類似した一群の文書がある(PERF n°. 955, 971, 984＝EPER n°. 1, 3, 4)。すなわち耕作請負(qabāla)文書とも呼ぶべきもので、その契約条件は、地積数の無規定を除いてほとんど同じである。借地希望者は、授権者(muqabbil)が土地の耕作をその土地の面積数の規定なしに《qabāla》(耕作請負)として、自分に請負わせるよう請願する。そこで一定の条件が決められたうえで、授権者はこの請願を受諾する。この種の契約では kirāʾ 文書の場合の《貸す akrā》という動詞の代わりに、《請負わせる qabbala》という動詞が用いられる。名詞の qabāla そのものは保証、すなわち「請負」を意味する。文書はやはり貸主の側から借地人宛に書かれ、現金額の明示、栽培作物の選択権、その土地の地租(ḫarāǧ)は作物の豊凶に関係なく、政府の定める割賦期ごとに払うといった書式は、「よって神の祝福と加護をもって耕作せよ」という文句とともに、III型 kirāʾ 文書の場合と同様である。そして文書の前後いずれかの見出しに「地積数の無規定による耕作請負」(qabāla bi-lā misāḥa)と記入される。この耕作請負についても、やはり登録証書(siǧill)が作成されて当該税務局へ提出される。PERF n°. 955 文書の日付は三一六年 ḏū l-qaʿda 月となっており、これは tōt 月に当たる。登録証書の提出は kirāʾ 契約の場合と同じ時期になされた。税務局で作成される地籍簿には、被登録者の土地が「地積数無規定の耕作請負地」であることを明記したものがある（APEL n°270：第一部第三章第3節註（16）参照）。

このように耕作請負といっても純然たる借地契約であって、ただ kirā' 契約ではその地積数が規定されたのに対し、qabāla 契約ではそれが規定されなかっただけの違いである。普通にはこの kirā' 契約を misāḥa（地積規定）とも称しており（Ḥawqal, I, 137）、上エジプトのある徴税区の租税領収概算書には、misāḥa, qabālat, 人頭税（ǧawālī）、放牧税（marā'ī）などの項目がみられる。[22] もっとも、どのような土地に kirā' 契約が適用され、どのような場合に qabāla 契約が採用されたかは資料不足のため不明である。発見されている限りでは、qabāla 契約文書は少なく、それも後期に偏在している。ヒジュラ暦二七三年ごろのある税務簿の断片に qabāla の欄がみえるが、年代としてはこれがもっとも古い（APEL n°271）。

これらの kirā' 文書および qabāla 文書の両者に通じてみられることは、「地租（ḥarāǧ）を支払う」という規定である。エジプトにおける土地税は、現代に至るまで土地そのものの評価を基準にした徹底した属地主義によって徴税される。一定の土地から一定の税額さえ得られれば、政府にとっては、その地租の納税者が地主であろうが小作人であろうが構わないのである。前に引用した法意見が、このような政府の立場を反映していることはすでに述べた。ただ実際に徴税するに当たって、誰からその地租を徴収するかを明確にしておかねばならない。それで、地主が地租を小作人に肩代りさせたい場合には、その旨を税務局に申告しなければならないし、それが「登録証書」となって現われ、したがって現存の文書の数も多いわけである。逆に、地租の支払の義務のないことを規定した、いいかえれば借地行為については政府のタッチしない muzāra'a（分益小作）契約のような文書は当然少ない。

ところでⅡ型 kirā' 文書のうちで、納税請負人（mutaqabbil）が貸主となって登場するのがあるが（APEL n°79）、この契約の地積数は三〇フェッダーンでかなり広く、その税額はフェッダーン当たり $1/2+1/8$ ディーナール、計一五ディーナールでかなり安い。しかも借地人はこの納税請負人と同じく、カリフの mawlā の肩書を持っており、いずれは

文書番号	文書の種類	年代	場所	面積 (faddān)	税額 (dīnār)	現物租 (ardeb)	税率 dīnār/f.	備考
PERF n° 612	I 型 kirā'	162H	al-Fayyūm	7	不明	有	不明	前年度の現物租をも支払うこと
P. Loth n° 1	muzāra'a	169H	〃	不明	無	無	無	
PERF n° 621	I 型 kirā'	176H	〃	40	30	不明	1	休閑地 10 faddān は免税
PERF n° 625	〃	177H	〃	50	50	有	1+α 現物租	
APEL n° 77	〃	178H	不明	$12\,^1/_2$	$12\,^1/_2$	有	1+α 現物租	
PERF n° 626	〃	179H	al-Fayyūm	20	20	小麦 10 大麦 $3\,^1/_3$	1+小麦 $^1/_2$ a. 大麦 $^1/_6$ a.	
PERF n° 638r	〃	180H	〃	50	50	小麦 15 大麦 不明	1+小麦 $^1/_2$ a. 大麦 $^1/_6$ a	現物租の額の faddān 当たりの率との不一致の理由不明
APRL n° IX/6	〃	182H	低 Ušmūn	7	7	有	1+α 現物租	前年度の地租をも支払うこと
PSR n° 428	III 型 kirā'	190H		5	$12\,^1/_2$	無	$2\,^1/_2$	
APW n° 25	借地人名簿	2 世紀末	不明				$2\,^1/_2$	小麦
PSR n° 243	III 型 kirā'	212H		3	$4\,^1/_2$		〔$1\,^1/_2$〕	siğill, baqṭ 地
PER Inv. Ar. Pap. 3638	〃	217H		$10\,^1/_2+^1/_{12}$	$25\,^1/_2+^1/_{24}$		$2\,^1/_3+^1/_{12}$	
APEL n° 144	〃	217/19H	不明	4	$9\,^1/_3+^1/_{12}$	(以下すべて無)	$2\,^1/_6+^1/_8$ $2\,^1/_3+^1/_{12}$	(小麦)昨年に引続く借地 (小麦) al-Qāsim の土地の休閑地
P. Berol. 15093	〃	220H		$^1/_3$	$^2/_3$		2	
APEL n° 79	II 型 kirā'	3 世紀前半	al-Ušmūnayn	30	25		$^1/_2+^1/_3$	貸主は納税請負人 土地は baqṭ 地の一部
APEL n° 78	〃	3 世紀	〃	不明	18		不明	土地は ḫarāğ 地の一部
APEL n° 80	III 型 kirā'	236H	〃	3	6		〔2〕	小麦指定，借地人 2 名
PERF n° 759	III 型 kirā'	238H	al-Fayyūm	1	$1\,^1/_2+^1/_{12}$		〔$1\,^1/_2+^1/_{12}$〕	カリフ母后私領地の一部
APEL n° 226	借地人名簿	ca. 240H	不明				$2\,^1/_4$(小麦)	亜麻の率は $2\,^1/_2$ dīnār と 4 dīnār
APW n° 4	III 型 kirā'	246H	不明	2	$2\,^1/_2+^1/_6$		$1\,^1/_3$	藍・砂糖きび以外の作物
PSR n° 251	〃	249H		4	4		1	siğill
APEL n° 81/82	〃	253H	al-Ušmūnayn	{小麦 10 亜麻 4	5 6		$^1/_2$ $1\,^1/_2$	計 14 faddān で 11 dīnār. siğill

文書番号	文書の種類	年代	場所	面積 (faddān)	税額 (dīnār)	現物租 (ardeb)	税率 dīnār/f.	備考
P. Berol. 9067	〃	253H年度		コスタス1 小麦 $2\,^1/_2$	$1\,^1/_8+^1/_{48}$ $3\,^1/_2+^1/_4$		$1\,^1/_8+^1/_{48}$ $1\,^1/_2$	253年度はほぼ254年に当たる
PSR n° 181ʳ	〃	269H		$3\,^1/_2$	$5\,^1/_4$		$1\,^1/_2$	
PERF n° 835	〃	272H	al-Fayyūm	2	$2\,^2/_3$		$1\,^1/_3$	siğill
APW n° 5	〃	273H	不明	9	9		1	
PERF n° 836	〃	273H年度	al-Ušmūnayn	8	不明		不明	日付は274年
P. Berol. 15094	〃	296H		3	$4\,^1/_2$		$1\,^1/_2$	
P. Berol. 15099	qabāla	298H		無規定				ḫarāğ 地, 1年契約
PER Inv. Ar. Pap. 341	借地人名簿	3世紀		小麦 $^1/_4$ 亜麻 1 小麦 1	$^1/_6$ $1\,^1/_2$ $^2/_3$		$^2/_3$ $1\,^1/_2$ $^2/_3$	
P. Berol. 9188	Ⅲ型 kirā’	3世紀		$3\,^1/_2$	$4\,^1/_2+^1/_4+^1/_{16}$		〔$1\,^1/_3+^1/_{24}$〕	小麦・うまごやし siğill, 2年契約
PER Inv. Ar. Pap. 8689	〃	3世紀	al-Fayyūm？	$1\,^1/_{12}$	$3\,^1/_4$		3〔小麦 2 亜麻 4〕	小麦・亜麻
PERF n° 633	地租割当登録者名簿	3世紀	不明				$1\,^1/_2$	siğill
APEL n° 95	Ⅱ型 kirā’ 受領証	3世紀	不明	20	$16\,^2/_3$		$^1/_2+^1/_4$	ただし $1\,^2/_3$ dīnār は手数料
PER Inv. Ar. Pap. 3476	Ⅲ型 kirā’ 受領証？	3世紀	al-Fayyūm？	6	15		〔$2\,^1/_2$〕	
PERF n° 905	Ⅲ型 kirā’ 受領証	314H	不明	$^1/_4$	$^1/_2+^1/_4$ $+^1/_8+^1/_{72}$		〔$3\,^1/_2+^1/_{18}$〕	
PER Inv. Ar. Pap. 382	Ⅱ型 kirā’？	316H		30	45		〔$1\,^1/_2$〕	
PERF n° 955	qabāla	326H	al-Ušmūnayn	無規定	20			希望作物
PERF n° 967	Ⅱ型 kirā’	328–33H	〃	6	15		〔$2\,^1/_2$〕	siğill, barāğ 地の一部？ 借地人2名
PERF n° 971	qabāla	337H	〃	無規定	50			siğill, 希望作物
PERF n° 984	qabāla	339H	〃	無規定	5			siğill, 借地人3名
APEL n° 84/85	Ⅱ型 kirā’？	347H年度	不明	20	時価		時価	siğill, 日付は348年

APEL n° 83	〃	348H	不　明	3	3		1	siǧill, sāqiya の土地
PER Inv. Ar. Pap. 8648	借地人名簿	3/4 世紀		$^1/_2+^1/_{16}$	$1\ ^1/_2+^1/_8$		〔約 3〕	
PER Inv. Ar. Pap. 6007	〃	3/4 世紀		小麦・亜麻1 亜麻$^1/_2+^1/_4$ 小麦 6	4 3 14		4 4 $2\ ^1/_3$	
PER Inv. Ar. Pap. 3144ᵛ	〃	3/4 世紀		2	5		うまごやし 2 小麦 3	
PER Inv. chart. Ar. 25713	Ⅲ型 kirā’	3/4 世紀			〔18〕		3	小麦・大麦

* PSR, P. Berol., PER は A. Grohmann の表による．〔　〕は補足を示す．「不明」は主として文書の欠損による．

この土地を下請に出して耕作させるものと思われる。一方、納税請負下請文書の APEL n° 86/87 や同じく n° 145 によると、納税請負下請人は耕作播種、納税など税務局で定められた諸条件についての全責任を負うが、もし希望者があれば、この土地をさらに又貸して耕作させてもよいとあり、そのようなさいには、その旨が税務局に登録される。ここに中間的請負人と小作人との間の借地関係を認めることができる。このように、中間者が増えればそれだけ小作人の取得分が少なくなることは当然で、また貸主側からの契約条件無視の危険性も増したとみなされる（cf. Sīra Ṭūlūn, 74–75 ; Ḫiṭaṭ, II, 266–67）[23]。

以上のように、借地契約といっても種々のタイプが存在していたことが明らかとなったが、いずれのタイプがもっともよく行なわれたかという点については、現存の文書から断定することは困難である。しかし kirā’ 契約にしろ qabāla 契約にしろ、いずれも税制と深く結びついていることは事実であって、これらの契約文書は単に土地の貸借契約の状態を伝えているばかりでなく、税制史に関する貴重な資料を提供しているのである。

（1）　Papyrus grecs d’Apollônos Anô par R. Rémondon, (le Caire, 1953), n° 57.

（2）　ビザンツ時代の借地契約については、S. Waszynski : Die Bodenpacht, I Bd., Die Privatpacht, Leipzig, 1905 参照。

（3）　PERF n° 626, 638ʳ のテキストは、A. Grohmann : Die Papyrologie in ihrer Beziehung zur arabischen Urkundenlehre,

(Papyri und Altertumswissenschaft, V. W. Otto & L. Wegen, München, 1934, pp. 327–50)所収。

（4）　一フェッダーンは約六・四反強。一アルデブは約五斗。

（5）　納税請負制については、第一部第三章第4節参照。

（6）　土地測量(misāḥa)については、第一部第三章第3節二項参照。

（7）　第一部第三章第3節二項参照。

（8）　Papyrus grecs d'Apollônos Anô, n° 57.

（9）　nawā'ib について Ḥakam, 102 参照。APRL n° II/7 の nawā'ib は A. Grohmann によって《abwāb》と訂正されている(cf. APG, p. 18, note 2)。

（10）　O. Loth : Zwei arabische Papyrus, ZDMG 34(1880), p. 686.

（11）　第一部第一章四九頁、第二章第2節、第三章第2節四項参照。

（12）　Sawīrus, PO, X, 400–08 ; Kindī, 139–41 ; Taġrībirdī, II, 113–14 ; Ḫiṭaṭ, I, 80. 第一部第三章第1節一八二—一八三頁参照。

（13）　Wakī' : Aḫbār al-quḍā,(al-Qāhira, 1947–1950), I, 178–79 ; III, 241–45 ; Ibn Qutayba : al-Ma'ārif,(al-Qāhira, 1960), 480 ; Ya'qūbī, II, 435, 468, 470 ; Taġrībirdī, I, 351.

（14）　Suyūṭī, I, 279, 301 ; Ibn Qutayba, 505–06 ; Ibn Sa'd, VII, 204 ; Kindī, 134 ; Taġrībirdī, I, 351.

（15）　第一部第三章結語参照。

（16）　Cf. al-Naqšabandī : al-Dīnār al-Islāmī fī l-matḥaf al-'Irāqī, Part I, Baghdad, 1953 ; A. S. Ehrenkreutz: Studies in the Monetary History of the Near East in the Middle Ages, I & II, JESHO, II(1959), pp. 129–61 ; VI(1963), pp. 243–77.

（17）　一〇世紀末／一一世紀初、一フェッダーンは四〇〇平方 qaṣaba で約 6368m², 現在は 4200.786 m². Cf. A. Grohmann : Einführung und Chrestomathie zur arabischen Papyruskunde, I,(Praha, 1954), 178–80 ; W. Hinz : Islamische Masse und Gewichte,(Leiden, 1955), 65.

（18）　たとえば今までAフェッダーンでBディーナールの税を支払っていた同じ土地が、今度は A+α フェッダーンと測量され、したがって B+B/A α ディーナール の税を支払わねばならないことになる。

（19）　Grohmann : Einführung, 156–60 ; Hinz : Islamische Masse, 16, 39–40.

（20）　Cf. APW n° 71, note 3(Arch. Or. XIV/3–4, p. 199) ; APEL, VI, p. 49.

（21）　Cf. Taġrībirdī, III, 158.

（22）　Arabische Papyri aus der Hamburger Staats und Universitätsbibliothek, v. A. Dietrich,(Abh. für die Kunde des Morgenlandes, XXII/3, Leipzig, 1937), n° 12.

（23）　第１部第三章第４節三項参照。

〔付論〕　アッバース朝の国家財政

まえがき

アッバース朝国家の変容を眺めると、そこに三つの時代の変遷を認めることができる。第一期（一三二―二一八／七五〇―八三三年）は確立期からいわゆる黄金時代にかけてで、その政治体制はウマイヤ朝に引き続いて、長官の独裁制がまだ強力であったが、次第に中央集権化の傾向をたどった時代である。第二期（二一八―二七九／八三三―八九二年）はカリフームウタセムによるトルコ奴隷の傭兵的採用に始まった軍閥跋扈の時代で、サーマッラー遷都時代に当たる。第三期（二七九―三三四／八九二―九四五年）はカリフームウタディドに始まり、官僚機構が極度に発達して、第一期の末期にすでにその萌芽が認められる官僚独裁制の強まった時代である。この時代では、カリフを含めて各個人の権力は非常に微力であり、したがって末期になるほど文官武官入り乱れての派閥争いが激しくなり、軍人出身の大総督(amīr al-umarāʾ)の出現（三二四／九三六年）のころには、アッバース朝国家はすでに内部的に崩壊し、ブワイフ朝のバグダード占領によって、国家としての命運を終える。

これらの時代を通じて見られる現象は官僚政治の優位化である。これは国家機構、とくに財政および租税に関する業務の複雑多岐化と、それに伴って財政経済に関する専門的知識が極度に必要とされるようになることとから起こる現象である。そこで本論では、予算制度を中心に、アッバース朝の財政の実態を把握し、それを強力に支えるものとして徴税請負制(ḍamān)を取り上げ、これらの分析を通じて、当時の社会構成の一端を明らかにしたい。

さて、当面の問題解決に耐えうる資料であるが、残念ながら我々は、その性格とか不足とか、その偏在とかによる多くの制約を受けねばならないような状態にある。したがって、これらの時代について問題を等しく明らかにすることは困難である。そこで資料不足を理由に、アッバース朝時代を全体的に分析して、その国家の発展を見失うよりも、むしろ同時代史料の比較的豊富な第三期をあくまで基点として考察を進めたい。本論で用いた主要史料とその略称は次の通りである。

Ṭabarī	al-Ṭabarī : Ta'rīḫ al-rusul wa-l-mulūk, Annales quos scripsit……, series I–III, ed. M. J. de Goeje, Leiden, 1879–1901.
Ǧahšiyārī	al-Ǧahšiyārī : Kitāb al-Wuzarā' wa-l-kuttāb, al-Qāhira, 1938.
Hilāl	Hilāl al-Ṣābi' : Kitāb Tuḫfat al-umarā' fī ta'rīḫ al-wuzarā', Leiden, 1904.
Miskawayh	Miskawayh : Taǧārib al-umam, 7 vols., London, 1920–21.
'Arīb	'Arīb b. Sa'd : Ṣilat ta'rīḫ al-Ṭabarī, Leiden, 1897.
Ṣūlī	Muḥammad b. Yaḥyā al-Ṣūlī : Aḫbār al-Rāḍī wa-l-Muttaqī from Kitāb al-Awrāq, Cairo, 1935.
Nišwār	al-Tanūḫī : Nišwār al-muḥāḍara wa-aḫbār al-muḏākara, I, ed. & tr. by D. S. Margoliouth, The Table-talk of a Mesopotamian judge, London, 1921. II, dans Revue de l'Académie arabe, Damas, XII, XIII & XVII. VIII, Dimašq, 1930.
Faraǧ	al-Tanūḫī : al-Faraǧ ba'd al-šidda, 2 vols., al-Qāhira, 1955.
Mafātīḥ	al-Ḫwārizmī : Mafātīḥ al-'ulūm, al-Qāhira, 1342 H.

1　予算制度

予算制度が確立されていたか否かを知るには、まずその前提条件である予算の年度独立性の成立過程を取り上げるのが穏当であると思われる。実はこれは、暦法との関係もあって、イスラムの財政史では無視しえない問題なのである。この年度独立性を実施するについて、問題になるのは年度の開始期をいつにすべきかということであるが、イスラムでは《iftitāḥ》と呼ばれる徴税開始期がこれに相当する。[1] 国家財源の大半を農産物租税に依存する前近代国家では、主要農産物の収穫期と租税徴収の開始期とが、密接な関係にあることは一目瞭然である。

すでに古くから知られている通り、第三期に入ってまもなく、ヒジュラ暦二八二(八九五)年に、カリフ－ムウタディドによって画期的な改革が行なわれた。すなわち徴税開始期をペルシア暦の ḫurdād 月一日、シリア暦の ḥazīrān 月一一日とする《al-nawrūz al-Muʿtaḍidī》を新設し、二八二年度から実施したことである。これは徴税・納税両者の立場から穀物の収穫を考慮して行なわれた処置で、この日は夏至に当たっていた。[2] nawrūz(nayrūz, nowrōz)はペルシアの元旦で、太陽暦の fravardīn 月一日である。ササン朝ではいくつかの暦が行なわれていたが、太陽暦では fravardīn 月一日を春分に置く宗教暦のほか、これを夏至に置く農暦があって、[3] 時代によって変遷があるが、一般的には後者が用いられていた。ところがイスラムの勃興以後、宗教上の理由からこのペルシアの太陽暦に閏を設けることができないので、一二〇年に一カ月の割合で nawrūz が春に接近し、[4] この改革が行なわれたころには、実際の夏至とのあいだに約二カ月の差が生じて、徴税に不都合となっていた。[5]

ここで我々にとってより重要なことは、徴税開始期およびそれに始まる年度——ḫarāǧī 年度——による財政運営の実情はどうであったかということである。そこでこの点を知るための例[6]として、まずミスカワイフの伝えるところを挙げると、三〇四年 ḏū l-ḥiǧǧa 月八日(九一七年六月二日)に Ibn al-Furāt が第二次の宰相になったとき、[7] 財政状態は良好であったが、その理由は前宰相 ʿAlī b. ʿĪsā[8] が、すでに徴税開始期の前に翌年度分の租税の一部を徴収していたからであるという[9]。また同じくミスカワイフによれば、三一九年 ramaḍān 月末ごろ宰相となり[10]、三二〇年 rabīʿ al-āḫir 月末ごろ逮捕された al-Ḥusayn b. al-Qāsim について、三二〇年 rabīʿ al-awwal 月下旬ごろ(九三二年四月上旬)、彼には三一九 ḫarāǧī 年度の歳出予定額を完済する巧みな手段がなくて、その年度の赤字を補うため、三二〇年度の税金の半額を借入調達して現金化し、徴税開始期の何ヵ月か前に支出してしまった。そこで al-Ḫaṣībī が宰相になるよう交渉されたが、まだ三一九年度が三ヵ月も残っているのに、その予算はどこにもないし、そのうえ、三二〇年度の歳入も半分しかないからと言って、彼は宰相就任を断ったという[11]。

このようなことは制度上違反だという意図で記されたと考えられるが、いずれにせよこれらの例は、原則として《al-nawrūz al-Muʿtaḍidī》に年度の交替期を認めたうえで、翌年度分よりの繰り上げによる財政調整を行なっているのであり、その根底に歳計上の年度独立性を認めることができる。これは中央政府の財政手続きばかりでなく、実際の徴税業務上でも同様であって、宰相 ʿAlī b. ʿĪsā によるファールス Fārs 州の有名な takmila 制(補足追徴税法)廃止の記事にその例を見ることができる。すなわち、この税法の廃止が発表された三〇三年 raǧab 月一五日(九一六年一月二四日)は、まだ三〇二 ḫarāǧī 年度であって、三〇三 ḫarāǧī 年度は三〇三年 ḏū l-ḥiǧǧa 月から始まる。したがって、この税法は三〇二 ḫarāǧī 年度の途中から廃止されたことになる。またこれまでの takmila 制による税金の穴埋めとして、果樹税を三〇二 ḫarāǧī 年度の欠損分だけ、当該徴税官代理に試みに徴収させ、三〇三年度から正式にこれを施行している[12]。

太陽暦で徴収される農産物租税に反し、人頭税(ǧawālī)・水車税・定額貢納金(muqāṭaʿa)などの税種は、イスラム暦で徴収された[13]。この点について《Kitāb al-Ḥāwī》の著者は二つの理由を挙げているが[14]、それは太陰暦による徴税が不定期で、しかも ḫarāǧī 年度の財政を調整する役目を果たしていたことを示している。事実 ʿAlī b. ʿĪsā の三〇六年度の予算表には、人頭税・市場税・定額貢納金(muqāṭaʻāt)などの事項が含まれている。[15] 要するに、ḫarāǧī 年度は太陽・太陰両暦年を通じる会計年度であり、しかも年度独立性は、租税徴収のみならず、財政の運営にも適応されたわけである。

ところがこうして確立された年度独立性も、財政破綻が目立ってきた第三期の末期になると、徴税開始期の変動によってあやしくなる。たとえばヒジュラ暦三二四年では、太陰暦でハラージュ(ḫarāǧ)の徴収を開始(九三五年一二月)して、民衆の不満を招き、[16] 三二九(九四一)年には、徴税官たちが、当時すでに四月初めごろまでずれていた昔の na-wrūz に徴税を開始して、[17] 大総督(amīr al-umarāʼ)から徴税開始期を al-nawrūz al-Muʻtaḍidī まで延期するよう命令が出されている。[18] また三三一(九四三)年でも、四月初めごろに租税の徴収が開始され、そのために人民の暴動が起こった。そこで一度は徴税開始期を al-nawrūz al-Muʻtaḍidī まで延期するという布告が出されたが、結局それは守られず、人民はまたしばらくして(四月中旬—五月初旬)、租税の支払いを要求されている。[19]

これらは、もはや国家財政の赤字が慢性化し、規則的な財政調整が不可能であったことを示している。こうして年度独立性の原則も、アッバース朝国家の崩壊とともに消え去ったのである。以上は第三期における年度独立性の実施情況を検討したのであるが、一方、第一・第二期については、少なくとも地方の徴税開始期の決定権が、概してその当該の徴税官もしくは総督に属していたことを付け加えうる程度で、そのほかのことは資料不足のため明らかでない。[20]

さて政府は、このような予算の年度独立性を考慮しながら、収入と支出に関する《ʻamal》という予算表を作成した。ʻamal(複数形 aʻmāl)は「業務」「職務」「職権」を意味し、とくに財政の分野では「徴税業務」を指し、したがって「一徴税単位」を表わすこともある。一方この語は「書類一般」をも意味し、それが財政業務に関するものであれば、「予算表」や一業務に関する「報告書」を指す。[21] 第三期に特徴的なことは、全般的な予算表に関する記述が資料にしばしば現われることである。なかでも、その当初の予算表作成過程は異例に属していたためか、かなり詳しく伝えられている。すなわち、カリフ－ムウタディドより宰相 ʻUbayd Allāh b. Sulaymān に対し、予算表作成の命令が出され、宰相以下、担当の官庁の官吏たちがただちにこれに着手している。[22] この当時は第二期の軍閥相互の闘争や二〇年近くにわたるザンジュの叛乱を経て、やっと中央政府の直轄州ともいうべきサワードを回復したばかりであり、地方では小王朝が分立していて、アッバース朝はこれを再征服する途上にあった。したがって、当然国家財政も破産状態にあって、事実前宰相の Ismāʻīl b. Bulbul は、これまでの倍額のハラージュを徴収したほどであった。[23] 財政の建て直しは緊急を要する問題だったのである。

ところが予算表作成業務は難航し、その結果、政争によって拘禁されていた元税務高等官吏の Ibn al-Furāt 兄弟が釈放され、これに乗り出すことになった。そしてこの兄弟は、二八〇年度[24]の予算表の作成を徴税開始期の前に完成したのである。[25] もっともこの年の予算の歳計規模は、こうした事態の困難さから小さいものであった。[26] この予算は同じ規模で翌年度も施行されている。[27]

ʻAlī b. ʻĪsā による三〇六年度の予算表については、すでによく知られているところであるが、[28] このほか、少なくとも史料の伝えるかぎりでは、三一五年・三一九年[29]・三二〇年・三二九年[30]の各々について、直接間接に予算表の編成のことが触れられている。したがって第三期では、宰相もしくはその補佐官にとって、予算表作成の知識を持つことは不可欠の条件であり、[31] 財政の運営は予算をもとにしていたことが明らかである。

しかし第一・第二期については、史料の貧弱さによるのかもしれないが、このような全般的な予算表に関する記事は見当たらない。単に歳入のみの見積書とか、[32] 支出の計算書とかの作成にとどまったようである。[33] 全般的な予算表の作成の原則は、第三期に確立されたに違いなく、それはむしろ、第二期の無政府時代における財政の無計画性とその困難さ[34]の苦い経験を通じてなされたと理解されるのである。

次に国家予算表の編成手続とその審議について検討したい。まず編成については、これという一定した手続きが規定されていたのでなく、むしろ幾多の変遷を繰り返し、担当者たちの手腕に負うところが大きかったらしい。二八〇年度の場合では、一徴税請負人との協議のみで作成されたが、これはむしろ異例というべき措置であった。通例はやはり当該機関が作成した各種の予算表を綜合し、宰相が補佐官もしくは《dīwān al-dār》の協力のもとにこれを調整した[35]。三一五年の場合では、宰相 'Alī b. 'Īsā が編成のさいの基礎資料として、とくに徴税請負人の徴税情況を知るために、これまで反対の党派に属していた Hišām b. 'Abd Allāh の協力を求めて、異例の資料蒐集を行なう一方、諸官庁が提出する諸種の予算表の綜合については、弟の 'Abd al-Raḥmān と Sulaymān b. al-Ḥasan の協力を求めている[36]。

収入予算については税務担当の三官庁、すなわちサワード庁(dīwān al-Sawād)、東部方面庁(dīwān al-mašriq)、西部方面庁(dīwān al-maġrib)がこれに当たり、予算の編成期に当該担当地区の予算表を作成し、これを宰相に提出した[37]。支出予算については、とくに軍務庁(dīwān al-ǧayš または dīwān al-ǧund)と支出庁(dīwān al-nafaqāt)が重要な役割を果たした[38]。

ここで注目を要するのは、収入予算にしろ支出予算にしろ、各官庁が宰相に予算表を提出するさい、その予算額について、あらかじめ当該の監査庁(dīwān al-zimām)の承認を求める必要があったことである[39]。当時予算の立案を行なう一般の官庁は、総務系(aṣl：複数形 uṣūl)と呼ばれたが、これに対して一連の監査系(zimām：複数形 azimma)の諸官庁が存在した[40]。この監査庁はカリフ-マフディー(在位一五八—一六九／七七五—七八五年)の治世中、一六二年に創設されたもので、このときには、イラク税務監査庁のほか、数種の監査庁があったと考えられる[41]。さらに一六八年には、これらを総括する最高監査庁(dīwān zimām al-azimma)が設けられ、その長官は原則として、諸監査庁の長官の任命権を持っていた[42]。

監査庁は、第一・第二期では多分に官吏の業務の監察に重点を置き、当該総務系の権力を牽制したようである[43]。第三期では、これに加えて[44]、純然たる歳計監督を行なっていた。これについては、三二〇会計年度の国家予算表の作成に関する事件が例証となる。すなわちこのときの宰相は、監査系の諸官庁の承認を得た総務系諸官庁の予算表を得て、これを綜合したのであるが、そのさい宰相は、自己の政治的地位の安全を計るために、収入項目を故意に多く見積ったり、必要な支出を隠したりして、歳入および歳出の最終総額が相等しいにすぎないだけの、単なる形式的均衡を意図したいわゆる紙上均衡の予算を作成した。ところがこれが最高監査庁長官によって見破られた。そこでカリフの命令で、この予算を確定するよう全書記官が召集され、その会議における宰相と最高監査庁長官との対論の結果、宰相の敗北が決定したのである。(45) 最高監査庁は他の監査庁とともに、予算の立案ならびに執行を行なう宰相から独立して、純然たる歳計の事前監督を行なっている。ただこの監査庁が厳密な意味での会計検査、すなわち事後監督を行なっていたかどうかは明らかでない。少なくともカリフ－ムウタミド治下では、一ヵ月ごとに行なわれる歳計の決算の監督には参加しなかったようである。(46)

さて、次はこうして承認された予算の執行についてであるが、これはやはり宰相の権限に属していて、ʿAlī b. ʿĪsā の第二次宰相時代(三一五―三一六年)に関する記述のなかに、その例を見ることができる。それによると、宰相は予算の執行に当たって、専門の会計官を任命し、金銭業務の記帳を行なわせる。この専門官は《rūznāmaǧ》と呼ばれる日々出納簿に、支出と収納のそれぞれの額を残高とともに継続的に記帳し、必要に応じて、現金処理を行なう国庫長官に出納命令を発する。行政機関は現金処理をしてはならないのであって、支払命令官と出納官吏とは分離されていた。(47) そして毎月末には《ḫatma》という収納済額とその合計、ならびに支出済額とその合計を記した「月期末締切書」が、貨幣取扱吏(ǧahbaḏ)によって提出される。宰相、ときには税務庁長官は、予算の実績を確定するために、この月期末締切書と日々出納簿とによって、通常一ヵ月ごとの特別決算を行ない、予算情況に関する監督を行なう。そのさい、日々出納簿の提出には約二週間の猶予が認められていたが、しかし財政が緊迫した三一五年では、それも一週間ごとに短縮された。(48) al-Ḫwārizmī によれば、年ごとには総締切書(al-ḫatmat al-ǧāmiʿa)が作成されたという。(49)

アッバース朝国家は以上述べたような予算技術を持っていたわけであるが、ここでその予算の内容について若干触れておきたい。まず歳入面について三〇六年度の予算表を見ると、中央直轄州であるサワード(イラク)に関しては、バスラの船舶税(marākib)、バグダード・サーマッラー・ワースィト・バスラ・クーファの五大都市における羊市場税(sūq al-ġanam)、同じく五大都市の造幣局収入、バグダードの人頭税(ǧawālī)、その他などが、農産物租税とともに予算に計上されているが、地方からの収入では、特例的な項目を除き、ハラージュ地および私領地からなる土地よりの租税収入しか計上されていない。土地からの租税は、年々あまり変動しない確実な収入であり、いわば経常歳入である。手数料として徴収される各種の税金や、土木灌漑工事など公共事業のために課せられる特別公課などは、各々当該機関別に処理したようである。[50] さらに、土地税歳入については周知のように、中央でも地方でも、経常経費を差引いた純収入が予算に計上された。[51]

他方歳出面では、二八〇年度の予算表および三〇六年の歳出総目によると、経常歳出しか計上されていない。臨時費はその規定の費目に限り、経常歳入よりカリフ私庫(bayt al-māl al-ḫāṣṣa)へ繰り入れた備蓄金で賄う仕組になっていた。[52] したがって、アッバース朝の予算は経常歳計のみを対象とし、国家歳計の実際面で、これを均衡にする政策が要求されたといえる。そしてその政策の責任者は、宰相以下総務系高等官吏、すなわち行政機関にあるとされたのである。

(1) Cf. Mafātīḥ, 40.

(2) 二八二年 ḥazīrān 月一一日は、ヒジュラ暦では rabīʿ al-āḫir 月一三日で、西暦では八九五年六月一一日に当たる。これは新暦に直すと六月一五日となり、なお実際の夏至とのあいだに数日の開きがあるが、これはペルシア暦の閏の置き方に誤りがあったためである。当時西アジアでは、夏至に nawrūz を置いてこれを「夏の始り」とし、冬至に mihraǧān を置いてこれを「冬の始り」として、ともに祝った。宰相 Abū l-Qāsim ʿUbay Allāh の建言によって、徴税開始期を遅らせることになったのであるが、その勅書そのものは二八一年 ḏū l-ḥiǧǧa 月一三日(八九五年二月一三日)付で出され、翌年 muḥarram 月

（八九五年三月）に関係の各地方長官へ伝えられた。適用地域は当時サワードと呼ばれていたイラクと東部諸州、すなわちアフワーズ・ファールス・ジャバル（メディア）など、ペルシア暦によって地租の徴収を行なっていた地方のみで、ローマ（シリア）暦によるシリア・北メソポタミア・モスルやコプト暦によるエジプトなどでは、徴収開始期と穀物収穫期とのずれはなかったので省かれた。このような試みは、これまでカリフ－ラシードやムタワッキルらによってもなされたが、いずれも実現に至らなかった。

Ṭabarī, III, 1448, 2143; al-Bīrūnī: Chronologie orientalischer Völker,(Leipzig, 1923), 32–33; ʿUbayd Allāh b. Aḥmad b. Abī Ṭāhir: Aḫbār al-Muʿtaḍid, apud al-Maqrīzī, al-Ḫiṭaṭ,(2 vols., Būlāq, 1270H, repr.), I, 273–75; Masʿūdī: Les prairies d'or,(9 vols., Paris, 1861–88), VIII, 206; Ibn al-Ǧawzī: al-Muntaẓam fī taʾrīḫ al-mulūk wa-l-umam,(Haydarabād, 1357–59H), V, 149; Ibrāhīm b. Hilāl al-Ṣābiʾ: al-Muḫtār min rasāʾil,(Baʿabdā, Libnān, 1898), 209–13; Qummī: Taʾrīḫ-i Qumm,(Tehrān, 1313H), 144,(cf. A. K. S. Lambton: An Account of the Tārīkhi Qumm, BSOAS, XII; Landlord and Peasant in Persia, Oxford, 1953, p. 41); C. Cahen: Quelques problèmes économiques et fiscaux de l'Irāq buyide d'après un traité de mathématiques, AIEO, X(1952), 335.

（3） Cf. Bīrūnī, op. cit., 215–19.

（4） 二三九年 ḏū l-qaʿda 月二〇日（八五四年四月二三日）に nawrūz(Ṭabarī, III, 1420)、二六八年 ramaḍān 月二三日（八八二年四月一五日）に nawrūz(Ṭabarī, III, 2024)、二八二年 ṣafar 月一一日（八九五年四月一一日）に nawrūz(Ḫiṭaṭ, I, 274)がそれぞれ来ている。

（5） A. Christensen: L'Iran sous les Sassanides,(Copenhague, 1944), p. 168 sq.; J. Markart: Das Naurōz, seine Geschichte und seine Bedeutung,(Dr. Modi Mem. Vol. Papers on Indo-iranian and Other Subjects, Bombay, 1930, pp. 709–65); A. Mez: Die Renaissance des Islâms,(Heidelberg, 1922), 101–02.

（6） Abū l-Ḥasan ʿAlī b. al-Furāt. 二九六―九九年、三〇四―〇六年、三一一―一二年の三回宰相になる。

（7） Miskawayh, I, 41; ʿArīb, 61; Hilāl, 31, 286 ほか（政治史に関連する場合は al-Hamaḏānī: Takmila taʾrīḫ al-Ṭabarī; Ibn al-Aṯīr: al-Kāmil; Ibn al-Ǧawzī: al-Muntaẓam などの出典の頁数は省略する）。

（8） 三〇一―〇四年、三一五―一六年の二回宰相。三〇六―一一年宰相補佐。

（9） Miskawayh, I, 42–43.

（10）Miskawayh, I, 219 ; ʻArīb, 164.

（11）Miskawayh, I, 226.

（12）Hilāl, 339–45 ; Niš̌wār, VIII, 68–75.

（13）Cf. Kitāb al-Ḥāwī li-l-aʻmāl al-sulṭānīya wa-rusūm al-ḥisāb dīwānīya, $103^{r\circ}$–v°(C. Cahen : Quelques problèmes économiques et fiscaux, p. 335) ; Ibrāhīm b. Hilāl al-Ṣābiʼ: al-Muḫtār, p. 214. マクリーズィー(Ḫiṭaṭ, I, 276)所収 Ibn al-Māšiṭa の著書によれば、カリフ＝ムタワッキルは太陽暦年とヒジュラ暦年との差から二四一税年度を抹消したが、太陰暦で徴収される人頭税については免除されることとなく、二四一年度分と二四二年度分が一度に徴収された。税年度の抹消というのは、ヒジュラ暦年には閏を挿入しないために、太陽暦にもとづく税年度との差が、三三年対三二年の割合で生じる。したがってヒジュラ暦の三三年ごとに、一税年を抹消、すなわち一年とばして修正するのである。ただアッバース朝の中央政府で実際に税年を抹消したのは、判明しているところでは二〇七・二四一・二七八・三〇七・三五〇の各年度である。

（14）《Kitāb al-Ḥāwī》は次のような二つの理由を挙げている。
一、収穫期や耕作期、生産物の保存などを考慮する必要がないこと、
二、太陰暦年と ḫarāǧī 暦年との一一日の差を理由に、政府が都合のよいときにこの太陰暦による徴税開始期をきめることができること。

Cf. C. Cahen : Quelques problèmes économique, pp. 335–36.

（15）A. v. Kremer : Über das Einnahmebudget des Abbasiden-Reiches vom Jahre 306H(918–919), (Denkschriften der Kaiserlichen Akademie der Wissenschaften, Wien, 1887), 307.

（16）Ṣūlī, 71.

（17）カリフ＝ムウタディドの改革は、これまでの nawrūz を抹殺せずに、宗教祭日として残していたが、これは nawrūz al-Furs とか nawrūz al-awwal とか呼ばれ、三一九年では rabīʻ al-awwal 月一一日(九三一年四月三日)に当たった(ʻArīb, 158)。

（18）Ṣūlī, 197.

（19）Ṣūlī, 238, 240.

（20）Ṭabarī, III, 1270–72, 1738–39.

（21）新版の Encyclopaedia of Islam の《ʻamal》の項には、これらの意味の説明が欠けている。

(22) Hilāl, 219.

(23) Hilāl, 10; Ṭabarī, III, 2118–19; cf. Mas'ūdī, VIII, 108.

(24) 残念ながら、この年度を明確に言及している記述はないが、予算表作成に重要な役割を果たした徴税請負人 Aḥmad b. Muḥammad al-Ṭā'ī は、タバリーによれば二八一年 ǧumādā l-āḫira 月二四日(八九四年八月三一日)に死亡していること、彼の書記であった al-Narsī 兄弟が、二八二年にはすでにみずから徴税請負人として彼の後を継いでいることなど、前後の事情から二八〇年度と推定することができる。Cf. Ṭabarī, III, 2140; Hilāl, 104, 164, 171.

(25) Abū l-Faḍl b. 'Abd al-Ḥamīd: Aḫbār ḫulafā' Banū l-'Abbās, apud Hilāl, 9–11. Ibn 'Abd al-Ḥamīd については Ṭabarī, III, 2192; Ibn al-Nadīm: al-Fihrist, (Leipzig, 1871–72, repr. 1964), 107; Ǧahšiyārī, 281 参照。

(26) この予算表は歳出予定の日額七〇〇〇ディーナールに合わせて歳入が協議されたが、歳入部門は総目しか残らず、細目があるのは歳出部門のみである。そこで歳出部門のみやまとめて表にした。

	項目	給与月額 (dīnār)	同日数	日額 (dīnār)	備考
1	歩兵隊など al-nawba 令官吏俸給	30,000	〔30〕	1,000	門衛(bawābīn)で白人 700 dīnār,黒人 300 dīnār
2	親衛傭兵隊(ġilmān al-ḫāṣṣa)俸給	60,000	60	1,000	al-Muwaffaq によって解放され，自由民の分隊に加入
3	al-Mu'taḍid の奴隷軍隊俸給	135,000	90	1,500	al-Ḥuğarī 傭兵隊
4	al-muḫtār(選士)たちの俸給	42,000	70	600	あらゆる指揮官層から選ばれ，al-Muwaffaq, Buġā, Masrūr, Bakǧūr, Ya'nis, Mufliḥ Aḏkū-tekīn, Kayǧalaġ, Kundāǧ らの奴隷
5	al-mutbat ならびに al-mumayyaz 騎兵隊俸給	60,000	120	500	al-Ǧabal 諸部族を率いる Aḏarbayǧān の長 Ibn Abī Dulaf の指揮下
6	17 種ある宮廷奉職(ḫidmat al-dār)被命者俸給	3,300	30	110	私文書使，読師，情報官，飛脚，鼓手ら
7	Baġdād の治安令(rasm al-šurṭa)受給者と代理官たち	6,000	120	50	警吏(arbā')，武装警備隊(maṣāliḥ)，守衛，典獄，巡邏諸吏，税関吏(ma'ṣirī)ら

	項目	給与月額 (dīnār)	同日数	日額 (dīnār)	備考
8	60日制奴隷傭兵隊(ġilmān al-mamālīk)食糧費	9,000	〔30〕	300	高級宦官や指揮官が担当軍区について掌る
9	厨房費	10,000	〃	333 1/3	ḫāṣṣa 用ならびに ʿāmma 用の2厨房，製パン所経費，後宮および宮廷関係者食糧，黒人用製パン所等経費
10	ḫāṣṣa 用および ʿāmma 用調度費ほか	3,000	〃	100	飲料手当費，衣裳，賞服，香料等諸庫維持費，洗浄水，浴場用水，鎧，胸当修繕費
11	水運搬者俸給	120	〔30〕	4	al-Qaṣr, 各倉庫，厨房，製パン所，宮殿ほか用
12	親衛傭兵ならびに奴隷傭兵俸給		50	167	自由民に加えられていない者
13	宮廷工人俸給	3,000	〔30〕	100	酌取，衣裳庫吏，金銀細工師，仕立師, 靴工, 紙工ほか職人および武器庫，鞍部庫の庫官と職人
14	後宮俸給	3,000	〃	100	
15a	馬糧費	12,000	〃	400	ḫāṣṣa 用，ʿāmma 用，一般乗用および運搬用，荷物運搬用騾馬，Qaṣr al-Ṭīn 付属の5種の厩舎．同関係者報酬を含む
15b	種馬購入費	2,000	〃	66 2/3	
16	厨房係俸給	1,500	50	30	
17	庫官俸給	1,500	50	30	室内装飾，家具，絨緞，蠟等諸庫．助手，運搬者の報酬を含む
18	蠟，オリーブ油費	200	〔30〕	6 2/3	
19	馬具職人，駅逓馬係俸給	150	〔30〕	5	
20	宮友らの俸給	2,000	45	44 1/3	
21	医長ならびに助医団俸給	700	〔30〕	23 1/3	薬庫の薬費を含む

22	狩猟係俸給	2,500	35	70 〔+1 $^3/_7$〕	隼匠，鷹匠，猟豹使い，狩師ら．餌費，諸道具係や勢子の給与を含む
23	各種船舶船員俸給	500	〔30〕	16 $^2/_3$	早艇，軽運搬船，輜重船，遊覧船，輸送船等
24	燈 火 費	120	〃	4	ナフサ・ランプ，燈用ナフサ油，燈芯等費および係の給与
25	義捐金(ṣadaqa)			15	
26	al-Mutawakkil の子孫給費	1,000	〔30〕	33 $^1/_3$	〔補註〕第 10 代カリフ
27	カリフの子孫の嫡子給費	500	〃	16 $^2/_3$	当該カリフは al-Wāṯiq, al-Muhtadī, al-Mustaʿīn など
28	al-Muwaffaq の王子ら給費	500	〃	16 $^2/_3$	ʿAbd al-Wāḥid とその姉妹
29	al-Hāšim 家の長老ら俸給	600	〃	20	Baġdād のモスクの説教師らを含む
30	al-ʿAbbās 家，al-Ṭālib 家給費	1,000	〃	33 $^1/_3$	受給者 4,000 人
31	宰相 ʿUbayd Allāh b. Sulaymān およびその子 al-Qāsim 俸給	1,500	〃	33 $^1/_3$ 〔+ 16 $^2/_3$〕	〔補註〕al-Qāsim 分が脱落
32	文官吏俸給および諸経費	4,700	〃	156 $^2/_3$	高等書記官，諸官庁官吏，文庫官，門衛，送達吏，下働きら．帳簿，巻紙，紙等費．ただし現金処理を行なう機関の官吏を除く
33	裁判〔長〕官 Isḥāq b. Ibrāhīm および補佐官俸給	500	〃	16 $^2/_3$	10 人の法理論家(顧問)給費を含む
34	モスク奉仕係給費	100	〃	3 $^1/_3$	モスク維持諸経費を含む
35	牢獄維持費	1,500	〃	50	囚人の食物費，その他を含む
36	Baġdād 舟橋維持費	300	〃	10	舟，綱費，橋係俸給など
37	al-Sāʿidī 病院維持費	450	〃	15	諸科の医師，助手，患者食費，薬代，飲物費など
	合　　計			7,000	〔正しくは 6,999 $^2/_{21}$ dīnār〕

〔補註〕 備考に当たる部分は簡略にした．

(27) Hilāl, 21–22.

(28) A. v. Kremer : Über das Einnahmebudget ; Ṯābit b. Sinān, apud Hilāl, 323.

(29) Miskawayh, I, 217.

(30) Ṣūlī, 147.

(31) Cf. Hilāl, 10.

(32) Ǧahšiyārī, 281–88, 299.

(33) Ṭabarī, III, 1184.

(34) Cf. Ṭabarī, III, 1684–85.

(35) Cf. Hilāl, 131, 177, 262.

(36) Miskawayh, I, 151 ; Hilāl, 311–13.

(37) Ibn al-Furāt が第二次の宰相になった三〇四年 ḏū l-ḥiǧǧa 月八日(九一七年六月二日 : Miskawayh, I, 41 ; ʿArīb, 61 ; Hilāl, 31, 286)は三〇四会計年度の予算表の編成期に当たっていたが、Hilāl al-Ṣābiʾ によれば、西部方面庁は担当諸州の徴税業務に関する予算表を宰相に提出している。そしてこのような予算表には、通常前年度の決算も引用されていたようである(Hilāl, 145)。Cf. Hilāl, 255. なおこれらの諸官庁については第2節参照。

(38) Miskawayh, I, 217.

(39) Miskawayh, I, 226.

(40) Cf. Hilāl, 271 ; Miskawayh, I, 226 ; Mez : Die Renaissance, p. 68.

(41) Ṭabarī, III, 493 ; Ǧahšiyārī, 146 ; cf. H. F. Amedroz : Abbasid Administration in its Decay, JRAS, 1913.

(42) Ṭabarī, III, 522, 598 ; Ǧahšiyārī, 166, 168.

(43) Ṭabarī, III, 1183–84.

(44) Hilāl, 182–84.

(45) Miskawayh, I, 226–27.

(46) Nišwār, VIII, 22–23 ; Hilāl, 77–78.

(47) 二八〇年度の歳出予算表の文官吏の俸給に関する事項に、国庫官ら現金処理を行なう官吏たちの俸給が計上されていないことは注目に値する。註(26)参照。

(48) Miskawayh, I, 151–52; ʻArib, 135; Mafātiḥ, 37. Cf. Nišwār, VIII, 23–24; Hilāl, 78–79; Ibn al-Ṭiqṭaqā: al-Faḫrī, (al-Qāhira, 1339H), 184.

(49) Mafātiḥ, 37.

(50) Cf. Hilāl, 257.

(51) Cf. Hilāl, 165, 171; A. v. Kremer: Über das Einnahmebudget, p. 309.

(52) Hilāl, 22.

2　税務行政と徴税請負(ḍamān)

国家予算表が各種の予算表を綜合して編成されることはすでに述べたが、この節では、予算制度にとくに重要な役割を果たしている税収部門の機構およびその業務内容を説明したい。第三期における税収部門の官庁は、サワード庁(dīwān al-Sawād)、東部方面庁(dīwān al-mašriq)、西部方面庁(dīwān al-maǧrib)で、これらはもっとも等級の高い官庁である。この三官庁の起源は、二八〇年代の前半に、宰相 'Ubayd Allāh b. Sulaymān の補佐をしていた Aḥmad b. al-Furāt が、全国の徴税業務を管理する官房庁(dīwān al-dār)を創立したことに端を発している。すなわちその部課(maǧlis)には東部方面課(maǧlis al-mašriq)、西部方面課(maǧlis al-maǧrib)が含まれていたが、アッバース朝の中央政府軍が、地方の独立諸王朝を再征服するに従って、この行政組織も拡大され、これらの二課は二八六年に官房庁から独立、庁(dīwān)に昇格したのである。(1)

徴税を中心とした地方行政を担当するこれら中央官庁は、ウマイヤ朝まではいわゆる税務庁(dīwān al-ḫarāǧ)一本だけであった。これは地方に派遣される総督(amīr)もしくは税務長官('āmil)の権限が強力であったことにもよる。ところがアッバース朝では、中央集権化の傾向として、中央政府の官庁業務が次第に重要視されるようになり、税務庁も分岐した。もっとも、アッバース朝を通じて、一定の組織が保たれていたわけではない。カリフーマンスール(在位一三六―一五八／七五四―七七五年)治下において、すでに「バスラおよびその諸徴税区担当税務庁」「クーファおよび同管轄地担当税務庁」の存在が知られる。(2) カリフーハーディー(在位一六九―一七〇／七八五―七八六年)の治下には、これらが統合されて、「イラク担当税務庁」となる一方、「シリア地方担当税務庁」が存在している。(3) カリフーラシード(在位一七〇―一九三／七八六―八〇九年)の治下では、諸税務庁は一つに合併されたが、その末期ではサワード庁のほか、三つの税務庁が併立している。[4] また al-Tanūḫī によれば、カリフ－マームーン（在位一九八－二一八／八一三－八三三年）治下では、東部方面庁（dīwān al-mašriq）が存在している。[5] 第三期の三税務官庁も、第一期のこれらの官庁にその例を取ったと思われるが、ただ業務の性格も進化していることを考慮しておかねばならない。

次に徴税官（ʿāmil）と当該税務官庁、すなわち政府側との関係について述べることにする。まず徴税官がその官庁に報告しなければならなかったのは、穀物の収穫の見積（taqdīr）である。この報告書によって政府は税収の見込みを立てる一方、あらかじめ徴税官の横領を防ぐ第一回目の監督を行なった。[6] 徴税官は自己の任期の終了時に、自己の税務内容について、決算書ともいうべき《ḥisāb》を政府に提出する。これに対して政府では、もしこの決算書に疑問があれば、意見書（muʾāmara）を作成し、これによってその徴税官を召喚・糾問して、未払いの義務額を払わせることができた。このような処置は、カリフ－ムウタディド時代、Bādūrayā（バグダード付近の大徴税区）の徴税官であった al-Nahīkī の場合のように、たとえ宰相の一派に属している徴税官であっても例外ではなかった。もし徴税官が払うのを拒否する場合は、彼を拷問にかけることもあったのである。[7]

意見書の内容は、当該徴税官の担当地区（nāḥiya）における麦打場当たりの穀物の基本収穫高（aṣl al-kayl）、政府分の分割徴収高（ġallāt al-muqāsama）、余剰高（faḍl al-kayl）、売却済の穀物の代価（ṯaman al-ġallat al-mubīʿa）など、いくつかの必要な関連事項からなっていた。しかもそれらの各項目の順序は、法的に規定されていて、その文書作成法（qānūn al-kitāba）はきわめて厳格であった。たとえば、ʿAlī b. ʿĪsā が、反対派の Ibn al-Furāt 傘下に属し、不正を犯していた一徴税官に対して、意見書を作成し、この徴税官に追徴金を課したことがあったが、ʿAlī b. ʿĪsā はその諸事項の順序を間違えて作成していたために、当面の意見書が無効になってしまっている。[8]

徴税官が「決算書」を作成するさい、その資料にしたのは《ǧamāʿa》と呼ばれる帳簿である。これは徴税区の歳入、その地区の有力者名、賦課規約（muʾāmalāt）、税額（ḫarāǧ）、納付済額と残額、収入と支出などの諸項目を含んでおり、

「収納実績書」と訳される。徴税官は毎年自己の業務内容をこの「収納実績書」に記帳し、任期の終了時にこれを総括して「決算書」を作成、この両者を政府に提出したのである。さらにal-Ḫwārizmīによれば、納付予定額と収納済額とのあいだに会計上の一致を見て提出される場合には、この「収納実績書」は《muwāfaqa》と呼ばれたという。[9] この意味において、《muwāfaqa》は「実績一致書」と訳すことができる。税務庁(dīwān al-ḫarāǧ)には、この収納実績書を専門に扱う部課《maǧlis al-ǧamā'a》もあった。[10] また税務に関連して、臨時になんらかの問題が起こった場合、サワード庁もしくは税務庁は収納実績書や実績一致書を再検討して、その実情を調査し、その結果を「覚書」(ḫarǧ)にまとめて、これを宰相もしくはより高い担当官に提出した。[11]

各官庁が予算表を作成し、徴税官が決算書と収納実績書を提出することは、第一・第二期でも慣例であって、[12] これら中央官吏より任命された徴税官と政府との関係は、ほぼ同様の状態にあったと考えられる。しかし第三期で特徴的なことは、徴税請負人出身の徴税官の増加である。二八〇年度の予算表の編成過程を見ると、当時は小規模であったとはいえ、国家財政の全歳入予算が、一徴税請負人Aḥmad b. Muḥammad al-Ṭā'īとの契約にかかっている。[13] Aḥmad al-Ṭā'īがこのような大きな徴税請負契約を結びえたのは、彼の徴税請負人(ḍāmin)としての前歴があったからである。[14] タバリーでは、このAḥmad al-Ṭā'īは二六九年に初めて登場し、クーファおよび同所轄地の徴税業務を委ねられている。[15] そして二七一年には、さらにメディナおよびメッカ道Ṭarīq Makkaを委任されている。[16] タバリーの文面は簡略で断定はできないが、徴税請負によるものであることは疑いない。

我々はここで、予算財政上重要な役割を果したと考えられるこのような徴税請負(ḍamān)[17]とは、一体如何なる機構を有していたかを検討する必要がある。ただ同じ《ḍamān》でも、地方政府に対する徴税請負や私的な私領地の徴税請負[18]はこれに該当しない。ここで取り上げるのは、中央政府で交渉されるものであって、規模も本質も異なる。また《ḍamān》と混同されることがある《qabāla》(納税請負)はずっと低い段階のもので、[19] むろん除外される。徴税請負に関する研究は、まだ充分になされているとはいえないので、[20] ここでこの制度を、契約の締結から執行・監督と順を追って説明したい。

三〇六年 dū l-qaʿda 月に、al-Ḥusayn b. Aḥmad al-Mādarāʾī がエジプトおよびシリアの徴税業務を請負ったときの経緯によれば、徴税請負人は政府側と協議のうえ、請負った徴税区の税収入のうち、国庫納付額を一定とし、同時に当該徴税区の経常費や軍隊の給与などもあらかじめ協定する。この場合契約の政府側の最高責任者は宰相もしくはその補佐官であるが、[21] 手続きなど実務は当該税務官庁で行なう。[22] 契約額の算定方法については、三〇七年における Ḥāmid b. al-ʿAbbās の徴税請負(四年間)のように、過去三年間における査定額(ʿibra)の平均値を事項別に当該官庁で計算し、これを操作して全徴税区・国庫送金額(maḥmūl)・特別指定額(musabbab)・経常費などを算出する。[23] しかし、ときには前年度の査定額と僅少の増加額とで契約されることもあった。[24]

このように、徴税請負人が徴税権を譲渡される場合、政府としてはその保証が安全であるかどうか、情況調査を行なった。これについては二八五年ごろ、これまでユーフラテス河流域の多数の徴税区を請負っていた al-Narsī 兄弟が、改めて徴税請負契約の更新を願い出たときの模様を見ればわかる。この徴税請負人は、政府の担当官の反対派に属していたのであるが、そのためか政府側はこの情況調査を非常にきびしく行なっている。すなわち徴税利権にからむあらゆる条件を当該地の駅逓や情報機関をも利用して調査し、その結果を予算表にまとめ、これによって契約額を調整しているのである。[25]

また Abū ʿAlī al-Ḫāqānī の宰相時代(二九九—三〇〇年)に、Ḥāmid b. al-ʿAbbās が有利に結んだ請負契約によると、溝渠の開鑿、堤防の管理、種子、収税補吏(muʿāwin)など、徴税請負に莫大な運営資金を要する場合、その資金の交付業務を政府官吏に委ねたり、請負った地区の税金の一部の送金を一定期間猶予して、これを一時的に運営資金のなかに組み込ませるという条件が結ばれている。[26] これらの契約条件は、利潤を追求する徴税請負人と政府との力関係において協定され、請負地の状態や徴税請負人の財力、そのときの中央政府の政情の如何によって、かなりの差異があったと見なされる。

次に、請負業務執行中の政府と徴税請負人との関係を見ることにする。三一一年に、ワースィト Wāsiṭ 付近の徴税区をそれぞれ委ねられた Abū Sahl al-Nawbaḫtī と al-Bazawfarī の場合では、政府とこれら請負人とのあいだに書類交換が行なわれ、政府は業務の第一期である耕作・播種に必要な経営資金の交付開始命令を出している。さらに請負人の要請によって、分益小作人や農民の代表者に耕作資金を交付し、被交付者の義務、すなわち耕作や灌漑工事(maṣāliḥ)を督励するために、政府から al-Ḥuǧarī 傭兵隊(騎兵)一〇〇名、al-Maṣāffī 歩兵隊一〇〇名が派遣され、歩兵については政府は五〇〇名まで増員を認めている。[27] このように徴税請負人の権力が弱い場合には、政府側から補強して、業務の遂行に当たらせた。

なおここで注意しておかねばならないのは、納税者に対する実際の課税方法は、徴税請負人の自由意志によらなかったことである。徴収はその地方もしくは土地で定められている課税方法、すなわち一般的には土地測量制(misāḥa)か産額比率制(muqāsama)でなされ、これは通常の徴税官が任命される場合と変りない。これは各資料の性格から、個々の徴税請負人について求めがたいが、一例として、次のような徴税請負人 Ḥāmid b. al-ʿAbbās の場合を挙げることができる。すなわち、三〇七―三一〇年における Ḥāmid b. al-ʿAbbās の徴税請負のうち、イスファハーンについては免職された前任者に引き続いて、Abū Muslim Muḥammad b. Bakr と Abū l-Ḥusayn Aḥmad b. Saʿd の二人が、徴税請負権を下請されているが、[28] 前者は一時的な叛乱者から回復されたばかりのクム Qumm を委ねられたらしく、[29]《Taʾrīḫ-i Qumm》によれば、三〇九年に徴税官となって、土地測量を行なっており、クムでは土地測量制で徴税されるのが慣例であった。[30]

さて、通常の徴税官が当該税務官庁へ年間の収納実績書(ǧamāʿa)を提出することは前に述べたが、これは徴税請負人出身の徴税官でも同じであって、提出と同時にそれが厳密に検査された。もし作成上に誤りがある場合には、徴税請負人は文書作成法(ḥukm al-kitāba)の規定に従って必要書類を提出すれば、それが認められるのが普通であったが、しかし官庁側担当者と徴税請負人との微妙な関係によって、却下されることもあった。[31]

徴税請負人が業務を終了して提出した国庫納付額に不足があれば、契約違反として、政府はその支払いを要求した。[32] また徴税請負人が政府に保証した額を実際に徴収できなかった場合、残高は請負人の自己負担として、政府に納付しなければならなかった。[33] しかしこのような追徴金を徴税請負人から取り立てるか否かは、中央官僚との派閥関係にも大きく左右されていた。[34] 請負人の利益である徴税請負における剰余額(faḍl)については、とくに当該税務官庁の総務課(mağlis al-aṣl)が調査し、徴税請負人に対する事後監督を行なっている。[35]

このように、徴税請負人と当該税務官庁とは密接な交渉を行なって、徴税業務を執行監督したが、これはいわば文書通達を手段とするだけである。業務に対する実際の監督は、中央政府から不定期的に派遣される監察官が行なった。このような監察官を《mušārif》または《mušrif》と呼んでいる。[36] 元宰相であった ʿAlī b. ʿĪsā は三一二—三一四年に、エジプト・シリアなど、西部方面の徴税業務に対する監察(išrāf)を委ねられ、徴税請負人 al-Ḥusayn b. Aḥmad al-Mādarāʾī らの業務を監察し、追徴金として一四万七〇〇〇ディーナールの手形を政府に送っている。[37] この監察はまた《naẓar》とも呼ばれ、監察官は《nāẓir》といわれた。[38] この監察組織がいつごろ創設されたかは不明で、私見の及ぶところでは、カリフ－マームーン時代を溯ることはできなかった。[39] いずれにせよ、監察業務の目的は国家権力の側面的擁護にあったと思われる。[40] この点は宰相 Ibn al-Furāt の意見にうかがうことができる。すなわち彼は、ある情況下において徴税区の徴税官が無力であれば、《mušārik》[41]もしくは《mušārif》によって強化することが望ましい、と述べているのである。[42] こうして監察権は、ときには政府内部で絶大な権力を持つ高官に対しても、強力に行使されたのである。[43]

以上述べたように、徴税請負では、通常の徴税官の場合と比較して国家の統制力が強い。これは国家予算の均衡とその財政難に起因している。通常の徴税官が国庫へ納付する額は、当該地の経費を支払ったのちの余剰額であって、しかも一定していない[44]。業務の執行が徴税官に一任されるだけで、政府はあまり干渉しないからなおさら不安定である。第一・第二期においては、資料の限りでは、徴税請負はきわめてまれにしか採用されていない[45]。しかも制度的に確立されたものではないらしい。

要するに徴税請負は、中央政府が余剰額をあまり送らなくなった州の中央政府への移送額を確実なものにするために、「保証」という介在によって、徴税官の地位を請負人に譲渡し、その州に派遣するのである。一定の国庫収納額が保証されている徴税請負は、国家財政にとっての一安定策と見ることができる。そのことは、徴税請負人の出身層を検討することによっても証明できる。この点に関連して、宰相 Ibn al-Furāt はどのような階層を徴税請負人に選ぶかについて、次のように述べている。

「げに徴税請負契約 (ʿaqd al-ḍamān) は金持の商人か、忠実な行政官か、富裕な農場経営者 (tāniʾ) に与えることが望ましい。軍人については、もし彼らと徴税請負を契約し、その税金の支出の責任を彼らに委ねれば、それは彼らに叛乱を呼び起こし、政府に対する服従心を捨てがちである[46]。」

政府の認める徴税請負の適格者は、中央官僚を除いて、豪商にしろ大規模農場経営者にしろ、経済的実力者であることに注目しなければならない。事実この宰相は、農場経営者たちの地位を重く見るとともに、徴税請負人の徴税業務に対する意見を尊重している[47]。これは徴税請負が、アッバース朝の徴税機構に深く食い込み、政府の直接的な財政基盤が、これら富裕階級の財力にあったことを示すにほかならない。

しかしながら、これは中央政府の経費の増大に反比例して、中央への送金額の減少が起こるときに生まれた安易な方法であって、したがって、その弊害は一方では国家の歳入に現われ[48]、他方では下層階級に対する経済的圧迫となって現われたのである。たとえば二七二年には、請負人 Aḥmad b. Muḥamad al-Ṭāʾī が行なった人為的な物価騰貴のため、民衆が暴動を起こしている。[49] また宰相 Ḥāmid b. al-ʿAbbās が三〇七年に宰相の資格のまま徴税請負人となって、広大な地域を請負ったときには、三〇八―三〇九(九二一)年に、バグダードでかなり長期の穀物騒動が起こり、政府はついにこの徴税請負契約の無効布告を出している。[50] これらは、徴税請負人が自己の管理する税穀の値上りを待ったため、穀物の供給を大々的に阻害して起こった物価騰貴の典型である。

政府は徴税請負の弊害を認めていたのであるが、[51] 国家財政の政策上、この方法を採用せざるをえず、そこで財政難がひどくなった第三期後半では、徴税権はほとんど請負人に委ねられるようになった。しかも徴税請負が国庫に一定額をもたらすとしても、これはあくまで、被授権者請負人の国家に対する保証に支えられており、この保証は国家信用と対立する。したがって国家権力の弱いときには、彼らは国庫への送金義務をあまり履行しない。[52] しかもこのような傾向は末期になるほど進行したのである。

(1) Hilāl, 131-32; Ṭabarī, III, 2190.
(2) Ǧahšiyārī, 124; Ṭabarī, III, 459.
(3) Ǧahšiyārī, 167; Ṭabarī, III, 548.
(4) Ǧahšiyārī, 277.
(5) Farağ, II, 254. 第二期では、概して私領地庁(dīwān al-ḍiyāʿ)の地位が向上し、税務庁とともに税務を管轄した。
(6) Nišwār, VIII, 66; Hilāl, 166, 260.
(7) Hilāl, 76-77, 167-69; Nišwār, VIII, 17-19; II(RAAD, XII), 490.
(8) Hilāl, 76-77, 128-29; Nišwār, VIII, 17-18. Cf. Nišwār, VIII, 90.
(9) Nišwār, I, 175; II,(RAAD, XII), 490; Hilāl, 165-67; Ibn al-Māšiṭa, apud Ḫiṭaṭ, I, 276; Mafātīḥ, 38.
(10) Hilāl, 165.
(11) Hilāl, 66, 163, 166.
(12) Ǧahšiyārī, 127, 229; Farağ, I, 54, 105; II, 236; Ibn al-Māšiṭa, apud Ḫiṭaṭ, I, 276.

(13) Hilāl, 10–11.
(14) この人物については、Hilāl, 37, 109 参照。
(15) Ṭabarī, III, 2039–40.
(16) Ṭabarī, III, 2106.
(17) たとえば Ṭabarī, III, 1277–78.
(18) Cf. Nišwār, VIII, 160–61.
(19) C. Cahen 氏による F. Løkkegaard : Islamic Taxation in the Classic Period の書評(Arabica, I, 1954, pp. 350–51)および本書第1部第三章第4節参照。
(20) Cf. F. Løkkegaard : Islamic Taxation, Chapter, IV, qabāla and ḍamān.
(21) Miskawayh, I, 107 ; Hilāl, 290.
(22) Hilāl, 140.
(23) Miskawayh, I, 70–71.
(24) Miskawayh, I, 25.
(25) Hilāl, 171–72 ; cf. Miskawayh, I, 25. al-Narsī 兄弟について第1節註(24)参照。
(26) Hilāl, 34 ; Miskawayh, I, 25.
(27) Hilāl, 34–35.
(28) Miskawayh, I, 59–60.
(29) Miskawayh, I, 51–52.
(30) Ta'rīḫ-i Qumm, 106, 142. Qumm は一八九(八〇四／五)年にイスファハーンから分離して、独立の徴税区となったが(cf. A. K. S. Lambton : An Account of the Tārīkhi Qumm, BSOAS, XII, 1948, p. 587)、その後もしばしばイスファハーンの徴税官によって徴税された。
(31) Hilāl, 164–65.
(32) Hilāl, 83 ; Nišwār, VIII, 65.
(33) Hilāl, 340 ; Nišwār, VIII, 69 ; cf. Farağ, II, 275–76.

（34） Cf. Hilāl, 44.

（35） Hilāl, 32; Miskawayh, I, 57.

（36） Hilāl, 9; ʿArīb, 44, 150; cf. Hilāl, 261.

（37） Miskawayh, I, 141, 146; ʿArīb, 124, 129; Hilāl, 309, 319–22; H. Bowen: The Life and Times of ʿAlī ibn ʿĪsā,(Cambridge, 1928), 251–53.

（38） Ṭabarī, III, 2184; ʿArīb, 134; Ṣūlī, 201, 230–31, 235.

（39） Nišwār, I, 213.

（40） C. Cahen 氏による書評(Arabica, I, p. 352)参照。

（41） 本論第3節参照。

（42） Hilāl, 9.

（43） Hilāl, 133–34.

（44） 地方財政は当該地方の公庫(bayt al-māl)によってまかなわれる。 Cf. Mez: Die Renaissance, pp. 102–03.

（45） Ǧahšiyārī, 197; Farağ, II, 275–76, 278; al-Kindī: Kitāb al-Wulāt, wa-Kitāb al-Quḍāt,(The Governors and Judges of Egypt, ed. R. Guest, Leyden, 1912), 140–41, 176–77.

（46） Hilāl, 71.

（47） Hilāl, 258.

（48） Cf. Hilāl, 258.

（49） Ṭabarī, III, 2110, 2113–14.

（50） Miskawayh, I, 59–60, 69–75; ʿArīb, 78–79, 84–85.

（51） Hilāl, 258.

（52） Cf. Hilāl, 312; Miskawayh, I, 150.

3　短期借入策とサワードの穀物行政

さて、これまで述べてきたような予算制度によって、いかに正確な予算を立てていても、それは一年の枠内での均衡が問題となっているので、ある時期において、支払いを必要とする金額が、すでに徴収されている収入額よりも多いということはありうる。事実それは度々起こっている。(1) そのような場合、政府は経費の補塡になんらかの手段を講じなければならない。ある時には年度独立性を無視して、翌年度予算よりの繰り上げによって、急場をしのぐこともあったが、(2) アッバース朝政府で用いられた方法は、通常やはり借入調達であった。これには《qarḍ》と商人よりの《istislāf》の二方法がある。むろんこのいずれも国家債務を形成するのであるが、政策的には後者の方が妥当とされ、重要視されている。(3)

qarḍ(借債)にはカリフから借入れる場合(4)と、商人・高等官吏・カーディー・従臣などから借入れる場合とがあった。(5) カリフから借入れるには、「税金が到着し、その弁済金を還付するまでの qarḍ として、しかじかの金額をカリフ私庫(bayt māl al-ḫāṣṣa)から国庫(bayt māl al-ʿāmma)へ振替える」という形式が取られる。しかしこの方法は、宰相の失政を表面化することになるので、よほどの理由がないかぎり、カリフから免職を蒙むる危険があった。また事実、借債額が完全に償還された例はほとんどない。

カリフ以外からの借債は、当時の一般商取引で用いられる場合と同様、(6) 利子付きで、貸借両者の信用をもとにしていた。たとえば三一九年、Abū Bakr Ibn Qarāba は一ディーナールにつき一ディルハムの利子率で、宰相 Abū l-Qāsim al-Kalwaḏānī に、ついで新宰相 al-Ḥusayn b. al-Qāsim に貸付けていた。(7) これは無担保の信用貸付であったので、利子率も月約六・七パーセント弱という高利であった。(8) 政府が償還資金として予定しているのは、むろん租税であるが、これには徴税請負という保証が介在し、しかもこの保証は、すでに安全度の低いものであった。[9] 徴税請負人の契約書は担保としては無価値であり、この貸付の刺激は、もはや偽りとなっていた国家信用であった。事実彼は、政府から償還金を取り立てることが不可能になっている。[10]

借入調達手段としては、《qarḍ》よりもむしろ商人よりの《istislāf》が利用された。[11] istislāf は「前借」とでも訳すべき語であるが、宰相 ʿAlī b. ʿĪsā は彼の第一次宰相時代(三〇一―三〇四年)に、この方法による短期間の借入れをたびたび行なっている。[12] al-Tanūḫī や Hilāl al-Ṣābiʾ によると、彼はそうしたとき、「各地から到着し、まだ〔支払〕期限の来ていない手形(safātiǧ : suftaǧa の複数形)を保証として、月額一ディーナールにつき一・五ダーニク dāniq(〇・二五ディルハム)の利子率で、商人たちから一万ディーナールを借りていた」という。なぜなら彼には《nawba 令による歩兵隊》の俸給として、毎月の第一週間内に三万ディーナールの現金が必要で、[13] そのうちの二万ディーナールは、Ḥāmid b. al-ʿAbbās が送る徴税請負金で切り抜けたが、[14] 残りの一万ディーナールを暫定的な借入れによって調整しなければならなかったのである。[15] istislāf 貸付の利子率は、前述の qarḍ の四分の一、すなわち月約一・七パーセント弱(年二〇パーセント)で、低利の根拠はこれが保証貸付であることによる。そのうえこの利子金は、宰相 ʿUbayd Allāh b. Sulaymān も述べているように、宰相の個人負担であった。[16]

この ʿAlī b. ʿĪsā が三〇二―三〇三年ごろ、元宰相 Ibn al-Furāt と二人のユダヤ人貨幣取扱吏(ǧahbad) Yūsuf b. Finḥās と Hārūn b. ʿImrān との不正取引をあばいたのを機会に、彼がこれら二人の貨幣取扱吏とのあいだに設立した貸付の新しい方法については、周知の事実である。[17] しかし、この点に関連して留意しておかねばならないのは、政府はこれら二人の貨幣取扱吏にアフワーズ al-Ahwāz(イランの一州)の貨幣取扱業務(ǧahbaḏa)の利権を永久的に譲渡する代わりに、毎月初めに、これまで ʿAlī b. ʿĪsā が商人たちから借りていたと同額の一万ディーナール、すなわち一五万ディルハムを政府へ貸付けさせた、ということである。実はこの方法によって、ʿAlī b. ʿĪsā は自己負担となっていた月額二五〇〇ディルハムの利子金を免がれることができたのである。したがって、彼らに譲渡されたアフワーズの貨幣取扱業務の利権は、それ相当の価値を有していたことがわかる。こうして ʻAlī b. ʻĪsā は、少なくとも三二〇年まで続いたといわれる一種の政府のための信用機関を育成したのであるが、この逸話の語り手が註釈しているように[18]、「貨幣取扱吏」という信用を通してのみ、商人も国家にお金を貸したのであって、アッバース朝第三期の後半では、国家信用よりも、貨幣取扱吏の信用の方が大きく、国家財政はこれらの貨幣取扱吏や商人の支援なしには、円滑に運営できなくなっていたのである。

さて、istislāf 貸付の保証となっている「各地から到着した手形(safātiğ)[19]」の内容であるが、これは徴税官もしくはこれに類する者[20]を振出人とする一種の約束手形であり、その担保品は租税である。手形が満期となり税金が到着して、現金化されれば、その借入は償還される[21]。政府が商人たちから借入調達を行なう場合、こうした類の手形を利用していたことは、次のような例によっても知ることができる。すなわち三一三年、宰相 Ibn Muqla は、政府分の穀物を引き渡すという条件で、製粉商ら商人たちから借入を行なったが、商人たちはその後穀物を譲受されなかったので、貸金の還付を要求した[22]。この事件は商人たちに対する政府の信用を失わせたものと見え、翌三一四年には、宰相は彼が振出す手形(safātiğ)の交付を条件に、豪商らに対し前貸を要求した。しかし商人たちは隠遁してしまったので、宰相は一製粉商を逮捕し、彼から金を没収したという[23]。この当時では、政府はもはや商人たちの貸付の対象にならなかったのである。

ここで注意しなければならないのは、政府が借入を行なうさい、手形を発行していた事実である。これはいうまでもなく、租税、とくに政府分穀物を担保とした一種の公債であり、またある意味では、強制公債と見なされる。またこれらの事実は、この公債の買手が穀物商であったことを予想させる。Hilāl al-Ṣābīʼ は、宰相 Ibn al-Furāt が公務に関係のあるあらゆる階級に対して、書簡中などで用いた敬称文を記録しているが[24]、その文中に「商人たち、すなわち穀物の買手たち[25]」とあって、商人ではこれ以外にはない。この「穀物」とは、国家が租税として収納したもの、すなわち《ġallāt sulṭānīya》とか《ġallāt al-sulṭān》とか呼ばれている「政府穀物」のことであり、[26] これのみを扱う専門の商人がいる。[27] 穀物の買手として現われる商人や農場経営者(tunnā': tānī' の複数形)ら経済的実力者は、徴税請負人としても登場していた者たちである。[28]

問題の政府穀物は中央政府の直轄州であるサワード(イラク)で、穀物租税として国庫に収納された穀物であって、その起源はカリフ-マンスールの治世末、マフディーの初、一五八―一五九(七七五―七七六)年のサワードにおける税制改革に溯る。すなわち、現金納による土地測量制(misāḥa)から現物納の産額比率制(muqāsama)への改革で、周知の事実であるが、この税制改革に関して、これまでのところ制度史的考察の域をあまり出ていないように思われる。[29] 残念ながら、この改革の断行について触れた同時代的根本史料が存在しているとは言いがたいが、サワードにおける産額比率制の実施は、タバリーの記述によって明白である。[30] 普通、マーワルディー al-Māwardī を始め、法理論家たちの意見に従って説明されているところによると、この改革は要するに、単位穀物当たりの現金化率が非常に低下したので、農民の要求によって実施されたのであるという。[31]

しかし、これではその改革がサワードのみに限定された理由が解明されない。もう少し当時の歴史的背景を見る必要があろう。al-Ǧahšiyārī によれば、政府はこの改革の前提として、サワードにおける税務一般調査(ta'dīl)を行なっており、[32] またマフディーがカリフになるまで、ハラージュの納税民は、あらゆる拷問を受け、苛酷な強制取立てを蒙っていたという。[33] この重税はおそらく一四五(七六二)年に始まったバグダードの造営に関連しており、その資金調達に政府はあらゆる方法を取ったらしい。とくにカリフ-マンスールが目をつけたのは、穀物の変動とその投機性であった。彼は一五〇年ごろ以降、政府官吏をサワードの穀物の投機に当たらせる一方、駅逓網を利用して、毎日小麦や雑穀類などあらゆる食品の価格の相場の変動をつかみ、現地の徴税官に売買させている。しかし、彼は結局は価格の

継続的な下落によって、この投機に失敗したのである。(34)

これはアッバース朝も確立期から安定期に入り、活発化した商人たちに、政府が太刀打ちできなかったことを物語っている。この投機失敗は改革への転機であった。土地が税を支払うという法的擬制のもとでの現金納制、すなわち土地測量制は、商人の利害による農民の圧迫を引き起こしやすい。農民は税を支払うために、収穫した穀物を売って現金を得なければならないが、この制度では、徴税官は農民と商人との穀物の売買に立ち会うか、(35)あるいは商人同様買手になるかであって、(36)いずれにしても低価格で取引が行なわれる。したがって農民はもとより政府側としても利益が薄いのに反し、商人はその穀物を時価で自由に転売でき、この制度は彼らに有利な投機をもたらしている。

これに対し現物納の産額比率制では、徴税官の徴収態度に難点はあるが、政府は農民の保護という名目のもとに、商人に先んじて穀物を掌握し、相場を左右することができる。なかでもサワードは、バグダードを始め大消費都市をひかえて相場の変動が激しいこと、他州とは比較にならないほど収穫高が大きいこと、ティグリス・ユーフラテス両河を始め、運河網が発達していて穀物輸送が便利であること、直轄州のために徴税官に対する監督が比較的容易であること、以上のような諸条件に恵まれている。カリフ＝マンスールはこうした事情を考慮して、一見逆コースと見えるこの改革の断行を決意し、(37)それがその子マフディーに受け継がれて実施されたのである。この改革はサワードのみに限られ、他州では従来通り土地測量制を施行しているので、これはあくまで政府の立場からなされたものといわねばならない。すなわち、サワードの穀物の掌握は、穀物の部分的、それも割合の大きい専売を意味し、それは国庫上重要な財源となったのである。

このような政府穀物は、いずれは商人たちに払い下げねばならないが、通常は当該地区で、徴税官が穀物商人や農場経営者(tunnā')に売却した。(38)払下げは単独の商人を対象にするより、買手商人を集めて競売にした方が、政府にとって有利であり、(39)それでもなお徴税官の立場が不利な場合は、政府から《musārik》(協同者)を派遣して、競売価格を有利に導いた(40)。またとくに大きな取引の場合は、中央政府に商人を集めて競売した。商人は穀物を購入するさい、代価全額を即時現金払いとせず、おそらくは約束手形を振り出していたと思われる。もしその商人が転売に失敗して、未払残金が残れば、政府はきびしくその残金を要求した(41)。

政府穀物の現金化は穀物商人の手腕に左右され、それだけに政府と穀物商人との密接な関係が窺われる。また徴税官の提出する決算書(ḥisāb)や当該税務官庁がこれに対して作成する意見書(mu'āmara)にも、穀物に関する事項が重要事項として扱われている(42)。また Hilāl al-Ṣābi' の伝える逸話によると、宰相 Ibn al-Furāt の知人が、民間人たる父のために何か職務を授けて欲しいと求めたところ、宰相は裁判(qaḍā')・行政('amāla)・経済検察(ḥisba)・訴願調査(maẓālim)などの職務はいずれも不適当であるとし、サワードの徴税区(ṭasāsīǧ : ṭassūǧ の複数形)における穀物業務を委ねたという(43)。このことは穀物行政に対する政府当局者の考え方を示すものとして興味深い。穀物業務は、ここに述べられている他の業務と違い、専門的知識を必要とせず、財力と商機の才さえあれば、如何なる身分の者でもこれに従事することができ、商人たちが国家権力と結びつく絶好の拠点であった。

カリフ-マームーン治下、宰相 al-Faḍl b. Sahl が彼の昔の保護者 Ḫuḍābūd に報いたときの話によると、政府は穀物の払下げにさいし、この Ḫuḍābūd も召集した商人たちと同様、協同権(širka)を持っているという条件で、商人たちにサワードの政府穀物を売却しようとした。これに対し商人たちは、彼を取引に参加させるよりもむしろ、Ḫuḍābūd に《qabāl》として、一定の現金額を提供するという方法を選んだ(44)。《qabāl》とは不労利潤のことで(45)、ここでは一組合員の利権を放棄させる代わりに、組合員(商人)たちから差し出される棄権料の意味で用いられている。この逸話による限り、サワードの政府穀物を購入する商人組合が存在していたことは明らかであり、しかも売手独占の競売の通則として、買手たちによる談合も行なわれていたのである。政府から širka(協同権)を付与された Ḫuḍabūd の資格は《mušārik》(協同者)であり、弱少の徴税官を援助するために、地方に派遣される者と同じである。政府は、商人たちの談合による競売価格の提示に対抗するために、《mušārik》を競売に加入させて競売価格をつり上げるか、それとも棄権料を獲得させるかしたのである。通常協同権を放棄する場合の棄権料の割合は、取引される全穀物量の一クッル(kurr)につき一ディーナールであったようである。(46) カリフ－マームーンの当時は、財政が安定していたところで、政府は穀物売却においても有利な立場にあった。

ところが第三期になると、事情はやや変化している。すなわち第三期の初め、宰相 'Ubayd Allāh b. Sulaymān が政府穀物の払下げにさいして取った方法は次のようなものであった。宰相は穀物商人たちを召集し、サワードの政府穀物一〇万クッルの売価を彼らと交渉・決定したが、その穀物を一クッルにつき一ディーナールの割引率で、いったん Abū 'Abd Allāh という彼の昔の保護者に形式的に売り渡し、それをさらに商人たちに転売させるという方法を取った。しかも宰相は商人たちに、その全差益一〇万ディーナールを即金で Abū 'Abd Allāh に支払わせ、その代わり、買付金そのものは穀物が当該地で引き渡されるまで猶予した。(47) この場合では、政府は競売に《mušārik》を加入させる権利を放棄し、商人たちと対等に商取引を行なう代わり、彼らから単位穀物当たり一定の歩合を獲得している。

しかし、これよりやや後になると、もはやこのような形式的譲渡に頼らず、より制度化された方法が用いられている。すなわち二九六年、宰相に任命されたばかりの Ibn al-Furāt は、一団の商人たちを伺候させ、サワードの穀物のうちから三万クッルを買わせたが、そのさい一クッルにつき二ディーナールの率で計算される《istiṭnā' 金》を即時支払うよう彼らに要求した。《istiṭnā'》とは、もともと第三者に対する「割引」、すなわち形式的に譲渡された穀物をすぐ転売することによって得られるマージンを意味したが、この売買交渉では、第三者を介さず、あらかじめ《istiṭnā' 金》を即金で取るという方法になっている。当面の話では、istiṭnā' 金が三日目に提出されると同時に、「それ相当量の穀物を引き渡し、その代金を受け取るように」という当該徴税官宛の穀物移譲証書が商人たちに渡されている。(48) 要するに《istiṭnā' 金》は政府穀物払下げに伴う利権料である。ただそれは、国庫収入とはならずに、政府担当関係者の私的な収入となっている。当時の小麦一クッルは約五〇ディーナールであったから、[49] 利権料の払下げ価格に対する割合は四パーセントとなる。istiṭnā' 制度の利点は、僅少の率ではあるが、現金が即時得られるということにあって、これは当局にとって暫定的な前借とほぼ同じ役目を果たしたのである。中央におけるこうした穀物払下げ交渉は、地方でも行なわれており、istiṭnā' 金を中央政府に送っている。しかし徴税官はその徴収義務にやや負担を感じているように思われる。[50]

以上のような穀物払下げ業務を通じて見られる現象は、御用商人層の育成である。サワードの穀物行政を通じて、穀物商を中心とした御用商人層が生まれ、穀物の払下げは一種の利権を生み、政府はこの利権を道具に、商人たちから資金の前借を行なうことができた。要するに、政府が前借 (istislāf) という形で公債を発行し、半ば義務的に商人たちに買わすという権力は、穀物払下げ利権との交換によって生まれていたのである。ところが第三期末、三三二(九四四)年には、アッバース朝の国家財政はまったく破産状態であって、当局は諸地方から到着する手形を保証として、商人たちから《istislāf》による前借を求めることも、政府の助力者に《qarḍ》による借債を求めることもできなくなっている。[51] この借入調達の不能は、穀物払下げ利権と交換に受けていた国家信用が、すでに皆無であったばかりでなく、政府が商人階級の経済力に、直接的な打撃を与えた結果でもあった。[52] これによって政府は、国家財政に重要な役割を果たしていた商人層との相互の組織を根底から破壊し、アッバース朝国家の内部的崩壊を決定化したのである。

(1) Nišwār, VIII, 26; Hilāl, 81, 187.
(2) Miskawayh, I, 42–43, 226.
(3) Hilāl, 187–88.
(4) Hilāl, 28, 262; 'Arīb, 41; cf. Farağ, I, 89.
(5) Hilāl, 262; Miskawayh, I, 164, 213, 220; Nišwār, VIII, 26, 99.
(6) Cf. 'A. 'A. Dūrī: Ta'rīḫ al-'Irāq al-iqtiṣādī fi l-qarn al-rābi' al-hiǧrī, (Baġdād, 1948), p. 122.

（7） Miskawayh, I, 213, 220.

（8） Cf. Mez : Die Renaissance, p. 124. ディーナール金貨とディルハム銀貨との比価は、当時は大体一五対一であった(cf. Dūrī : Ta'rīḫ al-'Irāq, p. 222)。これは金銀両通貨の流通標準貨幣について定められたと考えられ、その理由として、政府がこの規格にかけ離れた不良貨幣(とくに銀貨)の使用を禁じていたことが挙げられる(cf. Ṣūlī, 71)。

（9） 本論第2節参照。

（10） Miskawayh, I, 231.

（11） この方法は地方政府でも行なわれていた。Cf. 'Arīb, 186 ; al-Balawī : Sīrat Aḥmad b. Ṭūlūn,(Dimašq, 1939), 249.

（12） Hilāl, 85.

（13） nawba 令の予算が月額三万ディーナールであったことは、二八〇年度の支出予算表によって確かめることができる(Hilāl, 11)。第1節註(26)表中第一項参照。

（14） Ḥāmid b. al-'Abbās は Abū 'Alī al-Ḫāqānī の宰相時代(二九九—三〇〇年)に、ワースィトおよびその諸徴税区の徴税業務を、四年契約で年額二四万ディーナール(すなわち月額二万ディーナール)と大麦二四〇〇クッル(kurr)で請負っていた(Miskawayh, I, 25 ; Hilāl, 34 ; 'Arīb, 55. 第2節四一五頁参照)。

（15） Nišwār, VIII, 26 ; Hilāl, 81. W. Fischel はこの引用文中の「商人たち」(tuǧǧār)を次に述べる二人の貨幣取扱吏(ǧahbaḏ)と同一視しているが、たとえ彼らが商人でもあったことが可能としても、これは内容から言っても文法的にも不正確である。Cf. W. Fischel : The Origin of Banking in Mediaeval Islam,(JRAS, 1933), pp. 348, 581–82 ; Jews in the Economic and Political Life of Mediaeval Islam,(London, 1937), p. 24.

（16） Hilāl, 188.

（17） Nišwār, VIII, 23–26 ; Hilāl, 79–81, W. Fischel : Jews, pp. 23–24 ; 'A. 'A. Dūrī : Ta'rīḫ al-'Irāq, pp. 164–67.

（18） Nišwār, VIII, 26.

（19） Cf. Miskawayh, I, 23 ; Hilāl, 262 ; Ṣūlī, 264.

（20） Miskawayh, I, 146 ; al-Balawī : Sīrat Aḥmad b. Ṭūlūn, 281.

（21） Hilāl, 187.

（22） Miskawayh, I, 326, 329.

(23) Ṣūlī, 76.
(24) Hilāl, 153–59.
(25) Hilāl, 158, ll. 13–14.「穀物の買手」という肩書は、すでにカリフ－ラシード治下で現われている(al-Yaʿqūbī: Taʾrīḫ al-Yaʿqūbī, ed. M. T. Houtsma, 2 vols., Leiden, Vol. II 1969, p. 501)。
(26) Hilāl, 337; Nišwār, I, 45; VIII, 67.
(27) Hilāl, 348; Nišwār, VIII, 67.
(28) 第2節四一八頁参照。
(29) F. Løkegaard: Islamic Taxation, p. 113; Lambton: Landlord and Peasant in Persia, pp. 32–33; C. Cahen: Quelques problèmes, p. 346; Fiscalité, propriété, antagonismes sociaux en Haute-Mésopotamie au temps des premiers ʿAbbāsides d'après Denys de Tell-Mahré, (Arabica, I/2, 1954), p. 144.
(30) タバリーによると、カリフ－ラシードは一七二(七八八／八九)年に、サワードの住民からこれまで「二分の一ののちに徴収していた一〇分の一を免除した」という(Ṭabarī, III, 607)。要するに、これまで五分の三であった税率を二分の一にしたというのである。また、二〇四(八一九／二〇)年には、カリフ－マームーンがサワードの住民に対する《muqāsama》を五分の二にするよう命じたが、それまでは二分の一の比率で折半されていたという(Ṭabarī, III, 1039)。これらによって、サワードにおける産額比率制の税率は、一七二年までは五分の三、一七二年から二〇四年までは二分の一、二〇四年以後は五分の二になったことが判明する。
(31) Yaḥyā b. Ādam, apud al-Balāḏurī: Futūḥ al-buldān, (al-Qāhira, 1956–60), II, 333; al-Māwardī: al-Aḥkām al-sulṭānīya, (al-Qāhira, 1966), 176; Abū Yaʿlā al-Farrāʾ: al-Aḥkām al-sulṭānīya, (al-Qāhira, 1938), 169–70; Ibn al-Ṭiqṭaqā: al-Faḫrī, (al-Qāhira, 1339H), 131.
(32) Ǧahšiyārī, 134.
(33) Ǧahšiyārī, 142.
(34) Ǧahšiyārī, 117; Ṭabarī, III, 435.
(35) Cf. C. Cahen: Fiscalité, pp. 143–44.
(36) Ǧahšiyārī, 272.

(37) 実はササン朝下では、産額比率制から土地測量制への改革が行なわれている。
(38) Hilāl, 76, 171, 337 ; Nišwār, VIII, 17.
(39) Nišwār, VIII, 67. この場合、前払いという条件があるとはいえ、一クッルが七ディーナールという米価は非常に安い(cf. Nišwār, VIII, 92 ; Farağ, I, 57)。
(40) Hilāl, 9.
(41) Hilāl, 348.
(42) 第2節四一三頁参照。
(43) Hilāl, 259.
(44) Ğahšiyārī, 318–20.
(45) Cf. Nišwār, VIII, 77.
(46) Ğahšiyārī, 185–86.
(47) Nišwār, I, 44–46.
(48) Nišwār, I, 168–69 ; Hilāl, 215.
(49) Cf. Hilāl, 188 ; Miskawayh, I, 75.
(50) Nišwār, VIII, 67 ; Hilāl, 93, 171 ; Miskawayh, I, 61.
(51) Ṣūlī, 264.
(52) Ṣūlī, 250, 251.

4　結　語

国家歳計面を通じて見た以上の考察から、次のようなことが言えるであろう。確立期を経て安定期に入ったアッバース朝は、その国家機構を維持するために、財源としてサワードの穀物を独占した。これは現金納の土地測量制によって、国家と納税者とのあいだに生じた、商人による中間的利益を押さえるのが目的であった。しかし、商人・農場経営者ら経済的実力者からなる中間階級は、次第に重要な社会的地位を占めるに至り、やはり次第に内的膨脹を遂げていた国家と激しい対立関係を持つに至った。予算技術を頂点として、税務行政機構が発達したのも、この中間階級勢力に対する官僚階級の対抗策の現れである。ところがこの対立は、国家が一歩後退するという形で融和した。それが徴税請負であり、御用商人層の育成である。財力を持っていても、財政経済に関する専門的知識を持たない者に対して、このように行政権を過度に譲渡するには、複雑な税務行政機構が存在して始めて可能であり、中央集権に支えられてこそ有効であった。ところが他面この融和は、下層階級に対する経済的圧迫を引き起こした。ここにアッバース朝国家の内部的崩壊の要因があったのではなかろうか。なおこの小論では充分に触れることのできなかった中間階級の伸張については、のちの機会に詳論したい。

あとがき

私がイスラム期のエジプト史研究に取り組むようになったのは、文部省の交換留学生として、一九六〇年暮から一カ年半にわたって、カイロ滞在の機会に恵まれたからである。すでにそれ以前、私はイスラム史研究を志していたが、その当時興味があったのは、イラクを中心としたアッバース朝史であって、エジプトについてはほとんど関心を抱かず、なんらの知識も持っていなかった。というよりも、それはむしろ、関心を寄せようにもそのころの私の周辺には、そのための素材も環境も皆無に等しかったからであるといってよい。

学生のころ、みずからの研究テーマにイスラム史を選んだのは、わが国ではイスラム史は未開拓の分野であるというのが、その動機の一つであったが、いざ研究を始めてみるとたちまち壁に突き当たってしまった。既存の研究の貧弱さから、最初から手探り状態で進まねばならないのはやむをえないとしても、研究に必要なイスラム史関係の文献が、当時の日本ではほとんど入手できないのにはまったく閉口であった。そのころ、イスラム史にも理解を持っておられた宮崎市定先生に聞かされた話は、戦前の日本でイスラム関係の文献をもっともまとめて所蔵していたのは、満鉄の調査部であったが、敗戦と同時にアメリカ軍に没収され、いまは行方不明になっているということであった――これはのちになってワシントンの Congress Library に入っていることがわかり、私自身もこの図書館の書庫で南満州鉄道調査部の蔵書印のある書物がそれぞれに分類・架蔵されているのを見たが――。現在は再版もされて誰でも手にすることのできる de Goeje の「アラビア地理叢書」Bibliotheca Geographorum Arabicorum ですら、当時日本で所蔵しておられたのは、おそらく東京大学の山本達郎先生だけであったのではなかろうか。私が卒業論文を書けたのは、先生の許しを得て、この文献の一部をマイクロ・フィルムにすることができたからであった。

大学院に入って、国内での文献入手をあきらめた私は、シカゴ大学図書館にマイクロ・フィルムを註文したり、カイロに住む亡命ユーゴー人の書籍ブローカーからアラビア語文献を直接取り寄せたりして、収集に努めたが、冊数はしれたものであったし、版本も良質でないものが多かった。エジプト留学の機会に接したのは、こうした状態のときであった。したがって、カイロで手にする書物は、私にとっては珍らしいものばかりであった。なかでもエジプト史に関する文献の豊富さには、これまであまり知識がなかったせいもあって、一種驚きにも似た気持を抱いたものであった。そのうちでもとくに私の興味を惹いたのは、アラビア語のパピルス文書で、A. Grohmann の校訂したエジプト国立図書館所蔵文書のテキスト五巻を、同図書館で購入し、同じく A. Grohmann がカイロの出版社から出しているパピルス古文書学の入門書とともに、少しずつ読み始めた。

こうしてパピルス文書の魅力に支えられながら、私はエジプト史研究に埋没していったが、カイロ滞在の後半は、この種の文献の調査と読解にそのほとんどを費したように思う。カイロ大学やドミニカ派修道院付属研究所など、カイロでは見ることのできなかった文献については、留学期間を終えての帰途、ヨーロッパに立ち寄って探すことにした。この点パリに約一カ月間滞在し、ソルボンヌ大学の C. Cahen 教授の紹介を得て、Bibliothèque Nationale や東洋語学学校の豊富な史料を閲覧できたことは、私にとって大きな収穫であった。

留学期間中に関連して付言しておきたいのは、ハンブルグ大学の B. Spuler 教授の知遇を得たことである。それは一九六二年二月、カイロでたまたま「イブン＝ハルドゥーン学祭」があり、これにはバグダード大学の 'A. 'A. al-Dūrī 教授をはじめ、イスラム圏諸国からも多くの学者が参加していたが、欧米からは Spuler 教授一人だけが参加されていた。そのとき同教授は私に、帰国の途次ハンブルグ大学に寄り、自分は多分アメリカへ行って不在だろうから、Dr. H. Busse 氏に会うようにと奨められた。そこでハンブルグ大学に寄ったとき、Busse 氏の世話になったが、その折、自分の興味の対象を紹介する意味で、それまで発表したことのあった論文「アッバース朝における予算財政について」(『東洋史研究』一八巻四号・一九巻一号、一九六〇年)の一部をフランス語訳したものを残してきた。帰国後しばらくすると、Spuler 教授から論文を雑誌《Der Islam》に発表するようにという手紙が舞いこみ、それで新たに原稿を書き、《Les finances publiques de l'Êtat 'abbāside》と題して送った。この雑誌の四二巻一号(一九六五年)に掲載されたものがそれである。実は本書の付論「アッバース朝の国家財政」は、そのときの日本語の原文を採録したのである。

一方帰国後のエジプト史研究については、他に仕事を持ったこともあって遅々として進まなかったが、留学中に収集した資料を整理して、「アッバース朝時代エジプトにおける税の請負制度について」(『西南アジア研究』一二号、一九六四年六月)、「アッバース朝時代エジプトにおける土地の貸借契約について」(『東洋史研究』二三巻二号、一九六四年九月)を発表した。後者は本書第二部第二章のもとになったものである。前者については、これを踏台にしてアッバース朝期エジプトの租税制度を究めようと、その後パピルス文書やムスリム史料からの資料収集に努めたが、断片的なものばかりで、あまりにも不明な点が多い。結局のところ、この時代の税制を知るには、それ以前、アラブのエジプト征服からウマイヤ朝時代に至る税制史の流れを体系的に把握するのでなければ、到底不可能であることに思い至り、アッバース朝期の研究を一時中断して、対象の時代を溯らせることにした。

そして一九六七年六月、ウマイヤ朝期までについて一応のまとまりを得たので、『初期イスラーム時代エジプト税制史研究』と題し、学位請求論文として、京都大学に提出した。本書の主要な部分をなす第一部の序論・第一章・第二章はこの論文がもとになっている。ただし序論・第一章については、「アラブのエジプト征服をめぐる論争について」(『西南アジア研究』一四号、一九六五年六月)、「アラブ征服期におけるエジプトの税制について」(『史林』四九巻三号、一九六六年五月)として、すでに発表したことがある。第二章のウマイヤ朝期に関しては、今回かなりの加筆を行なった。ウマイヤ朝期の税制は、ギリシア語パピルス文書の利用なしには語れるものではない。このことを考慮すると、このような文書史料がまったく欠如している他州については、研究上での危惧や困難さが予想されるのである。

第一部第三章の「アッバース朝期における税制」は、本書を草するに当たって、今回新たに書き下ろしたものである。さきの学位請求論文を提出したあと、引き続きアッバース朝期の研究に着手する予定であったが、利用できるような研究はまったくといってよいほどなく、意外に年月を要してしまった。アラブ征服期からアッバース朝期に至る一貫したエジプト税制史の研究というものを意図してから、およそ九年を経たことになる。本書第二部第一章の「土地所有形態とその展開」は、この間の税制史研究のなかから自然に生まれたもので、旧稿「初期イスラーム時代のエジプトにおける土地所有について」(『史林』五四巻一号、一九七一年一月)をほとんどそのまま採録した。なおこの論文も含めて、既発表論文を本書に採録するに当たっては、若干の訂正・補筆を行なった。

懐古趣味的なあとがきになってしまったが、本書の成り立ちに関連するので、私自身が辿ってきた道をそのまま述べたまでである。初期イスラム時代のエジプト社会を理解するうえで、これが最善の方法であったかどうかは疑問であり、アラブ帝国にしろイスラム帝国にしろ、当時のイスラム圏全体のなかでのエジプト社会の把握という点では、当然意に満たないものになっている。このような稚拙な論稿ではあるが、しかしこの間、私の研究が本書のような形でまとめられるまでには、さまざまな意味で多くの人々の恩顧を受けた。一々芳名を挙げさせていただくことは略するが、これらの人々に対し、ここで深い感謝の念を捧げたい。

一九七四年一月

森本公誠

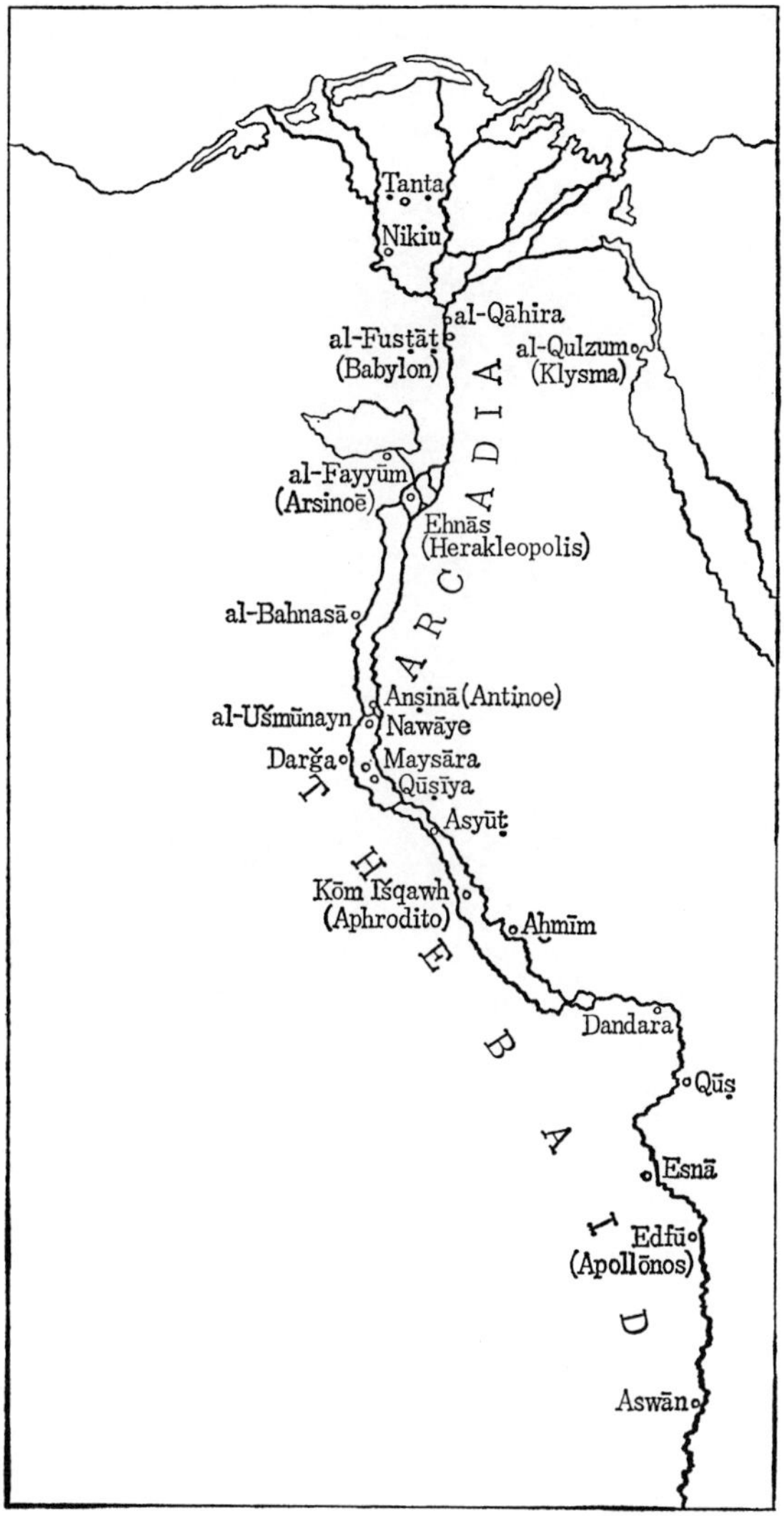

第1図　初期イスラム時代のエジプト

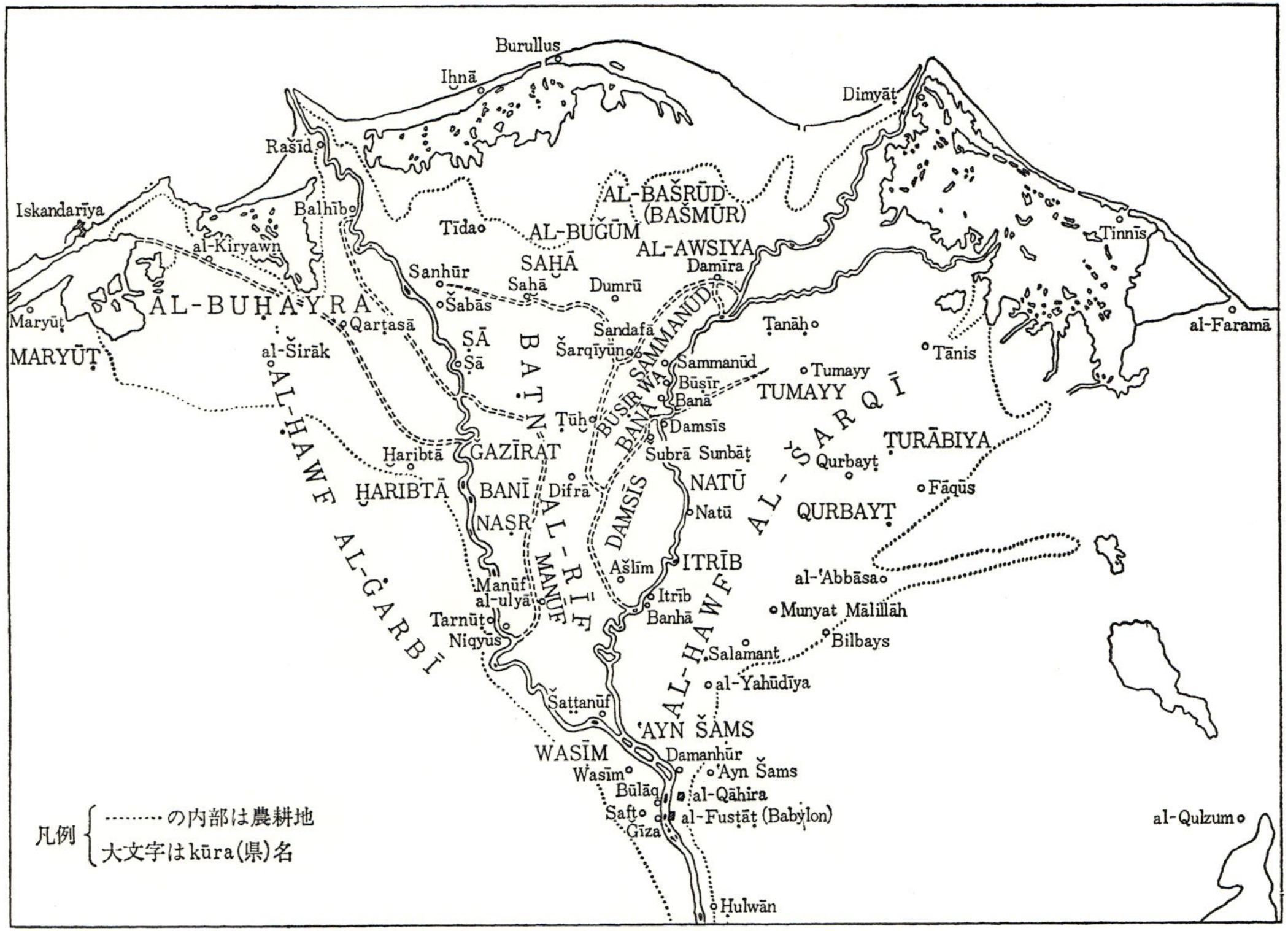

第2図　西暦10世紀頃の下エジプト

略　年　表

ヒジュラ暦	西　暦	事　　　　項
18	639	将軍 ʻAmr b. al-ʻĀṣ エジプト国境に入る．
20	640	ウマル1世，ディーワーン制度の創設．
	641	バビロン城塞陥落．
		アレクサンドリアの降服条約の締結．
25	645	ビザンツ軍アレクサンドリアを占領．
	646	アラブ軍アレクサンドリアを再征服．
25—35	646—55	フスタートに税務庁設立．
74	693	このころよりアラブ当局による税務行政の強化始まる．
85頃	704頃	修道僧の人口調査と彼らに対する人頭税の賦課．キリスト教徒高官に対する強制改宗．
87	706	ギリシア語・コプト語を廃し，アラビア語を公用語とする．
		全国の成丁調査と人頭税の徴収強化．このころよりコプト人の流亡者調査と流亡者の原籍地への強制送還始まる．
90—96	709—714	総督 Qurra b. Šarīk 在位．
96—99	714—717	税務長官 Usāma b. Zayd による修道僧・流亡者調査，流亡者に対する罰金と刑罰，通行証の発行．
99—101	717—720	ウマル2世の税制改革の勅令：教会領土地税の免除，諸種雑税・賦役の廃止，人頭税徴収強化，改宗者人頭税の免除，新改宗者からの土地没収，耕地売買の禁止．
101	720	ヤズィード2世，ウマル2世の勅令を廃棄．
105	724	カリフ＝ヒシャーム，納税者に対する受領証の発行を勅令．
106	724/25	税務長官 ʻUbayd Allāh b. al-Ḥabḥāb の成丁・家畜の戸口調査と検地，通行証の発行――属地主義によるイスラム法的税制への整備．
107	725	増税と賦役の強制――デルタ地帯を中心にコプト農民の抗租叛乱．
109	727	アラブ族，東部デルタ地帯に農民として入植・定住化．
116	734	このころ全国的な戸口調査を実施．
121	739	上エジプトでコプト農民の抗租叛乱．
127	745	総督 Ḥafṣ b. al-Walīd，改宗者の人頭税免除令を出す――コプト人の大量改宗．
132	750	デルタ地帯各地でコプト農民の抗租叛乱．
		ウマイヤ朝滅び，アッバース朝成立．

ヒジュラ暦	西 暦	事 項
134	752	ウマイヤ朝時代の税務体制を継承.
135	753	デルタ地帯でコプト農民の抗租叛乱.
		カリフ-サッファーフ，改宗者人頭税免除の勅令を出す.
150	768	デルタ地帯でコプト農民の抗租叛乱.
152—156	769—772	デルタ地帯に定住したアラブ族に対する税務調査.
156	773	デルタ地帯でコプト農民の抗租叛乱.
159	776	イラクで現金納の土地測量制を廃し，現物納の産額比率制を施く.
160	777	このころより村落共同体による自主的徴税を廃し，政府の税務官吏による徴税を強化する.
		このころより属地主義の原則にもとづき，アラブ地主からも地租を徴収し始める.
167	783/84	店舗税を創設.
167—169	783—785	ウマイヤ家出身アラブ族，上エジプトで叛乱し，納税を拒否.
168	784/85	総督 Mūsā b. Muṣʿab による増税——デルタ地帯のアラブ族抗租叛乱し，総督殺される.
177—178	794	総督 Isḥāq b. Sulaymān による税務調査と増税——デルタ地帯のアラブ族抗租叛乱.
186	802	このころ地租の現金・現物二本立て徴収を廃し，現金納制のみとする——実質的増税.
		総督 al-Layṯ b. al-Faḍl の官吏による不正測地とデルタ地帯のアラブ族の抗租叛乱.
187	803	Maḥfūẓ b. Sulaymān, カリフ-ラシードにエジプトの徴税を請負う.
191	807	デルタ地帯のアラブ族抗租叛乱.
194	810	総督 Ḥātim b. Harṯama, 着任と同時にデルタ地帯のアラブ族と地租についての協定を結ぶ.
		デルタ地帯のコプト農民，アラブ人を指導者として抗租叛乱.
196—197	812	カリフ-アミーン・マームーン兄弟の争いから，エジプトのアラブ人も二派に分裂抗争. 以後十数年間エジプトは群雄割拠状態となる.
203	819	デルタ地帯のコプト農民，この地方の事実上の支配者 ʿAbd al-ʿAzīz al-Ǧarawī に叛乱.
207	822	各地方の支配者とカリフの使節とのあいだで徴税請負契約結ばる.
210—212	825—827	カリフ-マームーンより派遣された将軍 ʿAbd Allāh b. Ṭāhir, エジプトの内乱を平定.
213—214	829	税務長官 Ṣāliḥ b. Šīrzād による増税と苛斂誅求——デルタ地帯のアラブ族抗租叛乱，総督戦死.
215	830	デルタ地帯のアラブ族叛乱.
216—217	831—832	デルタ地帯全土で，アラブ族もコプト農民も抗租叛乱——カリフ-マームーンによる鎮圧.
218	833	カリフ-ムウタセム，アラブ族の《dīwān》からの削除と，俸禄の支給停止を命ず——アラブ族，これに抗議して叛乱.
238—242	852—856	ʿAnbasa b. Isḥāq——アラブ人総督としては最後.
242	856	徴税区ごとに税務査定人(muḫtār)を置く.
240—250	854—864	このころより納税請負制(qabāla)流布し始める.

ヒジュラ暦	西　暦	事　　　項
248	862	税務長官 Ibn al-Mudabbir による税制改革：属地主義による画一的な地租の課税を廃し，作物の種類を重視するとともに，税種を増やす．
252	866	アリーの子孫を含むアラブ族やマワーリーらによる叛乱．
254	868	Ibn Ṭūlūn，エジプトの総督(代理)となる．
259/60	873	Ibn Ṭūlūn，納税請負人の耕作民に対する契約破棄を禁止．
270	883	このころより土地測量制によらない耕作請負制(qabāla)流布し始める．
292	905	トゥールーン朝滅ぶ．アッバース朝主権回復．
323	935	イフシード朝成立．
358	969	ファーティマ朝エジプトを征服．
466	1073	ファーティマ朝において武断政治始まる．納税請負制の一部改革．
567	1171	ファーティマ朝滅び，アイユーブ朝支配始まる．

■岩波オンデマンドブックス■

初期イスラム時代 エジプト税制史の研究

1975年2月27日 第1刷発行
2016年2月10日 オンデマンド版発行

著 者 森本公誠《もりもとこうせい》

発行者 岡本 厚

発行所 株式会社 岩波書店
〒101-8002 東京都千代田区一ツ橋2-5-5
電話案内 03-5210-4000
http://www.iwanami.co.jp/

印刷/製本・法令印刷

ISBN 978-4-00-730378-4 Printed in Japan